중국 문화대혁명과 정치의 아포리아

중앙문혁소조장 천보다(陳伯達)와 '조반'(造反)의 시대

중국 문화대혁명과 정치의 아포리아 : 중앙문혁소조장 천보다와 '조반'의 시대

초판 1쇄 인쇄 _ 2012년 9월 15일
초판 1쇄 발행 _ 2012년 9월 20일

지은이 _ 백승욱

펴낸이 _ 유재건 | 펴낸곳 _ (주)그린비출판사 | 등록번호 _ 제313-1990-32호
주소 _ 서울시 마포구 동교동 201-18 달리빌딩 2층 | 전화 _ 702-2717 | 팩스 _ 703-0272

ISBN 978-89-7682-764-7   93300
이 도서의 국립중앙도서관 출판시도서목록(CIP)은 e-CIP 홈페이지(http://www.nl.go.kr/ecip)와
국가자료공동목록시스템(http://www.nl.go.kr/kolisnet)에서 이용하실 수 있습니다.(CIP제어번호:
CIP2012004168)

그린비출판사 **나를 바꾸는 책, 세상을 바꾸는 책**
홈페이지 _ www.greenbee.co.kr | 전자우편 _ editor@greenbee.co.kr

* 이 책의 부록에 실린 류궈콰이의 「인민문혁을 논한다」는 저작권자의 허락을 얻기 위해 수차례 연락
을 취했지만 대답이 오지 않아, 부득이하게 저작권 계약을 맺지 못하고 수록하였습니다. 저작권자와
연락이 닿는 대로, 저작권법에 해당하는 사항을 준수하고자 합니다.

트랜스 소시올로지
Trans Sociology 015

중국
문화대혁명과
정치의
아포리아

중앙문혁소조장 천보다와
'조반'의 시대

백승욱 지음

B
그린비

윤소영 선생께

그것들이 전형적으로 나타난 장소는 지금까지는 영국이다. 이것이 바로 나의 이론적 논의에서 주로 영국의 사례들이 사용되는 이유이다. 그러나 독일의 독자들이 영국의 산업노동자와 농업노동자들의 상태에 대해 바리새인처럼 경멸을 보내거나 독일에서는 사태가 그렇게 악화되어 있지 않다고 낙관적으로 안심한다면, 나는 그들에게 이렇게 말해주어야만 한다. "De te fabula narratur!"(바로 당신 자신에 관한 이야기요!)
―마르크스, 1867년

책머리에

사람들에게 중국 문화대혁명에 대한 이야기를 들려주면 늘 "뭐 그런 나라가 다 있냐"는 표정을 지으며 "중국은 참 알 수 없다"는 투로 이야기를 끝맺으려 한다. 지금은 그 이름이 바뀐 진보정당 한 곳에서 현시대 중국의 문제에 대해 당직자들을 대상으로 강연을 한 적이 있었다. 그때 문화대혁명 이야기를 듣고 그 당직자들 역시 마찬가지 태도를 보였다. 집에 돌아오는 버스 속에서 나는 무척 찜찜함을 느꼈고 뭔가 중요한 이야기를 빠뜨렸다는 것을 불현듯 깨달았다. 내가 그날 굳이 그 장소에서 문화대혁명의 이야기를 꺼낸 이유는 그들에게 이런 질문 겸 소회를 전하고 싶었기 때문이었다.

"문화대혁명이 일어난 배경의 한 측면을 해석하자면, 오랜 역사를 지니고 또 세계적으로 가장 탄탄한 대중 기반을 가진 급진적 정당이, 스스로 사회주의라 부르는 자기 체제의 모순을 느끼고 그것을 변혁하려는 의지를 보이려 했음을 알 수 있다. 이 과정에서 대중들 스스로 문제 해결 방법을 찾아낼 수 있도록 허용하는 시도까지 등장했다. 그러나 결과는 역설적으로 대중운동에 대한 적대적인 탄압으로 끝맺었고, 출발과 끝은 완전히 뒤집혀져서 연결되었다. 그것을 남의 이야기로 느끼지 않고, 평당원들과 더불어 그 모든 역사를 검토한 후에도 중국이 갔던 길과 다른 길을 갈 수 있다고 생각하고 다른 사람들을 설득할 수 있다면, 진보정당 운동 또는 진보적 사회운동은 새로운 가능성을 찾아내고 사람들의 신뢰를 얻게 될지도 모른다. 그러나 뼈아프고 절절한 분석 없이, 그 역사를 그저 다른 곳에서 벌어진 우리의 것이 아닌 경험으로 치부하고 회피한다면 역사는 희극적·비극적으로 되풀이될 수밖에 없다."

나는 문화대혁명의 이야기를 할 때마다 이게 남의 이야기가 아니고 절실하게 자기 반성해야 하는 보편적인 역사적 경험이라고 이야기하고 있었다고 생각했지만, 듣는 사람들은 그저 낯설고 이상한 어떤 나라에서 벌어진 '삼국지' 같은 이야기라고 느끼고 있었던 것인지도 모르겠다.

그래서 이 책의 제목에는 단지 '문화대혁명'뿐 아니라 '정치의 아포리아'를 함께 담았다. 20세기의 세계사의 경험을 되돌아보고 그로부터 '대중의 정치'의 가능성을 모색할 때, 중국혁명사의 경험은 그 어떤 역사적 경험보다 포괄적인 동시에 극한적이다. 그리고 문화대혁명은 무수히 많은 정치적 실험의 정점이자 실패의 극점이기도 하였고, 그것은 세계적 차원에서 보편성을 지니는 동시대적인 경험인 동시에 동시대 속에서 해결 불가능한 아포리아를 전면에 부각시킨 매우 비동시대적 경험으로 끝맺었다.

이 책 본문에서 자세히 다루겠지만, 문화대혁명이 드러낸 근대정치의 아포리아는 간단히 말하자면 '혁명'과 '이행' 사이의 난점이었다. 그리고 그것은 다른 말로 하면 정치의 자율성과 체계의 변혁 사이의 마주침의 가능성과 난점이라는 아포리아이기도 했다. 문화대혁명이 가능성을 보여준 동시에 길을 잃고 표류하다 침몰한 장소는 이 아포리아를 둘러싼 곳이었다. 다시 그곳으로 되돌아가서 우리 자신을 그 아포리아 속에 던져 보지 않는다면, 20세기의 역사적 경험 이후 우리는 과연 새로운 세기로 나아갈 정치적 침로를 찾을 수 있을까? 역사에 대한 무지를 동반한 정치적 낭만주의는 손쉽게 되풀이되겠지만 그런 '근거 없는 낙관주의'는 20세기와 더불어 봉인하는 것으로 충분할 것이다. 우리는 어느 정도의 실수는 덮어 줄 수 있는 그런 낙관주의의 시대에 더 이상 살고 있지 못하기 때문에.

그 개시 시점을 놓고 보면 거의 반세기 가까이 흐른 지금에야 이 문화대혁명이라는 역사적 사건에 대한 본격적 연구가 조금씩 가능해지고 있다고 느낀다. 그동안 그만큼 자료의 제약이 심했고, 이제야 조금씩 숨통이 트이고 있기 때문이다. 유일한 공인된 시각이 아닌 서로 다른 시각에서 사태에 접근할 수 있는 가능성은 최근 들어 열리기 시작했고, 앞으로 새로운 해석은 시대의 변화와 더불어 더 많이 늘어날 것으로 보인다. 그렇지만 역사의 새로운 측면들이 드러나는 것이 연구자에게 늘 행복하기만 한 것은 아니다. 문화대혁명처럼 역사의 무게가 실려 있는 사건을 되돌아보고, 새로운 측면을 보여 주는 새로운 자료들을 접하다 보면 그 역사의 무게에 눌려 숨쉬는 것조차 버거워지고 역사의 고통이 육체로 전해져 올 때마저 있다. 그럼에도 그 연구로 결국 돌아올 수밖에 없는 것은 현대 중국을 이해하는 중심에 항상 문화대혁명의 경험이 놓여 있으며, 더 나아가 20세기의 세계사를 다시 이해하려 할 때도 이를 피해서는 이야기할 수 있는 것이 매우 제한적임을 발견하기 때문이다. 현대 중국의 역사를 살펴본 사람이면 누구나 느낄, 문화대혁명에 대해서 어떻게 말해야 할지 방향을 찾지 못하는 괴로움과 그럼에도 무엇인가 말함으로써 그 곤경을 돌파해야 한다는 괴로움 사이의 곤란함이 이 책의 작업을 통해 조금은 개인적으로 해결되었기를 바랄 뿐이다.

이 책의 작업은 꽤 오랜 시간이 걸려 진행되었다. 그 사이에 도움을 받은 사람이 적지 않다. 다양한 자료의 발굴과 제공에선 늘 안치영 교수께 빚지고 있다. 그리고 "중국 노동자들의 기억의 정치" 연구를 함께 시작한 또 다른 동료들, 이희옥, 장영석, 장윤미 선생과 더불어 고민한 출발점이 여기까지 도달할 수 있는 힘이 되었다. 그 자신 '바로 그 시기 바로 그 장소'인 칭화대학(淸華大學) 부속중학의 학생이었다가 라오싼제(老三屆)의 삶을 경험한 오랜 친구 다이젠중(戴建中) 선생은 이 이야기를 끌어가게 해준 든든한 후원자이기도 했다.

이 책은 2011년 초 내가 타이완 신주(新竹)의 자오퉁대학(交通大學)에 있던 시기에 맺은 인연 덕에 기쁘게도 타이완에서도 출판될 수 있게 되었다. 이 기회를 만들어 준 류지후이(劉紀蕙) 교수와 이 번역 작업을 위해 많은 힘을 써준 연광석 씨께 감사를 드린다. 중국어로 된 판본이 문화대혁명 토론에 도움이 된다면 기쁘겠다.

이 책의 내용의 일부는 이전에 「천보다를 통해 본 중앙문혁소조의 문화대혁명」(『현대중국연구』 제12집 1호, 2010년), 「중국에서 '사회주의적 민주' 논쟁을 통해서 본 아래로부터 비판적 사상 형성의 굴곡」(『마르크스주의 연구』 제6권 3호, 2009년), 「사회주의, 노동, 동아시아: 사회주의 30년, 개혁개방 30년의 중국사회」(『황해문화』, 2008년 겨울호), 「중국 문화대혁명을 다시 사고한다」(『문화/과학』 67호, 2011년) 등에 실린 적이 있으나, 이 책을 준비하면서 이들 글을 부분적으로 활용해 거의 완전히 새롭게 작업을 진행하였다.

이 책의 뒷부분에는 책의 내용 이해를 돕기 위한 중요한 네 편의 글을 번역해 실었다. 본문을 읽은 후, 부록에 실린 글들을 함께 읽어 보면 쟁점에 대해 좀더 많은 생각을 얻을 수 있을 것이다. 부록 글들 중 왕시광과 류궈카이의 글을 초역해 준 윤종석 씨에게도 감사를 드린다.

사실 이 책의 첫 출발은 오래전, 벌써 23년 전인 1989년 말 윤소영 선생이 던진 질문에서 시작되었다. 당시 우리는 서울사회과학연구소(서사연)의 창립을 준비하고 있었고, 선생은 연구소 준비과정에서 연속강연을 맡아서 진행하고 있었다. 나는 그 전에 선생의 수업을 몇 번 들은 적이 있긴 했지만, 개인적으로 아는 사이는 아니었다. 당시 나는 선배들의 작업을 이어서 사회주의 혁명 이후 이른바 '이행기'의 쟁점들을 소련과 중국의 경험을 중심으로 정리해 보려는 석사논문을 준비 중이었다. 하루는 선생의 강연이 끝난 후 한 선배가 내가 쓴 논문 초고를 선생께 보여 주며 논평을 부탁했고, 사나흘밖에 지나지 않은 다음 번 강연 때 선생은 손으로 쓴 열 쪽 가량의 논평문을 가져와서 건네주었다. 거기에 천보다의 문혁이라는 질문도 들어 있었다. 내가 그 이후로 줄곧 이 질문을 붙잡고 있었다고 할 수는 없지만, 그 질문이 다시 답변할 조건을 갖추어 내게 되돌아온 것은 즐거운 일이다.

앞으로 나가야 한다는 성급한 강박 때문에 오히려 자신도 모르는 사이에 제자리만 빙빙 돌고 있는 시대에, 지나온 비극들에 대해 아프지만 세심하게 대면해 보는 작업은 그동안 보지 못한 다른 길들을 모색할 수 있는 출발점이 될 수 있지 않을까?

2012년 8월
백승욱

:: 차례

중국 문화대혁명과
정치의 아포리아

1장_ 문화대혁명과 천보다

1. '되살아오는' 문화대혁명과 '조반파'

중국에서 문화대혁명은 어떤 의미에서 아직도 현재 진행 중이다.[1] 개혁개방이 시작된 지 30여 년이 훌쩍 지났음에도, '문화대혁명의 철저부정'을 목표로 삼은 개혁개방 체제는 늘 문화대혁명의 그림자에서 온전히 벗어나기 힘들었다. '6·4 천안문 사태'에서 현재에 이르기까지 지속되는 권위주의적 통제는 한편에 대중에 대한 두려움을 숨기고 있고, '문화대혁명의 공포'를 조장하는 동시에 억압함으로써만 그 체제를 유지할 수 있었다. 다른 한편 이런 권위주의적 통제에 대한 저항 또한 그 담론과 조직 방식에서 문화대혁명에 대한 일정한 기억과 부정을 되풀이한다는 점에서, 체제의 거울 모습을 보여 준다.

　　당과 정부가 1981년의 「약간의 역사문제에 대한 결의」에서 문화대

---

[1] 중국 내에서는 '문화대혁명'과 '문혁'이라는 용어가 주로 쓰이고, 해외에서는 '문화혁명'이라는 용어가 쓰이는 경우도 많다. 공식 명칭은 '프롤레타리아 문화대혁명'인데, 이 책에서는 '문화대혁명'과 그 약칭인 '문혁'이라는 용어를 사용하며, 인용문의 경우 '문화혁명'이라는 표현도 그대로 차용하였다.

혁명을 잃어버린 '10년' 시절이자 1957년 이후 마오쩌둥의 좌편향이 낳은 비극으로 규정지은 이후, 이런 당의 공식 입장을 반영하는 문화대혁명에 대한 해석들이 역사 정리를 주도해 왔으며(진춘밍·시쉬안 2000; 王年一 1996; 張化·蘇采靑 2003), 이는 최근의 해외 문화대혁명 연구의 경우에도 크게 다르지 않다(MacFarquhar and Schoenhals 2006).[2]

그러나 문화대혁명의 역사는 하나의 줄기로만 환원해 해석하고 판결하기 불가능한, 복합적 층위들이 중첩되어 있는 역사이다. 이 때문에, 문화대혁명을 마오쩌둥이 당내 권력투쟁을 위해 일사분란하게 대중을 조종·동원한 것으로 보는 '전체주의론'적 시각이나 새로운 유토피아를 수립하기 위해서 벌인 당내투쟁으로 보는 마오주의의 해석 모두를 넘어서, 복합적 사회적 갈등과 모순의 분석으로 나아가는 것이 필요할 뿐 아니라, 드러난 복합적 대립구도와 동시에 의도한 것/의도하지 않은 결과, 그리고 생각한 것/생각할 수 없던 것의 역사적 복합성 속에서 좀더 다각적 분석을 진행할 필요성이 더욱 커지고 있다.[3]

문화대혁명에 대해 분석하려면 문화대혁명이 던진 질문 자체에서 시작해 보는 편이 좋을 것이다. '사회주의' 하의 문화대혁명이 제기한 핵심적 질문은 다음 세 가지로 집약된다고 할 수 있다(백승욱 2007a: 90~1). 첫째로, "'사회주의'가 자본주의로 복귀할 수 있는가?" 소련의 '사회주의

---

2) 아주 드물게는 반대 입장에서 마오쩌둥의 입장을 전폭적으로 지지하는 마오주의적 서술 또한 없지 않은데, 그 대표적인 것으로 梅俏(2006)를 들 수 있다.

3) 이런 복합성의 측면에 입각한 분석의 시도로 대표적인 것은 마이스너(2004), 딜릭(2005), 劉國凱(2006a), 徐友漁(1999), 印紅標(2011, 2009), 吉越弘泰(2005), 蕭喜東(2002) 등을 들 수 있다. 문화대혁명의 국제적 연구 동향과 쟁점에 대해서는 안치영(2007), Esherick, Pickowicz and Walder(2006b), White III and Law(2003), 郝建(2006), 徐友漁(2007), 周原(2007), 耿化敏(2011), 陳建坡(2009) 등을 보라.

생산양식론'에서는 이 복귀 가능성이 부정되었지만, 문화대혁명은 그런 소련식 입론이 틀렸다고 보고, "사회주의 자체가 장기의 이행기이며 자본주의로 복귀 가능하다"는 주장을 내세우며 출발했다. 이어지는 두번째 질문은 그럼 "왜 혹은 어떻게 이 복귀가 가능한가?" 여기에 대해서 여러 가지 가능성이 제기되는데, 이에 대해서도 문화대혁명은 그 원인이 '외부'에 있지 않고 '내부'에서 기인함을 주장하면서, 소련이나 여타 사회주의 국가들의 주장과는 구분되는 자기 나름의 대답을 찾으려 했다. 문화대혁명 시기에 제시된 영향력 있던 대답은 '자본주의의 길을 걷는 세력'(주자파走資派)이 있기 때문이라는 것이었는데, 그것이 답이 될 수 있는지, 그리고 이런 대답의 부정적 효과가 무엇이었는지에 대해서는 앞으로 살펴볼 것이다. 그리고 다시 여기서 이어지는 세번째 질문은 "어떻게 이 복귀를 막을 수 있는가?"였다. 이에 대한 답은 두번째 질문에 대한 대답과 긴밀한 연관성이 있으며, 그만큼 다양한 답이 제기될 수 있었다.

이 세 가지 질문이 단지 당내 권력투쟁을 치장하기 위한 허울뿐이었다고 본다면 문화대혁명 해석에서 '권력투쟁설'이나 '전체주의론'적 틀을 따라갈 것이고, 이 세 가지 질문이 시종일관 마오가 추구한 문혁 이상의 핵심에 자리 잡고 있었다고 한다면 훨씬 더 마오주의적 해석을 따라가게 될 것이다. 그렇지만 이 세 질문을 좀더 자세히 들여다보면, 각 질문 자체가 매우 모호함을 발견하게 되고, 그로부터 이 질문의 해석을 둘러싸고 무한한 분화나 대립이 발생할 가능성을 발견할 수 있다. 과연 '사회주의'와 '자본주의'는 무엇이라 해석되는가? 어떤 다수의 통로들에서 그 '복귀'의 가능성이 출현한다고 해석되는가? '자본주의의 길을 걷는 세력'이란 과연 무엇인가? 그 세력이 모든 원인의 귀결점인가? 복귀의 근거라고 생각한 것은 곧바로 복귀의 예방이라 생각된 해결책과 직접적으로 연결되는가? 대체 그 '혁명'은 무엇을 혁명하려 한 것인가?(중국어에서는 특이하게도 '혁명'이라는 단어가 '누구의 명命을 혁革한다'는 '동사+목적어'의 표현으로 풀어서 해석될 수 있다) 그리고 이 모든 일을 진행하는 '주체'는 누구였고 누구여야 했는가?

이 질문들 모두가 단지 당내 권력투쟁을 은폐하는 공문구였다고 보기에는 현실에서 진행된 격변의 규모와 파장이 너무 거대했고, 이 질문들을 단지 '마오의 통일된 해석'에 따라서만 이해하기에는 현실에서 나타난 해석의 분화와 분기들이 너무도 격렬하고 그 후과도 컸다. 그런 이유 때문에 이런 단순한 대립축의 구도를 넘어서서 문화대혁명에 대한 새로운 해석을 시도하고 그런 해석을 뒷받침하기 위해 새로운 자료를 발굴하려는 노력이 계속되고 있고, 과거의 문혁에 대한 단순 구도의 이해는 지속적으로 부정되고 있다고 할 수 있다. 여기서 우리는 '위로부터'의 문혁이 아닌 '아래로부터'의 문혁 서사가 지속적으로 등장하는 이유를 알 수 있으며, 또한 이를 통해 '대중'이 역사에 등장하는 난점과 아포리아에 마주치고, 우리가 애써 외면하려 해도 외면할 수 없는 근대정치의 핵심적 문제가 문화대혁명의 한복판에서 표출하였음을 보게 된다.

사실 좀더 나아가 문화대혁명이 제기했다고 하는 세 가지 질문을 조금만 바꾸어 보면 이는 '자본주의' 하에서도, '신자유주의' 시대인 우리 동시대에도, 똑같은 방식으로 제기될 수 있는 질문임을 알 수 있고, 우리 동시대의 대중운동이 이 영역에서 이미 적지 않은 난관을 겪어 왔고, 지금도 수많은 난점에 부딪히고 있음을 알 수 있다. 우리가 살고 있는 이 '체계'는 "어떤 모순을 가지고 있는가? 이 체계는 바뀔 수 있는가? 어떻게 바뀔 수 있는가? 바뀔 수 있는 근거는 무엇인가? 바뀐다면 다시 원점으로 되돌아오지 않을 수 있는가? 누가 그것을 바꿀 수 있는가? 거기서 예기하지 못한 후과는 발생하지 않는가?" 우리가 현 시대에 많은 난점에 부딪히고 있는 이유는 아마도 제대로 원인을 찾기 못했기 때문일 수도 있고, 원인을 찾았더라도 그 원인을 해결할 방법을 찾지 못했기 때문일 수도 있고, 아니면 해결할 방법을 찾았더라도 역사가 예상한 방향을 따라 진행되지 않기 때문일 수도 있다. 그도 아니면 우리가 그리고 있는 '세계'가 세계의 너무나 적은 부분만을 담고 있기 때문일 수도 있다. 문화대혁명은 이런 고민들에 대해 여전히 동시대적이다.

문화대혁명을 상징하는 구호는 아마도 1966년 5월 말 홍위병들이 만들어 유포한 "조반유리"(造反有理 : 반역은 정당하다)와 8월 초 마오가 작성한 「나의 대자보」라는 문건의 부제인 "사령부를 포격하라"(炮打司令部) 두 가지가 될 것이다. 전무후무한 이 구호들은 앞선 '혁명들'과 대비해 볼 때, "나를 따르라"가 아닌, "대중들 스스로 하라"의 방식으로 혁명의 방향을 전환시켰다. 그렇지만 곧바로 어떤 조직을 가지고, 어떤 대상에 대해, 어떤 행동을 할 것인가를 둘러싸고 논란이 확대될 것을 예측할 수 있다. "모든 반역이 정당하다"면, 그 '반역'이 '누구' 또는 '무엇'에 대해 '어떤 방식으로' 반역을 일으키는 것인지에 대한 대답이 구체화하여야 할 터이지만, 이 구호는 '급진적'인 '원리' 외에 그 내용과 형식에 대해서는 완전히 개방된 해석에 맡겨져 있다. 두번째 마오의 구호 또한 과연 어디가 '사령부'인지, 사령부를 '포격'하는 것의 의미는 무엇인지에 대해 역시 개방되어 있다. 이 구호들이 함의하는 '낭만적' '개방성'은 위험성의 이면이기도 했다. 그 방식이 당이 지도하는 방식인지 아니면 당을 공격하는 방식인지, 누가 우리 편일 수 있고 누가 공격을 받는 대상일지, 반역과 '포격'은 특정한 개인이나 조직에 대한 것인지 아니면 더 추상적인 '구조'나 '제도'에 대한 것인지, 서로 상이한 전망을 가진 두 개의 대립되는 '반역들' 사이에서 어떤 해결점을 찾을 수 있을지, 이 모든 문제에 대해 답은 미리 주어져 있지 않았다.

이 두 구호가 상징하는 문화대혁명의 시대는 '조반'(造反), 즉 반역의 시대가 아닐 수 없었다. 조반의 질문은 앞서 제기된 문혁의 세 가지 질문, 즉 '사회주의로부터 자본주의로의 복귀'와 관련된 질문들에 의해 재규정되었다. '조반'의 호소에 반응해 상이한 사회세력들이 이 질문들에 대한 실천적 해결책을 찾고자 나서면서 무수한 도전, 혁신, 시행착오, 적대, 폭력, 실패, 좌절 등으로 얽혀 있는 하나의 과정이 탄생하였다. 그 때문에 문화대혁명은 하나의 해석과 하나의 방법에 의해 '위로부터' 통일적으로 주도되어 진행된 구도로 이해될 수 없고, 그런 '위로부터'의 해석과 동시에 '아래로부터'의 다기한 시도들과 결합된 역사적 과정으로서만 이해될 수 있다. 유사해 보이는 세력 내부의 분열, 폭력의 대대적 확산, 새로운 돌파구의 출현과 그로 인해 닫힌 다른 통로들, 그리고 비극의 종결점, 이런 복합적 구도 속에서 우리는 문화대혁명이 제기하였지만 해결하지 못한 중요한 질문들을 찾아내 우리의 사고를 더 진전시켜 볼 수 있고 또 그래야만 할 것이다. 문혁에서 의도한 것과 의도하지 않은 것을 우리가 복합적인 구도 속에서 결합해 보려 하는 것은 이런 이유 때문이다. 그리고 이는 주류적 해석과는 다르게 문화대혁명을 하나의 '대중운동'의 맥락 속에서 다시 살펴보고자 하는 것이며, 단지 그 대중운동의 '긍정성'만을 발견하려는 것이 아니라, 그 한계와 아포리아까지도 찾아내 보려는 것이다.

문화대혁명이 대중적 '조반'의 시대였고, 그 흐름이 반드시 마오의 의도와 일치했던 것도 아니라고 한다면, 과연 이 시기 '조반'을 한 사람들은 누구였고, 그들은 무엇을 하려 했던가가 중요한 문제가 아닐 수 없다. 그들과 마오 '사이'에 있을 수 있던 긴장까지 포함해서 말이다. 아주 기초적인 역사적 사실이라고 할 이 질문부터 문화대혁명의 역사 연구는 난점에 부딪힌다. '조반'에 참여한 그들이 하나의 세력이었는지 아니면 둘 이상의 세력이었는지, 거의 비슷하면서도 조금 다른 대립이 있었는지 아니면 근본적으로 매우 적대적인 대립이 있었는지, 이런 질문들에 대해 분명한 분석 없이 문화대혁명의 전체상을 그려 내는 것 자체가 불가능한 일일 것이지만, 이 분석으로 나아가는 일이 쉽지만은 않다.

대중들의 '조반'을 중심으로 문화대혁명의 역사를 규명하는 것이 아직도 어려움에 처해 있는 이유 중 하나는 문화대혁명의 핵심 주체 중 하나인 '조반파'에 대한 역사적 평가가 여전히 현재 진행형의 쟁점이기 때문이다. 이 때문에 문혁이 제기하는 역사적·정치적 쟁점 또한 불분명하게 남겨지고 토론의 무대 위로 올라서기 어려워진다. 아직도 중국 외부에서뿐 아니라 중국 내부에서도 '홍위병'이라는 더 폭넓은 지칭과 '조반파'라는 지칭 사이의 차이가 분명하게 구분되기 어려운 상황에서, 조반파에 대한 역사적 규명의 난점은 문화대혁명의 시기 구분의 난점으로도 이어진다. 엄밀하게 말해서 조반파는 1966년 가을·겨울부터 1968년 가을·겨울까지 상대적으로 짧은 시기에 출현한 조반파 대중조직을 지칭하며, 1969년 이후에 유의미한 조반파 활동은 소멸하였다고 할 만큼 조반파는 한시적으로 등장한 세력이다(何蜀 2007b: 499, 511). 이 때문에 조반파의 문제는 문화대혁명의 성격 자체에 대한 평가를 쟁점으로 만든다. 조반파는 '보황파'(또는 '노老홍위병'이나 보수파)와 대립하여 출현하였는데, 이들 양파는 공작조, 당위원회, 혈통론, 1949년 이후 17년의 체제에 대한 평가 등에서 줄곧 두드러진 대립을 보였다(徐友漁 1999; 周倫佐 2006; 印紅標 1996b, 2009; 華林山 1996a; 劉國凱 2006a; Chan 1992; Lee 1978; 백승욱 2007a). 조반파에 앞서 형성된 홍위병을 보통 '노(老)홍위병'이라 부르는

데, 이들은 대체로 1966년 8월 18일의 마오의 홍위병 대접견 이전에 형성된 보수적 조직들로,

> 우선 학교 내에서 '조반'을 일으켜, 학교 지도부와 교사들의 '수정주의' 노선을 비판하였고, 운동 중에 공작조의 제약을 받지 않고자 했으며, 가정 배경의 편견이 들어 있는 '계급노선'을 실행할 것을 주창했다. 또 이른바 구문화에 충격을 주고, 교과서적 의미에서의 계급의 적을 타격하고, 반면 운동의 창끝을 당과 정부의 지도간부에 겨냥하는 것에 반대하고, 문화계 외부의 '당내 실권파'(當權派)[4]를 폭넓게 타격하는 것에 반대하였다.(印紅標 2009: 6)[5]

조반파는 정확히 그 반대 입장에 섰다. '노홍위병'이 과거 낡은 사회의 권력세력의 잔재를 공격 대상으로 삼았다면, 조반파는 당시 현존 권력세력을 공격 대상으로 삼았다. '노홍위병'과 대립하면서 '조반파'가 형성되었고, 이것이 초기부터 2년간의 문혁의 과정을 특징짓기 때문에, 우리는 문혁의 역사 서술에 진입하는 첫 단계부터 매우 세심한 주의가 필요함을 느끼게 된다.

조반파는 학생 홍위병 내에서 분화하여 형성되기 시작했는데, 그 영향력은 1966년 10월 '두 가지 노선' 주장이 제기되고 조반파에 대한 마오

---

4) '當權派'를 이전에는 '당권파'로 번역한 경우도 있었는데, 한글 어감상 '黨權派'와 오해의 여지가 있어 여기서는 '실권파'(實權派)로 옮겼다.
5) 화린산은 조반파를 대표하는 구호는 '대중을 진압해서는 안 된다'는 것이었던 반면, 보수파의 구호는 '계급투쟁을 견지하고, 우파를 복권시켜서는 안 되며, 온갖 잡귀신을 쓸어버리자'는 것이었다고 대비시킨다(華林山 1996a: 193).

주석과 중앙문혁소조의 지지 입장이 발표된 후, 본격 확대되었다.[6] 이후 문화대혁명이 문화계와 학술계로부터 사회 전체로 확대되면서 조반파는 학교뿐 아니라 사회 모든 영역에서 형성되어 활동하였다. 각 조직에서 보면, '다섯 가지 붉은 부류'(홍오류紅五類: 혁명간부, 혁명군인, 혁명열사, 노동자, 빈하중농 가족)에 탄압당했거나 '역사문제'를 이유로 탄압받았던 세력들이 조반파의 주요 활동 인자가 되었다. 학생 조반파가 가장 중요한 세력이었고, 그 다음으로 중요한 세력은 노동자 조반파였으며, 그 외에 간부 조반파, 문예단체 조반파, 하향 지식청년 조반파, 군대 소속 문예단체나 군사학교에서 구성된 군내 조반파 등이 주요하게 활동을 하였다. 농촌청년 조반파도 구성되었지만 전국적 영향력을 발휘하지는 못했다. 그 외 주목되는 것으로, 가도주민(街道住民) 조반파가 결성된 일도 있었는데, 이들은 신중국 이전의 각종 '역사문제' 때문에 '개조'된 대상들이 '단위'에 소속되거나 고정 직업을 가지지 못한 채 주민위원회의 관리를 받으면서 일용직 노동자로 근근이 살아가고 있던 사람들이었다(周倫佐 2006: 80~95). 쉬유위는 보수파와 조반파를 구분하는 기준을 여섯 가지로 제시하는데, 그것은 ① 공작조에 대한 찬반 ② 혈통론에 대한 찬반 ③ 부르주아 계급 반동노선 비판에 대한 찬반 ④ 각급 당조직을 옹호하는지 비판하는지 ⑤ '2월 반혁명 진압'을 주도했는지 아니면 피해자인지 ⑥ 주요한 투쟁 대상이 '계급의 적'인지 당내 '주자파'(走資派)인지 등이며, 구분선이 모호한 경우도 있기 때문에 이 기준들을 복합적으로 고려해야 한다고 말한다(徐友漁 1999: 75~9).

문혁 시기에 유사해 보이면서도 분명 차이와 대립이 있던 사회세력

---

6) 이 '두 가지 노선' 주장에 대해서는 이 책 부록으로 실린 천보다의 연설을 보라.

사이의 분화에 주목하고 그 대립의 쟁점들을 추출해 내는 것이 중요하면서도 어려운 이유는 문혁 자체의 복잡성 때문만이 아니라 그것이 포스트-문혁이라는 현 시기 중국의 정치적 지형과도 무관하지 않기 때문이다. 문화대혁명 이후의 '개혁개방' 시기에 서로 다른 정치적 입장에 서 있는 사람들이 현실정치의 필요성 때문에 문화대혁명에 대한 평가에서 실용주의적 세력 연합을 구성하여 '문화대혁명의 철저 부정'이라는 구호 아래 한목소리를 내게 된 상황적 맥락을 가볍게 여길 수는 없다. 조반파의 역사를 복원시켜 역사적 재평가를 시도하려는 저우룬쥐의 말을 들어 보자.

> 이는 이상한 일은 아니다. 조반파를 요괴화하는 것은 본래는 공공담론 권력을 향유하는 '문화엘리트'들이 주도한 것이다. 다수의 민중은 줄곧 청취권만 있었지 발언권은 없었으며, 그들은 자신들의 목소리를 전달할 방법이 없었을 뿐 아니라, 공공 담론이 반복적으로 내보내는 목소리에 쉽게 동화되었다.
>
> 조반파의 전면적 요괴화는 대략 20세기 1980년대 후기에 시작되었다. 당시에, 일부 문화계 인사들이 지식인의 '정신 오염을 청소'하고 '부르주아 계급 자유화를 반대'하는 관방 방침에 항의하고, 자신의 언론 권리를 옹호하고 쟁취하기 위해서 자연히 관방도 의심할 수 없는 주제인 '문혁' 반성을 내걸었다. 본뜻은 자연히 이 주제를 빌려서 발휘되었는데, '문혁' 중의 여러 가지 반이성적이고 반인도주의적 현상에 대한 회고를 통해서 전체주의의 '봉건 파시즘'의 폭행을 고발하려는 것이었다. 이런 고발자 대부분은 '문혁' 중 상이한 방면에서 상이한 정도로 박해를 받았는데, 서술의 편의를 위해, 그리고 더욱이 관방의 어조와 일치시키기 위해서, 각종 각양의 가해자를 '조반파'로 통칭하기에 이르렀다. ……

관방 담론이 '문혁' 조반파를 부정하는 것은 현행 전체주의 체제가 진보임을 설명하기 위한 것이고, 자유파의 담론이 '문혁' 조반파를 부정하는 것은 오히려 모든 전체주의 제도가 반동적임을 증명하기 위한 것이다. 양자의 동기와 목적은 완전히 다르다. 다만 부정의 방향이 같아지면서, 언설이 꼬이고 도덕 판단이 결핍되어, 양심이 기울어졌기 때문에 자유파에게도 모종의 원하지 않은 도착이 초래되었다.(周倫左 2006: 3~7. 강조는 인용자)[7]

조반파라는 쟁점은 문화대혁명을 '대중의 정치'라는 쟁점과 연관시켜 이해할 수 있는지, 이해해야 하는지라는 질문과 직접적으로 연관되며, 그런 만큼 이는 주류적인 문화대혁명 해석이 은폐한 중요한 문제들을 끊임없이 다시 제기한다. 조반파를 어떻게 이해하는가 하는 쟁점은 문화대혁명을 어떻게 이해할 것인가에 직접적으로 연관된다고 할 수 있는 만큼, 조반파에 대한 역사적 평가는 상이하게 분화한다. 저우룬쭤는 중국 내외에서 조반파 연구의 시야가 적어도 다섯 가지 상이한 정치적 입장으로 구분된다고 본다. 그것은 ①관방의 부정론 ②해외 '극좌파'와 국내 '극우파' 식의 긍정론 ③국내외 자유파 지식인식의 부정론 ④국내외 평등파 지식인식의 긍정론 ⑤긍정도 부정도 않는 객관식 논술 등이다(周倫左 2006: 4). 이런 입장의 분화는 위의 저우룬쭤의 인용문에서 주장한 맥락과 직접

---

7) 쳰리췬은 2012년 중국 지도부 교체 시기를 전망하는 글에서 시진핑(習近平)을 중심으로 하는 새로운 지도부의 핵심이 문화대혁명 시기 고급간부 자제들로 구성된 '혈통론자'인 중학생 '노홍위병' 출신들이며, 이들은 그에 앞서 지도부를 구성한 대학생 홍위병 세대들보다 더 많은 문제점을 안고 있다고 지적한다. 이들은 문화대혁명 시기 이후 현재까지 자신들의 혈통론의 입장을 바꾼 적이 없고, 이런 문제점이 현재도 지속되고 있어, 외면적으로 '온정주의적' 정치 행태가 나타나더라도 국가기구 구석구석에 연결되어 있는 이런 혈통론자 세대는 권력의 독점과 '선민주의'의 의식을 결코 극복한 적이 없다는 비판이다(錢理群 2011).

적으로 연결되는데, 즉 현재를 바라보는 정치적 입장이 과거 문혁 시기의 핵심 정치세력에 대한 평가에도 투영되고 있다고 할 수 있다.

그렇지만 기존의 문혁사 연구에 새롭게 조반파의 문혁사를 추가하는 것만으로 문화대혁명이 제기하는 핵심적 쟁점들이 드러나고, 그것이 우리 시대의 '정치'에 대해 던지는 질문의 형체가 좀더 뚜렷해지는 것은 아니다. 그것은 다만 문화대혁명의 '복잡성'을 한층 더 드러내고, 문화대혁명의 '대중운동'적 측면을 부각시켜 재해석하려는 것이지만, 그로부터 우리는 한 걸음 더 나아가야 한다. 그래서 이렇게 새롭게 해석을 하기 위해 부상한 '대중운동'적 측면이 더 큰 구도 속에서 어떤 난점들과 연결되고, 우리의 사고를 진척시키는 동시에 어떤 곤란함에 부딪히는지를 찾아내야 한다. 그 질문들은 문화대혁명이 해결하지 못한 정치의 아포리아들과 밀접하게 연결되어 있으며, 따라서 문화대혁명에 대한 탐구는 여전히 중요한 동시 대적 의의를 지닌다. 문화대혁명이 멈추어 선 자리가 사실은 우리가 멈추 어 서 있는 곳과 그리 다르지 않은 것은 바로 이런 아포리아 때문이다.

그 아포리아에 대해서는 우리가 문화대혁명의 진행 과정을 따라가 면서 좀더 자세히 설명하겠지만, 여기서 우선 간단히 문화대혁명이 제기 한 질문이라고 했던 것과 관련해 문혁이 직면할 정치의 아포리아를 예비 적으로 설명해 보기로 하자. 문화대혁명은 '사회주의'가 '사회주의'가 아 니라는 판단과 더불어 출발했다. 그리고 그에 앞선 '17년'의 시기 동안 추 진했던 '사회주의'적 방식으로 이 문제를 해결하는 데 난점이 있음을 인 정하면서 시작되었다. 여기서 첫번째 전환점이 등장하는데, 이 난점을 새 롭게 제기해 해결할 '새로운 주체'를 형성하는 것, 대중 스스로 '자율적인 정치적 주체가 되는 것'이 그 해결책일 수 있다는 사고가 등장할 수 있다. '조반'할 권리와 운동의 방향을 스스로 결정할 새로운 '대중 주체'의 형성

말이다. 이것이 어느 정도 가능했다고 전제한다면, 이렇게 형성된 새로운 주체의 구성 자체가 목적은 아닐 테니까, 두번째 전환점은 앞서 '사회주의'를 '사회주의'로 가지 못하게 제약한 어떤 '조건들'을 '주체적'으로 바꾸는 일에 착수하는 것이 될 것이다. 그 대상은 '구조'일 수도, 그것을 작동하는 어떤 '집단이나 개인들'일 수도 있고, 또는 그 두 가지가 결합된 '기제'일 수도 있다. 그런데 사태는 이렇게 분명하고 명쾌했던 것일까?

'구조적 제약' 속에 놓여 있던 '주체들'은 과연 '자율적'이었을까? 그 '자율적'인 주체들은 그들을 제약하는 '구조'에 대해 자유의지적으로 개입해 그 방향을 원하는 쪽으로 손쉽게 바꾸어 내었을까? 이 '자율적'인 집단이 바꾸고자 한 '구조' 그 외부에는 다른 것이 남지 않았을까, 그리고 그 남은 부분과 스스로 '자율적'이라 생각한 그 집단 사이에는 어떤 관계가 형성되었을까? 우리는 '대중의 정치적 자율성'이라는 축과 그들을 억압하는 '구조'라는 또 다른 축 사이에서 문화대혁명이 표류할 가능성을 얼핏 엿볼 수 있다. 우리가 문화대혁명이 직면한 '정치의 아포리아'라고 부를 것 또한 이 사이에서 곤경을 드러낼 것이다. 대중-자율성-당-구조-혁명-이행 등으로 이어지는 고리는 연결의 필요성과 연결의 난점을 동시에 드러낸다. 그리고 그 문제는 사회주의 중국에만 고유한 것은 아닐 것이고, 바로 우리가 지금도 살고 있는 근대 정치에 매우 고유하면서 특징적인 아포리아라고 할 수 있다.

중국의 문화대혁명이 그 문제와 대결해 어디까지 나아갔고 어떤 질문들을 남겼는지 살펴보고자 하는 것이 이 책의 목표이다.

더 나아가기에 앞서 최근의 문화대혁명 연구 동향을 잠시 살펴보도록 하자. 1990년대를 지나고 특히 2006년 문화대혁명 발발 40주년을 맞아,

이전과는 다른 새로운 접근들과 자료들이 대거 등장하면서 문화대혁명을 다층적 복합성 속에서 새롭게 규명하려는 중요성이 점점 더 커지고 있다. 1996년 문혁 발발 30주년을 즈음해 양커린(楊克林 1995), 류칭펑(劉靑峰 1996), 리쉰(李遜 1996), 왕녠이(王年一 1996), 양젠리(楊建利 1997), 쑹융이·쑨다진(宋永毅·孫大進 1997), 쉬유위(徐友漁 1999) 등 주목할 만한 연구 성과들이 발표된 바 있었고, 2천년대 들어서는 이런 흐름을 지속해 2천년대 초 장화·쑤차이칭(張化·蘇采靑 2003), 마지썬(馬繼森 2003), 탕사오제(唐少傑 2003) 등에 이어, 문혁 40주년이 되는 2006년 전후로 저우룬쭤(周倫佐 2006), 루리안(魯禮安 2005), 하오젠(郝建 2006), 정광루(鄭光路 2006a, 2006b), 류궈카이(劉國凱 2006a, 2006b), 천이난(陳益南 2006: 국역 천이난 2008), 에셔릭 등(Esherick, Pickowicz and Walder 2006a), 맥파커와 쉰할스(MacFarquhar and Schoenhals 2006), 쑹융이(宋永毅 2007c), 부웨이화(卜偉華 2008), 정첸(鄭謙 2008), 가오(Gao 2008), 인훙뱌오(印紅標 2009) 등 주요한 성과들이 쏟아져 나왔고, 2010년대에도 허수(何蜀 2010), 진다루(金大陸 2011) 등의 주요한 연구 성과가 이어지고 있다.

2천년대 접어들어서는 그간 부분적으로만 논의되던 조반파에 대한 논의가 새롭게 부각되었는데, 이는 새로운 회고록이나 구술 기록, 또는 당시 조반파에 참가했던 인물들 자신의 역사 기록 등의 다양한 자료가 대대적으로 등장한 데 힘입은 것이었다(黃廉 2005; 천이난 2008; 劉國凱 2006a; 周倫佐 2006; 魯禮安 2005; 何蜀 2010). 최근 들어 조반파의 경험을 담은 기록물과 연구 성과가 증가하고 있는 이유는 대체로 1970년대 초반과 중반에는 이들의 목소리가 억압으로 눌렸고, 1980년대 초 최종적인 대대적 검거 이후에는 많은 과거 조반파 지도자들이 재판을 받고 징역 생활을 하느라 목소리를 내지 못하다가, 1990년대 들어 이들이 풀려나 사회활동을 재개하기 시작했기 때문이라는 점에서도 찾을 수 있다. 1989년 천안문 운동 이후 형성된 해외 망명세력 내의 분화도 문화대혁명에 대한 새로운 해석을 불러일으키는 또 다른 계기가 되었다.[8]

이와 더불어 새로운 역사서술 형태로서 구술사에 의존하거나 기억에 관심을 지닌 연구 결과들의 등장(Feng 1996; 宋永毅 2007c; Lee and Yang 2007; 백승욱 2007b, 2007c; 黃廉 2005; 邢小群 2007; 福岡愛子 2008)은 역사 서술의 다층화를 도와주고 있고, 노동자들을 통해서 본 문화대혁명의 집단적 경험 분석(장영석 2007; 장윤미 2007; 백승욱 2007c; 李遜 1996; Perry and Li 1997; 천이난 2008; 小嶋華津子 2003)도 새로운 접근으로서 중요한 의미를 갖는다. 그리고 문혁 시기 '파벌'들 사이의 무장투쟁과 폭력의 문제 또한 문혁의 대중운동이 부딪힌 난점을 분석하기 위한 중요한 논점을 제기하고 있다(鄭光路 2006a; 蘇楊 2007; 何蜀 2010; 唐少傑 2003; 宋永毅 2007a, 2002; 楊曦光 1994; 楊麗君 2003; Gong 2003). 중국 내외에서 방대한 1차 자료의 새로운 발굴이 추진되고, 〈문혁연구망〉(http://www.wengewang.org)이나 〈'문혁'박물관〉(http://www.cnd.org/CR/index.htm), 또는 〈문화대혁명문헌관〉(http://geming.00go.com/wenge/wenge.htm)처럼 방대한 공식 문건과 연설 기록들, 각종 홍위병/조반파의 간행물 자료들, 회고록들, 새로운 접근들 등의 자료를 인터넷 공간에 체계적으로 집대성하는 노력들이 등장한 것, 쑹융이가 홍콩 중원(中文)대학교에서 문혁 자료를 집대성한 데이터베이스를 제작·배포한 일 등도 문

---

8) 해외 망명파 내에서 망명파들의 문혁 평가가 중국 정부의 공식 입장과 동일한 사고틀을 가지고 있는 것을 비판하면서 문혁을 재해석할 것을 요구하는 대표적 인물은 류궈카이(劉國凱 2006a)와 왕시저(王希哲)(Gao 2008: 134) 등이다.

화대혁명에 대한 새로운 연구를 가능케 하는 요인이 되었다.[9]

그간의 문화대혁명 연구사를 살펴보면, 문화대혁명의 복잡성을 규명하려는 시도는 사회적 갈등·대립의 복잡성을 보여 주는 분석들에 의해 주도되었고, 특히 이는 홍위병 내의 분화에 초점을 맞추는 경우가 많았음을 알 수 있다. 이런 복잡성을 규명하려는 초기의 시도 중에서 문혁의 핵심 주도세력인 홍위병을 단일 세력이 아닌 '보황파'(保皇派, 보수파) 대 '조반파'(造反派)라는 두 개의 상이한 분파로 분석하고 그 사회적 연원을 고찰한 이홍영(Lee 1978)이나 아니타 찬 등(Chan, Rosen and Unger 1980; Chan 1992)의 선구적 연구가 당 내부 권력투쟁의 좁은 문제범위를 벗어나 문화대혁명을 사회 전체와 연관 짓는 방향으로 연구시야를 확대하는 데 중요한 기여를 하였다. 에셔릭 등의 지적처럼, 최근 다양한 자료들이 발굴되면서, 양파 대립구도에서 출발해 출신 배경과 정치적 행동을 직접 연결시키려 한 이런 초기의 사회갈등 연원론적 문혁 설명 방식의 문제점이 드러나긴 하지만(Esherick, Pickowicz and Walder 2006b: 5), 대립구도의 중요성 자체에 대한 설명은 여전히 유효하다고 할 수 있고, 최근의 연구는 이런 초기 연구의 한계를 극복하면서도 문제의식의 핵심은 유지하는 경향을 보인다. 두 분파를 구분하고 그 사회적 연원을 추적한 이런 분석이 단지 홍위병의 대립뿐 아니라 그와 연관된 중앙 조직과 군의 문제, 그리고 대중들의 조건까지 분석할 수 있는 복잡한 그림을 그려 주

---

9) 다양한 회고록이 대폭적으로 늘어난 것도 문화대혁명 연구에 도움이 되지만, 이런 자료를 다룰 때는 신중함이 요구된다. 특히 관 주도로 고위 간부들의 회고록이 조직적으로 발간되는 움직임이 있는데, 퇴임 후 많으면 수십 명씩 회고록 집필팀이 붙어서 작업을 진행하면서 사실을 왜곡하는 경우도 적지 않아서, 구술사 연구자인 싱샤오췬은 "오늘날 대륙의 조건에서 관이 조직적으로 집필한 회고록은 정사에 속한 것이건 아니건 그 가치가 구술사보다 낮다"고까지 말한다(邢小群 2007: 42).

기 때문이다.

그런데 이런 두 분파의 대립구도의 논의에는 사실 단지 두 분파가 아니라 분파를 셋으로 규정할 수 있는 여지가 상당 부분 포함되어 있기도 했다. 1990년대 들어 이를 분명한 쟁점으로 제기하여 홍위병을 상이한 세 흐름으로 구분한 쉬유위의 연구는 문화대혁명의 구도의 복잡성을 일층 더 강조하여 논의를 발전시켰다. 그는 또한 삼분 구도가 지역적으로 차별화된다는 점도 보여 줌으로써, 단일 구도로는 이 시기 전체를 아우를 수 없다는 난점을 강조한다. 그의 연구는 조반파가 온건 조반파와 급진 조반파로 분열됨을 보여 주고, 이것이 중앙정치와 군의 '좌파 지지'와 얽혀 어떻게 이 시기의 기본 동학을 형성하게 되는지를 보여 주었다는 점에서 이후 문혁의 다층적 복잡 구조에 대한 분석의 중요한 선구적 연구가 되었다(徐友漁 1999; 1996a: 210~2). 쉬유위는 문혁 기간 전국 29개 성·직할시·자치구에서 조반파와 보수파 사이의 양파 대립의 모순이 줄곧 지배적이었던 곳은 6곳(네이멍구, 장시, 광둥, 광시, 시짱, 신장)뿐이고, 톈진과 닝샤는 어느 쪽이라 구분하기 모호한 반면, 나머지 21곳에서는 모두 처음에 조반파와 보수파 사이의 모순이 형성되었다가 이 모순이 해결(혹은 대체로 해결)된 이후 줄곧 조반파 사이의 투쟁이 지속되는 3파 대립구도가 형성되었다고 주장한다(徐友漁 1996a: 210). 그만큼 조반파 내부의 분화가 문화대혁명의 이해에서 중요성을 지닌다고 할 수 있다.

문혁 연구 성과가 늘어나면서, 지역별 연구들이 축적되어, 각 지역별로 전개된 유사하면서도 상이한 특성들을 비교 검토할 수 있게 된 것도 중요한 성과라고 할 수 있다. 이런 지역적 차별성과 유사성의 비교를 통해 우리는 중앙 권력집단 내부의 투쟁에 대한 좁은 관심사를 넘어서서 사회 전체가 얽혀서 전개된 '대중운동'으로서의 문혁의 특징과 그것이 중앙

정치와 연관되는 측면을 동시에 살펴볼 수 있게 되었다. 문혁의 '발원지' 라 할 수 있는 베이징의 경우는 홍위병 내부의 분화나 특정 부문의 경험 등이 주요한 분석의 대상이 되었으며(Lee 1978; 唐少傑 2003; 馬繼森 2003; 楊炳章 2003; Zheng 2006; Hinton 1972), 이에 비해 상하이는 노동자를 중심으로 전개된 문혁에 대한 분석이나(李遜 1996, 1995; Perry and Li 1997) 문혁 시기 일상생활의 연구(金大陸 2011)가 두드러진다. 여타 지역의 경우, 조반파 사이에서 격렬한 대립을 보인 충칭(何蜀 2010; 黃廉 2005)이나 후난성(천이난 2008)의 사례, 조반파와 보수파 사이의 대립이 두드러진 광둥성(劉國凱 2006b; Chan, Rosen and Unger 1980; 磯部靖 2003)의 경험 등에 대한 연구가 있고, 그 외 후베이성 우한의 경우(王紹光 1993; 魯禮安 2005), 광시자치구의 참극(曉明 2006; 鄭義 1993; 廣西文化大革命大事年表編寫組 1992), 네이멍구(程惕潔 2007; 星野昌裕 2003), 시짱(唯色 2006a, 2006b, 2007), 푸젠성(葉靑 2004), 저장성(Forster 1990, 2003), 장쑤성 난징(董国強 2009)의 문혁 경험 등, 각 지역의 특성을 살펴볼 수 있는 연구 성과가 축적되면서 중요하지만 덜 알려진 문혁의 쟁점들에 좀더 다가갈 수 있는 조건이 마련되어 가고 있다.

　　문화대혁명에 대한 연구가 끊임없이 다시 주목받는 이유는 그것이 이례적이고, 비합리적이고, '전체주의적이고', '낙후된' 사회에서 우연히 발생한 비극이 아니라, 현대 정치가 던지는 중요한 핵심 쟁점을 극단적·대대적·전면적으로 드러낸 사건이기 때문이며, 우리가 그로부터 해답을 찾지는 못하더라도, 적어도 '정치'의 난점과 관련된 질문을 다시 제기하는 실마리를 찾아낼 수 있을 것이기 때문이다. 단적으로, '대중정치'의 가능성, 위험성, 그리고 그 한계라는 질문, 그리고 또 도대체 '사회주의'는 무엇이었고 '사회주의 하의 모순'은 무엇인가라는 질문, 또 '혁명'과 '이행'

의 관계라는 질문 등을 들 수 있을 것이다. 이런 점에서 문화대혁명을 재해석하려는 문제제기는 일단 중국 내에서 주로 제기되고 있지만, 세계적으로 더 확산될 수밖에 없고 또 지금까지의 접근법과는 상이한 접근법들이 늘어 갈 것으로 보인다. 문화대혁명의 중요성과 비극성은 훨씬 더 그 범위를 확대해 해석될 수 있는데, 한 예로 프랑스혁명의 과정과 비교하려는 문제제기(蕭喜東 2002)도 우리가 살펴보려는 근대 정치의 아포리아와 관련해서 중요한 논점을 제기하고 있다고 할 수 있다.[10]

　서두에서 이야기했듯이 문화대혁명에 대한 새로운 접근은 조반파의 문제를 핵심적으로 거론하지 않을 수 없으며, 그것은 문혁을 '대중운동'의 정치의 중요한 사례로 검토해야 할 필요성을 제기하는 것이다. 이처럼 조반파에 대한 역사적 재평가라는 쟁점에서 시작한 문혁에 대한 재검토는 그와 연관된 폭넓은 정치적 쟁점으로 확대된다. 핵심적으로 그것은 바로 이 조반파의 성립을 가능하게 했고 그것을 중심으로 문화대혁명의 대중정치를 구상하고 추동한 핵심세력의 분화와 대립, 그리고 정치적 부침의 역사를 질문하게 만든다. 그들은 무엇을 구상하였고, 왜 함께 하였으며, 왜 분열되어 사라져 갔는가, 거기서 우리는 문화대혁명이 새롭게 열어놓은 정치의 가능성과 한계, 아포리아를 만나게 된다. 조반파-중앙문혁소조-마오 주석의 연계의 모순이라는 질문은 그 쟁점을 풀어 가는 고리가 될 것이다. 문혁에서 매우 중요한 '초기 50일'(위로부터의 공작조 파견

---

10) 프랑스혁명과 문화대혁명 사이에서 연관성을 발견하려는 시도는 이론적 맥락이 없는 것은 아닌데, 그것은 프랑스혁명에 대한 '교조적' 해석과 '수정주의적' 해석의 부당한 대립을 비판하면서 프랑스혁명을 근대세계체계 최초의 반체계혁명이자 '이데올로기 혁명'으로 규정한 월러스틴의 주장에서 이미 암시되고 있다(월러스틴 1999: 144~93; cf.월러스틴 외 1994). 프랑스혁명을 '귀족혁명, 부르주아혁명, 민중혁명, 농민혁명'의 '4중의 혁명'으로 해석하는 조르주 르페브르의 주장도 참고할 수 있다(르페브르 2000).

을 중심으로 진행된 문혁 초기로, 6월 1일부터 7월 24일 정도를 말함)의 시기를 거쳐 기존 체제에 대립해 형성된 구도가 바로 이 조반파-중앙문혁소조-마오 주석의 정치적 동맹이라 할 수 있고, 이 동맹은 문혁의 급진성의 상징이기도 했다. 이 책은 문화대혁명의 역사서술을 다층화/복잡화하려는 흐름을 공유하면서, 문혁이 드러낸 정치적 아포리아를 살펴보려 한다. 여기서는 그 한 방향으로서 문화대혁명 시기 핵심적 역할을 담당한 바 있던 중앙문혁소조, 그 내부에서도 소조장인 천보다에 초점을 맞추고, 그와 마오 주석, 그와 조반파의 관계 속에서 문화대혁명의 난점을 규명해 보려고 한다. 그는 마오의 이념적 최측근으로서 조반파의 상징적 배후였고 문화대혁명의 조반운동이 소멸해 가면서 당내에서 그의 지위 또한 설 자리를 상실해 갔다. 따라서 그를 '조반' 운동의 등장과 소멸, 그 속에서 분출된 문혁의 아포리아를 가장 집약적·상징적으로 보여 줄 수 있는 인물로보는 것은 흥미롭고 또 충분히 근거 있는 일이다.

2년여에 걸친 모순에 찬 그 '한 배 타기'와 동맹의 해체·분화·결별의 과정은 문화대혁명이 보여 준 '정치의 아포리아'의 핵심이라고 할 수 있고, 이제 우리는 그 이야기를 시작해 볼 것이다.

2. '중앙문혁' 소조장 천보다

문화대혁명 시기에 천보다는 한편에서 조반파의 사상적 '배후'라 할 수 있는 위상에 있었고, 다른 한편에서 마오의 '이론적 정리자'의 위상에 있었다. 그런 만큼 문혁 시기 그가 조반파와 마오를 잇는 중요한 교량인 동시에 문혁의 모순과 아포리아를 스스로 체현해 보여 줄 수밖에 없던 것은 당연한 일이었다. 그는 조반파와 마오에 동시적으로 연결되어 있었고, 문혁이 개시되었을 때 문학을 이론화하는 중요한 핵심 축이었지만, 이후에 조반파는 조반파대로 마오는 마오대로 각기 더 진화하고 '급진화'해 가면서 그는 어느 방향도 따라갈 수 없었다. 그 각 방향은 그의 사상이나 이론적 입장의 발전과 무관한 선상에 있지 않았으나, 천보다 자신은 그 길을 따라 나아갈 수 없었고, 그렇게 나아갈 단서를 찾아낼 수 없었다. 그럼 천보다와 동맹적 관계에서 시작한 조반파와 마오는 각기 따로 모색해 간 도상에서 천보다가 멈추어 선 지점을 뛰어넘어 확실히 새로운 돌파구를 찾아냈던 것일까? 이 책은 이 질문을 좇아서 그 동맹과 분열의 궤적을 추적해 보려 한다.

천보다가 총책임자인 조장을 맡았던 중앙문혁소조는 이데올로기적 주도성 측면에서 문혁 과정에서 매우 중요한 역할을 했다. 부웨이화는 중앙문혁소조란 마오가 전통적인 당과 국가의 (관료) 지도체제에 반대하기 위한 조직적 중심을 만들기 위해 좌파 비서집단을 중심으로 구성한 것이라고 주장한다. 그는 중앙문혁소조가 "처음에는 중앙 정치국과 중앙서기처의 문화대혁명 지도권을 빼앗았다가, 1967년 2월 이후에는 더 나아가 중앙정치국과 중앙서기처의 권력을 전면적으로 빼앗았다"고 평가한다 (卜偉華 2008: 118~9). 그만큼 문화대혁명 시기, 특히 초기에 중앙문혁소조의 영향력과 비중은 매우 컸다. 중앙문혁소조는 무엇보다 문화대혁명 시기 흐름을 이끈 '3대 정간물'인 『인민일보』(人民日報), 당이론지 『홍기』 (紅旗), 그리고 인민해방군의 『해방군보』(解放軍報)의 편집을 주도하여, 주요한 시점마다 '사론'과 '평론원'의 명의로 핵심적 글들을 실어 운동의 방향을 제시하였다.[11] 그리고 중앙문혁소조는 중앙에서 발표된 문혁 시기 중요 문건들의 초안을 작성하였고, 또한 각지의 조반파 조직들에 대해 직간접적 영향력을 끼쳤다. 그런 만큼 중앙문혁소조가 문화대혁명의 주요 계기에 어떤 입장을 취하고 어떤 세력을 지지하는가는 전체의 형세에 영향을 끼칠 수 있는 것이었다.

그처럼 중앙문혁소조의 영향력과 중요성이 큼에도 중앙문혁소조를 본격적으로 다룬 연구는 별로 없는데, 그 이유는 중앙문혁소조를 마오의 충실한 대행자나 '괴뢰' 이상으로 보지 않는 것이 통상적인 견해였기 때문이라고 할 수 있다.[12] 그러나 중앙문혁소조＝마오＝홍위병이라는 구도는 실제 역사의 진행과정과 잘 일치하지 않는다. 중앙문혁소조 자체가 당내 갈등을 지속적으로 반영하여, 핵심 인물 중에서 처음에는 1967년 초에 타오주(陶鑄), 그리고 1967년 말에는 '왕·관·치'(王·關·戚: 왕리·관펑·치번위), 그리고 마지막에는 1970년에 소조장인 천보다까지 숙정의 대상이 되었다는 점에서, 그리고 숙정 시 천보다에게 '유(唯)생산력론자', '경제주의자', '트로츠키주의자', '수정주의자', '국민당의 간첩', '폭력선동가'라는 서로 모순되기까지 한 온갖 규정이 붙여졌다는 점에서 상황은 훨씬 복잡하며, 중앙문혁소조 자체가 문혁 난점의 어떤 '반영물'이며, 그 자체 당내외의 대립이 관통하는 공간이었다고 할 수 있다.

---

11) 문혁소조 내에서 왕리(王力)와 관펑(關鋒)이 『인민일보』와 『홍기』 업무를 관장하는 고리였으며(나중에 치번위戚本禹도 결합), 이들 잡지에 실린 주요한 사론들은 천보다 주도 하에 왕리와 관펑이 집필하는 것이 일반적이었다(葉永烈 1999: 532). 관펑은 린뱌오의 위탁을 받아 『해방군보』도 관장하였다(楊永興 2009).

12) 예를 들어 王毅(1996), 卜偉華(2008: 119), 穆欣(연도 미상) 등. 공식 문혁교과서인 王年一(1994)에서 묘사되는 천보다도 그렇고, 천보다의 전기 작가 예융례(葉永烈 1999)의 관점도 천보다를 "바람 부는 방향에 맞추어 산 기회주의자" 이상으로 보지 않는다. 천보다의 아들인 천샤오눙은 예융례의 책과 같은 자료 및 인터뷰에 기반하고 있는 셈이지만, 광범한 자료를 동원하여 예융례의 관점을 반박한다(陳曉農 2005). 그렇지만 천샤오눙의 작업도 천보다가 공격받은 부분에 대한 옹호에 초점을 맞추고 있어, 문화대혁명 기간의 주요한 사실들에 대한 천보다의 증언이 충분히 담겨 있지는 않다. 린뱌오와의 관계, 문혁에 대한 마오 주석의 생각, '상하이방'과의 대립 등에 대한 천보다의 주요한 회고는 師東兵(2008)을 참고할 수 있다. 천보다가 생전에 남긴 유사한 회고성 자료들이 이후에도 더 발표될 것으로 예상된다.

천보다에 대한 마오 자신의 비판을 고려하면, 천보다=마오라는 등식조차 잘 성립되지 않음을 알 수 있다. 천보다를 실각시킨 1970년 8월 31일 중공중앙 9기 2중전회에서 마오는 「나의 의견」을 제출하였는데, 여기서 천보다를 다음과 같이 비판한다.

나는 천보다 이 천재이론가와 함께 30년을 일해 왔지만, 몇몇 중대 문제에서 종래 일치를 본 적이 없으며 더욱이 잘 조화가 되었는지는 말할 필요도 없다. 세 번의 루산회의를 예로 들어 보겠다.…… 내 이 말들이 이 천재이론가의 마음(어떤 마음인지 나는 모르겠는데, 아마 양심이지 야심은 아닐 거라고 본다)이 얼마나 넓은지 잘 보여 주고 있다.(毛澤東 1970)

물론 이 말을 있는 그대로 해석할 필요는 없지만, 마오와 천 사이의 균열의 지점을 찾아내는 것, 그리고 그것을 문혁의 핵심 쟁점과 연결시키는 것이 그만큼 중요함을 시사해 주고 있다고 볼 수 있다.

또한 중앙문혁소조=홍위병이라는 등식이 성립하려면, 우선 어떤 홍위병인가가, 특히 홍위병의 세 가지 흐름 중 어디인가가 문제가 될 것이다. 한 예로, 베이징에서는 홍위병이 '보황파'인 롄둥(聯動)과 조반파인 산쓰(三司)로 나뉘었고, 산쓰 세력은 '홍위병대표대회'(紅代會)와 '베이징 혁명위원회' 설립 과정에서 다시 베이징대·칭화대·베이징 항공학원을 중심으로 하는 '하늘파'(天派)와 베이징 지질학원·베이징 사범대 등을 중심으로 하는 '땅파'(地派)로 분열되었다.[13] 이처럼 문화대혁명 바로 초기부터 '홍위병 일반'이란 존재하지 않고 특정한 입장을 지닌 서로 다른 홍위병들이 존재했고, 그것이 문혁의 핵심 특징이었다. 범위를 조반파 핵심으로 좁히더라도 다음과 같은 천보다의 말을 들어 보면 상황이 복잡함을 알 수 있다.

오늘 중앙문혁소조가 소집한 회의는 엄숙한 회의이다.…… 앞서 몇 차례 회의에서 나는 여러분들에게 박수치지 말라고 했다. 박수를 친다는 것은 동의한다는 표시이다. 그런데 아무것도 바뀐 게 없다. 게다가 무장투쟁(武鬪)을 일으키고 그것도 엄청나게 벌이고 있는데다, 대학생들이 앞장서고 있으니, 이 일을 알게 된 우리는 참으로 고민스럽다. 우리가 더 이상 여러분들과 마음을 나눌 수 있겠는가? …… 여러분 일부 학생들은 쉽게 무장투쟁을 벌인다.…… 정풍운동을 진행하고 자아비판을 제창하되 주로 자아비판을 하라.…… 크게 무정부주의에 반대하고 무정부주의의 반동사상을 극복하라.…… 우리는 인민의 양식을 먹고서 우리의 머리를 쓴다. 조반유리(造反有理: 반역은 정당하다)는 마오 주석의 말인데, 마오 주석은 조반무리(造反無理)하라고 하지는 않았다. 무장투쟁은 이치가 없는 일일 따름이다. 여러분 몇몇 학교는 서로 싸우고 자기 학교 내부에서도 싸우는데 내가 보기에는 어떤 도리도 없다. 혁명파 사이에 너희가 우리를 치니 우리도 너희를 친다는 식이니 이는 조반이라 할 수 없다.[14]

다음으로 그럼 중앙문혁소조는 하나의 동일한 사고와 정치적 입장을 공유하는 통일된 조직이었는가라는 질문도 제기될 수 있다. 그런데, 마오쩌둥의 부인인 장칭(江靑)과 천보다의 대립은 잘 알려진 사실이고(閻長貴·王廣宇 2010: 297~303; 王文耀·王保春 2008, 2004; 繆俊勝 2011), 천보다

---

13) 한 중앙회의에서 저우 총리는 자신과 천보다가 '하늘파'의 배후로, 캉성(康生)이 '땅파'의 배후로 지목되고 있다는 세간의 이야기를 전하고 있기도 하다(「中央首長分別接見大專院校代表的講話」, 1967. 9. 16., 『陳伯達文章講話匯編』). '하늘파'와 '땅파' 사이의 대립에 대해서는 Lee (1978)를 참고하라. '하늘파'는 항공학원을, '땅파'는 지질학원을 상징하여 붙여진 이름이다.
14) 「中央首長接見中學代表時的講話」(1967. 4. 16.), 『陳伯達文章講話匯編』.

자신도 "나와 장칭·장춘차오(張春橋)·야오원위안(姚文元) 사이에는 분기에서 분열에 이르는 과정이 있었다. 나와 그들 사이에 아주 심한 충돌이 발생했는데 이 또한 사실이다"라고 말하고 있다(陳曉農 2005: 306). 천보다는 이 충돌을 피하기 위해 중앙문혁소조가 만들어진 지 얼마 되지 않은 1966년 9월부터 아예 단독으로 중앙문혁소조 회의를 개최하지 않고 반드시 저우언라이 총리 주최의 중앙문혁 간담회(碰頭會)에만 참석을 하였다(陳曉農 2005: 306; 陳伯達 2000: 87, 159~60; 葉永烈 1999: 543~8; 王文耀·王保春 2008).[15] 이 중앙문혁 간담회 참석자는 중앙문혁소조와 총리 외에 공안부장 셰푸즈(謝富治), 린뱌오의 부인 예췬(葉群), 중앙경위단장 겸 중앙판공청 주임 왕둥싱(汪東興), 인민해방군 총참모장 양청우(楊成武) 등이었다(閻長貴·王廣宇 2010: 21). 그런 점에서 이미 1970년에 숙정된 천보다가 그의 숙정을 주도한 셈인 '4인방'과 함께 1981년 '반혁명 재판'에서 '4인방+1'로 재판을 받은 것은 아이러니가 아닐 수 없다.

따라서 우리는 상황을 이해하려면 좀더 복잡한 구도가 필요함을 알 수 있으며, 문화대혁명 시기에 사회 전반에 나타난 다양하고 복합적인 갈등의 선이 중앙문혁소조 자체 내에도 투영되어 나타났음을 분명히 해야 한다. 이 글은 이를 이해해 보기 위한 한 가지 길로서 중앙문혁소조 내에서 천보다가 문화대혁명을 어떻게 구상/해석하였으며 그것이 어떤 대립선 위에 놓여 있었는지, 그리고 그는 왜 설 자리를 잃고 실각에 이르게 되었는지를 살펴보려고 하며, 그것이 문화대혁명이 지닌 자체적인 모순과 비극들과 어떤 연관성을 갖는지를 설명해 보려고 한다. 그 과정에서 우리는 아래에서 천보다 자신이 이야기하듯이, 문화대혁명의 복잡성에 대해 좀더 이해할 수 있게 될 것이다.

문화대혁명 중 발생한 동란의 원인은 매우 복잡하다. 당의 결정에 오류가 있었고 사회모순도 장기 누적되어 일시에 격화된 등등을 말할 수 있다. 역사적 원인이 있고 제도적 원인이 있는데, 이 모두 진지하게 분석해 교훈을 얻어야 한다. 동란의 원인을 글 한 편으로 귀결시키고 우연한 몇 구절로 귀결시키는 것은 엄숙한 태도가 아니다.(陳曉農 2005: 271)

그런데 천보다라는 인물을 다시 재조명해 보려는 시도는 사실 아직도 어려움이 많은데, 그가 아직 복권되지 않은 소수의 문제인물 중 하나이자 금기시되는 인물에 속해 있기 때문이다. 그가 문혁 촉발의 핵심 인물이었다는 측면 외에도, 무엇보다 천보다-덩샤오핑(鄧小平) 사이의 갈등, 특히 문화대혁명 중 덩샤오핑의 실각을 천보다가 주도했다는 배경도 있기 때문일 것이다. 천보다는 류사오치(劉少奇)를 비판한 것은 마오의 입장 때문에 어쩔 수 없이 떠밀려 한 일이라고 변명하지만,[16] 덩샤오핑에 대해서는 일관되게 비판적이다. 무엇보다 핵심적으로 두 가지 문제가 제기되는데, 천보다는 1957년 반우파투쟁과 문화대혁명 초기 공작조 파견

---

15) 추후이쭤(邱會作)의 아들인 정광은 문혁소조 내에서 천보다와 장칭의 대립 때문에 9차 당대회 시기에 장칭을 견제하기 위해 천보다가 린뱌오 쪽으로 기울었다고 설명한다(程光 2007: 627~8).

16) 천보다는 문혁 시기 류사오치의 가장 큰 공격 대상이 된 저작 『공산주의 수양을 논함』의 수정 작업의 책임을 맡았고, 옌안 시대에 이 책의 구판의 수정 작업도 그의 손을 거쳤다. 따라서 그는 이 책을 공격할 때 항상 마오의 말을 빌려서 그 범위 내에서 하고 있음을 알 수 있고, 그가 나중에 마오의 공격을 받은 빌미 중 하나인 "너는 나와 사오치 사이를 투기했다"는 이야기나, 장칭 등이 류사오치에 대한 비판 숙청 작업을 진행하고 있던 1967년 초 자신에게 그와 관련된 자료는 전혀 넘겨준 적이 없다는 천보다의 주장 등을 연결시켜 보면 류사오치 공격에서 그가 다소 소극적이었음을 알 수 있다. 그렇다고 천보다가 마오와 류사오치 사이의 이론적 불일치의 연원을 가볍게 보고 있는 것은 아니어서, 천보다는 그 연원이 생각보다 깊으며, 항일전 종료 직후 내전 시기로 소급된다고 주장한다(陳曉農 2005: 252).

두 가지가 덩샤오핑에 의해 연결됨을 주장한다.[17] 또 한 가지는 이 책 뒷부분에서 살펴보듯이 '공업문제'에 대한 두 사람의 상이한 지향의 차이에 기인한 것이었다.

중앙문혁소조장의 위상이 중앙서기처 총서기에 해당한다는 점에서 덩샤오핑이 밀려난 자리를 천보다가 차지했다고 볼 수도 있는데, 두 사람의 서로에 대한 공격은 신랄하다. 천보다는 이렇게 발언했다.

류의 오류에 대해서는 모두 비교적 많이 이해하고 있지만 덩에 대해서는 잘 이해하지 못하고 있다. 그에 대한 대자보도 많지 않다. 사실 덩의 문제는 아주 분명하며 또한 아주 엄중하다. 공작조 형식은 바로 잘못된 노선의 집행이다.…… 여기서 대중을 동원해 대중에 싸우게 하였고, 공작조 철수 후에도 거기에 누군가 남아서 조종을 하고 있다.…… 덩은 잘못된 노선의 최선봉인데, 그의 잘못한 점을 비판하는 사람이 없다. 덩, 이자는 그의 총명함을 믿고, 타고난 백과사전인 양 모르는 것이 없고 깨닫지 못한 것이 없어, 조사연구도 하지 않고 그대로 문제를 결정해 버린다. 매번 중앙회의를 열 때마다 그는 비평을 주로 하고, 다른 큰일에는 마음을 쓰지 않는다. 대중과는 접촉하지 않고, 대중노선에는 관심이 없으나, 어떤 일이건 '흥정'하기만 좋아하여 총리조차 물귀신에게 당한 것처럼 끌려 들어간다. 덩과 문제를 논의하는 것은 참으로 하늘에 올라가기보다 어렵다.[18]

---

17) 이 쟁점은 문화대혁명의 격화를 이해하는 중요한 고리인데, 최근의 조반파의 회고록 등을 보면 특히 1957년 반우파투쟁 당시 피해자들이 문화대혁명 초기 공작조에 의한 탄압의 동일한 희생자가 되고 있고, 여기서 조반파 형성이 시작됨을 알 수 있다(천이난 2008; 錢理群 2007; 백승욱 2007c; 印紅標 2011: 52).

반면, 덩샤오핑은 1972년 마오 주석에게 보내는 편지에서 다음과 같이 천보다를 비판한다.

천보다 이 인간에 대한 내 인상은 아주 자만감이 넘치고 허세를 떨치며 종래 자아비판을 한 적이 없다는 것입니다. 자기가 글 좀 쓴다고 종래 남들이 쓴 글을 칭찬하는 것을 본 적이 없습니다.…… 그는 늘 입에 "나는 서생이라 안 된다"는 말을 달고 다니는데, 이게 유일한 자아비판입니다.…… 나는 그가 공업 방면에 제안한 것이라고는 두 가지만 알고 있는데, 하나는 트러스트이고 다른 하나는 개수임금제입니다.…… 소련 수정주의를 비판하는 글을 쓸 때 캉성 동지가 그 팀을 맡아 쓰게 되자 천보다는 줄곧 관심이 없다가, 「국제공산주의운동 25조」를 쓰는 일을 맡고서야 적극적으로 나섰습니다.…… 천보다는 여러 해 동안 어떤 일도 맡은 게 없고, 이런 붓쟁이들은 늘 이해해 달라고 해서, 그에 대한 인상은 별다른 게 없습니다. 그가 문화대혁명 중에 주재한 일들, 특히 9기 2중전회의 일은 중앙 문건을 전달받은 이후에야 들었는데, 이런 나쁜 놈의 과거가 그렇게 드러난 것이 그리 이상한 일도 아님을 알게 되었습니다.[19]

지금까지 천보다에 대한 체계적 연구는 와일리의 연구가 거의 유일한데, 그 책은 연구 시기를 옌안부터 해방 이전까지로 한정하여 '마오쩌둥 사상' 형성에 대해 천보다가 어떤 기여를 했는지 보여 주고 있다(Wylie

---

18) 「陳伯達在中央工作會議上的講話」(1966. 10. 25.), 『陳伯達文章講話匯編』. 같은 내용을 「陳伯達談資産階級反動路線」(1966. 12. 25.), 『陳伯達文章講話匯編』에서도 발언한다.
19) 「鄧小平給毛澤東的信」(1972), 『陳伯達文章講話匯編』.

1980). 이 시기나 '신중국' 초기의 천보다의 사고와 역할의 중요성도 크긴 하지만, 본 연구는 문화대혁명 시기의 천보다를 집중적으로 분석해 보기 위해, 연구 시기를 문화대혁명 개시 시점에서 그의 몰락 시점까지로 맞출 것이고, 필요한 범위 내에서 조금 더 시기를 연장해 문혁의 후과와 천보 다의 질문들을 연결시켜 검토할 것이다. 문화대혁명 시기 천보다 자신의 생각을 살펴보기 위해서는 당시 천보다가 대중집회에서 한 연설들과 중앙회의에서 한 발언들을 중심적으로 살펴볼 것이다. 문화대혁명 초기 1년 여 시간 동안 천보다는 거의 매일 베이징에서 열린 각종 대중집회에 참석하여 수많은 연설을 하였고, 대부분 이 행사에는 '중앙문혁 간담회' 구성원들이 번갈아 함께 참석하였다. 그의 대중집회 연설은 1967년 여름 이전까지 시기에 집중되며, 그 이후 그의 영향력 감소와 대중운동의 성격 변화, 문혁 중심축의 변화 등이 겹쳐져 그의 대중집회 연설은 급격히 줄어들기 시작한다. 우리는 이 연설문을 통해 주요한 계기마다 천보다가 어떤 태도와 대응을 하였고, 그것이 다른 주요 인물들과 어떤 차이점을 보이는지, 그리고 미묘한 차이가 시간이 지나면서 어떻게 점점 더 확대되는지 살펴볼 수 있을 것이다. 필요한 부분에서는 천보다 자신과 여타 인물들의 회고록과 공식 문서 또한 활용하였고, 천보다의 몰락 이후 시기에 그가 남긴 질문들을 좀더 규명하기 위해 당시 대중운동에서 형성된 여러 세력들의 주장들도 검토해 볼 것이다.

천보다는 대중집회 연설 외에도 자신이 주관하던 『홍기』의 사설 등도 다수 직접 집필하거나 가필하였지만, 이 경우 여러 사람의 공동작업을 거친 글인 경우가 대부분이라, 분명하게 천보다의 글로 드러난 경우 외에는 논의의 혼란을 가져올 수 있어 이 책의 연구대상에서 일단 제외하였다.

2장_ 천보다와 '마오쩌둥 사상'

1. 천보다라는 인물

먼저 천보다라는 인물의 이력을 간략히 살펴보자. 그의 핵심 경력은 마오쩌둥의 '이론·이데올로기 비서'와 당내 '수재(秀才) 집단'의 총책임자로 대표된다.

천보다는 1904년 7월 29일 푸젠성 후이안(惠安)현에서 태어났다. 부친이 지은 본명은 천성쉰(陳聲訓)이나, 사숙에 입학하면서 스승이 천젠샹(陳健相)이라는 이름을 지어주어 이를 사용하였으며, 어려서는 천상여우(陳尙友)라는 자(字)로 불리기도 했다. 어릴 적 사숙에서 한학을 공부하다 15세에 지메이(集美) 사범학교에 입학하였으나 학업을 마치지는 못하였고 17세에 고향에 돌아와 초등학교 교사일을 하였다. 1925년 '5·30운동'에 참가하였고, 1926년 광저우 중산대학에서 잠시 수학하였다. 그해에 '북벌'에 가담하여 푸젠성 지역의 '개혁적' 군벌인 장전(張貞)의 휘하에 소속되었으며, 장전의 부대는 국민혁명군 제1군 독립 제4사단으로 편제되었고, 여기서 사단부 비서를 맡았다.

푸젠성의 반공테러가 심해지자, 1927년 상하이로 피신하였고, 상하이에서 중국공산당에 입당하였다. 1927~1930년 당의 파견으로 소련의 중산대학에서 수학했다. 소련 유학 시절 「스파르타쿠스」 영화를 보고 감동하여, '파다'(巴達)라는 필명을 지었다가, 좀더 중국 이름에 가까운 필명 보다(伯達)로 바꾸어 쓰다가 자신의 이름이 되었다. 귀국 후 상하이에서 활동하다 1931년 톈진으로 활동 무대를 옮겼다. 1931년 톈진에서 국민당 정부에 검거되어 2년 반 형을 선고받았으나, 1932년 병으로 가석방되었다. 1935년 베이핑에서 학생들의 동맹휴학을 조직해 '12·9' 운동을 주도하였고, 1937년 당의 지시로 옌안으로 활동 무대를 옮겼다. 국민당 지역에서 지하 활동을 하던 시기에, 심한 푸젠 사투리 때문에 대중사업보다는 선전·이론 사업에 주로 참여하였다.

옌안에서는 산베이 공학(公學) 및 중앙당교의 교원과 마르크스-레닌주의 학원 부원장을 맡아 중국 고대철학사 등을 강의하였다. 여기서 마오쩌둥을 만나 교류하면서 마오의 정치·이데올로기 비서를 맡게 되었다 (처음에 맡은 공식 직함은 중앙군사위원회 부비서장이었다). 이후 본격적으로 마오쩌둥과의 공동의 이론작업에 몰두하게 된다. 1945년 중국공산당 7차 당대회에서 중앙위원회 후보위원으로 선출되었고, 7기 2중전회에서는 중앙위원으로 선출되었다. 1956년 8차 당대회에서는 중앙정치국 후보위원으로 선출되었다. 중공중앙 선전부 부부장, 중국과학원 부원장, 당기관지 『홍기』 총편집인을 역임했고, 당내 최고 이론가로 '노 선생님'(老夫子)으로 지칭되었다.

문화대혁명 개시와 더불어 1966년 5월 중앙문혁소조 소조장을 맡았으며, 1966년 8월 8기 11중전회에서는 당서열 5위의 중앙정치국 상무위원에 선출되었다. 1969년 4월 개최된 9차 당대회의 정치보고 초안 작성을 두고 장춘차오와 대립하였다. 1970년 8월 말~9월 초 루산에서 열린 9

기 2중전회에서 린뱌오와 동맹을 맺어 '천재론'과 '국가주석 지위 부활' 등을 주장하면서 장춘차오 등의 '상하이방'을 공격하다가 마오쩌둥의 비판을 받아 실각하고 가택연금 상태에 놓였다. 1971년 린뱌오 사건('9·13' 사건) 이후에는 진청감옥에 수감되었고, 1973년 10차 당대회에서 당적이 박탈되었다. 1976년 '4인방 체포'와 더불어 공식 체포된 것으로 기록되고, 1981년 '4인방'과 함께 재판이 진행되어 18년형을 선고받았다. 1981년 8월 병으로 가석방되어 집필활동을 재개하였으며, 1988년 형기가 만료되어(1970년부터 산정되었기 때문) 베이징시 문사관(文史館) 관할로 소속이 변경되었다. 1989년 9월 20일 사망하였다.[1]

2. 천보다와 마오쩌둥

천보다의 중요성은 무엇보다 그와 마오쩌둥 사이의 특수한 관계 때문이다. 천보다는 일찍이 1930년대 후반 옌안 시절에 마오쩌둥을 처음 만난 때부터 1950년대 초에 걸쳐서, '마르크스-레닌주의와 중국혁명의 결합으로서 마오쩌둥 사상'이라는 체계를 정식화해 내고 이를 '마르크스주의의 중국화'라는 당내 공식노선으로 정립시키는 데 가장 중요한 역할을 해냈다. 또한 옌안 시절 옌안 정풍운동을 통해 당내 마오의 이론적/이데올로기적 위치를 견고하게 만드는 데도 중요한 공헌을 했다(Wylie 1980). 해방 이후 중앙문혁소조를 맡기 전까지 천보다의 공식 직함은 중국과학원 부원장, 중앙선전부 부부장, 당기관지 『홍기』 편집인 등이었지만, 무엇보다 그는 마오쩌둥의 '정치·이데올로기 비서'였고, 옌안 시절인 1939년부터

---

1) Wylie(1980), 陳曉農(2005), 葉永烈(1999), 王文耀·王保春(2008, 2004) 등에 근거해 정리.

줄곧 그랬다. 중국공산당 중앙에는 각종 중요 문서들의 초안 작성을 담당하는 '수재(秀才) 집단'이 있었는데, 천보다가 그 우두머리인 셈이고, 이들 중 핵심인물들이 이후 중앙문혁소조에서 주요 역할을 맡게 된다.

그는 당내의 '최고 이론가' 대접을 받았는데, 그래서 그에게 붙은 별명이 '노 선생님'(老夫子)이었다. 그의 위치는 단순히 '비서'라는 직함으로는 설명되지 않는 그 이상이었는데, 몇 가지 중요한 역할을 살펴보면, 그는 앞서 말했듯이 '마르크스-레닌주의와 중국혁명의 결합으로서 마오쩌둥 사상'이라는 정식화와 체계화를 수행한 인물이며, 『마오쩌둥 선집』의 편집자였고, 중화인민공화국 건국 정신의 골간인 인민정치협상회의 공동강령과 헌법초안을 작성한 인물이고, 문화대혁명 시기에 오면 문혁의 핵심 강령이라 할 「문혁 16조」의 초안 또한 그가 작성하였으며 중앙문혁소조의 소조장을 맡았다. 그는 마오쩌둥의 사상을 체계화하고 정식화하는 데 가장 적합한 인물이었던 셈이며, 마오 주변의 여러 지식인들 중 사실 천보다의 위치를 대체할 적절한 인물은 없었다.[2]

푸젠, 톈진, 베이핑 등지에서 활동하고 소련의 중산대학에서 교육을 받기도 했던 천보다가 옌안에 도착한 것은 1937년 8월의 일이었다. 이듬해인 1938년 쑨중산에 관한 사상토론회에서 처음 마오의 주목을 받고 식사 초청을 받아 서로 알게 된 이후, 신철학회가 설립되었고 천보다는 여기서 중국 고대철학을 강의했는데, 매번 강의를 들으러 온 마오와 철학에 관한 토론을 나누면서 둘 사이에 교류가 형성되었다. 천보다의 고대철학

---

[2] 가장 가까운 예를 들자면 중소논쟁 중 「프롤레타리아 독재에 대해 다시 논함」을 작성한 후차오무(胡喬木) 정도인데, 후차오무는 문화대혁명 초기에 일찍 실각하였고, 천보다에 비해서는 마오와의 공동작업이나 중요 문서 초안 작성 작업 등에서 상대적으로 중요성이 부차적이었다 (예융례 1995).

연구서들을 전해받은 마오가 그 중 『묵자철학사상』과 『공자의 철학사상』에 관한 논평문을 전달하고 토론하면서 마오는 천보다를 비서로 발탁해가게 되었다. 이렇게 옮겨 가면서 마오는 천보다에게 "당신의 사상은 오래된 골동품 위에 줄곧 머물려 하지 말고 현실의 문제를 연구하는 데 힘을 기울이시오"라고 말했고, 이후 천보다는 혁명과 경제 문제에 초점을 맞추게 된다(陳曉農 2005: 63~5; 葉永烈 1999: 182~7).

천보다는 때로는 마오와 '공동저자'의 지위로 볼 수 있을 만큼의 공동작업을 여러 번 하게 된다. 특히 이는 항일전쟁이 끝나고 국민당과의 내전 국면에서 신민주주의혁명의 논리를 체계화하고 이로부터 사회주의 전망을 끌어내는 데 주요하게 작용한다. 그 대표적 결과가 1945년의 「연합정부론」이었는데, 천보다에 따르면 마오의 이 글은 "마오 주석 자신이 일부 초안을 쓴 이후 나에게 넘겨 대부분 초안을 내가 썼다"(陳曉農 2005: 73).

또한 1920년대부터 전개되어 온 중국사회성질논쟁의 마오 방식의 비판적 종합이자 신민주주의론의 이론적 기반이 된 '관료자본론'을 체계화하는 일 또한 마오-천의 공동작업으로 진행되었으며, 그 결과 출판된 것이 1946년의 『중국사대가족』이었다(陳伯達 1946). 부르주아혁명인가 프롤레타리아혁명인가라는 오랜 논쟁을 넘어서, 중국사회를 '매판적·봉건적 국가독점자본주의'로 규정하고, 혁명의 전망을 '반제·반봉건·반관료자본 신민주주의혁명'으로 규정한 것이 이 책의 결론이었으며, 그 마오쩌둥 버전이 1947년의 「당면정세와 우리의 임무」로 발표되었던 것이다. 『중국사대가족』, 그에 앞서 집필한 것으로 장제스를 비판한 『「중국의 명운」을 논함』, 그리고 그 이후 쓴 『인민 공적 장제스』 이렇게 3부작은 당시 정세에서 매우 중요한 역할을 했는데, 천보다는 "이론적으로 중국혁명이 필연적으로 승리의 길로 나아갈 것임을 설명하여 당시 일부 동지들의 모호한 인식을 해소하는 데 기여"했다고 자평하고 있다(陳曉農 2005: 74).

건국의 기초가 되는 인민정치협상회의 공동강령의 초안 작업을 주도한 천보다는(리웨이한李維漢과 리리싼李立三도 부분적으로 참여), 1954년 헌법초안도 작성하였다(陳曉農 2005: 97, 116~7).[3] 그리고 이 공동강령과 헌법초안 사이의 기간에 그는 『마오쩌둥 선집』 발간 사업을 본격 추진하였는데, 이 작업은 해방 전 시바이포(西柏坡)에서 천보다가 마오에게 건의하여 구상이 시작되었고, 본격 작업은 마오가 소련을 처음 방문하고 돌아온 직후인 1950년 초부터 시작되었다(陳曉農 2005: 96). 이 작업은 기존의 글들을 모아 출판하는 것 이상의 의미를 지녔으며, 사실상 천보다-마오쩌둥의 공동작업이라고 할 수 있었다.

『마오 선집』의 편집은 우선 내가 들어갈 글들을 선정한 후, 마오 주석에 넘겨 심의수정을 받거나 마오 주석의 의견을 반영해 내가 필요한 수정을 하여 다시 마오 주석의 최종 심의를 받았다. 후차오무는 일부 문자 어법의 수정에 참가했고, 톈자잉(田家英)은 교열과 인쇄 책임을 맡았다. 해제와 주석을 쓰는 일은 주로 내가 책임을 맡았다. 일부 중요한 해제와 표제어 주석은 마오 주석이 직접 썼고, 역사 표제어 주석의 일부는 판원란(范文瀾)이 썼다. 이후에 주석 다는 작업량이 점점 늘어나 톈자잉이 장소를 물색해 젊은 친구들을 조직해 일을 맡겼고, 내가 살펴보고 수정을 한후 마오 주석이 최종 심의를 했다.······ 『선집』의 첫 글 「중국사회의 계급분석」은 내가 많은 시간을 들여 수정했다.······ 또 한편 힘을 많이 들여 수정한 글은 「모순론」이다.······ 그 시기 마오 주석의 일이 매우 바빠서, 「모순론」의 수정은 주로 내가 그를 도와 진행했다. 내가 고친 후 마오 주석에게 넘겨 심의확정하게 했는데, 기억하기로는 당시 그는 내게 편

지 한 통을 써서, "당신이 이렇게 빨리 이렇게 잘 고칠 것으로는 생각 못

했소"라고 했다.……『마오 선집』첫 세 권은 내가 편집을 책임졌지만,

제4권에 나는 기본적으로 참가하지 않았다. 제4권은 후차오무가 책임

을 맡았는데, 일부 중요한 주석은 덩샤오핑이 구술하고 톈자잉이 기록했

다.(陳曉農 2005: 113~6)[4]

그가 마오쩌둥의 글들을 '마오쩌둥 사상'이라는 형태로 최종적으로

정식화한 것도 바로 이 『선집』작업을 통해서였다. 이와 관련해 그의 사고

가 가장 잘 정리되어 있는 글이 바로 이 『선집』작업을 진행하던 시기인

1951년 그가 쓴 「마오쩌둥 사상을 논함」이다(陳伯達 1951).

1950년대 초 농업합작화에 관한 세 가지 결의 초안을 작성한 천보다

는 1950년대 중반의 전환점에 매우 중요한 작업에 관여하게 된다. 소련

중심의 1차 5개년 계획 노선을 벗어나 '중국적 길'로 전환하는 중요한 계

기를 이룬 마오의 글 중 하나가 「10대 관계를 논한다」인데,

「10대 관계를 논한다」는 내가 주도적으로 정리한 것이다. 이 글은 원래

마오 주석이 1956년 4월 정치국 확대회의에서 행한 몇 차례의 강연이다.

---

3) 린뱌오 집단에 속해 실각한 전 인민해방군 부총참모장 추후이쭤의 아들 정광은 부친과의 대화
중에 천보다가 9차 당대회 이후 헌법개정 작업에 참여하기를 거부한 일화에 대해 이야기를 하
는 중에 "1954년 천보다가 주도하여 제정한 『중화인민공화국헌법』은 법학계, 사학계와 국내
외 모두 지금까지 신중국에서 가장 훌륭한 헌법이며, 또한 천보다가 마오쩌둥을 위해 힘을 쏟
은 작업 중 대표적인 것 중 하나라고 인정받는다"고 평가한다(程光 2011: 416).

4) 천보다는 1968년 말에 『마오쩌둥 선집』제5권의 준비에 착수하였으며, 수록 논문들에 대한 마
오의 검토도 마쳤지만, 이 작업이 완수되지는 못했다(王文耀·王保春 2008).『선집』5권은 1977
년 화궈펑 체제에서 출판되며, 특수한 정세의 산물이었기 때문에 지금도 제5권을 제외한 4권
까지만 일반적으로 유통된다.

나는 당시 강의 내용이 중요하다고 느꼈으나, 하루에 행한 강연이 아닌 데다 순서도 비교적 혼란스러워, 정리를 하여 한 편의 글로 완성할 필요가 있었다. …… 나는 주석의 강연을 열 가지 내용으로 정리해 「10대 관계를 논한다」라는 제목을 붙였고, 주석의 연설 중에 일부 빠진 곳의 내용은 내가 보충하였다.(陳曉農 2005: 130)

1957년 2월 마오의 중요한 연설인 「인민내부 모순의 정확한 처리 문제에 관하여」도 천보다의 손을 거쳐 논문 형태로 정리되었다. 천보다는 그에 앞선 1월 마오에게 "간부와 대중 사이의 관계를 조정하여 인민내부 문제를 정확히 처리"하자는 제안서를 제출한 적이 있는데, 이후 마오의 연설에서는 '인민내부' 뒤에 '모순'이라는 단어가 붙어 좀더 분명하게 이론화되었다는 생각을 갖게 되었다고 회고한다(陳曉農 2005: 146). 그리고 이 1956~1957년 사이 매우 중요한 정치적 변화로서 '백화제방, 백가쟁명'(百花齊放 百家爭鳴)의 짧은 시기가 있었는데, 천보다는 여기에도 개입하였다. 마오쩌둥의 말을 빌리면, "천보다 동지가 제기한 '백화제방, 백가쟁명'은 내가 보기에 마땅히 우리의 방침이 되어야 한다"(중공중앙 정치국 확대회의, 1956. 4. 28.; 陳曉農 2005: 125에서 재인용). 그러나 짧은 백화제방은 빠른 속도로 반우파투쟁 국면으로 전환되었는데, 천보다는 "반우파가 이후 그렇게 확대된 것은 덩샤오핑 동지에게 큰 책임이 있다"고 생각하고 있다(陳曉農 2005: 150).

그렇지만 천과 마오의 관계에서 늘 양자의 생각이 일치했던 것은 아니었다. 천보다가 주로 초안을 작성한 8차 당대회 문건, 특히 8차 당대회 결의 초안에서 당면 주요모순을 '선진 사회제도와 낙후된 생산력 사이의 모순'으로 본 천보다에 대해 마오는 이를 주요모순에 대해 잘못 파악한 생산력주의적 편향으로 비판하고, 이후 1957년 9월 10일 중공 8기 3중전회에서 '프롤레타리아 계급과 부르주아 계급의 모순, 사회주의 길과 자본주의 길의 모순은 의심할 여지없이 현재 우리 사회의 주요모순'이라고 정식으로 반박하였다(陳曉農 2005: 139).[5]

스탈린을 비판하는 흐루시초프의 비밀보고가 입수된 이후 중국공산당은 소련을 수정주의로 비판하는 중소논쟁을 개시하는데, 그 선전포고가 된 글이 1956년 4월 5일 발표된「프롤레타리아 독재의 역사적 경험에 관하여」였다. 이 글 또한 천보다가 작성하였으며, 그 이후 지속된 논쟁에서 천보다는 이탈리아의 톨리아티를 비판하는 글 등을 남겼다.「프롤레타리아 독재의 역사적 경험에 대해 재론한다」는 후차오무가, 중소논쟁의 공식문헌집이라 할 수 있는 '9평'(九評)은 캉성(康生) 주도의 대응팀이 집필을 한 바 있다. 그 외 이 시기에 천보다는「농업생산호조합작의 결의」,「인민공사 60조」,「국제공산주의운동 25조」,「사회주의 교육운동 23조」의 초안 작업에도 주도적으로 참여했다(葉永烈 1999: 465).[6]

---

5) 1981년「약간의 역사문제에 대한 결의」(이하「역사결의」)에서 문화대혁명을 평가하면서 거론한 '반면 인물' 명단에 유독 천보다가 빠져 있는데, 이를 두고 천보다 본인은 자신이 8차 당대회 문건 초안 작성자였기 때문에, 이를 8차 당대회 이후 과정을 지우고 다시 8차 당대회로 돌아가려는 개혁개방기의 당이 선택한 고육책으로 평가하고 있다(陳曉農 2005: 131). 천보다의 가석방 이후 천보다를 만나도록 연락받은 천보다의 과거 두 비서들을 통해서도 이 내용은 확인된 바 있는데, 그들을 접촉한 중앙서기처의 간부는「역사결의」에서 천보다의 이름을 거명해 공식적으로 비판할 것인가를 두고 당내에서 논쟁이 벌어졌으며, 결국은 그의 '과'뿐 아니라 '공'도 고려하여, 거명하지 않는 방향으로 당의 입장이 결정되었음을 알려 주었다(王文耀·王保春 2004). 이 8차 당대회에서 보여 준 천보다의 입장은 그가 문혁 시기 멈추어 선 지점과 관련해 함의해 주는 바가 크다.

6) 천보다는 당의 최종 문안이 반포된 이후에는 비서를 시켜 자신이 작성한 초안들을 모두 폐기하도록 지시했는데, 이는 그 문건들에 대해 개인적 권리를 주장할 이유가 없다고 보았기 때문이었다(陳曉農 2005: 98). 이 때문에 천보다가 작성한 수많은 초안들과 최종 수정 통과된 문안 사이의 차이를 대조해 보기는 어렵다.

3. 중앙문혁소조와 천보다

이런 배경 때문에 문화대혁명 시기 들어서 천보다는 매우 핵심적인 역할을 맡게 된다. 마오 주석의 의사가 반영되고 저우언라이 총리의 강권으로 천보다는 '2월 제강(提綱)'의 비판을 받고 해체된 '문화혁명 5인 소조'를 대체하는 중앙문혁소조의 소조장을 맡게 되었다. 천보다는 '서생'(書生)임을 내세워 여러 번 피해 보려 했으나 당의 명령임을 내세우는 총리의 말에 어쩔 수 없이 그 직을 맡게 되었다고 회고한다. 천보다는 마오가 베이징으로 돌아온 후 또 서생이라 조장을 맡을 수 없다고 했지만, 마오가 "당신은 서생 두 글자를 떼어낼 수 있다"고 하여 그대로 조장직을 맡게 되었다(陳曉農 2005: 268). 중앙문혁소조는 1966년 5월 28일 정식 설립되었다. 그해 5월에서 12월까지 중공중앙의 일상 업무는 전처럼 정치국과 서기처가 회의에서 결정하고 중앙문혁소조원은 회의 참관만 하였으나, 1967년 '2월 역류'로 흐름이 반전된 이후부터는 정치국이 활동을 정지해 '중앙문혁'이 사실상 정치국의 권한을 대신하는 상황이 되었다(王毅 1996: 227).

중앙문혁소조 명단은 천보다가 구상할 수 있는 것이었으나, 실상은 마오의 의사나 전체적 정치 분위기를 반영하여 구성된 셈이었다. 이후 갈등구도에서도 드러나듯이, 중앙문혁소조 내에 천보다가 가깝게 일을 같이한 사람은 왕리(王力) 한 사람 정도였다. 중앙문혁소조를 구성할 때 장칭의 천거로 장춘차오가 들어온 반면 천보다는 왕리를 적극 추천했으며(葉永烈 1999: 416), 장칭 천거로 들어온 장춘차오는 야오원위안을 다시 천거하였다(王力 2001: 598). 이후 들어온 관평(關鋒)과 치번위(戚本禹)도 장칭의 말은 들어도 천보다의 말은 듣지 않았다고 천보다는 후에 회고한다(陳曉農 2005: 308).

　왕리와 천보다의 관계는 다소 특수하기 때문에, 이를 보여 주는 측면을 잠시 이야기해 둘 필요가 있을 것으로 보인다.[7] 천보다는 푸젠 사투리가 심하고 표준말을 잘 못해서 대중사업에 곤란이 많았다. 그래서 문화대혁명 기간 중 거의 매일 있다시피 한 대중집회를 나갈 때면 항상 심한 사투리를 표준말로 옮겨 줄 '통역'이 필요했는데, 천보다는 왕리를 통역으로 대동하는 때가 많았다. 왕리는 1967년 7월의 우한 '7·20' 사건에서 '영웅'으로 베이징에 복귀한 바로 한 달 만인 8월 30일 '국민당 간첩'이라는 죄명을 쓰고 실각하여, 재판 없이 1968년 1월부터 14년간 진청 감옥에 감금된다(이른바 '왕·관·치' 사건). 그런데 1981년 「역사결의」에서 '반면 인물' 명단에 천보다가 빠진 것을 보고, 복역 중이던 왕리는 1981년 7월 5일 '수인의 언어'로 천보다를 위한 탄원서를 중앙에 제출한다(葉永烈 1999: 26). 이 탄원서는 매우 흥미로운 내용을 담고 있어 잠시 살펴볼 만하다. 먼저 탄원서 형식을 갖추어,

　　「역사결의」에서 천보다의 이름을 거명하지 않은 것은 과학적 태도이고
　　영명한 것입니다. 천보다는 오랫동안 교조주의와 좌경기회주의로 마오
　　쩌둥 동지의 만년의 좌경 오류 사상을 조장하였습니다. '문혁' 첫 1년 저
　　는 아침저녁 그와 만나고서 그의 성품이 나쁘고 극단적 개인주의인데다,
　　바람이 부는 방향을 보고 이리저리 쫓아다니며, 투기를 일삼는다는 것을

---

7) 왕리는 중소논쟁에서 중국 측 논문들의 핵심 집필자로 중요한 이론적 인물이었고, 그가 포함되어 1963년 9~10월 사이에 작성된 '9평'(九評)은 문혁 시기 홍위병 세대의 문장 스타일에 지대한 영향을 끼쳤다고 한다(吉越弘泰 2005: 335). 중앙 무대의 이론가로서의 이런 왕리의 경력은 장춘차오나 야오원위안보다는 천보다에 더 가까운 것이었다.

알았습니다.…… 제가 갇힌 이후 그는 또 3년의 '문혁' 동안 수많은 나쁜 짓을 했을 것입니다.(王力 2001: 375)

라고 천보다를 비판하면서도 복선을 깔아 둔 다음, 본론에 들어가, "이 일에 대해서는 이야기하지 않겠습니다. 다만 '문혁'에 관한 다른 측면의 정황에 대해 중앙의 참고가 될까 하여 제출하는 바입니다"라고 한 뒤 구체적 사실들을 지적하면서, 천보다가 살 날도 많지 않았고, 10년 이상 복역해 가석방의 조건도 갖추었으니, 속죄의 기회를 부여해 달라고 청원한다. 그가 지적하는 내용은 다음 여덟 가지이다(王力 2001: 375~8).

1. 1964년 12월 마오 주석이 류사오치를 숙정하려 한다고 자신에게 상의해 와, 함께 류사오치에게 알려 대책을 강구할 수 있었던 점.
2. 「5·16 통지」 중 극단적 오류의 관점은 천보다의 초고에는 없었고, 캉성이 가필했다는 점.
3. 8기 11중전회 연설에서 천보다는 자신이 유분자[8]에 불과하며, 그 뜻은 자신은 괴뢰이고 조장은 장칭이라고 했다는 점.
4. 1967년 1월 4일 타오주(陶鑄)를 비판해 실각시킨 회의에서 강요 때문에 타오주 비판의 발언은 했지만, 너무 괴로워 자살해야겠다고 결심하고, 마르크스-레닌 문선을 뒤져 라마르크의 사례를 발견하고 공산주의자도 자살할 수 있음을 이야기했다고 함.
5. 1967년 1월 14일 노동자체육관 십만인대회에서 아래로부터 위로의 탈

---

8) 유분자(劉盆子)는 신(新)나라 왕망(王莽) 말년, 적미(赤眉)의 난으로 황제에 추대된 인물인데, 아무 실권이 없는 허수아비 인물을 말한다.

권은 부르주아 계급 반동노선의 새로운 형태이며, 탈권이 아니라 감독만 허용된다고 말한 후, 당일 마오 주석의 비판을 받았다는 점.

6. 1967년 2, 3월 사이 군사위원회 확대회의에 참석할 수 없다고 이야기했다가 마오 주석에게 엄청난 욕을 먹었던 일.

7. 1967년 7월 21일 장칭이 '글로 공격하고 무기로 지키자'(文攻武衛)고 제기한 것은 천보다를 겨냥한 것이라는 점. 왜냐하면 하루 전날 천보다가 각 대중조직의 무기를 회수하자고 제기했기 때문이라고.

8. 10차 당대회의 정치보고는 천보다가 원래 기초한 9차 당대회 정치보고를 연상케 한다는 점. 9차 대회 보고 초안에서 그는 이후에는 생산이 중심이 되어야 한다고 주장해 마오 주석의 반대를 받은 이후 다른 정치 보고의 초고가 채택되었는데, 천보다의 원래 초고는 지금 시점에서 취할 만한 내용을 담고 있다는 점 등이다.

천보다는 1981년 11월에, 왕리는 1982년 1월에 석방된다.

중앙문혁소조는 설립 직후부터 갈등이 많았고, 천보다는 이 문제를 스스로 해결할 수 없음을 알고, 그 책임을 저우 총리에게 넘겨 총리가 주재하는 간담회에서 모든 문제를 다루게 했던 것은 앞에서도 지적한 바 있다. 문혁소조 내의 갈등은 개인적 활동 방식에서도 비롯되었지만 당면 상황과 노선을 둘러싼 대립이 더욱 핵심적이었다. 천보다 자신의 회고를 들어 보면, 다음과 같다.

1967년 1월 상하이에서 대중조직이 상하이시위원회를 탈권하는 일이 발생했다. '1월 폭풍'으로 부르는 일인데, 나는 이 일에 반대했다. 중앙에서 회의를 열었을 때, 나는 반대의견을 표시했는데, 대중은 지도부를 감독하는 지도부를 설립할 수 있지만 아래로부터 위로의 탈권은 안 된다고 생각했기 때문이었다. 마오 주석이 나를 비판했고, 나는 내 의견을 포기하지 않을 수 없었다.……

1967년 여름 전국 많은 지방의 대중조직들 사이에 무장투쟁이 발생했다. 나는 마땅히 대중조직의 무기를 회수해야 한다고 제의했지만, 장칭의 반대에 부딪혔다. 그녀는 오히려 반대로 '문공무위'(文攻武衛)를 제기했다. 무기를 회수하자는 내 의견은 허공으로 사라졌다.……

충돌이 가장 심했던 일은 9차 대회 보고 초안을 작성할 때였다. 중앙이 확정한 초안작성자 명단에서 내가 앞에 있고, 장춘차오, 야오원위안이 뒤에 있었다. 나는 그들에게 당신들은 당신들 것을 쓰고 나는 내 것을 쓴 후 다시 원고를 하나로 합하자고 말했다. 나는 그들과 함께 일하기를 원하지 않았다. 나는 초고를 쓸 때 9대[9차 당대회] 이후 주요 임무가 생산발전에 있다고 생각하였으나, 그들은 여전히 주요 임무가 운동을 계속하는 데 있다고 여겼다.

이후 내 원고는 부정되었고, 중앙은 그들 원고만 토론하기로 결정했다. 나는 회의에서 그들의 원고를 비판했는데, 나는 "이제 생산을 발전시키고 생산을 해야 하고, 노동생산성을 제고해야 한다고 했다. 운동, 운동만 할 수는 없다. 이는 마치 제2인터내셔널의 베른슈타인처럼 운동이 모든 것이고 목적이 없는 것과 같다"고 했다. 장춘차오는 나를 반박해 "당신이 말하는 건 유생산력론이다……"라고 했다. 회의에서 나를 지지한 사람은 없었다. 마지막에 중앙은 여전히 그들 원고를 사용하기로 결정했다.

그러나 회의에서 그들의 말을 비판한 것이 심각하게 그들의 분노를 일으켰다. 며칠 지나서 중앙은 이 문제만으로 회의를 개최하여, 격렬하기 이를 데 없는 말로 나를 질책하고 비판했다. 이는 종래 없었던 일이다. 마오 주석도 회의에서 발언하여 말하기를, 제국주의의 본성은 바뀔 수 없고, 천보다의 본성도 바뀔 수 없다며, 내가 시종 경제를 우위에 둔다고 비판했다.

9대 전야에 장칭과 캉성은 이른바 내가 '마오 주석의 목소리를 막았다'는 것을 빌미로 인민대회당 동대청에서 각 부문 책임자가 참여하는 회의를 소집하였다. 그들이 돌연 내게 기습을 한 셈이다. 장칭 자신이 자기가 회의의 주석이고 회의의 의제는 '천보다의 반성'이라고 선포했다. 내가 말을 하려 하면 장칭이 끊었다.…… 나는 "대자보를 거리에 붙여라"고 했다. 그 뜻은 나를 타도하는 대자보를 거리에 붙여도 좋다는 것이었다. (陳曉農 2005: 307~10)

여기서 나타난 중요한 계기들에 대해서는 뒤에서 더 자세히 살펴볼 것이다. 분명한 것은 문화대혁명이 곡절의 과정을 겪는 각 시기마다 문혁소조 내부에서 대응방향을 놓고 합의를 볼 수 없는 불일치와 갈등이 매우 심했으며, 그것은 때로는 분열이나 소조원 일부의 퇴출로 나타나기까지 했다는 점이다(MacFarquhar and Schoenhals 2006: 100~1).

그렇다면 문화대혁명 개시에서 매우 중요한 위상을 차지한 이 중앙 문혁소조를 구성할 당시 마오쩌둥은 이런 문제가 발생할 가능성을 몰랐을까 하는 의문이 당연히 제기된다. 그에 대해서는 왕리의 지적이 시사하는 바가 있다고 보이는데, 왕리는 문화대혁명 초기, 특히 1967년 2월의 화이런탕(懷仁堂) 사건(이른바 '2월 역류')까지는 문혁소조 내에서 천보다-캉성-장칭의 3인 상호견제 구조가 유지될 수 있었다고 해석되는 발언을 하고 있다. 천보다와 캉성은 당내 이론부문 관장자로서 서로 협력-긴장 관계에 있었고, 옌안 시절 장칭은 캉성이 지도하던 사회부에서 일한 적이 있어 캉성이 상급자였고, 그 때문에 모든 사람이 장칭을 '장칭 동지'라고 부르던 이 시기에도 캉성만 유일하게 '장칭'이라는 호칭을 사용할 수 있는 수직적 관계가 유지되었다. 천보다가 마오쩌둥이 나가려는 방향을 이론적으로 잘 잡지만 '서생'의 한계가 있고, 장칭은 문예계 문화혁명을 주도하는 동시에 주요 지역인 상하이를 관장할 연계고리를 가지고 있지만 마오의 부인이라는 특수 지위 때문에 제어가 필요하다는 점에서 천보다-캉성-장칭 구도는 나름 상호견제 효과를 가졌던 셈이다. 그렇지만 화이런탕 사건 이후에는 캉성-장칭 연계가 강화되고 천보다는 중앙문혁소조 내에서 입지가 훨씬 줄어들게 된다(王力 2001: 235~7).

중앙문혁소조 내의 갈등구도는 다시 사회적 갈등의 영향을 받았는데, 사회적 갈등선이 비교적 분명하고 대결구도가 두드러진 시기에는 내부적 갈등이 억제되었던 반면, 사회적 갈등의 방향이 통제가 어렵고 예측하기 힘든 방향으로 발산하기 시작한 시점부터는 문혁소조 내의 갈등이 서서히 폭발하기 시작했던 것으로 보인다. 그 분기의 출발점은 1967년 2월이며, 1967년 여름으로 치달으면서 내부적 모순이 폭발했던 것으로 보인다. 그리고 그것은 천보다가 더 이상 영향력을 발휘하지 못하고 급속하게 정치적·이론적 영향력을 잃어 가는 과정과도 일치한다. 그리고 이 과정은 국가-당-군-대중 사이의 모순이 점점 더 심각해지면서 '대중운동'으로서의 문혁이 침몰하는 과정이기도 했다.

1969년의 9차 당대회 이전부터 마오는 마오-천보다의 연계를 약화하는 대신, 마오-장춘차오 연계의 가능성을 탐색하기 시작한 셈이기도 했는데, 그것은 문화대혁명의 무대가 베이징의 홍위병 중심에서 상하이의 노동자로 옮겨 가는 것을 보여 주는 것이기도 했고, 동시에 마오-천보다의 연계를 통한 이론화 작업이 더 이상 지속 불가능함을, 그리고 천보다로 표상되었던 문화대혁명의 어떤 부분들이 더 이상 표상될 수 없음을 보여 주는 것이기도 했다. 이후 다시 보겠지만, 9차 대회 정치보고를 둘러싼 갈등의 결과는 오히려 역설적으로 나타났다. 마오는 '생산'을 중심에 둔 천보다의 정치보고 대신 '계속혁명'을 중심에 둔 장춘차오의 보고를 선택했고 거기에는 충분히 그럴 만한 근거가 있었지만, 이미 9차 당대회에서 구관료들의 복권을 통해 드러나듯이, 문화대혁명은 대중운동을 봉쇄하고 질서의 길로 들어섰다는 점에서 오히려 장춘차오의 레토릭의 이면에 천보다의 생산 중심론의 어떤 핵심적 측면이 역설적으로 공고하게 자리를 잡아 가고, 문화대혁명 초기 시기 천보다가 대표했던 문혁의 어떤 핵심적 내용들은 오히려 점점 더 소멸해 가는 상황이 전개되고 있던 것으로 보인다.[9]

---

9) 천보다의 실각 이후 1970년 11월 6일에 중앙문혁소조는 신설된 '중앙조직선전조'에 의해 사실상 대체되는데, 이 선전조의 조장은 캉성이 맡고, 천보다의 역할은 야오원위안으로 대체된다(葉永烈 1999: 715).

3장_ 파리코뮌의 길을 찾아서

1. 「문혁 16조」: '대신 될 수 없는' 혁명

1) 「문혁 16조」와 '파리코뮌 원칙'

중앙문혁소조가 성립되기 전과 후 천보다의 손을 거쳐 두 개의 중요한 문건이 만들어진다. 처음 것이 「5·16 통지」(「중국공산당 중앙위원회 통지」, 1966년 5월 16일 발표)이고, 두번째 것이 「문혁 16조」(「프롤레타리아 문화대혁명에 관한 중국공산당 중앙위원회의 결정」, 1966년 8월 8일 발표)이다.[1]

「5·16 통지」는 류사오치와 덩샤오핑에게 맡겨진 최초의 '문화혁명'의 임무를 마오 중심으로 되돌린다는 의미를 지녔다. '문화혁명'은 1965년 말 문예계 논쟁을 시발점으로 하여 당내 정풍운동 방식으로 시작되었는데, 이를 추진하기 위해 베이징시 시장인 펑전(彭眞)을 위원장으로 하는 '문화혁명 5인소조'가 구성되었고, 이들이 1966년 2월 3일 「당면 학술토론에 관한 문화혁명 5인소조의 보고 제강」(이른바 '2월 제강')을 작성해 이 지침에 따라 '문화혁명'을 추진하고 있었다. 마오쩌둥은 이 '문화혁명'이 류사오치와 덩샤오핑 등 당의 관료들의 영향력 하에 본래 취지와 다르게 진행되고 있다고 보고, 방향을 완전히 전환시키기 위해 개입하였는데, 그 포고문이 된 것이 「5·16 통지」였다. 「5·16 통지」는 "부르주아 계급 대변인들이 당 각 수준에 침투해 있다"는 정세 판단 하에 공격의 대상을 "당, 정부, 군대와 각종 문화계에 잠입한 부르주아 계급 대표 인물"로 확대하였다. 이 「5·16 통지」에서 '당내 자본주의의 길을 걷는 실권파'(주자파)라는 표현이 공식적으로 등장한다.[2]

이 「5·16 통지」보다 두 달 반쯤 후에 발표된 것이 「문혁 16조」이고, 「문혁 16조」는 「5·16 통지」가 제기한 '목표'를 달성하기 위한 '방법'을 구체화하려는 의도에서 집필되었지만 오히려 「5·16 통지」보다 훨씬 더 근본적인 문제를 제기함으로써, 문화대혁명의 핵심 '강령', 더 나아가서 '헌법'적 의미를 지니는 것으로까지 평가되었다. 천보다는 「5·16 통지」보다 「문혁 16조」 초고 작성에 더 깊이 관여하였다. 그 자신도 「5·16 통지」는 "왕런중(王任重)이 기록한 마오의 연설 기초 위에 보충 수정한 것"(陳曉農 2005: 266)이라고 말하는 반면, 「문혁 16조」에 대해서는 훨씬 더 큰 의미를 부여하고 있다.[3]

> 「16조」의 초안 작업은 주로 내가 했는데, 마오 주석, 저우 총리와 타오주, 왕런중 동지 등이 일부 수정했다. 문건은 회의참석자의 공동 토론을 거친 후 통과되었다. 오늘의 관점에서 보면 「16조」에는 잘못된 곳도 있다. 그러나 「16조」는 처음으로 몇 가지 중요한 원칙을 제기했다. 비록 이 원

---

1) 문화대혁명의 전체적 진행 과정에 대해서는 王年一(1996), MacFarquhar and Schoenhals (2006), 卜偉華(2008), 백승욱(2007a) 등을 보라.
2) 「5·16 통지」는 곧바로 공포되지는 않았고, 1년 후인 1967년 5월 16일에 대중에 공개되었다. 「5·16 통지」에 대한 자세한 설명은 백승욱(2007a: 30~4)과 王年一(1996: 11~5)를 보라. 원문은 「中國共産黨中央委員會通知」(1966. 05. 16.), *Chinese Cultural Revolution Database*.
3) 「문혁 16조」 전문의 번역은 백승욱(2007a)의 부록을 보라.

칙이 운동의 혼란 상황 중에 관철될 수 없었더라도, 이 원칙을 제기한 것이 의미가 없다는 것은 아니다.(陳曉農 2005: 290)

당시 천보다를 도와 이 초안을 준비한 것으로 알려진(吉越弘泰 2005: 165) 왕리 또한 초안 작업에서 천보다의 역할과 이 문건의 의미에 대해 다음과 같이 회고하고 있다.

「5·16 통지」가 발표되자 밖에는 대자보가 나붙기 시작했다. 이때 마오 주석은 「5·16 통지」만으로는 안 되는데, 왜냐하면 이 통지는 정치 사상성 문제만 언급하였기 때문이라 하고, 어떻게 운동을 해야 하는지에 대한 개괄이 필요하다는 의견을 제출했다. 마오 주석은 경계선을 그어, 어떤 것은 허가되고 어떤 것은 허가되지 않는지, 주로 어떤 것을 해야 하고 어디까지 가야 하는지, 무엇을 주의해야 하는지 분명히 설명해야 한다고 했다. 마오 주석은 천보다가 베이징에서 이 문건을 작성하라고 지시했다. 이 문건은 대회[8기 11중전회를 말함]에서 임시로 만든 것이 아니라 장칭이 돌아오기 전 6월경에 천보다가 작성하기 시작했다. 천보다는 왕리, 관펑, 인다(尹達), 무신(穆欣)을 불러서 14층에서 작업했다. 작업은 매우 느리게 진행되었다. …… 마오 주석은 초고를 재촉했지만, 초고가 나오지 못했는데, 작성자들도 대체 무엇을 써야 하는지 분명하지 않았기 때문이었다. …… 이 안에는 하나의 사상이 있는데, 즉 파리코뮌 정신이 있어야 한다는 것이다. 이것이 문제의 핵심이다. 「16조」의 제9조에서는 이 조직이 임시 조직이 아니라 상설 조직이며 공장, 광산, 농촌에 적합하다고 했다. 문화혁명위원회 대표대회는 파리코뮌처럼 선거를 시행해야 한다. 이것이 마오 주석 사상의 핵심이다. 「16조」 중 이 조항은 아직

도 그다지 분명해 보이지 않지만 사실 매우 중요하다. 마오 주석은 파리

코뮌 형식을 이용해 낡은 국가장치를 대체하고, 간부는 선거하고 수시로

소환하려 하고, 임명제는 시행하지 않으려 했다.…… 「16조」의 제4조에

서는 대중이 스스로를 교육하고 스스로를 해방시켜야 하며 대신하는 방

법을 택할 수 없고, 혼란이 생기는 것을 두려워해서는 안 된다고 했다. 마

오 주석은 이 혼란이란 낡은 국가장치, 낡은 질서를 혼란시키는 것이고,

자신은 낡은 국가장치가 어쨌건 이미 빠르게 부패하여 거기에 혼란을 불

러와야 새로운 것이 생길 수 있다고 생각한다고 말했다.…… 마오 주석

이 [베이징에] 와서 「16조」 초고를 보고는 괜찮긴 한데 너무 길으니 사람

들을 바꾸어 다시 한 번 수정하자고 했다.…… 최종적으로 얼마 수정되

지는 않았다.…… 사람들이 보통 「5·16 통지」는 중시하면서도 「16조」를

중시하지 않는 것은 잘못된 일이다. 「16조」는 파리코뮌 원칙을 제시했는

데, 이는 매우 중요한 것이다.(王力 2001: 614~6)[4]

앞서 천보다가 말한 '원칙', 그리고 다시 왕리가 강조한 「16조」의 핵

심은 '파리코뮌'(巴黎公社) 원칙이었다. 여기서 말하는 파리코뮌에 대한

해석은 1871년 보불전쟁 당시 프랑스 파리 시민의 자치기구로서 한시적

으로 등장한 파리코뮌의 경험에 대해 마르크스가 『프랑스 내전』에서 정

---

4) 「5·16 통지」와 「문혁 16조」의 차이점과 문혁의 대중운동에 끼친 「문혁 16조」의 영향력에 대한
평가로는 蕭喜東(2002)과 吉越弘泰(2005: 164~88)를 볼 것. 「문혁 16조」는 당내 회람용 문서
로 발표된 것이 아니라, 8월 8일 라디오 방송을 통해 전국에 동시에 공포되었는데, 이처럼 전
례 없는 매우 독특한 방식을 통해 '대중에 직접 전달'되었다는 점에도 주목할 필요가 있다. 샤
오시둥(蕭喜東)은 「5·16 통지」보다 「문혁 16조」가 훨씬 중요하며, 후자는 프랑스혁명 시기와
비견될 '헌법정치'를 가능케 하는 특성을 지녔다고 주장한다. 뒤에서 다시 보겠지만 이런 측면
에 대한 강조는 프랑스의 '마오주의' 철학자 알랭 바디우의 문혁 해석에서도 발견된다(Badiou
2005).

리한 것으로, 상비군과 상비 관료제를 해체하고, 시민소환제를 도입하여 대중이 직접 참여하는 민주주의를 시행한 내용을 말한다(마르크스 1997). 레닌은 『국가와 혁명』에서 이를 '프롤레타리아 독재'론의 새로운 전환점으로 인식하고 그 특징을 국가장치의 해체과정으로서 '반'(半) 국가라고 말한 바 있다(레닌 1995). 예융례는 천보다를 '코뮨광'(公社迷)이라고 부르고 있는데, 그만큼 천보다에게 '코뮨'의 전통은 중요한 위치를 차지했으며, '인민공사'(People's Commune)라는 명칭이 탄생한 과정에도 그의 개입을 발견할 수 있다(葉永烈 1999: 536~43, 314~21).

천보다는 파리코뮨의 원칙을 대중에 대한 의존에서 찾는다.

파리코뮨의 원칙은 모두에 의존하는 것이다. 현재의 문혁이 적합한지 아닌지 여러분이 결정하고 여러분의 의견을 듣고, 여러분이 다시 뽑아야 한다면 다시 뽑으면 되지, 우리의 어떤 말에 따라서 할 필요는 없다. 내가 보기에 부르주아 혁명 시대에 바로 이랬다. 일정 시기 일을 맡으면 새로 뽑았지, 선출되었다고 평생 가지는 않았다.[5]

천보다가 여기서 지적하는 문제점은 간부들이 대중의 감독을 받지 않고 평생 자리를 유지한다는 점인데, 이에 대해 천보다는 회고해 말하기를,

해방 이후 우리의 간부제도는 상급임명제를 실행하였다. 많은 간부가 한 지역에서 일단 관료가 되면 십수 년을 갔고, 대중의 감독도 없이 오랜 시

---

5) 「陳伯達王力在新華社的講話」(1967. 1. 9.), 『陳伯達文章講話匯編』.

간이 흘러 점점 대중에서 이탈했다. 어떤 자들은 승진을 다투고 혜택을 비교하고 대중의 일에는 관심이 없으며, 대중이 의견을 제기할라치면 대중에 위협을 가한다. 이래 가지고 어찌 되겠는가?(陳曉農 2005: 291)

또한 다음과 같은 언급도 보라.

「16조」의 규정에 따르면, 파리코뮌의 원칙에 따라 전면 선거제를 시행하고, 대중이 충분히 숙고하여 후보자 명단을 제출하여 선거로 문화혁명위원회를 만들어 내며, 당선된 사람이 일을 제대로 못 하면 대중이 비판할 수 있고 다시 선거하고 소환할 수 있게 되어 있다. 나는 이 조항을 써넣으면서 지도자를 선거하는 방식으로 과거 단순히 상급에서 임명하던 방법을 개혁하려 생각했다. 어떤 지도자건 반드시 대중의 감독을 받아야 한다. 마오 주석도 이런 내 의견에 동의했다. 그러나 이후에 이 조항은 구체적으로 실행되지 못했다.(陳曉農 2005: 290)

여기서 천보다는 '파리코뮌 원칙'을 대중에 의한 관료의 직접선출과 직접소환으로 설명하고 있는데, 이는 '대중 스스로에 의한 해방'이라는 좀더 근본적인 원리에 뿌리를 둔 것이고, 이 원칙이 「문혁 16조」의 핵심에 자리 잡고 있다. 그것은 제4조에서 다음과 같이 표현된다.

대중이 운동 중에 스스로 자신을 교육할 수 있도록 한다.
프롤레타리아 문화대혁명은 대중이 스스로를 해방함으로써만 가능하며, 타인들이 독단적으로 주도하는 방법으로는 불가능하다.
대중을 믿고, 대중에 의지하고, 대중의 창조적 정신을 존중하여야 한다.[6]

이 4조가 「문혁 16조」의 핵심적 사상이라 할 수 있는데, 이 조항이 매우 이례적으로 받아들여지는 이유는 혁명의 '목표'나 강령이 추상적·구체적으로 명시되는 경우는 많아도 이처럼 그 '방법'으로서 '대중에 의존해야 하고', '대신 될 수 없는' 대중의 자율성을 통해서만 혁명이 가능하다고 천명하는 경우는 거의 없기 때문이다. 파리코뮌에 전거했다고 하는 이 원칙은 파리코뮌 이전인 1864년 마르크스가 제1인터내셔널에서 선언한 다음의 내용과 핵심적으로 일치한다.

> 노동자계급의 해방은 노동자계급 스스로에 의하여 전취되어야 한다. …… 우리는, 자기 자신을 위해서뿐만 아니라 자신의 의무를 다하는 모든 인간을 위해서도, 인간과 시민으로서의 권리를 요구하는 것이 인간의 의무라고 주장한다.(마르크스 1993: 14~5)

마르크스 선언의 전반부가 '대신 될 수 없는 혁명'으로 「문혁 16조」에 수용되었다면, 그 뒷부분은 「문혁 16조」의 중요하지만 잊힌 다른 부분들에 수용되었다고 할 수 있다. 「문혁 16조」는 대신 될 수 없는 혁명의 방법으로 '대(大)민주'라 이야기되는, '대자보, 대변론, 대명(大鳴), 대방(大放)'을 제기한다. 그리고 여기에 파리코뮌과 관련된 또 다른 핵심 조항으로 "서로 다른 의견을 가진 소수 사람에 대해 절대로 어떤 억압의 방법도 사용해서는 안 된다. 소수를 보호해야 하는데, 왜냐하면 때로는 진리가 소

---

6) 「프롤레타리아 문화대혁명에 관한 중국공산당 중앙위원회의 결정」(문혁 16조), 백승욱(2007a) 부록. 중앙문혁소조의 '파리코뮌' 원칙의 강조는 당시 아래로부터 형성되기 시작한 최초의 '이단사상'에도 큰 영향을 주어 '신사조'라 지칭되던 흐름들이 형성되었고, 이들은 '파리코뮌'에 상응하는 '동방코뮌'의 수립을 요구하기까지 하였다(宋永毅 2007a: 365).

수의 사람들에게 있기 때문이다. 소수 사람들의 의견이 잘못된 것이라 할지라도, 그들이 변론을 전개하고, 자기 자신의 의견을 지닐 수 있도록 허락해야 한다"(제6조)는 규정이 덧붙는다. 그리고 이 규정은 다시 같은 제6조의 '인민내부의 모순'을 강조하는 취지와 제7조에서 "혁명대중을 '반혁명'으로 모는 사람들을 경계하라"는 규정과 직접적으로 결합된다. 앞선 「5·16 통지」와 비교해 보면, 단지 '방법'의 문제를 명기한 것을 넘어, 문화대혁명의 '정신'이나 '취지'와 관련해 전례 없는 이례적 사고가 종합적으로 등장하고 있음을 알 수 있다. 특히 '당'에 대해서 '대중운동'의 위상이 원칙적으로 더 우위에 놓이고 있다는 점이 주목된다. 이런 규정들은 모두 실제 문화대혁명 과정에서 중요한 쟁점이 되었던 것이지만 실행에 잘 옮겨지지 않은 것이기도 했다.

문화대혁명은 사회주의 하에서 '자본주의의 복귀'라는 질문과 더불어 시작되었는데, 「16조」는 그 질문에 대한 대답을 사회주의 혁명의 '새로운 단계'라는 데서 찾는 동시에 그 해결 방식으로 '대중들이 스스로를 새로운 정치적 주체'로 만드는 데서 찾고 있다. 스스로를 정치적 주체로 만드는 것은 '대신 될 수 없는 길'이며, '스스로를 교육'해야 하고, 항상 '소수'가 다수가 될 수 있는 가능성을 열어 두어야 하는 길이다. 이후 문혁 전개 도정에서 되풀이해 부딪힌 문제이지만, 이미 「16조」 안에는 문혁이 부딪힐 정치의 아포리아의 핵심 질문들이 담겨 있었다고 해석될 수 있다. 다음과 같은 질문들 말이다. ① '구조'(상부구조건 하부구조건)에 대한 혁명(즉 변혁)이라는 과제와 대중 스스로 정치적 주체가 된다는 과제 사이에 어떤 필연적 연관관계가 있는가?(대체 '구조'에 작동하는 정치란 무엇이며, 누가 어떤 조직을 통해 작동시킬 수 있는가?) ② 정치가 대신 될 수 없고 스스로에 의한 것일 수밖에 없다면 '당'의 자리는 어디인가? ③ 대중에 의한 '소환'과 대중 스스로에 의한 '탈권' 사이에서 적절한 정치의 장소는 어디인가? ④ '소수'는 누구이며, 이들은 다수에 대해 그리고 여타 소수에 대해 어떤 권리를 가져야 하는가? ⑤ 대중 '스스로'에 의한 정치가 방향을 잃어 '무정부주의'로 나아가거나 폭력으로 전화되지 않을 수 있는 근거와 방법은 있는가?

「16조」는 이 문제들에 대한 낙관적 전망을 가지고 출발하였지만, 문혁의 현실 정치 속에서 「16조」의 낙관성은 현실의 난관에 부딪혔다. 사회주의 하에서 '당'의 위상이 처음부터 문제로 부각되었다.

2) 공작조 문제

「문혁 16조」는 8월 8일에 발표되었지만, 그에 앞서 문혁은 이미 베이징의 여러 학교들을 중심으로 5월 말부터 시작되고 있었다. '반동적 학술권위'에 대한 비판으로 시작한 '문화혁명'은 처음에는 그에 앞선 정치적 캠페인들과 그다지 구분되지 않았고, 그런 취지로 이해되어 기존 당조직이 중심이 되어 추진되기 시작했다. 비공개로 「5·16 통지」가 발표된 이후 「문혁 16조」가 발표된 8월에 이르기까지 베이징 등지에서 문화대혁명이 처음 촉발시킨 가장 격렬한 대립은 6월 초부터 시작된 공작조 파견을 둘러싼 갈등에서 나타났다. '대신 될 수 없는 혁명'이라는 취지를 담은 「문혁 16조」는 문혁에 앞선 '17년' 기간 전체를 재평가하려는 쟁점을 담고 있는 것이었지만, 동시에 무엇보다 공작조 파견에서 철수 결정에 이르는 이 '초기 50일'의 문제에 대한 일정한 반성에 초점을 맞추고 있는 것이기도 했다.

공작조 파견은 처음에 류사오치, 덩샤오핑, 펑전(彭眞) 등을 중심으로 한 '문화혁명'이 과거 방식의 위로부터의 정풍운동으로 이해되어 추진되던 과도적 상황에서 등장한 것이었는데, 이 시점에서 '문화혁명'은

1960년대 초중반의 사회주의 교육운동의 연장선으로 이해되었고, 그런 만큼 공작조 파견은 매우 익숙한 사업 방식이었다. 토지개혁의 역사나 '사청(四淸) 운동'의 역사 등에서 보듯, 당중앙으로서는 공작조 파견이 매우 당연한 사업 방식이었고, 그런 만큼 문화대혁명 초기에도 이견 없이 이 방식이 다시 채택되었다. '반동적 학술권위'나 '주자파'에 대한 해석을 주도하면서 각 조직 내에서 '문화혁명'을 이끌어 가기 위해서는 당의 지도가 필요하다고 보았기 때문이다. 그런데 예상하지 못했던 반응이 대대적으로 나타났다. 그것은 그만큼 사회구조가 변했음을 인식하지 못했다는 것을 보여 주는 것이기도 했다.

사업이 중요했던 만큼, 파견된 공작조의 규모는 매우 컸고 파견 범위 또한 광범위했다. 1966년 당시 베이징에는 60곳의 고등중학과 312곳의 중등중학, 그리고 100여 곳의 반공반독(半工半讀 : 공장과 연계된 야간학교 형태) 학교가 있었다. 그 60곳의 고등중학 중 47곳에 공작조가 파견되었으며, 각급 중학교에는 공청단 중앙에서 체계적으로 1,500명의 간부가 공작조로 파견되었다. 베이징시의 문화교육 기관에만 모두 7,239명의 공작조가 파견되었고, 그 중 칭화대학 한 곳에만 5백 명이 넘는 대대적 인원이 파견되었을 정도로 공작조의 규모는 컸다(吉越弘泰 2005: 168). 상하이에서는 29곳 대학과 11곳 반공반독 대학에 공작조가 파견되었고, 중학에는 160곳에 공작조가 파견되었다. 공작조를 파견하지 않은 곳에는 연락원이 파견되었다. 장쑤성에서는 7,800여 명의 간부를 선발해 1,155곳의 단위에 공작조를 파견하였다(卜偉華 2008: 153).

공작조가 문제를 일으킨 이유는 무엇보다 문화대혁명을 1957년 반우파투쟁과 동일선상에서 이해하고 있었기 때문이었다. 실제 문혁 초기에 문제가 있는 대상으로 지목된 사람들은 과거 '우파'로 몰렸던 사람들인 경우가 많았고, 그런 사람들이 없는 곳에서는 그들의 가족들이 비판 대상으로 지목되어 탄압을 받는 경우가 많았다. 이런 일들은 학교에서뿐 아니라 공장이나 기관들에서도 광범하게 벌어졌다(천이난 2008). 출신성 분에 문제가 있는 사람들, 과거 '우파'로 분류된 사람들, 각종 '역사문제' 가 있는 사람들이 다시 거명되어 고초를 겪었고, 이런 문제는 대학교보다 중학교에서 더 두드러졌다. 그런데 공작조 파견이 추진되기 시작하던 같 은 시기인 5월 25일 베이징대학에서는 학교 당위원회를 공격하는 녜위 안쯔(聶元梓) 등의 대자보가 붙어 그 내용이 전국에 소개되었고, 6월 1일 자 『인민일보』에는 「온갖 잡귀신을 쓸어버리자」는 제목의 사설이 실리면 서 사회 분위기가 과거와 달리 단순히 공작조의 사업 방식을 수동적으로 수용하지 않고 문제를 제기하는 형태로 바뀌고 있었다. 공작조의 문제가 불거지기 시작하자, 공작조를 비판할 뿐 아니라, 공작조를 옹호하는 당위 원회까지 더불어 비판하는 목소리가 곳곳에서 분출되었고 공작조와 공 작조를 비판하는 사람들 사이의 갈등이 증폭되기 시작했다(王年一 1994: 28~46). 초기 공작조나 '노홍위병'의 박해 대상이 늘어난 데는, 박해 대상 을 규정할 권리를 획득한 이들이 자신들의 기득권을 더욱 강화하기 위해 무고한 피해자들을 늘렸다는 이유도 지적된다(徐友漁 1996a: 213; 華林山 1996b: 219~22).[7] 이제 초기 문혁에서 공작조 문제는 절차적 실수나 부수 적 오류의 차원을 넘어 문제의 핵심적 장소가 되었다. 학술·문예계라는 '주변'이 문제가 아니라, 핵심 당조직 자체가 문제였던 것이다.

공작조의 문제가 심각해지자 천보다는 중앙회의에서 7월 13, 19, 22 일 세 차례에 걸쳐 공작조 철수를 건의했지만 류사오치, 덩샤오핑, 보이보 (薄一波), 예젠잉(葉劍英), 류즈젠(劉志堅) 모두 이를 거부했다(王年一 1994: 46).[8] 공작조 철수를 요구한 천보다는 "공작조가 꼭 학생보다 더 똑똑할 수는 없음에도, 공작조는 모두 당중앙과 마오 주석이 파견했음을 자청하고 있다. 어떤 공작조는 학생들을 숙정하고 있다"고 주장했다. 반면 덩샤오핑은 "나쁜 공작조를 먼저 철수할 수 있지만, 좋은 공작조는 남겨 두어서 당위원회 공작을 대리해야" 한다고 주장하였고, 류사오치도 "다수 공작조는 훌륭하다.……현재 공작조는 여전히 필요하다. 실로 문제가 있는 곳은 철수하고, 철수하면 새로 파견하여야 하는데, 다른 지도 역량은 없기 때문이다"라고 주장하며 공작조 유지를 주장하였다(卜偉華 2008: 175).

공작조 철수를 처음 건의한 이튿날 천보다는 대중집회에서 이렇게 말하고 있다. 그의 발언에서 한 달 후 「문혁 16조」에서 공식 문구로 정리될 내용을 엿볼 수 있다.

조직된 대중이 일부 대중을 타격하는 것은 부당한 일이다.…… 공작조를 반대하는 것이 당중앙을 반대한다고 말하는 것은 오류이다. 소수를 보호해야 한다.…… 대중에 대해 어떤 태도를 취하는가 하는 것은 근본적인 입장문제이다. 대중 중의 다수와 소수는 계속 변화한다.…… 공산당은 마오 주석이 시작했을 때는 소수였다. 정확한 입장이 때로는 소수일 수 있다.…… 공작조가 보통 노동자의 자세로 출현했다면 공작조는 사람들의 의심을 사지 않았을 것이다.…… 공작조의 모든 오류는 대중 속에서 나와서 대중 속으로 들어가지 못한 데 있다.…… 현재 수많은 공

---

7) '초기 50일' 시기에 공작조가 전국 각지에서 초래한 대중 탄압의 사례들에 대한 소개로는 蕭喜東(2004)를 보라.

8) 초기 중앙문혁소조 조원이었다가 얼마 지나지 않아 밀려난 바 있는 무신도 공작조 파견 자체가 잘못은 아니었다는 주장을 견지하면서도, 공작조 철수에 천보다가 중요한 역할을 했음을 인정하고 있다(穆欣 2003: 636~7).

작조가 지도를 하지 못하고, 자신을 노동자로 여기지 못한다.…… 공작조에 대해 의견이 있으면 대자보를 붙일 수 있다.[9]

그러나 당중앙의 대부분은 완고했고, 보이보가 말하듯 "어떤 자들은 공작조를 쫓아내야 한다고 하는데, 그럼 형세는 반드시 공작조의 권한을 빼앗게 될 것이고, 이는 당의 권한을 빼앗는 것이니 누가 권한을 장악하겠는가? 공작조가 결점과 잘못이 있을 수 있지만 고칠 수 있다. 그러나 멋대로 공작조에 '보황당' 같은 명칭을 씌워서는 안 된다"는 게 주류의 생각이었다(王年— 1994: 46에서 인용).

그리고 이런 사고와 공작조의 사업풍은 과거의 우파 색출 작업의 사고와 크게 다르지 않았다. 류사오치는 그에 앞서 6월 13일 중남국과 서북국 보고에서 다음과 같은 지시를 내리고 있었다.

온갖 잡귀신들이 그물에서 나와 우리를 공격할 때 반격을 서둘 필요는 없다. 꾹 참고 서 있으면서 잘 지도하여 불길을 잘 잡도록 한다. 온갖 잡귀신들이 대부분 폭로되면 바로 때맞추어 반격을 조직한다.…… 대학생 중 반당반사회주의 분자는 마땅히 적발해야 한다.…… 이번 고등·중등 졸업생은 시위원회의 비준을 받아야 하며 비판투쟁과 모자 씌우기를 할 수 있다.[10]

예용례는 천보다가 마오의 교감을 얻어 공작조 비판을 추진했을 것이라고 추측하지만(葉永烈 1999: 445~52), 공작조 철수 건의로 중앙 내에

---

9)「陳伯達康生等關于北京廣播學院文化革命的談話」(1966. 7. 14.),『陳伯達文章講話匯編』.

서 한참 몰리고 있던 7월 20일, 상산하향(上山下鄕)에서 잠시 돌아온 아들 천샤오눙에게 천보다 자신이 곧 실각할 것을 암시하면서 비감한 편지를 남기고 있던 당시의 여러 상황을 고려하면(陳曉農 2005: 286~7), 그다지 사실에 기반한 주장이라고 보기는 어렵다.[11]

7월 18일 베이징에 돌아온 마오쩌둥은 아직 공작조 문제에 대해 확실한 입장을 가지고 있던 것은 아니어서, 양쪽의 견해를 들어 본 후 거의 일주일간 고민 끝에 7월 24일 공작조 철수를 지시하고, 7월 26일 중앙정치국 확대회의에서 공작조 철수가 결정됨으로써 이 문제는 일단락된다(王年一 1996: 47~8; 逢先知·金沖及 2003: 1422~6; 卜偉華 2008: 174~8). 공작조 철수를 지시한 이후 마오는 홍위병, 특히 조반파 홍위병에 대한 적극적 지지의 태도를 보였다. 이는 류사오치와 덩샤오핑 등 당 주류의 홍위병에 대한 태도와는 구분되는 것이었다. 공작조 문제가 아직 해결되지 않던 7월 중 류사오치는 "홍위병은 비밀조직이며 또 불법적이다"라고 규정하였으며, 비슷한 시기 덩샤오핑은 "홍위병을 해소하고, 용해시키"

---

10) 高皋·嚴家其(1986; 陳曉農 2005: 283에서 재인용). 공작조 파견과 관련된 류사오치의 개입 및 '4청' 이래 류사오치의 '스탈린주의적' 숙정 방식에 대한 비판으로는 宋永毅(2007b)를 보라.

11) 그가 천샤오눙에게 전한 편지는 다음과 같다. "샤오눙…… 개인주의는 부르주아 계급의 것이고 가장 해악을 끼치는 것이다. 영원히 영원히 개인주의가 네 머릿속에 들어서지 않도록 해라. 이렇게 해야 비로소 넓게 보고 멀리 보고 비로소 전진할 수 있고, 앞길이 열리며, 자신을 인민의 혈육의 일부로 만들 수 있다. 어찌 되건 간에 우리는 결국 대중 바다의 한 점 물방울일 따름이다. 내 자신도 결점이 있고 잘 익혀 배우지 못했다. 그러나 나는 확실히 우리의 삶은 인민에 속해 있고, 인민을 위해 사는 것이고, 인민을 위해 죽는 것이라고 생각한다. 이것이 마오 주석의 교훈이고, 당의 교훈이니, 너도 영원히 기억하기 바란다. 총총. 가는 여행 길 편안하기를. 아빠가 7월 20일 8시."(陳曉農 2005: 286~7) 인민대학 부속중학을 졸업하고 대학에 진학해 문과를 전공하겠다는 둘째아들 천샤오눙에 대해 천보다는 대중으로부터 이탈한 지식인이 되어서는 안 된다고 하고, 노동자가 될 것을 권유해 천샤오눙은 내몽고로 가는 상산하향 지식청년 대열에 참가하였다. 천보다의 첫째아들 천샤오다(陳小達)는 전쟁과 내전 시기 다른 당간부 자제들과 함께 소련에서 성장하였는데, 소련에서 물리학을 전공한 후 1950년에 귀국해 제2기계공업부에서 근무하였지만, 1960년에 자살하였다.

고, "점차 홍위병을 공청단 조직 속으로 용해시키"라고 지시하여(印紅標 2011: 44), 마오와는 다른 태도를 보이고 있었다.

천보다는 공작조 문제로 류사오치와 최초의 충돌이 발생한 것을 유 감으로 생각하지만 공작조 문제는 1957년 반우파 문제와 연결되기 때문 에 양보할 수 없다는 생각을 출옥 후 밝히고 있다.

> 공작조 철수를 주장한 것도 나의 죄 중 하나가 되었다. 그러나 그 시기 공작조를 철수하지 않았다면 사정이 더 나아졌겠는가? 그렇게 말하기 어렵다. 당시 공작조는 이미 수많은 학생과 교사를 '우파'나 '반혁명'으 로 규정하였다. 공작조를 철수하지 않으면 이는 1957년 '반우파운동' 상 황으로 돌아가는 것이고, 대중이 지도부를 비판하는 것을 허용하지 않 는 것이고, 비판을 하기만 하면 곧바로 그들을 '반당반사회주의'로 몰고, '우파' '반혁명'으로 규정해 버리는 것이다. 어느 기층 당조직의 지도자 에 대해 대중이 비평할 수 없으면, 각 단위의 당위원회 서기는 모두 자기 가 당을 대표한다고 여기고 그에 대한 반대가 곧 당에 대한 반대라고 여 길 것인데 이런 상황은 불합리하다. 이런 상황을 바꾸지 않고 여전히 과 거의 방법에 따라서 대중이 지도부를 비판하는 문제를 처리하면 그 귀결 은 해결이 되지 않는다.(陳曉農 2005: 284~5)

앞에서도 지적했듯이 문화대혁명의 개시와 전환점의 곡절이 1957년 반우파운동의 피해자와 맞닿아 있다는 점은 문화대혁명의 특이성을 이 해하는 데 매우 핵심적이다. 학교뿐 아니라 공장에 파견된 공작조들 또한 문화대혁명 초기의 '개조의 대상'을 1957년 반우파투쟁 당시 우파로 구 획되었던 사람들 사이에서 찾아내는 경향이 있었고, 이에 대해서 박해받는 당사자뿐 아니라 그런 비판 대상에 동정적인 사람들 사이에서도 반발의 분위기가 확산되기 시작하였다. 문혁 초기 비판 대상으로 지목된 사람들 중에는 문혁 이전에 '부르주아 계급' 인물로 비판받았다가 문혁 초기에 조반파로 변신하여 등장한 인물들이 매우 많았는데, 이에 대해서는 다음과 같은 천둥린의 분석을 참고해 볼 수 있다.

1967년 상하이의 '1월 탈권' 후에 마오쩌둥의 호소에 호응해 일어나 조반하여 탈권한 일련의 헤이룽장, 산시, 산둥, 쓰촨성 등의 주요 영도 간부들은 모두 과거의 운동 적극분자가 아니라, 각종 '역사문제'가 있는 자들이었다. '대약진'에 반대해 '우경기회주의분자'로 분류된 바 있는 전 허난성 성서기 판푸성(潘復生)과 전 신샹지구 서기 경치창(耿起昌)은 탈권하여 헤이룽장과 허난성 혁명위원회의 주임과 부주임이 되었다; '지방민족분열주의 분자'로 규정되었던 전 닝샤회족자치구 서기 류거핑(劉格平)은 탈권하여 산시성 혁명위원회 주임이 되었다; '4청을 통과하지 못한 간부'로 분류된 바 있는 전 칭다오시 부시장 왕샤오위(王效禹)는 탈권하여 산둥성 혁명위원회 주임이 되었다; 1962년 '불순분자' 문제로 당적을 박탈당하고 파직된 전 이빈(宜賓)지구 서기 류제팅(劉結挺)과 이빈시 서기 장시팅(張西挺) 부부는 쓰촨성 혁명위원회 부주임이 되었다.
하층의 예는 이루 다 셀 수 없다. 반우파투쟁 중에 우파분자로 분류된 일군의 『신후난보』(新湖南報)의 간부와 지식인들은 '문혁' 초기 대중조직을 결성하고 집회 활동을 벌이며 자신들의 복권을 요구하였다. '문혁' 초기 전국적으로 이름을 날린 조반분자로 '신시대 광인'의 명성을 얻은 천리닝(陳里寧)도 우파분자로 분류되었었다. '4청' 중 류사오치의 부인 왕광메이에 의해 불순분자로 규정된 타오위안 대대 당지부 서기 우천(吳

臣)도 솔선해 조반을 일으켰다. 『중학문혁보』에 「출신론」을 실어 일세를 풍미한 위뤄커(遇羅克)는 부모가 모두 우파분자여서 진학도 직업도 막혔기 때문에 그의 글에서 계급출신으로 정치 지위를 나누는 것에 반대하고 정치 표현을 중시할 것을 큰 목소리로 요구하였는데, 이는 앞선 시기의 전통적 계급투쟁의 이론을 부정한 것이라고 할 수 있다. 흥미로운 사례는, 일찍이 우파분자로 찍혀서 박해와 감시를 받았고, 지금에는 '사상 선구'라는 명예를 얻은 학자 구준(顧準)으로, 그는 사적으로 남긴 일기에서 '문혁' 이전의 정치에 대해 심한 불만을 표명하지만, '문혁' 중에는 자신의 지위가 바뀌지 않았음에도 크게 흥분하였다. 그래서 후인들이 그를 연구할 때 "두 명의 구준"이라는 의혹이 생겨나기도 했다. 사실, 그가 전통 계급투쟁을 부정하는 '문혁' 이론 중에 '신계급'에 대한 [대응에 대해] 기대를 했던 것으로 이해된다.(陳東林 2011: 4~5)

마오의 개입으로 공작조 철수가 결정되었지만, 공작조의 철수 결정은 문제를 새로운 국면으로 확대시켰다. 문제는 해결된 것이 아니라 더 복잡해졌다. 앞서 6월 3일부터 각 대학과 중학교 등에 진주한 공작조는 각 학교의 지도부를 대체해 초기의 '문화혁명'을 주도하였고, 이들은 대체로 학교 교사를 네 등급을 구분하고 그 중 제4류를 중점 타격 대상으로 분류하는 방식을 취했고, 학생들 또한 비슷하게 분류하여 비판운동을 벌였다. 마오의 지시로 공작조가 철수하자, 공작조의 빈자리는 공작조의 주도 하에 성립된 '홍오류'(다섯 가지 붉은 부류) 홍위병과 이들을 중심으로 (역설적으로 「문혁 16조」의 원칙에 따라) 구성된 '문화혁명위원회' 같은 조직이 차지했다. 공작조가 아직 철수하기 직전에는 '온갖 잡귀신'에 대한 타격이 노골적인 폭력으로 비화하지 않도록 다소 제어되기도 했으나, 공작조가 철수하자 역설적으로 당조직 비호 하의 '노홍위병' 조직들의 전혀 제어받지 않는 노골적 폭력이 광범하게 창궐할 수 있는 길이 열렸다(王友琴 1996: 21~8; 印紅標 1996a: 181). 혈통론의 고양과 그 배경 하의 '붉은 8월'의 폭력은 그렇게 이어졌다. 그 상황이 반전되는 것은 10월 '당내 두 가지 노선'이라는 논점이 공식화되면서 조반파 조직이 전국적으로 결성되는 시점이 되어서였다.

3) 혈통론 비판에서 두 가지 노선 비판으로

공작조가 남기고 간 가장 큰 갈등의 흔적은 '혈통론' 문제였다. 혈통론을 둘러싼 논쟁은 문혁 초기에 홍위병이 분화하는 출발점이기도 했다. 초기 홍위병은 공작조의 파견과 맥을 같이하여, 공작조에 우호적 태도를 갖는 고급간부 자제를 중심으로 형성되어 '네 가지 낡은 것 타파'(四舊打破)를 주된 목표로 운동을 진행시켰다. 따라서 자연히 홍위병 가입 기준을 출신성분에서 찾았고, 반면 비판 대상의 선정 또한 출신성분을 기준으로 삼았다(徐友漁 1999; 백승욱 2007a). '네 가지 낡은 것 타파'의 대상이 곧 '계급의 적'이 되고, 그 기준은 무엇보다 출신성분인 '혈통'에 따라 구획되며, 이들 타격 대상에 대해서 무자비한 '홍색 테러'를 자행할 수 있다는 논리적 연결구조는 이들 '노홍위병'에게는 너무나 당연한 일이었다. 이런 상황은 1966년 여름 절정에 이르렀다(印紅標 2009: 25~7).

저우룬쭤는 당시 학교 내에서 두 명 이상이 조직을 만드는 것은 불법이어서, 적발되면 가벼운 경우에 '반동조직'으로, 심하면 '반혁명집단'으로 처벌받는 상황이었기 때문에, 1966년 6~8월 사이에 고급간부 자제를 제외하고는 '다섯 가지 검은 부류'(흑오류黑五類)는 물론 보통의 '다섯 가지 붉은 부류'(홍오류) 학생도 감히 홍위병 조직을 결성할 수 없었다고 말한다. 이 때문에 초기 '노홍위병'은 모두 혈통론을 따르는 고급간부 자제들로 구성될 수밖에 없었다는 것이다(周倫佐 2006: 14). 또한 이 시기는 공작조가 "앞문으로 나갔더라도, 베이징의 새 시위원회에서 파견한 연락원, 관찰원, 순시원 고문 등이 뒷문으로 들어와 운동을 통제하는" 상황이었다(蕭喜東 2002). 그랬기 때문에 「문혁 16조」의 규정에 따라 '문화혁명위원회'나 '문화혁명 주비위원회(籌備委員會)'가 수립되었다 해도 이 또한 혈통론을 숭상하는 '보수파' 홍위병들에 의해 거의 독점될 수밖에 없는 상황이었다(周倫佐 2006: 13~4; 印紅標 2009: 34).

여기에 탄리푸(譚力夫)처럼 혈통론에 불을 지피는 논객들이 등장하고, 혈통론에 바탕을 둔 홍위병 조직들이 강화되고 이들의 연합조직들이 형성되면서 혈통론은 대세처럼 커져만 갔다. 혈통론에 대한 비판이 강해진 이후에도 그 세력이 줄지 않고 계속 확대되어 1966년 말인 12월 5일에는 이 '보황파' 사령부들의 연합조직인 롄둥(聯動: 首都紅衛兵聯合行動委員會)이 등장하기에 이르렀다. 혈통론은 출신성분에 따라 우월한 '다섯 가지 붉은 부류'(혁명간부, 혁명군인, 혁명열사, 노동자, 빈하중농 가족)와 이에 대비되는 나쁜 출신성분인 '흑오류'(구지주, 구부농, 반혁명분자, 악질분자, 반동분자 가족)나 '흑칠류'를 나누고, 이를 개인의 정치적 입장을 평가하는 엄격한 기준으로 삼는 논리였다. 그런 특징을 잘 보여 주는 대련구가 "부모가 혁명을 하면 자식은 멋진 놈, 부모가 반동이면 자식은 개자식"이라는 것이었다(王年一 1996: 166; 鄭光路 2006b: 51~63).[12]

'흑오류'나 '흑칠류' 같은 범주는 실질적인 탄압과 차별의 기준이 되었는데, 예를 들자면, 베이징의 차오양구 딩푸좡 중학의 홍위병이 '흑칠류'에게 내린 다섯 가지 금지령을 보면, ①마오쩌둥 저작과 『마오 주석 어록』 학습을 불허하고, ②자전거와 손목시계를 내놓아야 하며, ③최저생활 수준을 낮추어 목숨만 유지할 정도로 하고, ④옥수수 떡만 먹게 하고 다른 식사는 금지하며, ⑤감금노동을 시키는 것 등이었다(葉永烈 1999: 481). 이런 혈통론은 극단적인 적대의 감정을 고취하기도 했는데, 혈통론의 대표인 렌둥의 구호를 보면 그런 점이 잘 드러난다.

개××들을 죽여서 전멸시키자! 영원히 다시는 세상에 못 나올 줄 알아라! 너희들 시체가 산을 이루고 피가 강을 메우게 하리라. 다 죽여 씨를 말리자 개××들! 개××들을 격리시키고 홍오류가 권력을 장악하자![13]

공작조는 이런 혈통론의 광풍을 제지하기보다는 그것을 정당화하고 지지하는 효과를 낳았다. 따라서 공작조의 문제점을 지적하고 철수시키려는 노력은 자연스레 혈통론을 제지하려는 노력으로 이어질 수밖에 없었다. 공작조 철수 결정이 혈통론의 유포를 바로 중단시키지는 못했으며, 1966년 여름은 혈통론을 둘러싼 격렬한 논쟁 속에 휘말렸고, 혈통론 문제는 점점 더 정치적 쟁점이 되었다. 혈통론은 대학생 홍위병보다도 중학생 홍위병들 사이에서 더욱 큰 영향력을 발휘했고, 중학생 홍위병이 보수파와 조반파로 분화할 때 공작조 문제보다 혈통론 문제에서의 대립이 더 중요한 영향을 끼쳤다(周倫佐 2006: 57). 혈통론 논쟁의 격렬함은 중앙문혁

---

12) 홍오류와 흑오류 사이에 '마오류'(麻五類)라는 또 다른 범주도 있었는데, 이는 소상인, 중농, 상중농, 직원, 자유직업인의 자제를 말하는 것이었다. 문혁 이전까지 흑오류 자제는 대학 진학 자체가 불가능했고, 대학에 진학한 '마오류' 자제들은 문혁 초기 중학교의 '흑오류' 자제들과 유사한 탄압을 받았다(周倫佐 2006: 26~36).

13) 高皐·嚴家其(1986: 119; 陳曉農 2005: 303에서 재인용). 혈통론의 주장을 편 문건들과 그에 대한 반박문들은 宋永毅·孫大進(1997) 수록 글들과 徐曉·丁東·徐友漁(1999)를 보고, 혈통론의 등장 맥락에 대한 설명은 任松林(1997)을 보라.

소조도 통제하기 어려운 상태였다. 중앙문혁소조에서 일하다 1967년 초부터 중앙문혁소조 사무조 조장을 맡은 바 있는 왕광위는 이에 관련된 일화를 다음과 같이 소개한다.

> 대략 1966년 8월 어느 날 오후 중앙 판공청과 국무원 판공청의 연합 접견실에서 국무원 부비서장 쉬밍이 조직한 홍위병 접견 좌담회가 열렸다. 주제는 "아버지가 영웅이면 아들은 멋진 놈, 부모가 반동이면 자식은 쓰레기"라는 구호에 대한 논쟁이었다. 천보다는 회의에서 이런 혈통론 색조를 띤 잘못된 구호를 반박하였다. 이 구호를 주장한 '홍오류' 고급간부 자제 다수가 천보다 의견에 동의하지 않아, 쌍방은 격렬한 논쟁을 진행했다. 논쟁이 심해지자, '홍오류' 학생의 말이 거칠어지고 의견을 굽히지 않아, 회의장은 난리가 났고, 논쟁을 더 진행할 수 없었다. 쉬밍과 천보다 비서 왕바오춘은 사태를 보고 질서를 유지하려 하면서 천보다를 빠져나가게 했다. 앞문은 이미 홍위병들이 가로막고 천보다를 못 나가게 막고서 그와 끝장 토론을 하자고 하였다. 나는 하는 수 없이 천보다를 보호해서 무대 뒤로 빠져나와, 기관사무관리국 마당을 통과해 남문으로 나갔다. 그 당시 중앙경위단의 경위들이 천보다의 차를 남문 앞으로 불러와, 나는 천보다를 보호해 차에 오르게 하여 댜오위타이로 돌아갔다.(閻長貴·王廣宇 2010: 351)

논란은 가을 무렵 정리되기 시작했지만 파벌 대립은 그 속에서 오히려 격화되어 갔다. 이런 상황에 대해 천보다는 다음과 같이 비판하고 있다.

> 마오 주석은 혁명은 "모든 것과 연합하여 투쟁을 부정하는 것도, 모든 것

과 투쟁하여 연합을 부정하는 것도 아니고, 연합과 투쟁 두 방향을 종합하는 정책이다"라고 말한다. …… 최근 들어 어떤 사람들은 종파주의로 당의 계급노선을 대체하려 시도하고 있다. …… 그들은 계급론을 혈통론으로 대체하여 계급 전선에 비집고 들어와 프롤레타리아트 혁명대오를 고립시키려 하고 있다. …… 우리의 관점은 그런 유심론적 혈통론자와 어떤 공통점도 없다. …… 일부 어떤 노동자 출신 사람들이 결코 노동자 계급을 대표할 수는 없다. 왜냐하면 그들은 부르주아지의 영향을 받았고 부르주아지에 매수되었기 때문이다. …… 지금 일부 학생들은 '저절로 붉다', '저절로 검다' 따위의 관점을 수용하고 있고, 학생들을 '다섯 가지 붉은 부류', '붉지 않은 다섯 가지 부류'나 '검은 몇 가지 부류' 따위로 분류해야 한다는 관점을 받아들이고 있다. 이런 관점을 만들어 내는 자들은 프롤레타리아 문화대혁명 중에 혼란을 조장해 청년의 눈을 멀게 하는 자들이다. 우리는 청년들이 이런 혈통론의 잘못된 관점을 받아들이지 말고 마르크스-레닌주의를 활용하고 마오쩌둥 사상의 계급론으로 자신의 머리를 무장하기를 권고한다. …… 사실 이런 혈통론자는 자신이 혁명의 진전 중 부단히 개조되어야 한다는 사실을 부인하고, 다른 사람도 혁명운동 중에 스스로를 개조할 수 있다는 점 또한 부정하는 것이다. 달리 말하자면, 그들은 스스로 혁명을 원하지 않고 다른 사람이 혁명하는 것도 허용하지 않는다. 계급성분과 출신계급을 중시하지 않는 것도 큰 잘못이지만, 성분만 보고 정치표현은 보지 않는 것 또한 큰 잘못이다. …… 계급 분석을 떠나서 이른바 다수와 소수의 문제를 보는 것도 완전히 잘못이다. …… 우리의 위대한 스승 마오 주석은 쭌이회의[1935년 1월] 이전에 당중앙에서 소수의 지위에 놓여 있었[다]. …… 이른바 불편부당은 표면적이고 위선적인 것이다.[14]

건국 초기에, 개인적 발전의 전망이 한정된 데 비해 정치참여 의식은 고조되어 있던 이례적 상황에서 경쟁 상대들을 적으로 몰아가는 정치적 분위기는 오히려 강화되었다. 공작조가 위로부터 '계급의 적'을 솎아 내는 작업을 하는 일과 혈통론이 결합된 것은 이런 배경과 무관하지 않았다.

당시 간부의 특권은 오늘 중국 부패 문제처럼 그렇게 심각하지는 않았다. 문제는, 계급성분을 기초로 하는 정치체제와 개체·가족경영과 인구 유동을 금지하는 체제 때문에 일반인들이 점점 더 발전 출로를 찾기 어려웠던 데 있었다. 유일한 출로는 입당하여 간부가 되는 길이었고, 그 때문에 대중의 정치참여 의식은 특별히 강했다. 건국 초기에 간부 대오는 주로 1949년 이전에 공산당에 참가했던 사람들로 구성되었고, 대중은 '권력을 잡은 사람이 다스리는 건 이해할 수 있다'는 태도로 대응했지만, 새로운 간부들은 일반적으로 계급성분에 정치표현이 더해져서 선발되었다. 계급성분은 고정되어 있었다. 이른바 정치표현이란 적극적으로 정치운동에 참여하여, 엄중하게 적들(경쟁 상대를 포함해)을 타격하는 것이었다. 그래서 정치참가의 열의와 다른 사람을 숙정하는 분위기가 전례 없이 고양되어, 지속되는 정치운동에 의해 더욱 많은 사람들이 적대계급으로 구분되었고, 당의 계급기초와 대중기초는 갈수록 취약해졌다. 이런 상황 때문에 대중은 갈수록 간부들과 대립했고, 이런 불평등을 받아들일 수 없었다.(陳東林 2011: 8~9)

---

14) 「陳伯達在中央工作會議上的講話」(1966. 10. 16.), 『陳伯達文章講話匯編』.(이 책 부록으로 수록) 이 보고는 마오쩌둥의 여러 차례 연설의 정신에 근거해 천보다가 집필하고 왕리가 도와서 완성했다고 한다(印紅標 1996a: 183). 마오 자신도 그 초고를 네 차례에 걸쳐 검토하였을 만큼 이 연설을 중시하였다(吉越弘泰 2005: 198).

천보다는 공작조와 혈통론에 대한 비판을 한 걸음 더 나아가 발전시키는데, 그는 이런 공작조식 작풍과 혈통론을 부추기는 세력이 당내에 있으며('자본주의의 길을 걷는 실권파'), 이 때문에 '두 가지 노선'의 투쟁이 있다는 결론을 내린다. 「문혁 16조」에 이은 이 '두 가지 노선' 주장이 문화대혁명의 마오-천보다적 정식화의 두번째 주장이었던 셈인데, 이 '두 가지 노선' 선언과 더불어 보수파 홍위병과 조반파 홍위병 사이의 세력관계에 역전이 발생하게 된다. 혈통론과 공작조에 대한 당의 분명한 반대 입장을 정리해 표명한 이 '강연'은 보수파 홍위병의 쇠퇴와 조반파의 본격 확산을 위한 길을 닦는 계기였고, 많은 조반파 활동가들이 이 강연의 영향을 받았다. 조반파의 목소리와 세력이 본격적으로 문화대혁명 과정에서 중요성을 획득한 것은 이 이후였다. 천보다의 이 '두 가지 노선' 주장을 좀더 자세히 살펴보기로 하자.

프롤레타리아 혁명노선과 혁명에 반대하는 부르주아 노선 사이의 투쟁은 아직도 첨예하고 매우 복잡하다. …… 마오 주석이 늘 말하듯, 계급모순, 계급투쟁은 결국 우리 당내에 반영될 수 있다. 이 때문에, "당내에서 서로 다른 사상의 대립과 투쟁은 늘 발생"한다. …… 마오 주석이 제출한 프롤레타리아 문화대혁명 노선은 대중으로 하여금 스스로 자신을 교육하고 스스로 자기를 해방하도록 하는 노선이다. …… 공작조는 일종의 조직 형식일 따름이다. 이런 조직 형식은 어떤 운동에서 적절하게 사용된다면 문제가 없고 필요하기도 하다. 그러나 이번 문화대혁명 중에 오류노선을 제기한 대표자들은 공작조라는 이런 조직 형식을 억지로 대중들의 머리 위에 씌웠으며, 그 목적은 그런 오류노선을 추진하기 위한 것이었을 따름이다. …… 어떤 자들은 중앙이 지시한 파리코뮨 원칙을 완전히 위배하여.……

마오 주석은 전국이 해방되기 전야에 이렇게 말한 적이 있다. "이런 일부 공산당원들은 총을 든 적에게 정복되는 것이 아니다. 이처럼 적 앞에서는 영웅의 칭호도 마다하지 않지만, 적들이 사용하는 설탕으로 감싼 포탄의 공격은 버텨 내지 못한다.……" 역사상 계급투쟁은 정확히 그러하여, 본래 혁명 편에 서 있던 일부 사람들은 적의 위협과 유혹에 굴복하여 소리 없이 혁명과 대립하는 쪽으로 이동해 가게 된다. 선진적이던 것이 낙후되게 변하고 낙후된 것이 선진적인 것으로 변한다. 이런 상황은 우리 문화대혁명 중에 심각하게 표출되어 나온다. 소수이긴 하지만, 우리 중 어떤 동지들은 옛 혁명에 만족하여 해방 후에 고관대작이 되어 심지어 자신의 혁명의 역사를 완전히 잊어버렸다.……

두 가지 노선의 투쟁이 아직 계속되고 있고, 여러 차례 반복될 수 있다.…… 당내 노선투쟁은 사회 계급투쟁의 반영이다. 류·덩의 오류노선은 그 사회기초가 있으며, 이 사회기초는 주로 부르주아지이다. 오류노선은 당내에 어느 정도 근거가 있는데, 왜냐하면 당내에 한 줌의 자본주의 길을 걷는 실권파가 있고 또 세계관을 개조하지 않았거나 아직 개조가 끝나지 않은 일부 혼란한 자들이 있기 때문이다. 셋째, 공작조를 대거 파견하여 혁명적 학생을 진압한 것은 노선 오류를 범한 것이다.…… 넷째, 오류를 바로잡았는지 아니면 오류를 고집하는지를 구분하는 표지는 대중에 대한 태도이다. 즉, 대중에게 오류노선을 집행했음을 공개적으로 인정했는지, '반혁명'으로 규정받은 대중을 성실히 복권시켰는지, 또 대중의 혁명 행동을 지지하는지를 보아야 한다.…… 최근 들어 어떤 사람들은 종파주의로 당의 계급노선을 대체하려 시도하고 있다.…… 그들은 계급론을 혈통론으로 대체하여 계급 전선에 비집고 들어와 프롤레타리아트 혁명대오를 고립시키려 하고 있다.…… 각 지역에서 "스스로 붉다"는 황당한 논리가 유행하고 있다.…… 이는 착취계급의 반동적 혈통론이다…….[15]

문혁이 끝나고 개혁개방 시기에 들어선 이후에는 이 연설이 문혁의 가장 '극좌적이고' '오류에 가득 찬' 문건으로 비난받았지만, 당시 이 연설이 조반파 세력에 얼마나 중대한 영향을 끼쳤는지에 대해서는 그 자신 쓰촨성 조반파 홍위병 출신이지만 문혁에 대해서는 조반파가 마오에게 이용당한 역사로 비판하고 있는 자유주의자 쉬유위의 다음과 같은 회고를 통해서도 잘 알 수 있다.

차별, 배척, 타격을 받아 온 학생들에게 1966년 "마오 주석을 중심으로 하는 당중앙"의 이름으로 공포된 두 개의 문서는 평생 잊을 수 없는 것이었다.…… 대부분 조반파 적극분자들이 분명하게 느끼고 있던 일이지만, 그들이 이 두 문서의 내용을 알았을 때 얼마나 감동하고 기뻐했는지는, 아마도 사형수가 석방되었을 때와 같았을 것이다.…… 그들은 당시의 기분을 실어 다음과 같이 표현하였다. "혁명을 하니 베이징이 가까운지 알게 되었고, 조반을 하니 마오 주석이 친근함을 알게 되었네."(吉越弘泰 2005: 189에서 재인용)

여기서 두 가지 문서란, 하나는 천보다의 이 강연을 말하고, 다른 하나는 군사위원회 총정치부의 「군내의 대학과 전문대학의 프롤레타리아

---

15) 「陳伯達在中央工作會議上的講話」(1966. 10. 16.), 『陳伯達文章講話匯編』.(이 책 부록으로 수록)

문화대혁명에 관한 긴급지시」를 말한다.

천보다의 두 가지 노선의 주장은 그 다음에는 당내에 두 가지 상이한 목적으로 가입한 사람들을 나누는 주장으로 확대된다.

우리 중국공산당에 참여한 사람은 기본적으로 두 종류다. 하나는 마오 주석을 대표로 하는, …… 다른 하나는 민주혁명을 위해서, 부르주아 계급 혁명을 위해 당에 들어온 사람들이다. 그들은 아마도 강조점을 반제 측면에 두었고 반봉건에 대해서는 연약했다. 그들은 민주혁명 단계에서 멈추려 했으나, 민주혁명은 아마도 불철저한 민주혁명이었고, 그들이 옹호하고자 한 것이었다. 이는 류사오치로 대표되는 일부 당원이다. 우리 당내에 두 종류의 목적을 가진 사람이 당에 가입했기 때문에 두 가지 노선이 있게 되었다.[16]

이 구절은 혈통론을 비판했던 맥락과는 달리 다시 쟁점이 오히려 혈통론의 사상적 바탕에 더 가깝게 근접해 '출신 배경'에 따라 '계급투쟁'이 전개될 수 있다는, 매우 '스탈린주의적 정풍'의 뉘앙스를 은연중에 풍기고 있는 것을 부정할 수 없다. '주자파' 문제를 놓고 조반파가 보여 준 혼란과 격동은 천보다의 이런 모호한 태도와도 무관해 보이지 않는다.

마오의 동의를 얻어 중앙문혁소조가 적극 개입하였고, 당내의 논쟁을 정리하여 당 바깥의 '낡은 계급 적들'이 아니라 '당내의 부르주아 계급 반동노선'이 타격 대상이라고 방향 선회를 분명히 선언하였음에도 불구하고, 혈통론을 둘러싼 대립은 쉽게 종료되지 않았다. 혈통론의 뿌리는 생각보다 깊었고, 이 '강연' 등에 의해 일시적으로 그 세력이 약화되었더라도 나중에는 오히려 다시 강화되었다고까지 말할 수 있다. 혈통론을 지지하는 '홍오류'의 입장은 탄리푸에 의해 대변되었으며, 혈통론을 반대하는 가장 중요한 문건은 위뤄커의 「출신론」이었다. 공식적으로는 당에 의해 혈통론이 반동사상으로 규정되었지만, 두 조류를 대표하는 두 인물의 그 후 인생역정은 반대로 드러났다. 탄리푸는 다소 고초를 겪었지만 군에 들어가 문혁이 끝난 후 승승장구하여 베이징고궁박물관 서기직까지 승진했다. 반면 위뤄커는 그의 출신배경과 함께 그가 제기하는 '인권'과 '평등'도 문제가 되어 1968년 1월 체포되었고, 1970년 3월 사형이 집행되었다.[17] 혈통론의 역설을 잘 보여 주는 중요한 일은, 다수의 조반파 조직들이 처음에는 '혈통'이 좋지 않은 '흑오류' 출신들을 중심으로 조반을 일으켜 조직을 구성하였지만, 조반파가 정치적 중요성을 획득하고 조반파들 사이에서 분화와 대립이 심해진 시기에 들어서는, 자기 조직의 출신성분의 '순결성'을 보장하고 상대 조직을 '불순한' 세력으로 몰아세우기 위해 혈통의 우위를 지닌 과거 '보수파' 조직 구성원들 상당수를 흡수하였고, 그 결과 이후에 이들 조반파 조직의 주요 지도부가 '홍오류' 자녀 출신으로 바뀐 곳도 적지 않았다는 사실이다. 심지어 초기에 조반파들이 지도부를 구성할 때도 이는 피해 갈 수 없는 문제여서, 드러난 지도부와 영향력 있는 실제 지도부가 차이가 나는 경우도 적지 않았다(周倫佐 2006: 108~10).

당내에서는 공작조와 혈통론을 류·덩의 책임으로 몰아가고 두 가지 노선의 구분을 분명히 함으로써 상황은 일단락되는 듯했지만, 사회에서 혈통론의 문제는 이 시기 들어 해결되기보다 오히려 더 심각한 대립으로

---

16) 「陳伯達在軍委擴大會議上的講話」(1967. 4. 12.), 『陳伯達文章講話匯編』.
17) 위뤄커의 글과 그에 대한 평가 등에 대해서는 徐曉·丁東·徐友漁(1999)를, 탄리푸와 위뤄커를 중심으로 한 혈통론 논쟁에 대해서는 宋永毅·孫大進(1997), 印紅標(2009: 1, 2장), 吉越弘泰 (2005: 212~37) 등을 보라.

치닫고 있었으며, 그것은 초보적 수준의 무장충돌로 이어지기 시작했다. 혈통론에 근거한 보수파 '노홍위병' 및 공작조로부터 탄압을 받던 대상들이 공작조 철수 이후에 '소수파' 대항 세력을 구성하기 시작하여, 10월 '두 가지 노선'의 발표 이후 비로소 그 세력을 확산하고 일부 지역에서 다수파를 점하기 시작하였다. 이들은 스스로를 '조반파'로 지칭하였다(印紅標 2009: 57). 여전히 중요한 세력을 떨치고 있던 보수파 홍위병과 그에 대립해 결성된 조반파 사이에는 문화대혁명의 의미와 목표, 타격 대상, 운동 방식, '자본주의의 길을 걷는 실권파'에 대한 해석, 당조직을 보는 관점, 문혁 이전 '17년'의 역사에 대한 평가 등 많은 면에서 의견이 갈리기 시작했고, '초기 50일'의 묵은 감정이 결합되고 앞선 갈등에 대한 해결이 지연되면서 두 파의 대립 수위는 점점 더 높아졌다. 처음에 각 학교별로 결성된 조직들은 곧 학교를 넘어서는 지역별 연합 '사령부'를 형성하였고, 이처럼 두 파의 사령부가 건설되면서 대립은 더욱 격해졌다. 대표적으로 베이징에서는 보수파의 사령부가 '제1사령부'(首都大專院校紅衛兵司令部: 8월 27일 성립)와 '제2사령부'(首都大專院校紅衛兵總部: 9월 5일 성립), 그리고 '시청(西城) 규찰대', '둥청(東城) 규찰대' 등을 중심으로 구성된 후 12월에는 이 조직들이 모여 '렌둥'으로 통합되었으며, 조반파는 9월 6일에 '제3 사령부'(首都大專院校紅衛兵革命造反總司令部)를 통합 건립하였다.[18]

4) 무장투쟁의 제지

천보다에게 문화대혁명은 무엇보다 '영혼을 울리는 혁명'이었다.

문화혁명 중 계급투쟁의 표현은 장기에 걸친다. 마오 주석이 말하기를, 프롤레타리아 문화대혁명은 사람들의 영혼을 울리는 대혁명이며, 두뇌를 바꾸는 문제, 한 두뇌를 다른 두뇌로 바꾸는 것, 부르주아 계급의 두뇌를 프롤레타리아 계급의 두뇌로 바꾸는 것이며, 이는 쉬운 일이 아니라고 했다.[19]

따라서 폭력의 행사는 목표 달성에 도움이 되지 않으며, 운동의 방향을 왜곡할 가능성이 크다고 보았다.

대중 속에서 종파를 형성하면 토론할 수도 변론할 수도 없다. 무장투쟁을 조성하면 온갖 잡귀신들에게 이용당하고, 나쁜 자들에게 이용당하고, 당내 자본주의 길을 걷는 실권파에게 이용당할 따름이다.[20]

장칭의 경우 상황 변화에 따라 강조점이 달라졌던 데 비해, 천보다는 시종 무장투쟁에 대해 비판적이었다. 그는 "종파를 구성해서는 안 된다. …… 어떤 사람들은 남을 때리지 않으면 근질근질한데, 이는 아편과 같다"고 말하면서,[21] 문혁 초기부터 홍위병들의 행동 방식에 비판적이었다.

일체 고깔모자 씌우는 것을 취소하라. 우리(즉 중앙문혁)는 이런 방법이 옳지 않다고 설명했다. 포위공격, 감시, 미행을 모두 그만두라. 잔혹한 투쟁, 무자비한 타격은 모두 잘못된 것이다.[22]

---

18) 각 지역의 홍위병 사령부 건설에 대해서는 卜偉華(2008: 223~9)를 보라.
19) 「中央文革與一司三司北航礦院等代表座談會時的講話」(1966. 12. 14.), 『陳伯達文章講話匯編』.
20) 「陳伯達接見重慶及西南地區師生的講話」(1966. 9. 25.), 『陳伯達文章講話匯編』.
21) 「陳伯達王力關鋒劉建勳胡痴等與商業部各地上訪群衆的談話」(1966. 11. 22.), 『陳伯達文章講話匯編』.
22) 「陳伯達康生等關于北京廣播學院文化革命的談話」(1966. 7. 14.), 『陳伯達文章講話匯編』.

1966년의 무장투쟁은 처음에 '사구 타파'(四舊打破)에서 출현하거나 '혈통론'을 배경으로 하여 '흑오류' 등에 대한 폭력행사의 형태로 나타났다. 특히 홍오류를 조직 기반으로 삼은 '시청 규찰대' 등이 악명 높았다. 주먹, 각목, 체인 등으로 시작한 폭력은 대중집회에서 고깔모자 씌우기, '제트기 태우기'(噴氣式), 죄명을 쓴 팻말을 목에 걸고 행진시키기 등의 방식으로 확대되었으며, '보황파'에게 억압받던 조반파 홍위병들도 이런 방식을 똑같이 모방하기 시작하였다. 이에 대한 천보다의 이야기를 들어 보기로 하자. 이는 1967년 초 대중집회에서의 발언이지만, 1966년부터 계속 이어진 상황에 대한 비판이므로, 1966년 가을-겨울의 상황에 대한 평가로 보아도 별문제는 없을 것이다.

나는 또한 이 방송차가 도처에 돌아다니는 것도 찬성하지 않는다.…… 나는 이 '적발'(揪)이라는 글자를 쓰는 것에 찬성하지 않는다. 나는 기운이 부족해 여러분이 이 '적발'이라는 글자를 사용하는 것에 찬성하지 않는다.…… 무슨 제트기 태우기니 고깔모자 씌우기니 하는 것은 좋지 않다. 이[문혁]는 사람의 영혼을 울리는 혁명이라고 린뱌오 동지가 일찍이 말했다.…… 나는 거리에서 자동차 한 대에 고깔모자 씌운 사람들을 줄줄이 태운 것을 보았는데, 정말 보기 싫었고, 찬성하지 않는다. 오류를 범한 것과 반혁명의 경계선은 분명히 그어야 한다. 잘못을 범했다고 반혁명이 되는 것은 아니다. 물론 반혁명을 놓아주자는 것은 아니고, 우리 인민해방군이 반혁명은 진압한다. 문제가 아직 분명하지 않은데, '적발'하고 '적발'해서 고깔모자를 씌우는 것, 이것은 나쁘다. 여러분은 8조 명령에 찬성하는가?…… 한 사람의 행동을 보고 실천을 봐야지, 단편적 측면만 보면 안 된다.…… 선회할 여지를 남겨 두지 않는 것은 좋지 못하다.[23]

누구누구 개대가리를 부수자, 이런 말이 대체 뭔가. 제트기 태우기는 또 대체 뭔가. 고깔모자 씌우기는 또 뭔가. 무릎 꿇리기는 또 뭔가. 이런 일 련의 투쟁방식을 채택해서는 안 되며, 모든 것을 부수어 버리고 국가의 물자를 파괴하는 따위의 일을 하지 않도록 주의해야 한다.[24]

1966년 후반기 천보다의 개입은 주로 폭력행사나 무장충돌이 일어 나는 곳을 찾아다니며 제어하고 말리고 교육하는 일에 집중되었으나, 그 의 역량은 베이징 내에서도 제한적이었고, 베이징을 벗어난 지역에서는 더욱 제한적이었다. 그 두 측면을 보여 준 것이 1966년 11월 18일자로 발 표된 중국공산당 베이징시위원회 명의의 '중요 통고'였다. 천보다는 베이 징 정협강당에서 여성 노동자가 구타당해 유혈이 낭자한 것을 본 후, 바 로 이 '통고'의 초안을 작성해 베이징시 담당자에게 발표하게 하였고, 이 후 이 포고는 마오 주석의 비준을 받아 전국에 배포되었다(陳伯達 2000: 85). 이 포고는 다음과 같은 내용을 담고 있다.

어떤 공장, 광산, 학교, 기관 혹은 기타 단위도 사설 구류소, 사설 법정을 설치하고 사사로이 사람들을 체포해 고문구타하는 것을 금지한다. 이런 일을 벌이는 경우 국가법률과 당의 기율을 위반한 것이다. 어떤 자가 막 전막후에서 이런 일을 지휘하면 반드시 국법과 당기의 엄중한 처분을 받 을 것이다. 오늘부터 다시 이런 죄를 범하는 경우 즉각 처리한다.(陳曉農 2005: 301에서 재인용)[25]

---

23) 「陳伯達接見第二軍醫大學和總後勤部機關代表的講話」(1967. 2. 8.), 『陳伯達文章講話匯編』.
24) 「中央首長在首都革命造反紅衛兵代表大會上的講話」(1967. 2. 22.), 『陳伯達文章講話匯編』.

그런데, 이것이 중공중앙 명의가 아니고 베이징시위원회 명의라는 점이 사실상 폭력행위나 무장충돌에 대한 천보다의 개입의 범위가 매우 제한적이었음을 보여 준다.

천보다는 여러 차례의 설득을 통해서도 홍위병들의 폭력행위가 줄어들지 않고 상호 무장투쟁 형태로 증폭되는 것은 홍위병들의 지식인적 바탕 때문이고, 이들이 노동대중과 유리되었기 때문이라고 판단하였다.

> 자본주의 사회는 봉건주의 사회보다 진보했지만 분명히 퇴보한 곳도 있으니, 위세를 부리고, 대중에서 괴리되고, 노동자로부터 괴리된 것이다.…… 교육과 노동을 실제로 연결시켜야 한다.[26]

> 대학을 졸업하면 25세가 된다. 청춘시대의 정력이 왕성한 시절을 학교에서 보내고 사회로부터 괴리되고 실천에서 괴리되고 대중에서 괴리되니 얼마나 위험한가! 이렇게 하여 알게 모르게 변하고 알게 모르게 수정주의의 길을 걷게 된다.[27]

그래서 이런 문제를 극복하려면 대중에 가까워지고 대중으로부터 배워야 하는데, 그러려면 정치에 민감하다는 장점을 살리면서도 사회와 대중에 대해 배우는 자세가 필요하다고 강조한다.[28]

---

25) 그 배경 설명에 대해서는 「陳伯達王力關鋒劉建勳胡痴等與商業部各地上訪群衆的談話」(1966. 11. 22.), 『陳伯達文章講話匯編』를 보라.

26) 「陳伯達戚本禹與北京大學師生代表座談紀要」(1967. 3. 27.), 『陳伯達文章講話匯編』.

27) 「陳伯達接見淸華大學師生講話紀要」(1967. 6. 26.), 『陳伯達文章講話匯編』.

28) 「陳伯達對北京市部分學生的講話」(1966. 10. 24.), 『陳伯達文章講話匯編』.

29) 「陳伯達江靑對北京航空學院同學的講話」(1966. 11. 19.), 『陳伯達文章講話匯編』.

여러분은 쉽게 교만해지고 쉽게 자기만족에 빠지며 누구도 자기보다 똑똑하지 않다고 생각하곤 한다. 이는 본래는 맞지만, 변증법에 따르면 틀린 방향으로 전환된다. 중국에 이런 오래된 말이 있다. "백리길의 반은 구십리." 백리길에 구십리를 갔으면 반이라는 말이다. 마지막 십리길 가기가 가장 힘들다. 구십리길을 왔으니 대단하다고 느끼겠지만, 남은 십리길 가기가 힘들고 잘못을 범할 가능성이 있다. 쓰러져 넘어지는 것은 앞의 구십리길이 아니라 뒤의 십리길이다.…… 무엇이 대중노선인가? 이제 분명해졌다. 가장 근본적인 것은 일이 있으면 대중과 상의하는 것이다.…… 신중히 대중의 학생이 돼라.…… 그러나 가장 중요한 것은 대중에게 말을 하는 태도의 문제이다.…… 나는 싸움질하는 것을 좋아하지 않는다.…… 여러분들은 노동자들이 모두 여러분의 말을 잘 들을 것이라고 생각하지만 꼭 그렇지는 않다.…… 우리 학생들이 공장에 가면 먼저 '작은 학생'(小學生: 겸손하게 배우려는 태도를 지닌다는 의미임)의 태도를 취해야 한다.…… 노동자들 혹은 고참 노동자들이 좋아하지 않는 수단을 택하지 말라.…… 우리 어떤 학생들은 공장에 가면 먼저 학생이 된 후에 선생이 되지 못하고 겸허한 태도를 취하지 않고, 마치 세상의 모든 일들이 아주 쉽다는 듯이 일거에 자기 의도대로 일처리가 될 것처럼 군다. 이는 불가능하다. 여러분들이 소수를 확보하더라도 다수를 얻지는 못할 것이고 고참 노동자들을 얻지는 못할 것이다.…… 나이 든 사부를 깔보지 말라. 나이 든 사부는 공장에서 위신을 얻고 있다. 그들은 처음에는 여러분과 불일치할 것인데, 일치를 강요 말라.[29]

홍위병들은 대중에게 배운다는 구호 아래 대대적으로 전국적 경험 대교류(大串聯)를 시행하였다. 그렇지만, 그 결과가 꼭 예상했던 방향으로 갔던 것은 아닌데, 천보다는 이런 경험대교류가 대중과의 실질적 교류를 강화하기보다 오히려 방해한 것은 아닌지 비판적 입장을 표명한다.

마오 주석이 말했듯이 지식분자가 공농(工農) 대중과 결합하지 않으면 아무것도 이룰 수 없다. 만일 이렇게 결합하지 않는다면, 다시 이런 회의를 열더라도 싸움질만 할 뿐이며, 문제는 해결되지 않는다. 오늘 회의는 우리를 교육해 주었는데, 여러분 스스로 자신을 교육하여 프롤레타리아 계급 혁명전사가 되어야 한다. 이 두 가지 점에 대해서는 현재 상황에서 보아 동지들이 다시 잘 노력해 주기 바란다. 모두 계획적으로 시기를 나누어 하향하여 공장으로 가되 인해전술로 가지는 말라. 최근 제1 공작기계 공장에 노동자가 4천 명인데 한꺼번에 2천여 명이 몰려갔고, 그 중에는 초등학생까지 끼어 있어 혁명 생산에 영향을 주었다. 우리는 공장 대문을 닫아걸고 학생들이 들어오지 못하게 했는데, 그들은 담을 넘어 들어왔다. 우리는 건의하기를, 마땅히 박수를 쳐서 학생들이 공장에 오는 것을 환영해야 하나, 결과는 한꺼번에 2천 명이 몰려오고, 어떤 경우는 강철공장으로 옮겨 가기도 했다. 마땅히 통일파여야 하나 현재는 개인이 개인을 보내니, 이는 프롤레타리아 계급의 작풍이 아니라 부르주아 계급의 작풍이고, 소단체·소종파를 공장에 가지고 들어오는 것인데, 이는 안 되는 일이다. 작은 학생이 되고, 보통 학생이 되어 공장의 일부분이 되어 노동자와 잘 합작하라.…… 현재 어떤 조직 안에는 연합해 들어온 갖가지 조직들이 섞여 있어 프롤레타리아 계급의 원칙을 상실했고, 아주 위험하고…… 반동적이고 어디서 왔는지 모를 자들이 들어와 있는데, 이는 종파주의 작풍이다.[30]

같은 이야기인데, 무장투쟁이 심해지면서 천보다는 이 문제에 대해 더 비판적이 되어 간다.

여러분 자신이 군중과 결합하는 문제가 있다. 마오 주석이 말하기를 지식분자가 공농 대중과 결합하지 못하면 어떤 일도 이룰 수 없을 것이라고 했다. 대체 어떻게 결합할 수 있을지에 대해 여러분은 그 방안을 연구해 본 적이 없다. 앞선 시기에 공농과 결합해야 한다고 말하면서 일갈하고 모두 공장으로 몰려가 작업장의 노동자가 도대체 일을 할 수가 없었다. 큰 놈, 작은 놈, 아이들까지 몰려가 타격이 심각했다. 말로는 공장에 가서 노동자에게 배운다고 했지만 사실 배운 거라곤 없다. 오히려 문제만 일으켰는데, 여러분들은 갈 때 학생이 된 것이 아니라 선생인 체하고, 여러분들의 파벌의 관점까지 동반해 가져갔다. 내말이 틀렸는가? 여러분들은 베이징에 양대파, 삼대파, 사대파가 있다고 하는데 대체 누가 여러분이 몇 개의 파벌인지를 알겠는가? 정리해서 말하면, 여러분들은 파벌 관점을 노동자·농민 속에 가져갔다. 여러분들이 간 것은 노동자에게 배우러 간 것이 아니라, 파벌의 관점을 가져가 분열의 작용을 일으키러 간 것이다. 상황이 이렇지 않은가?[31]

30) 「江靑陳伯達對造反派學生的講話」(1967. 1. 21.), 『陳伯達文章講話匯編』.
31) 「中央首長對北京學生代表的講話」(1967. 8. 11.), 『陳伯達文章講話匯編』. 문혁 초기 홍위병의 경험대교류(大串連)는 자발적 국면에서 시작해 조직적 국면으로 전환되었다. 대표적 도시인 상하이에 온 홍위병 경험대교류 참가자는 1966년 세 시기로 나뉘는데, 첫 도착인 1966년 8월 28일에서 9월 초까지 미조직의 자발적 홍위병들의 참가 시기, 두번째로 '首都大專院校紅衛兵司令部南下兵團'이 준 군대체계를 갖추어 수만 명을 파견한 9월 10일 이후의 두번째 시기, 그리고 수도 산쓰(三司)를 중심으로 문혁소조와 긴밀한 관계에 있는 조반파 홍위병들이 골간을 파견하여 '연락소'를 설치한 10월 초 이후의 세번째 시기로 구분된다(李遜 1996: 30~1).

이 두번째 이야기를 하는 시기에 오면 이미 상황은 많이 달라졌다. 그런데 아직 거기까지 나가기 전에 짚어 둘 일이 있는데, 천보다가 여기서 홍위병 학생들에게 대중으로부터 배우라고 하는 노동자 대중은 아직은 생산의 규율을 지키면서 '생산을 혼란시키지 않는', 그래서 본격적으로 문화대혁명에 참가하기 이전의 노동자 대중이다. 그런데 노동자 자신이 일어나 본격적으로 문화대혁명에 뛰어들면 어떻게 될 것인가?

2. 천보다의 안티노미 : 공장 문혁에서, 그리고 탈권에서

1966년 말에서 1967년 초에 접어들면서 천보다의 '파리코뮌' 원칙에 따른 문화대혁명은 새로운 계기를 맞게 되며, 천보다는 노동자의 문화대혁명 참여와 탈권(奪權: 권력 빼앗기)운동이라는 두 가지 새로운 도전에 직면한다. 이 두 가지 쟁점에서 천보다는 마오와도 대립하고 장칭을 중심으로 하는 문혁소조 내 '상하이방'과도 대립적 구도에 서지만 결과적으로이 변화를 수용할 수밖에 없었다. 천보다는 생산의 질서를 유지해야 하고 탈권은 무정부주의로 간다는 자신의 본래의 주장과, 노동자의 문혁 참여를 보장하면서 아래로부터의 탈권은 파리코뮌적 원칙을 따르는 것이라는 또 다른 주장 사이의 안티노미(이율배반) 사이에서 나름 절충을 시도해 보려 하였다. 그렇지만 상황이 훨씬 복잡해지면서 돌파구를 찾지 못하고 점차 그의 입지는 좁아져 가는 것으로 보인다.

1) 노동자의 문혁 참여

1966년 11월 10일 안팅(安亭) 사건이 발생했다. 11월 6일 상하이의 궈몐(國綿) 17창 등 17개 단위의 조반파 대표 연합조직인 '상하이 노동자혁명

조반총사령부'(上海工人革命造反總司令部 : 약칭 '공총사')가 설립되어, 상하이시위원회에 조직 승인을 요구하였으나, 중앙 방침상 상하이시는 업종을 넘어서는(跨行業) 조직은 승인할 수 없으며, 상하이 시위원회/시정부 자체를 공격 대상으로 삼는 것도 승인할 수 없다고 알렸다. 11월 10일 '공총사'는 상경투쟁을 조직하여 베이징행 기차를 가로막고 단체로 올라타 상경하다 안팅에서 가로막히자, 안팅역에서 철로를 점거하고 베이징-상하이 철도운행을 31시간 34분 중단시키는 사건이 발생했다(王年一 1996: 131~2; MacFarquhar and Schoenhals 2006: 141~2).

정부와 중앙문혁소조는 이 사건을 심각하게 생각해 곧바로 천보다 명의의 전보를 안팅으로 보내고 장춘차오를 파견하여 수습하려 하였다. 천보다가 보낸 전보의 내용은 다음과 같다.

여러분들이 상하이로 돌아가 현지에서 문제를 해결하고, 본단위의 생산임무와 베이징-상하이 철도 운수에 영향을 주지 않기를 권고한다.…… 노동자의 문화혁명 참여는 필요하나…… "혁명을 하되 생산을 촉진한다"는 지시를 기억해, 생산 직무를 견지해 생산을 달성하고 국가계획을 완성해야 한다. 마오 주석이 늘 우리에게 말하기를 큰 도리가 작은 도리를 관장한다고 하였는데, 생산을 하는 것이 여기서는 큰 도리이다.…… 만일 여러분이 업무외 시간에 혁명을 하지 않고 생산을 중단하고 생산을 정지하면 여러분의 문화혁명 또한 반드시 잘 될 수 없다.…… 중앙문화혁명소조는 장춘차오 동지를 파견해 바로 여러분과 회견하도록 하겠다.[32](강조는 인용자)

---

32) 「陳伯達給在上海安亭火車站的工人的電報」(1966. 11. 12.), 『陳伯達文章講話匯編』.

여기서 천보다의 논지는 '생산우위'에 맞추어져 있다. 이는 저우언라이-천보다가 당시 공유한 입장이기도 했는데(逢先知·金沖及 2003: 1455), 노동자의 문혁은 학생의 문혁과 다르며, 생산에 영향을 주지 않는 범위 내에서, 그리고 업종의 경계를 넘어서지 않는 범위 내에서 진행되어야 한다는 것이었다. 따라서 현지에 돌아가 문제를 해결하라는 의미는 '공총사' 조직을 승인할 수 없으며, 생산과 교통중단 행위에 대해서는 책임을 물어야 한다는 뜻으로 해석된다.

그러나 현지에 파견된 장춘차오는 중앙의 의사와는 다르게 현지 노동자들과 다섯 조항을 합의하는데, 이 합의 내용은 ①공총사가 합법 조직임을 승인, ②베이징 상경 투쟁이 혁명행위임을 승인, ③이번 일의 책임은 화둥국과 상하이시위원회가 진다는 것, ④차오디추(曹荻秋 : 상하이시장)는 대중에게 공개 반성을 해야 한다는 것, ⑤공총사에게 이후 여러 가지 편의를 제공한다는 것이었으며, 이 합의는 중앙과 협의를 거치지 않고 마오 주석에 직접 보고되어 승인을 얻었다(王年一 1996: 134).

이 일로 마오의 비판을 받게 된 천보다는 자신이 생산만 강조하고 혁명을 강조하지 못했음을 자기비판한 후, 일단 노동자의 문혁 참여라는 문제를 자신의 '파리코뮌'의 틀 내에서 정리하고자 한다. 그 논의의 집약이 「공업 10조」인 셈이다.[33] 「공업 10조」는 공작조 문제 이후 문화혁명의 핵심 쟁점을 두고 당내에서 가장 격렬한 대립점이 형성된 계기였다. 11월 16일 시작된 공업교통기업 좌담회는 문혁소조가 준비한 「공장 문화대혁명

---

33) 「공업 10조」 발표 후, 천보다는 "이전에 상하이에 보낸 전보에는 결함이 있었는데, 고칠 수 있다. 생산을 수행하는 것만 말하고 전체를 보지 못했다"고 자기비판한다. 「陳伯達在中央政治局常務會上的講話」(1966. 12. 4.), 『陳伯達文章講話匯編』.

에 관한 12조 지시(초안)」를 놓고 토론을 벌였는데, 격렬한 반대가 속출하면서 이 「12조」를 반대하는 측에서 이와 대립되는 「공업교통 기업에서 문화대혁명을 진행하는 약간의 규정」(약칭 「15조」)을 제출하여 격론을 이어 갔다. 마오쩌둥은 「15조」를 거부하였고, 천보다에게 「12조」를 기초로 한 최종안을 제출토록 지시하여 만들어진 것이 「혁명을 하되 생산을 촉진하는 것에 관한 중공중앙의 10조 규정(초안)」(약칭 「공업 10조」)이었다. 1월 초 타오주(陶鑄)가 문혁소조에서 실각하여 그에 앞서 비판받던 '류·덩·타오' 집단에 속하게 된 것도 이 사건에 대한 책임 때문이었다(王年一 1996: 140~1; 高文謙 2003: 161~70; 蘇采青 2003: 749~64).[34]

「공업 10조」는 표면적 내용만 놓고 보면 천보다의 이전의 입장에서 크게 벗어난 것도 아닌 셈이었다. 「공업 10조」의 전문은 다음과 같다.

1. "혁명을 수행하면서 생산을 촉진한다"는 마오 주석, 당중앙의 지시를 결연히 시행한다. 프롤레타리아 문화대혁명의 전개는 사람의 사상혁명화를 촉진하고 생산의 발전을 일으키기 위한 것이다.

2. 마오 주석을 대표로 하는 프롤레타리아 계급 혁명노선을 관철·집행하고, 부르주아 계급 반동노선을 비판한다. 결연히 「16조」에 비추어 일을 처리하며, 대중이 자신들을 대표할 수 있는 문화혁명 소조, 문화혁명위원회 혹은 문화혁명대표회의를 선출하여, 대중이 프롤레타리아 문화대

---

34) 타오주와 더불어 이 시기에 문혁소조에 남아 있는 '비핵심적' 세력 또한 모두 제거되었는데, 부조장인 왕런중(王任重), 류즈젠(劉志堅)과 소조원 인다(尹達), 셰탕중(謝鐺忠), 무신(穆欣) 등이 그들이다(閻長貴·王廣宇 2010: 19). 「공업 10조」 논란이 타오주 실각의 배경이 되었다는 점은 12월 중순 인민교육출판사에서 작성해 중앙문혁소조에 전달된 「타오주 동지는 어떤 노선을 관철하고 있는가」라는 문건에 대해서 치번위를 중심으로 적극 지지하는 대응이 있었다는 점에서도 확인된다(閻長貴·王廣宇 2010: 47~50).

혁명 중에서 스스로 자신을 교육하고 스스로 자신을 해방하도록 한다.

3. 8시간 노동시간 이외의 시간에 대해서는 매주 한 번 생산 문제를 토론하는 것 말고는 모두 대중 스스로 협의하고 배치하여 문화대혁명을 진행한다.

4. 8시간 노동시간을 견지하고 노동규율을 준수하며 생산목표를 완성한다.

5. 생산품의 질량을 보증하고 고품질 달성을 위해 노력한다.

6. 노동자 대중이 진지하게 토론하여 생산지도 팀을 완비하거나 새로 뽑는다. 이 팀이 국가생산계획의 완성과 초과완성에 책임을 진다.

7. 문제가 있으면 본 단위에서 협상·해결한다. 필요할 때 노동자 대중이 소수의 대표를 상급기관에 파견해 의견을 표명하며, 특별한 필요가 있을 때 소수의 대표를 베이징에 파견해 의견을 표명하되, 대거 공장·광산을 이탈해서는 안 된다.

8. 문화대혁명 중 공장과 광산의 지도부는 대중이 비판을 제기하고 사실을 폭로했다는 이유로 타격과 보복을 해서는 안 되며, 이를 이유로 임금 삭감이나 해고를 해서는 안 된다. 문화대혁명 중 '반혁명'으로 규정된 혁명노동자는 반드시 복권시켜야 한다. 본래의 생산 지위로부터 이동해서는 안 되며, 노동자 가족에 대해서 위협과 박해를 가해서도 안 된다. 타격을 받고 공장을 떠나야 했던 혁명노동자가 반드시 공장에 돌아가 생산에 참가하고 문화혁명에 참가하도록 허락해야 한다. 혁명노동자가 강제로 공장을 떠나야 했던 경우 임금은 반드시 원래대로 지급해야 한다.

9. 중화인민공화국의 헌법 규정에 따라, 노동자 대중은 문화혁명 중에 문혁조직을 건립할 권리를 갖는다. 본 단위 혹은 본 지방 노동자 대중 사이, 노동자 조직들 사이에 서로 이견이 있으면, 사실을 확인하고 도리를 논의하는 방식으로 토론을 진행하고, 나쁜 자들에게 이용당하거나 대립적

형세를 만들어서는 안 된다. 문투(文鬪)를 견지하고 무장투쟁을 해서는 안 된다. 주먹을 써서 사람을 때려서는 안 된다.

10. 각 단위 노동자 대중 사이, 노동자 대중조직들 사이에 업무외 시간에 본시 혁명 대교류, 문화대혁명 경험교환을 할 수 있다.

학생들은 계획에 따라 공장·광산에 와서 노동자의 업무외 시간에 혁명경험대교류를, 경험교환을 할 수 있고, 계획적으로 노동자와 함께 근무하고 함께 노동하고 함께 학습하고 함께 문화혁명 문제를 토론할 수 있다. 노동자 또한 본 시의 학교에 대표를 파견하여 혁명경험대교류를 할 수 있다.

모든 혁명경험대교류는 대신 해주는 방식이 되거나 다른 단위의 문화대혁명을 강제로 간섭하는 방식이 되어서는 안 된다.

1966년 12월 9일[35]

좌담회에서 「12조」 초안에 대한 반대의 핵심 초점은 공장 내에서는 대중조직 건립을 허용할 수 없다는 데 있었다. 더 나아가 참석자들은 이미 여러 지역에 설립된 시 범위의 조반파 조직을 해체할 것까지 주장하기도 하였다. 이와 더불어 공장에 문혁이 전면 확대되면 생산에 위협이 되기 때문에 시기를 나누어 진행해야 된다는 주장과 학생의 공장 진입을 막아야 한다는 주장 등이 제기되었다(王年一 1996: 139~40). 결국 반대의 요점은 공장은 「문혁 16조」를 적용할 수 없다는 것으로 정리될 수 있었다.

---

35) 「中共中央關於抓革命, 促生産的十條規定(草案)」(1966. 12. 09.; 中發[66] 603號), *Chinese Cultural Revolution Database*. 중앙문혁소조가 처음 마련한 초안 「12조」는 다음을 보라. 「中央文革小組關於工礦文化大革命的十二條指示(草案)」(1966. 11. 17.) http://www.wengewang.org/read.php?tid=833&keyword=%D6%D0%D1%EB%CE%C4%B8%EF

1966년 말에서 1967년 초 공장으로 문혁을 확산할 것인지를 둘러싸고 천보다-마오 사이에 형성된 긴장은 그 정도까지 확대되는 것은 아니지만 「공업 10조」에서는 '생산우위'의 주장이 배제된 것도 아니어서, 이와 관련해 이 「공업 10조」는 어느 정도 '타협'의 성격을 가지고 있는 것으로 보인다. 천보다 자신이 "10조……는 각파가 모두 찬성한 것으로 절충주의라 할 수 없으며, 실제 마오 주석의 사상에 의거해 만든 것이다"라고 말하고 있는 것 자체가,[36] 이 규정 내에 어떤 모호함이 포함되어 있음을 시사하는 것이라 할 수 있다.[37] 우선 이 「공업 10조」는 천보다가 앞서 작성한 「문혁 16조」와 기본적으로 충돌하는 내용은 아니다. 더욱이 안팅 사건에서 핵심적으로 문제가 된 몇 가지 점, 특히 '공총사'의 결사와 행동에 관한 부분을 이 「공업 10조」에 기반해 어떻게 볼 것인지는 사실 모호하며, 상하이 '공총사'는 하나의 '이례'로서 잠정적으로 해결되고 있다고 해석될 수 있다. 이런 「공업 10조」가 가진 모호함이 다시 천보다에게 본격적으로 문제가 되는 것은 '탈권' 투쟁이 본격화하면서이다.

일단 이렇게 「공업 10조」를 통해 타협점을 찾아낸 천보다는 문제를 공장 지도부에서 찾아내는데, 그 맥락은 공작조 때와 같다.

공장에 파벌문제가 출현하는 관건은 대중에 있는 것이 아니라 공장의 지도부에 있다. 대중이 공장 지도부에 의견을 제출하였을 때, 공장의 지도 간부는 일부분 사람을 조직해 자신을 보호하였는데, 네가 조직하면 나는 더 큰 걸 조직한다는 식으로, 이렇게 각파의 조직이 출현하였다.…… 모

---

36) 「陳伯達在中央政治局常務會上的講話」(1966. 12. 4.), 『陳伯達文章講話匯編』.
37) 당시 이 과정에 대한 마오쩌둥의 개입에 대해서는 逄先知·金冲及(2003: 1456~62)를 보라.

든 문제와 병증은 지도부에 있지 대중에 있지 않다. 지도부가 대중과 한 마음이 아니고 대중을 설득하지 않고 바쁘게 조직해 자신을 보호한다. 따라서 골은 갈수록 깊어진다. 나는 공장 상황을 잘 모르지만, **공장과 학교는 기본적으로 똑같은 문제이다.** 공장에 존재하는 문제는 주로 지도와 대중의 관계 문제이다. 대중이 의견을 제시하면, 혹시라도 자기 머리 위에 숙청이 떨어질까 두려워하여, 대중 의견이 나올라치면 곧바로 급히 일부 사람을 조직해 자신을 보위하여 문제를 복잡하게 만들고, 소수파를 나쁜 놈들로 이야기하고 소수파가 타격을 받는 일이 일어난다.…… 내가 다섯 명의 노동자와 이야기를 나누어 보았는데, 문화혁명이 시작하자 노동자들은 지도부에 의견을 제출하였고, 곧바로 모두 '지주 출신'이니 '피의 부채를 지고 있다'느니 하는 이야기를 듣고, 심지어 온갖 방법을 동원해 이들을 반혁명으로 만들어 버리기까지 했다.…… 공장 내의 실권파는 행정·명령식의 말투로 노동자에게 이야기하는 것이 습관이 되었는데, 이는 안 되는 일이다.…… 「16조」는 공장에도 완전히 적용된다. 내가 문제가 발생해 접촉한 곳은 학교와 마찬가지였다. 분파 조직 문제의 관건은 지도부에 있는데, 무슨 옹호하고 말고가 필요한가? …… 일단 대중 속에 깊이 들어가면 뭐 그리 대단한 문제는 없다. 문제가 있더라도 노동자와 이야기를 나누면 잘 해결된다. 근본 문제는 각급 지도부가 「16조」를 실행할 결심을 하지 못하는 데 있다.

…… 당연히 나는 대중이 잘못을 저지르지 않는다고 말하는 것은 아니고, 때로 잘못을 저지르기도 하고, 대중을 교육시킬 필요도 있다. 그러나 책임은 여전히 지도 측면에 있고, 이는 지도와 대중 사이의 모순 문제이다. 공장과 학교 모두 마찬가지로 지도부가 대중을 동원해 대중과 싸우게 하고 대중을 억압하기 때문에 분파가 출현한다.…… 내가 보기에 일

부 공장의 지도부는 노동자의 약점을 이용해 당·단원, 고참 노동자를 참가하게 하여 노동자 사이의 분기를 일으킨다…….

……「16조」는 다수파와 소수파의 의견을 광범하게 듣고서 또 문혁소조의 의견을 듣고 그후에 이쪽 저쪽 의견을 반영해 만든 것이다. 현재 공장 문화혁명은 억압의 방법, 막는 방법을 쓰고 있어 생겨난 후과가 필연적으로 어지러울 수밖에 없다.…… 공산당원은 품격이 있어야 한다. 두려움이 없는 혁명정신으로 어떤 분파이건 대담하게 이야기를 나누어야 하고, 대중 앞에서 오류를 인정하고 대중의 비판을 두려워하지 말아야 하며, 이로써 대중과 한 조각이 되어야 한다. 그러면 사정은 잘 풀려 나갈 것이다.…… 두 가지를 잘 장악해야 하며, 생산이 어지러워지면 안 된다. 하나는 혁명을 수행하는 것으로 이는 큰 도리이다. 둘째는 생산을 수행하는 것으로 이 또한 큰 도리이다. 혁명이 생산을 통솔할 수 있게 하고, 둘 다 잘 살펴야 한다.……

두 가지 큰 문제가 있는데, 하나는 대중을 대하는 태도 문제이고, 다른 하나는 8시간 노동일 문제이다.[38] (강조는 인용자)

따라서 이렇게 「문혁 16조」의 틀 안에서 다시 정리된 공장 문혁의 문제는 '파리코뮨'의 원칙의 틀 안에서 포용 가능하게 된다.

파리코뮨의 선거는 아무 때고 소환할 수 있는 것이다.…… 기구를 간소화하고 생산이탈자 수를 줄여라.…… 자아비판…… 이는 마오 주석이 인민내부 모순을 처리하는 방법인데, 자아비판을 하지 않으면 단결이 이루어지지 않는다.…… 8시간 노동제를 견지하고 업무외 시간에 혁명을 하라. 생산에서 벗어나는 것은 대중에서 벗어나는 것이다. 여러분은 생산에서 벗어난 사람이 많은데 노동자들이 여러분에 대해 조반하면 여러분이 돌을 들어 자기 발을 찍는 꼴이 되고 자기가 무너질 조건을 만드는 것이다. 오랫동안 생산에서 벗어나면 스스로 부패한다.[39]

그렇지만 천보다의 사고는 자신의 안티노미를 절충하는 데 머물러 있었고, 1966년 말 급진화하고 있는 사회상황이나 급진화하는 마오쩌둥의 사고와 다소의 거리가 벌어지기 시작했다. 마오쩌둥은 12월 26일 73회 생일을 맞아 장칭, 천보다, 장춘차오, 왕리, 관평, 치번위, 야오원위안 등 중앙문혁소조원들을 초청해 함께 식사를 하였다. 식사 전에 그는 중요한 연설을 하였는데, 당시 참석한 왕리의 기억에 의하면 다음과 같은 내용이었다.

소련의 교훈이 설명해 주는 것은, 프롤레타리아 계급이 정권을 탈취한 후 정권을 유지할 수 있는지 자본주의의 복귀를 방지할 수 있는지 이것이 핵심 과제라는 것이다. 문제는 당내에서 나오며, 보루는 내부에서 무너뜨리기가 가장 쉽다. 계급투쟁은 아직 완결되지 않았고, 프롤레타리아 문화대혁명은 부르주아 계급, 특히 프티부르주아 계급 당내 대리인과 맞붙는 전면적 전투이다.…… 이들 대표자들은 완강히 부르주아 계급 반동노선을 견지하고 이런 사회기초를 이용하는데, 그들 자신은 당의 각급 지도자이고 당내에 영향력이 있다.…… 현재…… 한편은 사회주의 혁명을 끝까지 수행하려 하며, 다른 편은 자본주의의 질서를 낡은 틀 속

38) 「陳伯達在中央政治局常務會上的講話」(1966. 12. 4.), 『陳伯達文章講話匯編』.
39) 「陳伯達對北京第一機床廠工人代表的講話」(1967. 4. 21.), 『陳伯達文章講話匯編』.

에서, 낡은 조직과 낡은 규율로 보존하려 한다. 한편은 혁명을 하려 하고, 다른 편은 보수하려 하니, 이것이 두 가지 노선 투쟁의 지속이다.…… 중국현대사에서 혁명운동은 모두 학생이 시작해 노동자, 농민, 혁명지식인과의 결합으로 발전하여 비로소 결과를 얻었다. 이것이 객관적 법칙이다. 5·4운동이 그랬고, 문화대혁명 또한 그렇다.(逢先知·金沖及 2003: 1461~2에서 인용)

이는 1967년 문화대혁명이 새로운 국면으로 확대되고 급진화할 것을 예견하는 것이었다. 문화대혁명을 '상부구조'와 학교에 적용되는 문제 정도로 한정해 인식하고 있던 천보다가 여기에 어떻게 대응할 수 있을지 점점 더 문제가 되지 않을 수 없었다.

2) 탈권투쟁 : 코뮌의 역설

상황이 복잡해지고 있었기 때문에 문제는 천보다가 생각한 만큼 그리 간단하지 않았다. 이미 '공총사'의 설립 때 주요한 대립축은 공장 지도부와 노동자들 사이에서 형성된 것이 아니라 '공총사' 대 상하이 시정부(및 시당위원회) 사이에 그어졌다. '공총사'의 설립에서 한 걸음 더 나아가 상하이 탈권투쟁으로 가는 과정은 그리 멀지 않은 길이었고, 「공업 10조」는 그 의도와 무관하게 이 과정의 촉매제로 작용하지 않을 수 없었다. 1967년 문혁은 단지 그 장소가 '공장'으로 확대되었던 것이 아니라, 이론적으로나 실천적으로 그 쟁점이 사회주의 하의 '통치체제'로, 나아가 사회주의 체제 전체로 확대되었다. 은연중 이는 사회주의 하에서 '공장'의 문제를 본격적으로 제기하지 않고서 사회주의의 핵심문제를 해결하기 어려움을 보여 주는 동시에, 역설적으로 '공장'의 문제가 '공장 내'에서 제기되고 해결될 수 없음을 보여 주는 것이기도 했다.

이제 천보다의 안티노미와 모순은 커진다. 1966년 문혁에 대한 천보다의 입장은 사실 '기존의 체제들'은 그대로 둔 채 대중의 자율성과 자유로운 활동의 공간을 좀더 확대하는 수준에서 멈추는 것일 수도 있었다. 특히 당과 관련되는 문제에서 이는 분명했다고 보이며, 이는 문혁이 어쨌건 당이 주도하는 숙정 캠페인 내에 한정되는 것으로 이해됨을 말한다. 그런데 1967년 문혁의 쟁점과 공간이 확대되면서 대중운동은 더 이상 기존의 체제의 작동을 그대로 둔 채로 운동을 지속해 가는 방식에 멈추어 설 수는 없었다.

천보다에게 가장 큰 역설로 등장한 것은 1967년 상하이코뮌(上海人民公社)의 설립이었다. 상하이코뮌은 파리코뮌을 모델로 하여 수립되었고,[40] 그런 점에서 「문혁 16조」로부터 전개되어 온 일련의 과정의 정점인 셈이다. 1월 말 쉬징셴(徐景賢)을 중심으로 한 상하이 조반파는 탈권 선언 초안을 작성하면서 파리코뮌의 원칙을 대거 원용하여, "낡은 국가장치를 철저히 파괴하고, 코뮌 위원은 대중 직접선거로 뽑으며, 코뮌 위원은 인민의 공복이기 때문에 임금 수입은 보통 노동자보다 높아서는 안 된다"는 등의 내용을 포함하고, 이 초고에 '상하이인민공사 선언'이라는 명칭을 붙였다(徐景賢 2005: 70~1; 閻長貴·王廣宇 2010: 80~1). 그런데 장춘차오와 야오원위안의 검토를 거친 후 최종본에서는 이런 초고 내용이 다소 달라지는데, 제목이 '일월 혁명 승리 만세!──상하이인민공사 선언'으로 바뀌고, 내용도 "상하이인민공사는 마오쩌둥 사상 지도 하에, 반혁명

---

40) '상하이코뮌'이라는 명칭이 등장하는 과정도 천보다와 무관한 것은 아니었다(葉永烈 1999: 536~8; 王年一 1996: 191).

수정주의 분자들에 의해 찬탈된 독재권력의 국가기구를 철저히 분쇄하고, 새롭게 프롤레타리아 계급 독재의 지방 국가기구의 일종의 새로운 조직 형식을 만드는 것이다. 그 조직원칙은 마오 주석이 이끄는 민주집중제이다.…… 그 지도부는…… 혁명대중이 파리코뮌의 원칙에 따라 선출한다……"는 정도로 바뀐다.[41]

설립 준비 과정에서 최초의 색채가 완화되었더라도 상하이코뮌은 파리코뮌 원칙의 직접적 확산의 범위 내에 있었다. 그럼에도 천보다는 이 상하이코뮌과 뒤이어 진행된 탈권투쟁에 동의할 수 없었다. 천보다의 발걸음이 주저하고 멈출 수밖에 없는 곳도 바로 여기부터였다. 마오는 천보다보다 훨씬 더 나아갔지만, 이 지점에서 마오 또한 망설이지 않을 수 없었는데, '상하이코뮌'이 '상하이혁명위원회'로 바뀌는 과정에서 마오가 보인 미묘한 입장의 전환은 이후 과정에 나타나는 엄청난 분기의 계기가 되었다고 할 수 있다. 1월 16일 상하이시의 탈권을 거쳐 잠시 '신상하이공사'(新上海公社)라는 명칭이 고려되다가, 2월 5일에 정식으로 성립된 상하이코뮌(上海人民公社)은 마오쩌둥의 지시로 2월 24일 '상하이시 혁명위원회'로 이름을 바꾸게 된다. 2월 12일 마오의 호출을 받아 베이징에 온 장춘차오·야오원위안에게 마오는 형식보다 내용이 중요하다면서 이 명칭에 대해 두 가지 문제를 제기하는데, 첫번째는 모든 지방 정부가 '코뮌'(人民公社)이라는 명칭을 사용하면 중화인민공화국의 국호와 정치체제에 문제가 생긴다는 점("中華人民公社로 불러야 하는가?"), 둘째는 상하이코뮌에는 당이 설 자리가 없다는 점이었다. 장춘차오는 이 담화 내용을 문서로 기록해 당일 상하이에 전달하였다(葉永烈 1999: 539~41; 閻長貴·

---

41) 「一月革命勝利萬歲!—上海人民公社宣言」(1967.2.5.), *Chinese Cultural Revolution Database*.

王廣宇 2010: 87과 MacFarquhar and Schoenhals 2006: 168~9도 참고). 특히 두번째 문제가 핵심적이었으며, 이 때문에 이후에는 혁명위원회 건립을 목표로 하여 당이 주도하는 '대연합'의 과정이 '코뮌'을 대체하여 등장하게 된다. 이후에 드러나듯이, 이 시점에 '슬며시 다시 들어온' 당은 1966년 공작조가 그랬던 것보다 훨씬 더 문제적 위치에 놓이게 된다.

1월 초 천보다는 아래로부터의 탈권이 '부르주아 계급 반동노선의 새로운 형식'이라고까지 비판하였다가 마오쩌둥의 심한 비판을 받았는데(閻長貴·王廣宇 2010: 79), 탈권에 반대한 천보다의 논리가 근거가 없던 것은 아니었다. 그것은 1967년의 대혼란을 거쳐, 1968년 당이 결국 어디로 퇴행하게 되는지를 보면 이해할 수 있는 것이었다. 그럼에도 천보다가 자신의 입장을 상하이코뮌이라는 '신생사물'과 조화시킬 방법을 찾아낼 수 없었다는 난점은 해결되지 않았고, 천보다는 해결의 방향을 찾아야 했다.

다시 비판에 직면한 천보다는 일단 탈권이라는 방침을 수용한다.[42]

탈권투쟁은 프롤레타리아 계급이 부르주아 계급의 권리를 빼앗는 것이며, 부르주아 계급의 대표인물의 권리를 빼앗는 것, 부르주아 계급 대리인의 권리를 빼앗는 것이다. 마오 주석의 가르침처럼 이는 한 계급이 다른 계급을 소멸시키는 투쟁이며, 이 투쟁은 평탄할 수 없고 곡절이 많을 수밖에 없다. 현재 일부 단위의 프롤레타리아 계급 혁명파 탈권에 대해

---

42) 그리고 그가 관장하는 중앙기관지 『홍기』는 1967년 1월 16일에 왕리와 관평이 초고를 작성한 글 「프롤레타리아 계급 혁명파는 연합하라」를 발표해 탈권운동을 전국으로 확대할 것을 호소하였고, 2월 3일 다시 왕리와 관평이 초고를 작성한 「프롤레타리아 계급 혁명파 탈권투쟁을 논함」을 발표해 '전면 탈권' 주장을 한층 더 체계화하였다(楊永興 2009). 『紅旗』雜誌評論員, 「無産階級産階級革命派聯合起來」(1967. 1. 16.); 『紅旗』雜誌社論, 「論無産階級革命派的奪權鬥爭」(1967. 2. 3.), 『'文化大革命'研究資料』(上冊).

일부 부르주아지 대표인물은 반(反)탈권을 하려 하고 있으며, 이 때문에 수많은 회합의 힘겨루기가 필요하다. 한 보루 한 보루씩 빼앗아 가게 된다. 따라서 우리는 정신상의 준비가 필요하며, 일거에 모두를 빼앗을 수는 없다. …… 중국의 탈권투쟁은 두 단계를 거쳤다. 첫번째 단계는 전국해방에서 시작해 군대가 관리를 접수한 것, 인민해방군의 탈권이다. 현재는 또 다른 단계인데, 혁명군중이 관리를 접수하는 것, 노동자계급의 관리접수이다. 이 때문에 군대의 관리접수만으로는 프롤레타리아 계급 탈권 문제를 완결할 수 없고, 철저하게 프롤레타리아 계급 탈권 문제를 해결할 수 없다. …… 17년 동안 낡은 인원이 계속해 작용해 온 이외에 일부 사람들이 변신하였다. 일부 기관, 일부 단위는 프롤레타리아 계급 수중에 장악된 것이 아니라, 부르주아 계급과 그들 대리인 수중에 장악되었다.[43]

그런데 그가 생각하는 탈권은 유보 조항을 담고 있는 것이었다.

그들은 "너희가 혁명을 원하면 혁명을 해봐라!"고 말하고, 이어 경제주의를 이용하여 국민경제활동을 파괴하고 우리 프롤레타리아 문화대혁명을 파괴하기를 시도했다. …… 그들은 무대 뒤로 물러서서 우리의 사회질서와 경제질서가 나빠지도록 만들고 그들은 뒤에 숨어 비웃으려 하였다. …… 금방 한 노동자와 논의했는데, 일반적으로 접수하는 방법은 사용하지 말고 대중 대표를 파견해 감독하는 방식을 채택하라. 그들은 사보타주[태업]하고 우리를 정신없이 바쁘게 만들고, 그들은 앉아서 호랑이 싸움 구경을 할 생각을 하고 있다. 우리가 감독의 형식으로 하면 더

43)「中央首長在工廠造反波和學生代表談會上的講話」(1967. 1. 8.), 『陳伯達文章講話匯編』.

좋을 것이고 더 주동적이 될 것이다. 일부 지역 개별 기관에서는 접수의 방법을 쓸 수도 있지만 대부분은 접수할 필요가 없고, **대대적으로 접수하는 것은 말려드는 것이다.**…… 또 한 가지 문제는 노동자 동지들이 노동자와 농민 사이에 문제, 모순이 있다고 말한 것인데, 어떻게 해결해야 하는가? 내 의견은 **공농대표 연석회의를 열어** 논의해 해결하는 것이고, 대립을 형성하지 말라는 것이다. 공농대표 연석회의에서 문제를 토론하고 회의의 결정은 쌍방 공농이 토론하게 하고 부적절한 것이 있으면 개정할 수 있다.[44](강조는 인용자)

여기서 천보다는 탈권은 가능하지만, 이를 감독을 주로 하고 직접 접수는 예외로 한다는 단서 하에서 인정하고 있다. 그리고 또 한 가지, 공농대표 연석회의를 제안하는데, 여기서는 이것을 노동자와 농민 사이의 관계의 문제로 제시하지만, 이는 그에게 매우 일반적 차원이어서, 하나의 시나 한 지역 전체의 경우도 마찬가지로 연석회의 방식으로 문제를 풀어야 함을 주장한다. 왜냐하면 누가 누구의 권리를 빼앗을 것인가, 그리고 누가 최종적으로 이것을 승인할 것인가가 모호하기 때문에 여기서 악무한(惡無限)의 문제에 빠질 수 있기 때문이다. 보통 탈권운동은 조반파 연합조직이 각종 기관의 '직인'을 빼앗는 방식 이상으로 진전되지 못했다. 따라서 그 운동에서는 '누가' 탈권하는가, '누가' 탈권할 권리가 있는가에 초점이 맞추어졌지, 탈권을 통해서 권력의 작동 기제와 '구조'의 작동 방식에 어떤 변화를 초래할 수 있는지에 초점을 맞추지 못했다. 그런 점에서 이 시

---

44) 「周恩來陳伯達在首都和外地在京革命造反團體'抓革命促生産'大會上的講話」(1967. 1. 15.), 『陳伯達文章講話匯編』.

기 탈권운동 또한 '주자파'를 '적발'하면 구조를 바꿀 수 있다는 앞선 시기의 사고 틀과 매우 닮은 한계 속에 머물러 있었다고 볼 수 있다. 그 때문에 각 파벌 사이에서의 대립은 '누가' 탈권의 권한을 더 가지고 있는가를 둘러싸고 끝없는 반복적 '직인' 빼앗기 형태로 전개될 수 있었다. 천보다는 이렇게 나타나는 악무한을 '소단체주의, 종파주의, 개인주의'로 규정한다.

지금 일부 사람들은 반대로 소단체주의, 종파주의, 개인지상주의를 일으키는데, 이런 일이 과거에도 있었고, 현재에는 특히 더 심한 것 같다. 이 문제에 대해서는 마땅히 계급적 관점에서 관찰해야…… 둘째로, …… 그러나 현재 많은 이들이 창끝을 프롤레타리아 계급 혁명파로 향하고, 중앙문혁소조로 돌려 겨냥하고, 총리, 캉성, 장칭 동지에게 돌리고, 관펑, 왕리, 치번위 동지에게 돌리고 있는데, 이런 상황에 대해 프롤레타리아 계급 세계관으로 관찰해 봐야 하지 않겠는가?…… 셋째, …… 그러나 현재 일부 소단위에서는, 전국적으로 보자면 한 대학도 그렇고 작은 단위도 다른 단위에 가서 탈권을 한다. 네가 탈권하면 나도 탈권하고, 부르주아 계급 실권파의 권리를 빼앗는 것이 아니라, 작은 단체들 사이에서 서로 권리를 빼앗는다! 누가 먼저 탈권하는가를 다투고 탈권 안 된 곳이 있으면 가서 탈권을 하니, 이렇게 내부투쟁이 형성되었는데, 이 문제는 모두 생각해 볼 거리이다. 내 생각으로는 전체 시의 탈권은 파리코뮌처럼 공농병학상(工農兵學商)이 대표회의를 소집하는 형식으로 탈권을 진행해야 하며, 여러분들이 고려해 볼 것을 청하는데, 여러분이 공농, 혁명 교사와 학생, 기관 공작인원, 점원과 상의해서 주비위원회를 설립하여, 베이징시의 공농병, 혁명적 교사와 학생, 점원, 가도주민을 대표하는 권력기관을 세우면 어찌 소단체들이 네가 탈권하고 내가 탈권하고를 반복하는 것보다 낫지 않겠는가. 어찌 생각하는가?

어떤 단위들은 전국적 성격, 전체 시의 성격을 가지고 있고, 베이징시에는 특히 전국적 성격의 것들이 많은데, 한 단위가 전국적 성격의 것을 탈권할 수는 없고, 한 소단체는 하나의 큰 기관을 대표할 수 없다. 그러면 누구를 불러 승인받아야 하는가? 당연히 인민이 여러분을 승인해야 하고, 인민이 권한을 받아 탈권하고, 프롤레타리아 계급이 권한을 주어야 비로소 유효하다. 한 소단체가 전국적 성격의 단위 기구를 탈권하는 것에 대해 주석은 이는 좋은 해결방식이 아니라고 했는데, 이렇게 하면 다른 소단체가 와서 탈권해가 버린다.……나는 지식분자의 진정한 탈권은 노동자와 잘 결합해야 하는 것이라는 데 찬성하며, 현재 이렇게 하고 있는 곳이 있고, 하려고 하면 이렇게 해야 한다.[45]

탈권에서 나타나는 이런 악무한의 문제는 현실로 드러나, 마오는 이 문제를 해결하기 위해 '좌파 대연합'의 주장을 제기한다. 1967년 2월 이후 등장하는 '삼결합' 원칙에 기반한 '대연합'의 구호가 그것이다. 그런데 뒤에서 보듯, 이는 문제의 해결이 아니라 문제가 새로운 차원으로 더 심각해지는 출발점이었다. 그 이유는 대중들 사이의 대립이라는 차원에 본래부터 문제적이던 다른 차원들, 즉 당과 군대라는 문제가 다시 끼어들기 때문이었다.

그런데, 그 문제로 넘어가기 전에, 이 노동자의 문혁에서 탈권에 이르기까지의 천보다의 논지에는 근본적으로 비어 있는 부분이 존재함을 살펴보아야 한다. 1967년 이후 천보다가 결국 상대화되고 실각에 이르게 된

---

45) 「江青陳伯達對造反派學生的講話」(1967. 1. 21.), 『陳伯達文章講話匯編』.

과정은 이와 무관하지 않다고 보인다. 그가 실각에 이르게 된 이유는 '생산력주의' 때문이었고, 마오는 그가 '경제'만 우선시한다고, 심지어 "제국주의의 본성은 바뀔 수 없고 천보다의 본성도 바뀔 수 없다"고까지 비판했음은 앞에서도 지적한 바 있다. 천보다-마오가 긴밀한 관계였고, 천보다가 「문헉 16조」의 '파리코뮨' 정신의 주창자였음에도 불구하고 이 시점에 천보다에게서 어떤 문제가 두드러지게 생겨난 것인지 그 맥락을 우리는 살펴볼 필요가 있다.

「문혁 16조」에서 이 탈권에 이르기까지 그가 일관되게 '파리코뮨'의 원칙을 통해 이론화하고자 한 논지에는, 앞의 인용문에서 보듯이 **"공장과 학교는 기본적으로 똑같은 문제이다"**라는 인식이 깔려 있다. 이것은 그의 강점일 수 있지만 동시에 문제의 지점이기도 하다. 알다시피 파리코뮨은 노동자가 코뮨에 정치적 주체로서 참여한 사건이었지만, 그 자체로 코뮨이 '공장'으로 이동해 간 사건은 아니었다. '국가장치 파괴'라는 마르크스주의적 테제로 표명되듯이 역사상 자본주의 체계에 대해서 가장 '반체계적'인 극한에서 나타난 정치였던 이 경험은 역설적으로 자본주의 축적 구조 그 자체에 대한 변혁에 어떻게 작용할 수 있을지에 대해서는 모호함을 남기고 있다. 역사적으로 보면, 파리코뮨이라는 가장 '반자본주의적 정치 형태'는 그 반자본주의를 실현할 '강령'과 장소를 담고 있지 않았으며, 반면 그 시대나 그 시대 이후 반자본주의적 '강령'을 지닌 조직은 그 정치가 사실 파리코뮨 같은 방식으로 '반체계적'이거나 '반자본주의적'이지 못했다는 역설을 보인다. 마찬가지로 천보다의 '파리코뮨'론은 '자본주의 복귀'를 막는 가장 원칙적/발본적인 정치로서 '대중 스스로에 의한 정치'라는 마오-천보다의 테제에 기반해 제출된 것이었지만, '생산'이 실제로 진행되는 장소에 대한 논의는 비어 있으며, 그렇기 때문에 오히려 그의 말과 반대로 "공장과 학교는 **기본적으로 다르지만**, 그럼에도 긴밀히 연결되어 있다"는 논지를 발굴해 자기의 문혁론 속에 끌어들이지 못한다면, 두 공간 사이의 괴리는 그의 안티노미를 심각하게 만들 뿐이었다.

핵심적으로 이는 천보다가 '상하이'에서 일어나는 모든 일로부터 배제되어 있었다는 사실에서 기인하고, 그것으로 표출된 것이기도 하다. 천보다는 상하이에서 노동자들의 정치적 조직화뿐만 아니라 특히 작업장과 관련해 일어나는 핵심적 변화, (물론 시기적으로는 1년 후의 일이지만) 즉 상하이 공작기계 공장에서 노동자로부터 기술인원을 배출하는 실험,[46] 그리고 이로부터 귀결되는, 공장과 학교의 분리를 통합하기 위해 마오의 '7·21 지시'에서 시작해서 진행되는 새로운 '교육혁명'의 실험[47] 등

---

46) 『文匯報』, 新華社 記者, 「從上海機床廠看培養工程技術人員的道路」(1968. 7. 22.); 「張春橋在上海機床廠現場會上的講話」(1968. 7. 22.), *Chinese Cultural Revolution Database*. 개혁개방 시기 들어 이 '상하이 공작기계 공장'의 경험은 '철저부정'되는데, 이를 주도한 것은 이 공장 당위원회이며, 이를 받아서 기계부 부부장인 허광위안이 이를 중앙의 방침으로 발언하고 있다. 이 1984년 시점은 개혁개방이 도시로 확대되는 시기인데, 이 '철저부정'의 논리가 바로 개혁개방의 논리가 기반하고 있던 1961년의 「공업 70조」의 '총공정사 주도 하의 기술혁신'의 주장에 바탕하고 있다는 점은 이상한 일이 아니다. 「上海機床廠黨委決定徹底否定'文革'產物〈7·21調查報告〉」(1984. 4. 14.); 何光遠, 「淸除〈7·21調查報告〉的惡劣影響全面落實黨的知識分子政策」(1984. 4. 25.), 『'文化大革命'研究資料』(中冊), pp. 49~51.

47) 이에 대해서는 장윤미(2007)를 보라. 마오는 1968년 7월 21일 상하이 공작기계 공장의 조사보고를 듣고 다음과 같은 지시를 했는데, 이것이 '7·21 지시'이다. "대학은 여전히 필요하다. 여기서 내가 주로 말하는 것은 과학과 기술대학에 관한 것이다. 그러나 수학 연한을 단축하고, 교육을 혁명화하며, 프롤레타리아 계급 정치가 지배하도록 하고, 노동자들 중에서 기술자를 훈련시키는 상하이 공작기계 공장의 방법을 따르는 것은 필수적이다. 학생들은 실천적인 경험을 지닌 노동자·농민 중에서 선발되어야 하며, 소정 기간의 학습 후에 그들은 생산노동 현장으로 되돌아가야 한다." 『文匯報』, 新華社 記者, 「從上海機床廠看培養工程技術人員的道路」(1968. 7. 22.); 「張春橋在上海機床廠現場會上的講話」(1968. 7. 22.), *Chinese Cultural Revolution Database*. 이 이후 이런 지시에 따른 교육혁명의 영향은 비교적 광범했던 것으로 보이는데, 한 예로 다롄 조선소에서는 노동자 출신의 기술인원들이 '현장중심'의 교과서 편찬 작업을 진행해 거의 완성단계에까지 이르기도 했다. 백승욱(2007c). 여기서 말하는 교육혁명은 문혁 초기에 학교 내에서 '반동적' 학생과 교수를 적발해 투쟁 대상으로 삼은 '노홍위병' 주도의 '교육혁명'과는 다른 것이다.

의 쟁점들로부터 멀어진 거리를 좁히지 못했다.[48] 천보다는 문혁 초기부터 학제 단축 및 현장의 실천교육과 결합시키는 '교육혁명'을 문화대혁명의 주요한 쟁점으로 제기하고 있었음에도 불구하고,[49] 다른 '중앙 수장'들의 연설과 달리 그의 연설에서는 상하이 공작기계 공장에서 실험된 새로운 '교육혁명'이 한 번도 언급되지 않는다. 이는 중앙문혁소조가 둘로 쪼개져 있었기 때문이기도 한데, 상하이에 관한 모든 논의는 장칭-장춘차오-야오원위안에 의해 독점되어 있었고, 마오도 이들을 통해 보고 라인을 형성하였다. 또한 이 상하이 공장에서의 실험은 베이징의 문혁이 일단락되고, 홍위병들이 실질적으로 해체된 1968년 이후부터 본격 진행된 것이라는 점에서, 천보다의 영향력이 급격히 쇠퇴한 이후의 일이기도 하다.

이렇게 본다면, 문화대혁명에는 두 가지 축이 있었다고 할 수 있다. 우선 베이징을 중심으로 학생 홍위병 운동의 형태로 전개된 하나의 과정이 있었고, 천보다가 이를 '파리코뮨'의 원칙에 입각한 새로운 정치적 실험으로 해석해 냈다. 그리고 그와 밀접한 관계가 있으면서도, 그와는 다른 시간대, 다른 공간, 다른 논리를 갖는 또 다른 축, 즉 '공장'과 노동자를 중

---

48) 공장(생산관리)에서의 문화혁명에 대해서는 장영석(2007), Andors(1977), Bettelheim(1974) 등을 보라.

49) 「陳伯達戚本禹與北京大學師生代表座談紀要」(1967. 3. 27.); 「陳伯達戚本禹與北京師範大學師生代表座談紀要」(1967. 5. 4.); 「陳伯達接見淸華大學師生講話紀要」(1967. 6. 26.), 『陳伯達文章講話匯編』. 천보다가 초안을 작성한 「문혁 16조」는 제10조에서 '교학개혁'을 강조하고 있으며, 대중집회에서 천보다의 연설들은 이 10조의 내용에 기초하고 있다. 마오쩌둥은 1968년 7월 28일 베이징 홍위병 '5대 영수'와의 회담에서 천보다가 교육혁명 문제를 책임지고 있음을 시사한다. "교육혁명이 제대로 이루어지지 못했다. 우리도 못 이루는데 하물며 여러분은 말할 필요도 없다. 이는 구제도가 여러분에게 해악을 끼치기 때문이다. 왜 제대로 이루어지지 못했는가? 우리 천보다 동지는 중앙회의에서 조급해지는데, 내가 조급해하지 말라고 이야기했다. 몇 년 지나면 사람들이 사라지고 그럼 되지 않겠나." 毛澤東, 「召見首都紅代會"五大領袖"時的談話」(1968. 7. 28.), *Chinese Cultural Revolution Database*.

심으로 하는 문혁이 있었다고 할 수 있고, 천보다가 이것을 자기의 영역으로 만들어 내지는 못했다고 할 수 있다. 마오가 천보다를 버리고서 계속 문화대혁명을 진행할 수 있고, 진행해야만 한다고 결정하고, 마오-천보다 대신 마오-장춘차오의 협력관계를 형성해야 한다고 결정한 데는 이런 두 개의 상이한 시공간의 축이 작동했기 때문이 아닌가 가정해 볼 수 있을 것이다. 이런 맥락에서 자신이 이해한 문화대혁명이 한정된 의미를 지니고 있었다고 회고하는 천보다의 말이 이해될 수 있다.

마오 주석이 사용한 '자본주의 길을 걷는 실권파'라는 이 관념에 대해서, 당시에 나는 이것이 주로 정치상으로 대중에서 이탈해 대중을 억압하고 고관대작이 된 이들을 지칭하는 것으로 이해했다. 완전히 경제 방면의 내용이 없다고는 할 수 없지만, 그렇다 해도 이 말은 주로 정치 방면을 지칭하지 경제 방면은 아니었다.(陳曉農 2005: 291)

그렇기 때문에 1966년 말의 시점에서 천보다의 논리는 오히려 캉성이 제기한 논점까지도 나아가지 못한 것일 수 있었다.

캉성 : (폴란드 상황에 대해 이야기하면서) 사회주의 공업이 자본주의 발전으로 나아가게 된 상황은 그 형식이 '공'(公)이면서 실제로는 '사'(私)이고, 형식은 '신'(新)이면서 실제로는 '구'(舊)이고, 형식은 사회주의이면서 실제로는 자본주의로 나아가는 것이다. 과거 이런 문제를 거의 이해하지 못했다.…… 내가 느끼기에 우리 공장이 그렇게 순수한지에 대해 연구해 보지 못했다.…… 우리 공장에는 낡은 경제법칙들이 변하지 않은 것이 어떤 것인가? 교환문제에서 상품등가교환법칙은 변하지 않

왔고, 임금은 여전히 노동에 따라 지불되며, 부르주아 계급의 법적 권리의 잔여도 여전히 존재한다. 마오 주석이 1958년 이 문제를 토론하려 하였지만, 이 문제에 대한 연구가 잘 되지는 않았다.…… 공장을 잘 다루지 않으면 수정주의가 출현할 수 있다. 상부구조가 토대에 나쁜 영향을 주고, 토대가 상부구조에 나쁜 영향을 준다. 공장 문화대혁명은 이런 의미에서 보자면 학교보다 중요하다. 그것은 경제토대이고, 공장에도 상부구조가 있다.…… 우리 공장에서는 정치우위가 아니고 마오쩌둥 사상이 우위가 아니고, 이 점은 아마 학교보다 더 심각할 것이다.[50]

그러나 1967년 중반부터의 급격한 상황전환과 1968년 여름의 대대적 방향전환은 서로 상대적으로 분리되어 있으면서도 연결된 두 고리를 분리시킴으로써, 결국은 하나의 영역의 실패가 다른 영역을 고립화시켜 왜곡된 영향을 주는 것을 막을 수 없었다.

문화대혁명이 '상부구조'만의 문제가 아니고 상부구조와 토대 양자의 문제이거나, 아니면 상부구조와 토대가 별개로 존재하는 것이 아니라는 문제로 확대되는 시점에서, 현실에서 그러나 '상부구조'와 '토대'는 상징적으로 베이징과 상하이라는 두 지역으로, 그리고 문혁소조 내의 두 '분파'로 분리되고, 그것은 그야말로 마오에 의해 '모순적으로' 일시적으로 병렬되다가 각기 따로 분기되어 각각의 종료를 맞게 된다.

천보다의 이런 난점은 천보다와 야오원위안이 함께 썼다고 알려졌고(葉永烈 1999: 607~8), '프롤레타리아 독재 하의 계속혁명론'을 체계화

---

50) 「康生在中央擴大政治局常委擴大會議上的講話」(1966. 12. 4.), *Chinese Cultural Revolution Database*.

하였다고 평가받는 「10월 사회주의 혁명이 열어 놓은 길을 따라 전진하자」라는 글에서도 드러난다. 1967년 11월에 집필한 이 글은 여섯 가지 주장으로 정리된다. ① '대립물의 통일'의 관점에서 사회주의 사회를 보아야 한다는 점, ②사회주의 역사단계에서는 계급과 계급투쟁, 두 가지 길의 투쟁이 존재하며, 자본주의 복귀 위험성이 존재한다는 점, ③프롤레타리아 독재 하의 계급투쟁은 본질상 정권문제라는 점, ④사회의 두 계급, 두 가지 길의 투쟁은 반드시 당내에 반영된다는 점, ⑤프롤레타리아 독재 하에 혁명을 계속 진행하기 위해서 중요한 것은 프롤레타리아 문화대혁명을 전개해야 한다는 점, ⑥프롤레타리아 문화대혁명의 사상영역의 근본 강령은 '사적인 것과 투쟁하고 수정주의를 비판'하는 것이라는 점 등이다. 그런데 '상하이파'의 핵심인물인 야오원위안이 공동집필자임에도 불구하고, 이 글은 「문혁 16조」의 입장에서 더 나아가지 않고, 탈권과 공장 문혁에 대한 언급이 전혀 없으며, 문화대혁명을 '파리코뮌의 원칙', 그리고 '정권'과 '당내'의 문제로 한정하고자 한다.[51]

---

51) 『人民日報』, 『紅旗』 雜志, 『解放軍報』 編輯部, 「沿著十月社會主義革命開辟的道路前進 —紀念偉大的十月社會主義革命五十周年」(1967. 11. 6.), *Chinese Cultural Revolution Database*. 만년에 천보다는 이 '사회주의 하의 계속혁명 이론'과 문혁 중의 마오 문제에 대해 다음과 같은 소회를 풀어놓는다. "마오쩌둥이 문화대혁명을 일으킨 것은 단순히 일시적인 충동 때문이거나 개인의 원한 때문이라 할 수 없고, 일종의 이론에서 나왔다고 하는 편이 더 타당하다. 그 어르신은 어떤 일을 하건 반드시 일정한 이론을 지도로 삼는다. 그는 마음 내키는 대로 일을 하는 사람이 아니다. 예들 들어, 그가 문화대혁명을 일으킨 것은 그가 사회주의 역사 단계의 각종 이론에 대한 인식과 분석의 기초 위에 세워진 것이고, 이것이 우리가 나중에 제기한 프롤레타리아 독재 하의 계속혁명 이론이다. 이 이론은 명확히 마오쩌둥의 창조물이다. 이 이론에 합당한 요소가 있는가? 그러려면 계속 연구를 해보아야 할 텐데, 이 연구 작업은 엄청난 역사적 의의와 현실적 의의를 지닌다. 중국에 대해서뿐 아니라 세계에 대해서도 거대한 공헌이다. 그러나 이는 나의 일은 아니다. 나는 역사적 인물이 되었고, 이미 나의 소임은 끝났다. 나는 비극적 역할을 맡았다. 그러나 나는 여러분 세대의 사람들이 이 연구 작업에 마침표를 찍기를 바란다."(師東兵 2008)

4장_ 길을 막고 마주선 벽 : 국가/당/군대

1. 군 문제의 돌출과 무장투쟁의 격화

탈권이 가져올 '무정부주의'에 대한 우려는 점차 현실로 나타나기 시작했고, 탈권을 '쇄신된' 당의 통제 하에 두어야 한다는 생각이 마오와 당중앙의 광범한 공감대를 형성하기 시작하였다. 1967년 1월 상하이코뮨을 곧바로 혁명위원회로 전환하는 조치가 시행된 이후, 연이어 발표된 「공안 6조」, 「군위 8조」 등은 탈권의 흐름과 매우 어긋나는 듯 보이지만, 1967년과 1968년의 흐름이 보여 주듯, 탈권투쟁이 격화될수록 이 두 규정들의 위세 또한 강화된다.

1967년 초 '상황과 어긋난' 마오의 첫번째 조치/개입이 등장하여 전체 흐름에 큰 영향을 주었는데, 그것은 '삼지양군'(三支兩軍)이라는 방침의 일환으로 추진된 '군대의 좌파 지지' 지시였다. 이 조치는 탈권투쟁의 무정부주의를 막는 동시에 1967년 2월의 이른바 '2월 역류'에 대한 한 대응책으로서도 더 강력하게 추진되었는데, 그 효과는 예상한 것과 정반대로 나타났다. 군의 개입은 정세를 안정시키기보다 극도의 불안정 속에 몰아넣게 되었다.

일련의 우려들이 현실로 드러나 불안정을 촉발시킨 것은 2월 23일 칭하이(靑海)성에서 자오융푸(趙永夫) 주도로 조반파를 대량 학살한 '2·23 사건'이었다. 이 사건은 발발 이후 당정 보고체계를 따라 조직적으로 은폐되었다가 희생자 조직이 베이징에 상경하여 호소대회를 열고 나서야 중앙이 개입하였고, 중앙이 네 차례에 걸친 조사회의 끝에 한 달이 지난 3월 24일에야 자오융푸의 처벌과 피해자 복권 등의 7개항의 조치가 발표되었다.[1] 이 이후 각 성에서는 분파투쟁이 격해지고 군의 개입 또한 대대적으로 증가하면서 대중조직과 군 사이의 충돌과 갈등이 증가하였다. 중앙정부와 당은 이에 대해 저우언라이 총리가 중심이 되어 본격 개입하기 시작하였는데, 이 과정에서 천보다의 역할은 주변으로 밀려나게 된다. 칭하이성 최종 회의에서 천보다는 거의 발언하지 않았고, 그저 자오융푸에 대해, "너는 공산당에 조반을 했고, 프롤레타리아 계급에 조반을 했다"는 정도의 말만 했을 뿐이다.[2]

자오융푸와 칭하이성 사건의 처리는 사태의 종결이 아니라, 새로운 문제의 출발이었을 뿐이었다. 자오융푸에 대한 공식 처리와 군의 '좌파지지'가 결합하여, '자본주의의 길을 걷는 군내 한 줌의 실권파'로 공격의 대상이 옮겨 가면서 1967년 무장투쟁은 그 이전과는 근본적으로 성격을 달리하는 차원으로 전환되기 시작했다. 주먹, 각목, 칼 정도가 출현하던 이전의 무장투쟁에서 이제는 비수와 총이 기본으로 등장하며, 심한 경우 대립은 기관총, 폭약과 대포, 탱크까지 등장하는 수준으로 증폭되기 시작하였다. 1967년 이후 보수파 세력이 약화됨에 따라, 국경지역에서 보수파

---

1) 「中央首長第四次接見靑海代表會議紀要」(1967. 3. 24.), 『陳伯達文章講話匯編』.
2) 「中央首長第四次接見靑海代表會議紀要」(1967. 3. 24.), 『陳伯達文章講話匯編』.

와 조반파 사이의 대립이 계속 전개되는 등의 경우를 빼면, 주요한 무장투쟁은 일반적으로 조반파 내에서 온건파와 급진파 사이에서 벌어지는 경우가 많았다(徐友漁 1999; 唐少傑 2003; 鄭光路 2006a; 周倫佐 2006; 何蜀 2010; 천이난 2008). 조반파가 급진파와 온건파로 분화한 데는 각 지역별 특색이나 참여자들의 개성, 그리고 와해된 보수파 분자들의 유입 등의 요인도 작용했지만, 전국적으로 중요한 도시마다 동일한 분화가 발생한 것은 공통된 특징들이 반영되고 있었기 때문이었다. 양 파는 출신성분의 다소의 차이, 사회주의 17년의 역사에 대한 평가, 군대의 좌파 지지에 대한 태도, 투쟁의 주요 대상, 운동의 방식, 저우언라이 총리에 대한 평가 등에서 입장이 대립되었다(徐友漁 1999: 109~20; 周倫佐 2006: 95~106; 백승욱 2007a: 69~70).

군대의 좌파 지지는 갈등을 해소하기보다는 오히려 더 증폭시키는 개입이었다. 문제가 복잡하게 꼬일 수밖에 없던 이유는 서로 충돌하는 논리들이 공존하고 있었기 때문이었다. 서로 이어지면서 모순되는 주장들의 회로를 살펴보자. "정부, 기업, 학교 등에는 모두 주자파가 있고 거기에는 투쟁이 허용되나 군내에는 주자파가 없다—그런데 예외적으로 자오융푸 같은 경우가 있긴 하지만 극히 일부이다—군에 대한 문화대혁명은 당이 주도한다—그런데 당내에는 주자파가 있다—그렇지만 군 공격은 반혁명이다." 이런 서로 논리적으로 모순되기까지 한 논리들이 섞여 있는 상황에서, '좌파 지지'의 임무를 떠안은 군으로서 가장 곤혹스러운 문제는 '누가 좌파인가, 그리고 누가 어떤 기준으로 거기에 대한 판단을 내리는가'였다. 당연히 좌파의 선정이 자의적이거나 아니면 '당을 지지하는가' 정도의 기준으로 고정될 가능성이 높았고, 이는 보수파와 조반파 사이의 대립뿐 아니라, 이미 진행 중이던 조반파 내부의 균열을 빠르게 가속화하는 효과를 낳았다. 군조직도 내부적으로 조반파의 영향을 일정하게 받아서, 해방군의 후근부, 해군, 공군 기관과 그 소속 문화단위의 조반파 조직들이 본 계통의 중앙 지도부를 공격하는 일이 벌어졌고, 각 지역 군구는 이해관계에 따라 '좌파 지지'의 방식이 제각각으로 나타났다(印紅標 2011: 54).

이런 예측하지 못한 변화에 따라 중앙문혁소조와 마오의 입장은 3월에서 9월까지 일관성 없이 여러 차례 변화를 겪는다. 천보다의 입장은 상대적으로 그다지 변하지 않고서 일관되게 무장투쟁을 반대하고 무정부주의를 반대하는 입장이었는데, 그만큼 빠르게 주변화해 감을 의미한다고 할 수 있다. 몇몇 주요한 시기의 입장들을 살펴보기로 하자.

앞 시기에 이어 이 시기의 천보다의 무장투쟁 비판도 베이징의 학생들이 분파주의를 각 지역으로 전파한 결과라는 점을 강조하고, 이는 '혁명은 스스로 해야 하지 대신해 줄 수 없다'는 원칙을 어긴 것이라고 지적하고 있다.

여러분은 작은 학생이 되려고 하는가, 아니면 교사가 되려 하고, 훔차대신이 되려고 하는가? 나의 마음은 불편했다. 왜냐하면 여러분은 베이징에서 간 사람들이고, 우리는 베이징에서 일하고 있다. 만일 여러분들이 나가서 마오 주석의 지시대로 작은 학생의 태도를 취하지 않으면 우리는 우리가 잘못을 범했다고 느끼게 된다. 그렇지 않은가? …… 두 단계를 구분해야 한다. 막 갔을 때는 적극적 작용을 하였다. 그러나 시간이 길어지면서 부담으로 바뀌었고, 모든 연락소는 여러분들이 만든 부담인데, 이제는 이 연락소에 여러분들이 미련이 많아서 되돌아와도 또 내려가려 한다. 내 생각에 여러분들은 중앙 결의를 집행해 모두 철수해야 한다. ……

올바른 것은 적고 잘못된 것은 많다. 적극적 요인은 지나가 버렸고, 이제는 소극 작용을 하고 있다. 계속 남아 있어 봐야 좋은 점이 없다. 여러분의 학교에서는 군정훈련을 하려 하는데, 두뇌를 다시 냉정하게 하려는 것이다. 지금 모두의 머리가 너무 열이 차 있어, 여행 비용 준비를 생각하고 있고, 우리더러 여러분을 도와 문제를 해결하도록 생각하고 있지만, 우리 각 사람의 봉급을 모두 여러분에게 내주어도 문제를 해결할 수 없다. 이미 돌아온 사람들은 다시 내려가지 말라.……

지금 어떤 지역에서는 군대와 충돌하는 문제가 있다.…… 그러나 여러분은 큰 방향을 보아야지 참깨씨만 보고 수박 덩어리를 못 보아서는 안 된다.…… (군대와 충돌하는 것은) 큰 잘못을 범하는 것이다. 그렇다고 목에다 팻말을 걸고 죄를 청하는 행진을 하는 것에도 찬성하지 않는다. 필요 없다. 충돌한 일이 있으면 잘못을 인정하고, 하지 않으면 그뿐이다.…… 연락소 문제는 내가 말했듯이 모두 철수하라.…… 지금처럼 여러분의 머리가 열로 가득 차 있는데 어떻게 좋은 총결을 할 수 있는가? 머리를 먼저 식히고 차분히 앉아서 마오 주석의 저작을 학습하고, 여러분의 성과, 결점, 오류를 연결해 총결을 하라. 이렇게 하면 앞으로 여러분들의 공작과 사회주의 공작에 좋은 점이 있을 것이다.…… 여러분들은 왜 깃발이 필요한가? 산쓰는 여러분들이 만들어 낸 것이지만, 이제는 여러분들에게 부담이 되고 있다. 여러분들이 스스로를 해방하려면 산쓰를 버리는 것이 여러분들에게는 큰 해방이다. 산쓰를 남겨서 그 이름을 유지하려 하니 큰 고민거리가 되는데, 버리면 즐거워진다. 이름을 남기려 하고 대외연락소를 철수하지 않으려 하니 홍대회(紅代會)에 이견이 생기는 것이다.[3]

그리고 또 갈수록 홍위병들의 무장투쟁에 대해 비판적이 되어 간다.

여러분들의 싸움질, 여러분들의 말싸움, 여러분들의 무장투쟁에 대해 나는 조금도 관심이 없다.…… 아마도 여러분들 모두 내 말이 틀렸다고 느낄 것이다. 왜냐하면 여러분 모두 사람들을 패고 욕을 해대는 데 영웅이니까. 그러나 이렇게 생각하지 않으려 한다면, 쌍방 모두 잡아간 사람들을 모두 석방하고, 빼앗아 간 물자를 내놓고, 기다렸다 좋아지면 질서 있게 떠나라.[4]

그러나 상황은 더욱 심각해졌고, 그 정점은 7월 20일 우한(武漢)의 '7·20' 사태로 발전하였다. 우한에서 지역군구 사령관 천짜이다오(陳再道)를 지지하는 '백만웅사'(百萬雄師)는 중앙에서 파견된 왕리와 셰푸즈(謝富治)를 감금하고, 마오 주석조차 사실상 우한 지역 내에 갇히는 사태가 발생하였다. 이는 저우언라이 총리의 개입으로 일단락되었지만, 그 후과는 엄청난 것이었다. 우한 '7·20' 사태 직후부터 9월 중순까지 중앙이 보여 준 메시지는 매우 혼란스러웠다.

그 혼란의 출발은 우한사태 바로 다음 날 장칭의 '문공무위'(文攻武衛 : 글로 공격하되 무장하여 스스로를 지킨다) 연설에서 시작한다.

여러분들은 너무 천진난만할 수는 없다. 무장투쟁을 일으키는 한 줌의 인간들을 당면해 그들이 무기를 들고 여러분을 공격할 때 혁명대중은 무기를 들고 자신을 지킬 수 있다. 쌍방이 무장투쟁을 중지하기로 협의한

---

3) 「陳伯達接見北京大專院校紅衛兵原三司部分的代表時的講話」(1967. 2. 27.), 『陳伯達文章講話匯編』.

4) 「陳伯達肖華在'5·13事件'現場的講話」(1967. 5. 14.), 『陳伯達文章講話匯編』.

이후 그들이 여전히 무기를 회수하지 않는다면 여러분이 자기를 지키는 무기를 내려놓을 수 없다!

내 기억으로는 허난(河南)의 한 혁명조직이 '문공무위'라는 구호를 제기하였다. 이 구호는 옳다. 마오 주석이 제기한, 문투를 견지하고 결연히 무장투쟁을 반대하며, 깊이 들어가 대중 공작을 하는 것, 이것이 우리의 첫번째이다……. 그러나 또 하나 두번째가 있는데, 천진난만할 수는 없다. 그들이 무기를 내려놓지 않고, 총·창·칼을 들고 여러분을 겨냥할 때 여러분들이 무기를 내려놓는 것은 옳지 않다. 여러분들은 곤란해질 것이고, 혁명 소장(小將)들 여러분이 곤란해질 것이다. 현재 우한이 이런 상황이다. 당연히 우한의 혁명소장도 자위수단을 채택하였다. 동지들, '백만웅사'와 그들 막후의 한 줌의 조종자들이 그런 무기를 들고 손에 아무 쇠붙이도 들고 있지 않은 혁명대중에게 흉포한 일을 벌이고, 심지어 우리 셰푸즈 동지, 왕리 동지를 결박하여 구타할 때, 우리가 이를 허락할 수 있겠는가!…… 우리는 이치가 있고 진리는 우리 편에 있다.…… 우리는 반드시 승리하고 그들은 반드시 패배한다. 그들이 무장투쟁을 벌이면 무기를 내려놓으면 안 되고 천진난만하게 무기를 내려놓아서는 안 된다. 나는 이 점을 지지한다.[5]

그런데 같은 날 같은 장소의 연설에서 캉성조차 대단결을 강조하면서, 합의를 도출해야 하며, 해방군을 옹호하고 잘못을 시정할 기회를 부여하고, 군구에 압력을 가하면 안 된다는 기존의 당정의 방침을 강조하고 있음에 비해 장칭의 발언은 매우 이례적임을 알 수 있다. 천보다 또한 같은 장소에서 한 발언에서, 장칭의 발언과는 거리를 두고 있다.

국가재산, 물자는 소단체 살인무기 제조에 동원될 수 없다.…… 오늘 내 요점은 두 가지다. 하나는 현재 전국 각지의 보수파 조직 혹은 반동조직이 대량으로 허난에 유입되어 활동을 진행한다는 점이다. 여러분들은 특히 이들에게 무기를 공급하지 않고, 국가 재산으로 살인무기를 제조하지 않도록 주의하라. 또 하나는 농민을 동원해 도시에 들어오지 않게 하는 것이다.[6]

그런데 장칭의 발언 다음 날 상하이 『문회보』(文匯報)에 장칭의 발언을 적극 옹호하는 문공무위 지지 글이 실렸고, 7월 30일 칭화대학에서는 콰이다푸(蒯大富)가 조반파 홍위병 모임에서 문공무위를 중앙의 입장으로 전달하였다. 여기에 더해 8월 4일 장칭에게 보내는 마오의 서신에서는 좌파 무장과 대중독재(群衆專政)를 지시한 것으로 알려졌다(鄭光路 2006a: 229~31; 王年一 1996: 264; MacFarquhar and Schoenhals 2006: 215; 卜偉華 2008: 576~7). 따라서 '문공무위'는 장칭의 돌출 발언이 아니고, 당시 상황에 대한 마오의 판단을 일정하게 배경에 깔고 있었다. 왕리의 회고에 따르면, 마오는 이미 우한사건 직전인 7월 18일에 우한에서 총기회수를 요청하는 린뱌오를 비판하면서, "왜 노동자, 학생을 무장시키지 않는가?"라며 사실상 좌파 무장지시를 내린 바 있다고 하며(王力 2001: 266), 허수나 부웨이화도 '군내 한 줌의 적발'이 마오의 지시나 입장과 무관하지 않음을 강조하고 있다(何蜀 2007a; 卜偉華 2008: 536~45).

8월 11일 베이징의 학생 대표를 모아 놓은 회의에서 천보다와 장칭

---

5) 「中央首長第七次接見河南赴京代表團紀要」(1967. 7. 21.), 『陳伯達文章講話匯編』.
6) 「中央首長第七次接見河南赴京代表團紀要」(1967. 7. 21.), 『陳伯達文章講話匯編』.

의 발언은 미묘하게 뉘앙스가 분기한다. 천보다는 당면 문제의 핵심을 학생들의 무정부주의와 타지역에 대한 개입에서 찾고 있다.

베이징의 노동자운동은 상하이에 비교하면 낙후되었다.…… 아직도 마오쩌둥 사상을 이용해 부단히 경험을 총결하고 있지 못하다. 크게 싸우고 다투는 것을 재미있어 하지만 경험을 총결하는 데는 별로 관심이 없다. 경험을 총결하지 못하면 진보할 수 없다. 추진력은 크고 부딪히는 사상은 많지만 학습하는 사상은 비교적 적다.…… 정리해 말하면, 여러분들은 분파 관점을 노동자·농민 속에 가져갔다. 여러분들이 간 것은 노동자에게 배우러 간 것이 아니라, 분파의 관점을 가져다 분열의 작용을 일으키러 간 것이다.…… 가는 곳마다 군내 한 줌을 잡아내고 구체적 분석은 하지 않는다.…… 여러분의 판단과 중앙은 상반되니, 이는 개별적이고 소수이다.…… 이런 잘못된 판단 때문에 행동이 방황하고 있는 것이고, 어떤 때는 이렇게 생각하고 다른 때는 또 다르게 생각하고, 여기저기 대교류 다닐 생각만 하고 대신 해주어야 한다고 생각하고, 베이징 학생이 없으면 다른 지역은 아무것도 안 된다고 생각하는 것이다.…… 일부 지역의 분파 투쟁은 원칙의 논쟁이 아니라 무원칙한 분파 투쟁이고, 논쟁은 끊이지 않는 것이 모두 베이징 학생과 관련이 있는데, 맞지 않나? 이들은 소수인데 전국의 혁명을 대신하려 생각하고 있다. 이런 생각은 맞지 않고, 대중을 신뢰하고 대중을 존중하라는 마오 주석이 제시한 사상과도 위배된다.[7]

그러나 장칭은 전혀 다른 맥락에서 이야기를 전개한다. 그녀의 강조점은 '조종'에 있다.

이는 대혁명이다. 설마 희생이 없겠는가? 프롤레타리아 문화대혁명에 몇 사람이 죽고 다치지 않을 수 있는가? 물론 죽는 게 좋다는 말은 아니다. 적들은 반격하고, 힘을 겨루려 하고, 두 계급의 힘겨루기는 반복된다.…… 정리해 말하자면 한 줌의 사람들이 우리의 정규군을 움직일 방법은 없고, 군대는 명령이 있어 함부로 발포하지 않는다. 그들은 그저 막후에서 일부를 조직해 무장투쟁을 일으킬 뿐이다.…… 그들이 조종한 일부 사람들 또한 진심으로 무장투쟁을 하고 있는 것은 아니다.…… 그들이 사용하는 또 한 가지 방법은 농민을 동원해 도시에 진입해 무장투쟁을 일으키는 것이다.…… 베이징은 솔선해 무장투쟁을 반대했다. 중앙 소재지이고 마오 주석의 소재지 아닌가. 솔선해 무장투쟁을 반대했다. 그러나 일부 지역에서는 소수 나쁜 자들이 조종을 하는데, 허난·난창(南昌)의 실권파 조직의 놈들이다.[8]

'문공무위' 구호는 7, 8, 9월 무장투쟁을 격화시켰고, 무장투쟁은 전국적으로 확산되었다. '우한사건' 이후, 여론을 주도하는 중앙의 간행물 또한 이런 분위기를 따랐으며, 천보다도 이의 책임에서 벗어날 수 있는 것은 아니었다. 『홍기』 잡지는 8월 1일 "현재 당내·군내 최대의 한 줌 자본주의 길을 걷는 실권파에 대한 대비판 운동이 전국적으로 일어나고 있다. 이는 투쟁의 대방향이다"라는 '사론'(社論)을 발표하였다(초안은 린제 林杰가 작성하였으며, 그 또한 '왕·관·치'와 함께 숙정된다). 또 마오의 「사령부를 포격하라—나의 대자보」 발표 1주년을 기념하여 이 글이 다시 『인

7) 「中央首長對北京學生代表的講話」(1967. 8. 11.), 『陳伯達文章講話匯編』.
8) 「中央首長對北京學生代表的講話」(1967. 8. 11.), 『陳伯達文章講話匯編』.

민일보』에 게재되었고, 『인민일보』는 8월 5일에 「부르주아 계급 사령부를 포격하라」라는 제목으로, 『홍기』는 17일에 「부르주아 계급 사령부를 철저하게 무너뜨려라」라는 제목으로 이를 기념하는 '사론'을 실었다. 8월 15일에는 『홍기』와 『인민일보』 공동으로 발표한 매우 이론적인 글인 「사회주의 길을 갈 것인가, 자본주의 길을 갈 것인가?」에서 8월 1일 '사론'과 달리 '군내 한 줌'이라는 표현을 사용하지는 않지만, 대신 우회적으로 국제적으로 수정주의자들이 총기를 반납해 권력을 거래하는 것을 대대적으로 비판하고, 투항하여 총기반납하려는 역류를 저지하고 과감히 투쟁하는 것이 마오쩌둥 사상임을 강조하여, 맥락에 따라 다르게 읽힐 여지를 주고 있다.[9]

마오쩌둥은 8월 1일자의 『홍기』 '사론'을 '대독초'로 규정하고, "만리장성(長城 : 즉, 인민해방군)을 돌려 달라"고 비판했는데(王年一 1996: 263; 葉永烈 1999: 596),[10] 얼핏 8월 4일 장칭에게 보낸 편지와 모순되는 듯 보이는 이 비판은 마오의 입장에서는 모순되지 않을 수 있는 것이었다. 다시 말해, 좌파를 무장시키는 것과 공격 대상을 '군내 한 줌'으로 돌려서는 안 되는 입장은 양립할 수 있는 것이었다. 문제의 핵심은 마오가 말하는

---

9) 『紅旗』雜誌社論, 「無産階級必須牢牢掌握槍杆子 ─ 記念中國人民解放軍建軍四十周年」(1967. 8. 1.), pp. 525~7; 『人民日報』社論, 「炮打資産階級司令部」(1967. 8. 5.), pp. 528~9; 『紅旗』雜誌編輯部·『人民日報』編輯部, 「走社會主義道路, 還是走資本主義道路」(1967. 8. 15.), pp. 536~44; 『紅旗』雜誌社論, 「徹底摧毀資産階級司令部 ─ 記念黨的八屆十一中全會召開一週年」(1967. 8. 17.), pp. 545~8, 『文化大革命'研究資料』(上冊). 이 시기 무장투쟁 중 군이 공격 대상이 아니라 대중조직 사이에 발생한 대표적인 것은 8월에 상하이 '공총사'가 상하이 디젤엔진공장의 '上柴聯司'를 공격하여 대대적인 사상자가 발생한 사건(李遜 1996: 제13章)을 들 수 있다.

10) 이 '사론'을 마오가 비판한 이유는 "중국인민해방군은 우리 위대한 영수 마오 주석이 친히 탄생시키고, 린뱌오 동지가 **직접 지휘하는** 위대한 군대"라는 표현이 등장했기 때문이라는 주장도 제기된다(何蜀 2007a: 681. 강조는 인용자).

'좌파'란 누구를 지칭하는가에 있었다. 그렇지만 대중들의 동학과 인식에서 이것이 그렇게 명확한 것은 아니었다.

'문공무위'로부터 고양된 대중적 폭발의 상징적 정점은 8월 22일의 영국 대리처 방화사건이었다. 이 사건은 아래로부터 돌발적으로 일어난 사건이긴 했지만, 홍콩의 언론탄압을 비난한 외교부가 홍콩에서 체포된 기자 등의 즉각 석방을 요구하면서 8월 20일 '위로부터' 영국에 48시간의 '최후통첩'을 선포한 것이 직접적 도화선이 된 것도 사실이다. 베이징의 노동자 조반파와 학생 조반파 등 30개 조직은 당일 오후 1시부터 영국 대리처 앞에서 시위를 하다가 저녁 10시 반 "이미 시간이 다 되었다. 더는 기다릴 수 없다. 우리는 행동을 개시한다!"고 선언했다(王年一 1996: 271).

이 사건을 계기로 중앙은 무장투쟁을 정리하고 질서의 시기로 들어서기 위한 노력에 집중한다. 9월 1일 베이징시위원회 상무위 확대회의에서 '중앙수장'의 발언이 그 출발점인데, 그날 핵심 역할은 그에 앞서 '문공무위'의 구호를 제창한 장칭에게 맡겨졌다.

중앙은 한 성 한 성씩 문제를 해결하고 있다. 여러분들은 가서 어떤 문제를 해결하려 하는가? 이는 잘못을 저지르는 것이고 잘못을 인식하지 못하면 안 된다. 형세를 잘못 판단하여, 일부 극좌적 어구를 듣자니, 어떤 것은 선동이고 결과는 여러분들의 투쟁의 칼끝이 완전히 잘못되었다. 류·덩·타오를 겨냥하지 않고, 이른바 '군내 한 줌'을 겨냥하고, 도처에서 '군내 한 줌'을 잡으려 해 혁명위를 목표로 하고 있다. 여러분들은 해방군을 신뢰해야 한다.…… 전군이 수백만인데 천짜이다오는 소수이고 자오융푸는 더 소수이다. 도처에서 군내 한 줌을 적출해야 한다는데 이 구호는 오류이고 우리 군대를 혼란시키고, 이는 스스로 만리장성을 허무는 일이다.…… 이제는 대포도 탈취하고 하루에 일만 발의 실탄을 쏘고 있는데, 좌파라 해도 옳지 않고(총리: 베트남에 가면 얼마나 많은 적들에게 쏠 수 있는가! 참으로 집안 망칠 놈들) 좌파라 해도 비판받아야 한다. 또 다른 칼끝은 혁명위원회를 향해 있는데, 잘못이 있다고 타도해야 하는가? …… 황푸강의 베트남 지원물자도 약탈당했다.…… 이는 나쁜 자들이 대중의 무정부주의, 종파주의, 소단체주의, 개인주의를 이용해 들고 일어선 것이다. 거기 어떤 혁명이 있는가? 남들에 대해서만 혁명하려 하고 자신은 혁명하지 않으니 되겠는가?[11)]

장칭은 다시 9월 5일 같은 취지의 발언을 하고,[12)] 이 연설의 녹음은 전국에 배포되어 필수 학습 교재로 활용되었다. 장칭 발언의 취지는 첫째, 무장투쟁을 반대하며, '5·16 반혁명 집단'에 공격을 집중해야 한다는 것,[13)] 둘째, 인민해방군을 공격해서는 안 되며, '군내의 한 줌 실권파'라는 구호는 잘못되었다는 것, 세번째로 혁명위원회를 신생사물로 지지하는

---

11) 「中央首長北京市革委會常委擴大會議上的講話」(1967. 9. 1.), 『陳伯達文章講話匯編』.

12) 「中央首長第三次接見安徽雙方代表團的指示」(1967. 9. 5.), *Chinese Cultural Revolution Database*. 이 회의에서 중앙은 인민해방군 무기를 탈취하는 것을 금지하는 명령을 함께 발표하였다. 「中共中央, 國務院, 中央軍委, 中央文革小組關於不准搶奪人民解放軍武器, 裝備和各種軍用物資的命令」(1967. 9. 5.), *Chinese Cultural Revolution Database*.

13) '5·16 분자'는 처음에 1967년 8월 초 베이징의 강철학원의 급진 조반파를 중심으로 결성되어 저우언라이 총리를 공격하는 대자보를 붙인 '5·16 병단'의 극소수 학생들에 해당하는 명칭이었다. 이 사건은 발생 당시 사전에 중앙문혁소조에 보고까지 된 바 있었지만, 심각하게 처리되지 않았다. 그러다가 이후의 문혁 시기에 점점 더 운동 속에 잠입한 반동분자를 지칭하는 용어로 확대되어, 1970년에는 '5·16 전안조(專案組)'까지 결성되었고, '왕·관·치'의 실각에서 '양·위·푸'의 실각을 거쳐, 최종적으로는 천보다와 린뱌오의 실각에 이르기까지, 실각한 중앙정치 무대의 핵심인물들조차 '5·16 분자'의 배후로 규정될 만큼 그 범위가 끝없이 확대되었다(閻長貴·王廣宇 2010: 137~45). 장칭의 '9·5 연설'은 '5·16 병단'으로 대표되는 '극좌파'의 범위를 당중앙, 군대, 혁명위원회에 반대하는 자들로 확대한다는 '세 가지 지향점'을 이미 담고 있었다(吉越弘泰 2005: 333).

것, 이렇게 세 가지로 정리될 수 있다.[14)]

'문공무위' 주장에서 '9·5 연설'에 이르기까지 이해하기 어려운 장칭의 이 두 가지 상이한 발언을 연결할 수 있는 돌발적 사건이 중앙문혁소조 핵심 구성원인 '왕·관·치'의 숙정이었다. 우한사건의 영웅으로 천안문광장의 백만인 대중환영대회에 섰던 왕리는 돌연 한 달 만인 8월 30일 당내의 집중 공격을 받은 후 관펑과 함께 '휴가 반성' 처리되어 실각한 후 이듬해 1월 초에는 진청 감옥에 수감되어 재판 없는 긴 수형 생활을 하게 된다. 12월에는 치번위도 실각하여 앞의 두 명과 함께 한 조로 묶여서 비판의 명단에 오른다. 왕리는 회고록에서 이것이 집요한 장칭의 음모라고 보는데(王力 2001: 207), 이를 다른 맥락에서 이해할 수 있는 단초를 외교부 탈권 문제 처리에서 찾아볼 수 있다.

> 총리 : 여러분들이 외교부의 권리를 빼앗아 모든 부부장들에게 여러분들에게 보고하라고 하고 출입에도 여러분들의 허가를 받으라 했는데, 외교 업무가 있으면 그럼 내가 그들을 찾아야 하나 아니면 여러분들의 의견을 물어야 하나?
>
> 조반파 : 왕리 동지의 연설에서 말하기를…….
>
> 총리 : 너는 왕리 동지 연설에서 지푸라기를 끄집어내려 하지 말라. 한 줄기도 꺼내지 말라…….
>
> 조반파 : 우리는 봉쇄한 후에 총리의 의견을 들으려 했다.
>
> 총리 : 너희는 나에게 전화 한 통 없었고 내게 통지하지도 않았다. 너희가

---

14) 저우언라이 총리는 9월 들어 이를 반복해 강조한다. 「中央首長分別接見大專院校代表的講話」 (1967. 9. 16/17), 『陳伯達文章講話匯編』.

문제를 일으키고는 나더러 와서 너희 일처리를 하라고 하는데, 그럼 좋다. 너희가 외교부장을 맡아라.

조반파 : 우리가 맡지는 못하지요.

총리 : 너희가 하는 일이 늘 그렇다. 4일간 외교부 업무는 관장하는 사람이 없었고……

조반파 : 외교부 좌파조직이 관장할 수 있었습니다.

총리 : 좌파조직은 중앙이 승인한 적이 없다. 그 조직은 단지 감독할 뿐이다.…… 오늘 여러분들에게 먼저 묻겠다. 우리나라 외교 대권은 마오 주석과 당중앙이 권한을 부여한 국무원이 관장하는가 아니면 여러분들이 관장하는가? 만일 국무원이 이런 권력이 없다고 여러분들이 말한다면 여러분들이 직접 이 외교 권력을 행사하고, 나는 오늘 마오 주석에게 가서 보고하겠다.

조반파 : 당연히 중앙이 관장하지요. **왕리 동지의 연설 이후** 우리들이 생각하기에……

총리 : (화가 나서 말을 끊으며) 항상 왕리 동지의 말을 들먹이는데, 너희는 이 지푸라기를 붙잡지 말라…….

총리 : 이는 무정부주의다. 문화혁명 중 우리의 사론, 방송은 상당히 많이 계속해서 며칠간 무정부주의 반대를 이야기하였다.…… 그럼 여러분들은 오늘 바로 홍콩을 회수해야겠다고 마음먹지 않았나? 대답해 보라. 중앙이 어떤 행동을 하기로 결정을 해도 주석에게 지시를 청하고 나도 마음대로 결정할 수 없는데, 여러분들은 멋대로 전투대 따위가 결정을 내리는가?

외교학원 조반파 : 당신의 이런 감정은 옳지 않습니다.

총리 : 무슨 감정?

외교학원 조반파 : 우리가 책임지면 될 거 아닙니까!

총리 : 동지들. 여러분들이 무슨 책임을 지는가? 여러분들은 일을 엉망으로 만들어 놓고 집에 가서 잠이나 자고 나더러 와서 처리하라고 할 수 있지만, 마지막에는 중앙이 책임져야 한다.[15] (강조는 인용자)

여기서 말하는 '왕리 동지의 연설'('8·7 연설')이란 왕리가 8월 7일 저녁 외교부 조반파의 한쪽 대표인 야오덩산(姚登山)을 불러 이야기를 나눈 것을 말한다. 왕리를 만난 외교부 조반파가 정리한 이 '연설'에서 왕리는 '감독권'의 명분으로 발언한 것이긴 하지만, 조반파의 외교부 탈권을 지지하고, 감독권에 대한 탈권이 충분하지 않으며, 홍위병이 외교업무를 맡을 수 있고, 외교와 관련된 인사권을 장악할 수 있으며, 또 외교부장 천이 (陳毅)에 대한 적발투쟁을 지속해 갈 것을 지지하는 것으로 이해되는 발언을 하고 있다. 또 중요한 것은 왕리의 연설이 이에 앞선 관평과 치번위의 외교부 탈권 행동에 대한 지지 발언을 이어 가는 맥락으로 읽힌다는 점이다.[16]

왕리는 이 '8·7 연설'이라는 것이 자신의 몇 마디 말들을 임의적으로 정리한 것으로, 자신의 의도가 왜곡되었고, 자신의 정확한 뜻은 다음 날

---

15) 「周恩來就火燒英國代辦處一事與外事口各組織負責人的談話」(1967. 8. 23.), 『陳伯達文章講話匯編』. 문혁이 초기 단계를 지나간 이후 이 외교부 조반사건은 대대적인 '5·16 분자' 색출 작업의 빌미가 되었으며, 당시 외교부 간부였던 허팡(何方)은 이 숙청 과정을 저우언라이 총리가 주도했다고 보고 있다(邢小群 2007: 41). 외교부의 '5·16 분자' 색출은 1970년 2월부터 본격화되었으며, 외교부 직원 3천 명 중 1,700명을 '5·16 분자'로 색출해, 그 중 20명에게 '5·16 반혁명분자'의 모자를 씌울 정도로 극단적으로 진행되었다. 외교부 내에서 '계급대오 정돈'에서 '5·16' 색출까지 극단적 복구 과정에 대해서는 馬繼森(2003: 225~62)을 보라.

16) 「王力對外交部革命造反聯絡站代表姚登山等同志的談話」(1967. 8. 7.), *Chinese Cultural Revolution Database*.

이 조반파에게 전한 편지에 있으며, 그 경과에 대해 총리도 이해하였으며, 자신은 이 '연설' 때문이 아니라 장칭의 오랜 계획으로 실각되었음을 주장하고 있다(王力 2001: 258~81, 1015~8). 그렇다 해도 이 '연설'이 '왕·관·치'를 묶고, 마오가 자신의 이전 발언을 뒤집는 중요한 빌미이자 계기가 되었음은 부정하기 어렵다.

중국 공식 문헌에서의 공식적 정리는, 저우 총리가 이를 마오 주석에게 보고하자 마오 주석이 8월 19일 이 '연설'을 '대독초'로 규정한 후, '왕·관·치'의 책임을 물었던 것으로 설명하며(王年— 1996: 267), 가오원첸(高文謙 2003: 241~2)도 이 입장을 따른다. 이홍영은 중앙문혁소조와 군의 갈등 속에서 '왕·관'의 숙정을 해석하며(Lee 1978: 257), 마오쩌둥의 공식전기도 군을 옹호하고 문혁소조에 거리를 두는 입장으로 이를 해석한다(逢先知·金沖及 2003: 1497~8). 추후이쩌는 복잡한 모순을 해결하는 마오의 일관된 방식에서 이 문제를 이해하고자 하는데, 그는 마오가 문혁을 끝까지 수행하는 데 이로운지의 기준에 따라 이들을 처결하였으며, 또 이들이 노간부와 달리 경력이 단순한 지식인 집단이었던 점도 당시 엉킨 실타래를 풀기 위해 쉽게 처결 대상으로 삼아질 수 있던 이유로 보고 있다(程光 2011: 156). 라오톈은 비슷하지만 반대의 맥락에서, 이를 조반파에 대한 군의 대대적 공세를 막기 위한 마오의 전략적 타협으로까지 해석한다(老田 2007). 최근의 한 해석에서 양융싱은 우파셴(吳法憲), 왕리, 양청우의 회고록과 기타 연구자들의 주장을 비교해 보여 주고 있는데, 우파셴은 왕리와 비슷한 입장을 표명하는 반면, 8월 25일 총리의 지시를 받아 왕리의 발언을 상하이의 마오에게 직접 전달하는 임무를 맡았다고 주장하는 양청우는 마오가 직접 '왕·관'을 숙정하고 치번위는 한시적으로 대기관찰할 것을 지시해 이 지시가 26일 저녁 총리에게 전달되었음을 주장한다.[17]

또 이와는 다른 관점에서 린뱌오에 대한 마오의 경고의 표시로 이 사건을 해석하는 연구도 있음을 소개한다(楊永興 2010). 천보다는 이 사건에 대해 회고하면서, '왕리 연설'이라는 것은 기록으로 정리되지 않아서 바로 마오에게 보고될 수 없었고, 조반파가 자기들의 신문에 실은 왕리와의 대화 내용을 상하이의 마오에게 전달한 것은 장춘차오였고, 저우 총리는 이 일을 듣고 이 일이 확대되는 것에 심각한 우려를 표명했기 때문에 양청우에게 시켜 마오에게 연설 내용을 전달하는 등 저우 총리가 주동적으로 이 일을 처리하는 역할을 하지는 않았다고 말한다(師東兵 2008).

일본의 문혁 연구자 요시고에 히로야스는 이 사건의 해석과 관련해 중요한 쟁점을 제시하는데, 그는 마오와 왕리가 해석하는 '좌파'의 의미가 달랐고, 그것은 이 시기 불거진 '5·16 병단'에 대한 태도에서도 관찰될 수 있었다고 주장한다. 왕리의 '8·7 연설'은 조반파의 '실질적 탈권'을 지지하고 있었는데, 이는 사실상 당시 마오의 '부분적 개선' 및 '혁명위원회 중심의 대단결' 원칙과 충돌하는 것이었다. 이런 차이가 발생한 이유는, 왕리에게 '좌파'란 조반파 모두를 지칭하는 것이었지만, 마오에게 좌파란 어떤 '원칙'이나 '중심성'을 가지고(그 중심성은 당이 될 수도 있고 마오 '사상'이 될 수도 있는 것이었지만, 마오는 그것을 '프롤레타리아 계급 혁명파'로 지칭한다) 통일될 수 있는 세력을 지칭하는 것이었기 때문이다. 그런 점에서 양자 사이에는 '좌파 지지'에 대한 원칙과 방법에서 모두 차이가 생길 수 있었다. 마오의 입장에서 보면, 이런 기준을 벗어나게 되면 '무정부주의'에 빠지는 것이고, 그것이 이 시기부터 마오 자신이 '극좌파'라는 용어를 본격 사용하기 시작한 이유라고 할 수 있다(吉越弘泰 2005: 338~43).

---

17) MacFarquhar and Schoenhals(2006: 229~30)도 같은 주장을 펴고 있다.

이런 쟁점은 천보다에게서도 마찬가지로 발견되는 것이고, 그것이 천보다가 반복적으로 '무정부주의'의 문제 해결을 '마오쩌둥 사상 학습'과 결합시키려 주장했던 이유였다고 짐작해 볼 수 있다.

'왕·관·치' 실각의 의미를 간접적으로 보여 주는 것은, 이들이 '부총편집장'(총편집장은 천보다)으로 중심적 역할을 한 문화대혁명 시기의 핵심 잡지 『홍기』가 1967년 11월 23일부터 1968년 7월 1일까지 7개월이 넘는 중요한 시기에 사실상 '정간' 상태에 있었다는 사실이다(楊永興 2009).

자신의 측근이 연루되고 자신에게도 문제가 닥칠 수 있는 이 상황에서 천보다가 외교학원 조반파에게 한 발언은 "학교로 돌아가라. 잘 잔 후 생각해 보라. 나중에 여러분은 웃기는 일을 했다고 느낄 것이다"라는 다소 한가한 것이었다.[18]

질서의 시기로 넘어가기 위한 조직적 정리가 문혁소조에 대한 부분 숙정이었다면, 그 이론적 정리는 상징적으로 파리코뮌에 대한 사망선고로 종결된다. 많은 문제의 연원을 파리코뮌의 시도에서 찾는 것이다. 포문을 연 것은 질서의 시기를 주도하던 저우언라이 총리였다.

현재 단번에 파리코뮌 방식의 선거를 하면 기세는 무정부주의로 발전하게 된다. 파리코뮌은 좋은 점이 있는데, 아래에서 위로 대중을 움직이고 직접선거를 하는 것 같은 것이다. 그렇지만 좋지 않은 점도 있는데, 권력이 집중되지 않고 무장을 단호히 장악하지 못하는 것이다. 협상을 통하되, 가장 중요한 원칙은 대중이 대표를 소환할 수 있는 것, 일을 못하는 자를 소환하는 것이다. 내가 보기에 파리코뮌에도 불순함이 있는데, 무정부주의 블랑키주의가 있으니 잘 연구해 볼 필요가 있다.[19]

파리코뮌을 공격한 또 한 사람은 우한사건 때 왕리와 함께 억류되었다가 벗어난 바 있으며, 저우언라이와 더불어 역시 질서의 책임을 맡고 있던 공안부장 셰푸즈였다. 그는 "여러분 해방군은 파리코뮌 그런 선거의 미신을 믿어서는 안 된다"고 말하여,[20] 파리코뮌을 미신 수준으로 격하한다. 그리고 마지막으로 저우 총리는 앞서 발언이 있은 한 달 후 훨씬 더 확정적 어조로 최종 판결을 내린다.

파리코뮌은 민주가 너무 많고 집중이 부족하며, 또 무장을 잘 하지 못하여 결과적으로 실패했다. 그 안에는 무정부주의 당파 사람들이 있었다. 그래서 첫번째 노동자 운동은 성공하지 못했는데, 이는 바로 공상적 사회주의자이다.[21]

그리고 이 시기를 전후해 파리코뮌에 대한 언급은 모든 문헌과 연설에서 급속히 사라지며, 1968년에 들어서는 더 이상 누구도 파리코뮌에 대해 언급하지 않게 된다. 오직 1971년에 파리코뮌 100주년을 기념하는 공식행사로 『인민일보』, 『홍기』, 『해방군보』에 공동의 사설이 실렸을 뿐이다.[22]

파리코뮌에 대한 공개적 비난이 집중되는 이 시기에 문혁의 진행과

---

18) 「周恩來就火燒英國代辦處一事與外事口各組織負責人的談話」(1967. 8. 23.), 『陳伯達文章講話匯編』.
19) 「周恩來等回答群衆組織代表關于大聯合問題」(1967. 9. 24.), 『陳伯達文章講話匯編』.
20) 「謝富治接見北京中學紅代會集訓同學的講話」(1967. 10. 14.), *Chinese Cultural Revolution Database*.
21) 「周恩來接見糧食財務鐵道會議代表時的講話摘要」(1967. 10. 29.), *Chinese Cultural Revolution Database*.
22) 『人民日報』, 『紅旗』 雜志, 『解放軍報』 編輯部, 「無産階級專政勝利萬歲—紀念巴黎公社一百周年」(1971. 3. 18), *Chinese Cultural Revolution Database*.

정이 착종되어 가고 있고 천보다 또한 무력하고 쇠락해 가고 있음을 역설적으로 보여 준 것이 칭화대 조반파인 징강산병단(井岡山兵團)에서 분화되어 나온 온건파(이면서 당 지지 성향의) 조직인 '4·14'의 저우취안잉(周泉纓)의 천보다 비판 글이 등장한 것이었다. 그는 9월 14일과 17일 천보다를 '위안스카이'에 빗대어 비난한 글에서 "전국적 무정부주의, 극'좌' 사조가 6월 이후 실패하지 않고서 오히려 갈수록 번성한 중요한 원인은 바로 당신 '위안스카이'에게 있다"고 비판한다. 저우취안잉은 천보다가 '계급' 대신 '대중'을 중시했으며, 당의 지도권과 군의 주도권을 경시하여 무정부주의를 조장하였다고 비난하고, '파리코뮌'이 아닌 '삼결합'이 중요해진 이 시기의 핵심을 파악하지 못한 책임을 천보다에게 돌리고 있다.[23] 이는 '혼란'보다 '질서'를 강조한 것처럼 보이지만, 다시 논점을 '당'이 주도하는 '계급투쟁'으로 돌리고 있음을 알 수 있다.

파리코뮌이 공상적 사회주의라면 문화대혁명의 모든 이론적 기초를 파리코뮌에 걸고 있던 천보다는 어떻게 되는가? 그도 또한 공상적 사회주의자가 되는 것 아닌가?

그런데 이는 단순한 대중의 선거/소환제와 '상비 관료제'의 해체에 초점을 맞춘 파리코뮌 원칙의 퇴조에 한정되는 문제가 아니다. 천보다가 강조하지 않았지만, 마르크스가 파리코뮌과 관련해 이미 이야기한 바 있고(마르크스 1997), 중국 현실에서도 실제로 문제가 된 '파리코뮌'의 남아

---

23) 淸華大學四一四偉大轉折縱隊 ○○支隊,「重炮猛轟 篡奪文化大革命成果的袁世凱式的人物 —陶鑄……」(1967. 9. 14.); 周泉纓·楊忌非(淸華大學四一四偉大轉折縱隊○○支隊),「炮打篡奪文化大革命成果的袁世凱 —評陶鑄之流1967年 6月重版的一篇文章」(1967. 9. 17.); 周泉纓(淸華大學四一四偉大轉折縱隊),「我炮打陳伯達同志的經過 —我的第二次檢查」(1967. 9. 24.), *Chinese Cultural Revolution Database*.

있는 또 다른 측면은 마르크스-레닌 식으로 해석된 국가장치 파괴와 국가소멸론, 그리고 그 핵심적 내용으로서 '상비군 해체'였다. 상비군을 해체하고 '인민이 무장'하자는 것은 문혁 초기부터 일관되게 제기된 쟁점이었다. 이것이 '상비군＝핵심 부르주아 계급 국가장치'라는 논지와 결합하면 파리코뮌의 논리가 한 걸음 더 나아가 '군대 내의 한 줌의 적발'과 이를 대체하는 인민의 무장, 그리고 '특권 관료집단의 타도'로 진척될 수 있다는 것은 그다지 오해는 아니라고 할 수 있다. 물론 이 경우 마찬가지로 '인민의 일반의지'와 '공통의 통제'라는 질문이 제기되는데 여기에 대해서도 천보다가 답을 주고 있지는 않다.

2. 성우롄에서 광시 참극까지 : 거대한 어긋남과 스탈린주의로 회귀

그런데 1967년 말에서 1968년 초에 들어서면서 이 묻어 버린 파리코뮌을 다시 꺼내 들고 '프롤레타리아 계급 사령부'에 포격을 가하는 사건이 발생하였는데, 그것이 '성우롄'(省無聯 : 후난성 프롤레타리아 계급 혁명파 대연합위원회湖南省無産階級革命派大聯合委員會)의 설립이었다(1967년 10월 11일 설립). 문화대혁명 시기의 이른바 '이단사조'의 대표격인 성우롄의 이론적 기초는 양시광(楊曦光)에 의해 제시되었는데, 그의 핵심 문건 「중국은 어디로 가는가?」(1968. 1. 6.)는 이 금기시된 파리코뮌을 다시 불러내고 있을 뿐 아니라, 낡은 국가장치의 파괴라는 테마를 이와 연결시키고 여기서 더 나아가 낡은 국가장치를 '중화코뮌'(中華人民公社)으로 대체할 것을 요구하고 있기까지 하다.[24] 양시광의 이 글은 이후 거의 모든 '이단사조'와 1970년대의 '민주화운동'까지 지대한 영향을 끼쳤으며, '아래로부터의 문화대혁명'을 상징하는 가장 대표적 문헌으로 남았다.[25]

동시에, 마오 주석은 또한 "우리들의 국가장치가 장차 참신한 형세로"
——즉 파리코뮨과 유사한 방식의 정치기구로—— "출현할 것임을 천재
적으로 영명하게 예견"하였다. 1월 혁명 중 마오 주석은 또한 '중화인민
공사'[중화코뮨—옮긴이]라는 명칭을 제기했는데, 이는 제1차 문화대혁
명의 최후 결과로서, 중국이 장차 '중화인민공사'로 나아갈 것임을 제기
한 것이다! …… 전복된 계급은 바로 17년간 중국에서 형성된 '관료주의'
자 계급이고, …… 이러한 단위의 탈권 투쟁은 반드시 마르크스주의의
낡은 국가장치 파괴의 원칙을 실행해야만 한다. …… 중국 '홍색' 자본가
계급의 현재 총대표인 저우언라이 …… 혁명위원회 중의 부르주아지는
프롤레타리아트가 8월에 거둔 승리의 성과를 찬탈하여 '대중독재'를 다
시 관료주의 통치로 바꾸고자 했으며, 그러려면 가장 먼저 노동자계급을
무장해제시켜야 했다. …… 프롤레타리아 문화대혁명을 불러일으킨 기
본 사회모순은 새로운 관료 부르주아지의 통치와 인민대중 사이의 모순

---

24) 양시광은 고급간부 가정 출신으로 '중점중학'이던 창사1중 재학 시절이던 18세에 이 글을 썼
는데, 베이징으로 경험대교류를 다녀오면서 접한 비판적 '신사조'와 공작조 반대 경험, '샹장
펑레이'(湘江風雷)에 대한 지지활동, 그리고 독자적으로 학습한 마르크스주의가 주요한 배
경을 이루었으며, 1950년대 말 '우파'로 박해받았다가 문혁 초기 그 이유로 다시 공작조의
박해를 받은 그의 가족 경력도 흥미로운 배경이 되고 있다. 그후 양시광은 1970년대 노동개
조소에서 복역 중 그의 정치적 입장을 전환했다고 스스로 말한다(楊曦光 1994: 4~7; 楊小凱
2002; 천이난 2008: 제18장). 주장한 바만 놓고 보면 「출신론」을 쓴 위뤄커보다 양시광의 주장
이 훨씬 더 급진적이고 당중앙을 직접 공격하고 있음에도, '고급간부 자제'인 양시광이 10년
노동개조형을 선고받은 반면 '부르주아 가족' 출신인 위뤄커가 처형되었음을 고려하면, '반
혁명분자' 처리에도 여전히 '출신성분'이 상당히 중요하게 고려되고 있음을 알 수 있다. 양시
광과 성우롄의 사상과 활동에 대해서는 印紅標(2009: 105~12), 宋永毅·孫大進(1997), 吉越弘
泰(2005: 348~75) 등을 보라.
25) 아래로부터의 문혁을 상징하는 세 편의 글을 꼽자면 양시광의 「중국은 어디로 가는가?」
(1967), 리이저(李一哲)의 「사회주의적 민주와 법제」(1974), 그리고 류궈카이의 「문화대혁명
간략 분석」(1976년경. 영역은 Liu 1987)을 들 수 있을 것이다. 양시광 자신의 평가로는, 그 중
자신의 글이 "가장 수준이 낮지만 가장 일찍 씌어져 영향이 가장 컸고", 류궈카이의 글이 "가
장 수준이 높지만 가장 덜 알려졌다"고 말한다(楊曦光 1994: 1).

이고, 이러한 모순의 발전과 첨예화는 비교적 철저한 사회의 변동이 필요함을 결정했다. 이는 새로운 관료 부르주아지의 통치를 전복하는 것이자, 낡은 국가장치를 철저히 파괴하는 것이며, 사회혁명을 실현하고 재산과 권력의 재분배를 실현하고, 새로운 사회, 즉 '중화인민공사'를 건립하는 것이다. 이는 바로 제1차 문화대혁명의 근본강령이자 최종목적이다.(楊曦光 1968: 32~46)[26]

요시고에 히로야스는 이 양시광의 글이 다소 한계는 있지만, 앞선 시기 관방의 '대비판' 언어와 단절하는 중요한 특징을 보인다고 말한다. 첫째로, 마르크스의 '프랑스 3부작'을 연상시키는 방식으로 계급형성론과 정치과정론을 도입하여 문혁의 과정을 분석하고 총괄하고 있다는 점, 둘째로, 문혁을 '관직 파면 혁명'이나 '적발 혁명'으로 만들어 가는 방식을 비판하고 그 사회적 기초에 대한 분석으로 나아가고 있다는 점, 셋째, 당시 '지식청년'의 조반운동의 현실성을 담아서 사회 비판의 실재성을 획득하였다는 점, 넷째, 타자를 악마화하지 않고, 이견 그룹들에 대해 계급분석을 매개로 하여 정세와 임무에 대한 방침에서의 사상적 혼란이나 정치적 저수준의 문제를 지적하는 태도를 취하고 있다는 점 등이다(吉越弘泰 2005: 364~70).

그런데 사실 낡은 국가장치를 파괴해야 한다는 주장은 이미 1967년 2월 초 상하이코뮌의 성립 시점에 중앙의 공식 문건으로 천보다가 관장하던 『홍기』 잡지에서도 제기된 바 있었다.

---

26) 양시광의 글 전문은 이 책의 부록으로 수록되어 있다.

당내 한 줌의 자본주의 길을 걷는 실권파들에 의해 장기에 걸쳐 장악되어 부식된 단위들에서 그들이 실행하는 것은 프롤레타리아 독재가 아니라 부르주아 독재이다. 이들 단위의 탈권투쟁은 반드시 마르크스주의의 국가장치를 파괴하는 원칙을 실행해야 한다. …… 당연히 우리는 그것들을 현행대로 수용할 수 없고…… 반드시 철저하게 파괴해야 한다.[27]

이 사론은 마오의 지시로 천보다가 주도하고 왕리와 관평이 집필하였다고 한다. 또 '중화코뮨'이라는 명칭은 상하이코뮨을 상하이혁명위원회로 명칭을 바꾸는 과정에서 마오쩌둥 자신이 언급한 바 있는 것이기도 하다(葉永烈 1999: 538, 541). 사실 이 '국가장치 파괴'라는 테제는 파리코뮨의 주장과 뗄 수 없는 것이었고, 문혁의 과정 중에도 여러 방식의 해석을 통해 큰 영향을 끼쳤던 것으로 보인다. 그 때문에 중앙문혁소조에서 장칭의 비서를 맡은 바 있던 옌창구이는 문혁 중 '파리코뮨 담론'과 관련된 가장 심각한 문제를 바로 이 '국가장치 파괴'라는 테제가 초래한 결과에서 찾고 있다(閻長貴·王廣宇 2010: 89).

성우롄이 본격적으로 제기한 쟁점은 단지 '국가장치 파괴'의 문제뿐아니라 거기서 더 나아가 당의 이론적/정치적 독점에 도전할 수 있는가라는, 1966년부터 잠재적으로 깔린 채 표면화되지 않았던 쟁점이었다. 여기에는 또한 새로운 형태의 '중국사회 성격 논쟁'이 배경에 깔려 있던 셈

---

27) 『紅旗』雜誌社論, 「論無産階級革命派的奪權鬪爭」(1967. 2. 3.), 『"文化大革命"研究資料』(上冊). 이 사론은 상하이에서 '상하이코뮨'의 성립이 선포되기 이틀 전에 발표된 것이며, 그에 앞서 1월 31일자 『인민일보』에 이미 게재되었다. 특히 이 사론의 초안은 마오 주석의 검토를 거쳤고, 마오 주석은 검토 후 린뱌오에게 보내는 1월 30일의 편지에서 "내가 이 문건을 읽어 보았는데, 아주 훌륭하다고 생각합니다. 다소 수정을 하였으니, 한 번 살펴본 후 천보다 동지에게 돌려보내기 바랍니다"라고 썼다(閻長貴·王廣宇 2010: 83~4).

인데, 이는 보통 '17년 대 50일 논쟁'으로 부르는 것으로, 조반파 온건세력과 급진세력이 분기되는 핵심적 논쟁이었다. 입장의 차이는 17년 전 시기를 부르주아 독재로 볼 것인지 프롤레타리아 독재로 볼 것인지로 갈렸고, 이 시기를 부르주아 독재의 시기로 보는 급진파는 문혁 초기 50일에 공작조의 박해를 받은(이미 그에 앞선 시기에도 박해를 받았기 때문에 이 시기에 다시 박해받은) 간부만 같은 편으로 간주할 수 있다는 입장이었다(徐友漁 1999: 119).[28] '50일'의 입장에 선 대표적 조직인 '성우롄'의 강령을 보면 "건국 18년 이래 간부대오 중 대다수는 자본주의 길에 들어서 있거나 들어선 적이 있는데, 그 중 극소수는 자각해서 그리하고, 다수는 자각하지 못하고서 그렇게 하고 있다"고 말하며,[29] 따라서 과거 17년보다는 문화대혁명 이후 '50일' 사이에 혁명노선으로 전환했는지 여부가 더 중요해지게 된다.[30]

성우롄의 「강령」은 매우 강경하게 '중앙'을 포함한 기존 체제 전체를 겨냥하고 있다.

> 프롤레타리아 독재 하에 전개되는 프롤레타리아 문화대혁명은…… 프롤레타리아 계급 혁명파가 새로 탄생한 부르주아 계급 특권계층을 전복하고, 부르주아 계급 특권에 복무하는 낡은 국가장치를 파괴하는 것이

---

28) 장칭은 한 모임에서 "나는 한 가지 문제를 제의한다. 듣자 하니 여러분들 사이에 '17년과 50일 논쟁'이 있다고 하는데, 말해 보라"고 이야기한다(「中央首長在中央直屬文藝系統座談會的講話」, 1967. 11. 9., 『陳伯達文章講話匯編』).

29) 「我們的綱領: 湖南省無産階級革命派大聯合委員會」(1967. 12.), *Chinese Cultural Revolution Database*.

30) 쑹융이는 문혁 '이단파' 또는 '신사조'의 출현을 둘러싸고 세 가지 이론 논쟁이 있었다고 보는데, 그것은 ① '특권계급타도론', ② '낡은 국가장치 철저 파괴론', ③ (17년간) '계급관계 대변동론' 등이다(宋永毅 1996: 256~9).

다.…… 지난해에 부르주아 계급 반동노선에 대한 비판을 전개했지만, 비판은 개인의 죄악을 폭로하는 것에 한정되었고, 반동노선이 탄생하는 계급의 근원과 반동노선에 복무하는 관료기구는 거의 건드리지 않았다. 올해 1월의 폭풍은 부르주아 계급 사령부를 향한 탈권투쟁의 서막을 열었지만, 탈권은 개인의 파면으로 이해되고 특권계층의 전복으로 이해되지 않았고, 낡은 국가장치를 파괴하지 않은데다, 프롤레타리아 계급 혁명파의 유치함이 더해져, 정권은 여전히 관료들의 수중에 떨어졌다.[31]

이 시기 이런 '이단적' 흐름은 후난성에만 한정된 것은 아니었다. 이와 유사하거나 성우롄의 영향을 받은 급진조직들이 여러 지역에서 출현했는데, 베이징 중학교들의 '4·3'파, 우한의 '베이줴양'(北決揚 : 화중공학원華中工學院을 중심으로 결성된 '북두칠성 학회', '프롤레타리아 문화대혁명을 끝까지 진행할 것을 결심한 혁명파 연락소', 그리고 『양쯔강 평론』세 조직을 통합한 조직), 베이징 사범대학의 '조반 병단', 베이징대학의 '공산주의 청년학사', 장쑤 쉬저우(徐州)의 '차버리자 파'(혁명위원회를 차버린다는 의미), 산둥의 '마오쩌둥주의 소조'와 '보하이 전단'(渤海戰團), 광둥의 광저우 '8·5코뮨', 광시의 '4·22', 상하이의 '중촨회'(중학 운동 대교류회) 등이다.[32]

---

31) 「我們的綱領: 湖南省無産階級革命派大聯合委員會」(1967. 12.), *Chinese Cultural Revolution Database*. 성우롄은 성 혁명위 주비위원회를 관료집단의 복귀로 규정하고 있으며, 이런 자신들의 논의의 근거를 후난성에는 "검은 손이 세 줄기에 걸쳐 있다"는 10월 24일의 린뱌오의 연설에서 찾는다(「省無聯關於目前湖南無産階級文化大革命中的若幹問題的決定」, 1967. 12. 21., *Chinese Cultural Revolution Database*). 그렇지만 린뱌오의 이 언급은 오히려 반대로 해석될 여지가 더 많은 것이기도 했다(林彪, 「接見黎原關於湖南問題的指示」, 1967. 10. 24., *Chinese Cultural Revolution Database*).

성우롄의 '국가장치 파괴' 주장이 당조직과 직접 충돌했고, 성우롄과 유사한 사고가 빠르게 확산되어 갔던 만큼, 성우롄에 대해서 중앙의 모든 인사들은 매우 민감하게 반응했다. 집중 포격을 가한 것은 캉성과 저우언라이 총리였다. 왕리 건을 계기로 본격 과거조사 전문가로 나선 캉성은[32] 성우롄의 강령을 반혁명으로 규정짓기 위해 논리적 비약과 부분을 절취해 확대하는 일도 서슴지 않았다.

나는 성우롄의 강령만을 보았다.…… 그들 배후에는 반혁명의 검은 손이 있다.…… 그들은 말하기를 "우리나라 국가기관에 대해서는 레닌의 한 마디 말이 적용된다: '우리 국가기관은…… 상당 정도 구기관의 잔여를 심각하게 변환하는 과정을 별로 거치지 않았다. 이들 기관은 표면상

---

32) 宋永毅(1996: 255; 2007a: 366), 徐友漁(1999: 110). '이단' 사조들의 사상에 대해서는 宋永毅·孫大進(1997), 宋永毅(1996, 1997, 2007a), 印紅標(2007, 2009), 徐友漁(1999: 109~21; 1996b), 錢理群(2008) 등을 보라. 또 이단파의 입장에서 '두 개의 문혁론'을 제기하는 劉國凱(2006a)도 보라. '두 개의 문혁론'은 처음에 1981년 왕시저(王希哲)에 의해 제기된 이후, 양샤오카이(楊小凱, 양시광), 왕사오광(王紹光), 류궈카이, 정이(鄭義), 허수, 저우룬줴 등을 거치면서, '권력투쟁론'과 '사회충돌론'을 결합하는 논점이 되었으며, 이는 '10년 문혁론'을 반박하는 '3년 문혁론'(또는 '10년 문혁'과 '3년 조반'론)의 배경이 되기도 했다. 샤오시둥은 두 개의 문혁론이 '10년 문혁론'을 반박하고 문혁의 대중운동의 측면을 강조하는 점을 긍정하지만(그는 '2년 문혁'과 '8년 후後문혁'으로 시기를 구분한다), 여전히 '음모론'이나 '대중동원론'적 한계를 '10년 문혁론'과 공유하면서 단순한 자유주의적 함의로 귀결되고 있음을 지적한다(蕭喜東 1996: 148~59). '두 개의 문혁'론에 대한 자세한 소개와 토론은 劉國凱(2006a), 徐友漁(2007: 9~13), 鄭義(1997), 蕭喜東(1996), 金春明(2003) 등을 보라.

33) 다음은 '왕·관·치' 사건으로 실각한 왕리가 캉성의 '활약'에 대해 회고한 내용이다. "캉성은 사람을 숙청하는 데 이력이 있었는데, 장칭의 꼭두각시가 된 이후 이 방면의 재능을 더 잘 발휘했다. 장칭이 어떤 자가 나쁜 놈이라고 의심하면, 캉성은 며칠 밤을 새면서 자료를 뒤져 바로 다음 날 그 자가 반역자 아니면 간첩임을 증명했다. 이번에 장칭이 왕리를 숙청하려 하자, 캉성은 간이 쪼그라들어, 사흘 밤낮을 밥도 안 먹고 화가 자기에 미치지 않을까 근심하면서 양심을 버리고 왕리가 나쁜 놈임을 증명하려 하였다[왕리는 국제공산주의운동 논쟁에 개입하던 시절 캉성 밑에서 일을 한 경력이 있었다]." (王力 2001: 215)

조금 치장했을 뿐 다른 측면에서 보면 여전히 가장 전형적인 구식 국가 기관이다.'" 나는 이게 중학생·대학생이 쓴 게 아니라고 말하려 한다. 내가 증명할 수 있는데, 이 자리에 있는 동지들, 레닌의 이 문장이 어디서 나온 것인지 아는가? …… 원래 이 글은 레닌이 1923년 소련공산당 12차 대회에서 한 제안이다. 이 글은 중앙이 '공농검찰원'을 개조하기 위해 쓴 것이다. 레닌의 이 글은 결코 '성우롄'의 이론 선생이 의미하는 것이 아니며, 레닌이 이야기하는 것은 소련 당시 정법기관에 관한 것이다. …… '성우롄'은 레닌의 말을 왜곡하고 헐뜯어 레닌의 말을 가져다가 프롤레타리아 독재에 대해 반대하고 있지만, 레닌은 '공농검찰원'을 개조하려 할 뿐이고, 소련의 프롤레타리아 독재를 공고히 하려 하고 있는데, 이 말을 '성우롄'의 반동분자가 이용하여 우리에 반대하고 여러분들을 혼미하게 만드니 이는 만번 죽어 마땅한 죄이다. ……

성우롄의 강령, 양시광의 글, 저우궈후이(周國輝)의 강연 …… 린뱌오 부주석의 지시 이후, 류·덩·타오의 이빨이 공개되었다. 숨어 있던 자들이 튀어나왔다. 국민당 반혁명분자, 특무분자, 자수분자가 튀어나왔다. …… 이 강령은 당면한 문화대혁명을 반대할 뿐 아니라 수십 년간의 중국혁명 전체를 부정한다…….

(성우롄의 행동강령) …… 그들은 소련과 기타 7개 사회주의 국가는 자본주의 복귀가 일어났다고 말한다. 이 말을 나는 이해 못하겠다. 이들이 말하는 7개 국가는 어느 나라란 말인가? …… 그들의 이론과 그들의 문건에 따르면 자본주의 복귀가 일어난 7개 국가에는 대체로 중화인민공화국이 포함된다. 왜냐하면 우리들은 모두 자본주의를 걷는 사람들이고 우리는 모두 특권계층이고 모두 너희들에게 타도되어야 하는 자들이고 자본주의는 이미 중국에서 복귀했다. ……

다음 단락은 아주 흥미롭다. 이렇게 말한다. "새로운 역사단계에서 혁명가를 평가하는 기준은 계급투쟁과 프롤레타리아 독재를 승인하는 것뿐 아니라 프롤레타리아 독재 하에서 혁명을 계속 진행해야 한다는 점을 승인해야 한다는 것이며, 당연히 말로만 해서는 안 된다."…… 어떤 혁명을 하겠다는 것인가? 반혁명?…… 그들이 말하는 바에 따르면, "프롤레타리아 독재 조건 하에서 전개되는 프롤레타리아 문화대혁명은 마찬가지로 한 계급이 다른 계급을 전복하는 격렬한 행동이고, 이는 프롤레타리아 혁명파가 새로 생겨난 부패한 부르주아 특권계층을 전복하는 것이다", "건국 18년 동안 간부대오의 절대 다수는 자본주의의 길에 들어서 있거나 들어선 적이 있다." 보라. 이 말들이야말로 이를 데 없는 반동이다. 우리의 프롤레타리아 독재가 부르주아 특권계층을 위해 복무하는 국가장치가 되었으니 파괴해야 한다고 말하고 있다.…… 이 때문에 그들 자칭 '프롤레타리아 혁명파'는 그들이 말하는 특권계층을 전복하고, 실제로는 우리 프롤레타리아 독재를 전복하고, 국민당, 부르주아지를 복귀시키려 하고 있다.…… 이로부터 결론은 중화인민공화국과 프롤레타리아 독재를 전복해야만 하고 마오 주석의 지도를 전복해야만 한다는 것이다. 이런 말들은 그들 반혁명 이론의 근거이다. 양시광의 문장에서 보면 그들은 또한 일부 트로츠키의 반혁명적인 것들도 수집하였다.

세번째 부분, 그들은 우리의 전례 없는 프롤레타리아 문화대혁명에 대해서도 판단을 한다. 그들은 이렇게 말한다: "문화대혁명은 이제 겨우 시작했을 따름이다. 과거의 문화대혁명은 모두 개량주의이며, '성우롄'의 출현 이후 비로소 문화대혁명이 시작했다." 그들은 또한 말하기를 일 년 동안 문화대혁명이 얻은 성과는 마오 주석과 마오쩌둥 사상의 권위가 수립된 것이라고 한다.…… 그럼 마오 주석의 권위가 문화대혁명이 시작하면서 비로소 수립되었다는 말인가?…… 그들은 말하기를 문화대혁명 중 각 성의 혁명위원회와 혁명 주비소조는 모두 개량주의라 하는데 모두 각 성의 문제가 해결된 것은 마오 주석이 해결한 것임을 알지 않는가?[34]

저우언라이 총리 또한 강경하게 발언한다.

그들의 강령은 일부 노동자, 청년, 학생 중에 특히 상산하향한 청년들에게 영향이 있고, 일부는 이 조직에 들어갔다.…… 그들의 말은 타이완의 장제스, 소련 수정주의, 미 제국주의자와 다를 바 없다.……
그들은 부르주아 계급을 위해 복무하는 국가장치를 파괴해야 한다고 말하는데, 이 문제는 건국 17년간의 문제를 어떻게 평가할 것인가 하는 문제와 관련된다.…… 이 문장을 쓴 것은 결코 양시광 자신이 아니고 사상 또한 그의 것이 아님이 아주 분명하다. 막전막후에 검은손 조직이 있는데, 이는 여러분들이 돌아가 분명히 해야 한다. 표면에 있는 이 몇 사람만 보면 안 되고 숨어 있는 자들도 보아야 한다.…… 그들은 3분의 2의 군권은 아직 린뱌오 수중에 없다고 말한다.…… 배후에 선생이 있고, 그 선생 배후에 또 선생이 있다.…… 이번 후난 문제의 발생은 린 부주석이 말하듯이, 류·덩·타오의 사람, 펑(彭)·허(賀)의 사람이 있고 국민당이 남겨놓은 사람이 있어, 그들이 음모를 꾸민 것이다.[35]

성우롄이 후난성 혁명위원회 주비위원회를 '자본주의 반동노선'으로 규정하고 창끝을 중앙으로 겨냥했음을 문제 삼으면서 저우 총리는 이미

---

34) 「中央首長接見毛澤東思想學習班湖南班全體同志的講話」(1968. 1. 24.), 『陳伯達文章講話匯編』.

1월 초 성우롄을 '반동조직'은 아니더라도 '반동적'이라고 규정하고 있었다.[36] 반면 앞의 인용문에서 보았듯이, 성우롄의 핵심 이론가인 양시광은 그의 글 「중국은 어디로 가는가?」에서 저우언라이 총리를 "중국 '홍색' 자본가계급의 현재 총대표"로 지목하고 있기까지 하다(楊曦光 1968: 37).[37]

이렇게 해서 성우롄 비판은 국민당 세력이 배후에서 조종한 조직사건으로 정리되어 간다. '대연합'이 강조되면서 그와 더불어 '반당＝반사회주의＝반혁명'이라는 등식이 부활하고, 매우 전형적인 스탈린주의적 정치가 다시 무대 전면에 부각되기 시작하게 된다. 그런데 흥미로운 것은 이 성토대회에서 천보다도 같은 목소리를 내고 있다는 점이다.

> 나는 후난 문제의 토론에 참여하지는 않았다.…… 나는 오늘 감히 '성우롄'은 대(大)잡탕이라고 말하려 한다.…… 내가 보기에는 구사회가 남긴 찌꺼기인 아주 큰 대잡탕이고, 이런 사회의 찌꺼기에는 잘 해줄 말이 없다. 오늘 이 대회는 '성우롄'의 철저한 파산대회임을 선포한다! (열렬한 박수, 구호: "'성우롄'의 악당두목을 적출하라. 저우궈후이를 목매달자!")

---

35) 「中央首長接見毛澤東思想學習班湖南班全體同志的講話」(1968. 1. 24.),『陳伯達文章講話匯編』.

36) 「中央首長接見武裝幹部毛澤東思想學習班時的講話」(1968. 1. 2.), *Chinese Cultural Revolution Database*. 후난성의 대립은 학생 조반파인 '가오쓰'(高司)와 노동자 조반파 '샹장펑레이'(湘江風雷) 사이의 무장투쟁으로 나타났는데, 중앙은 이 두 조직을 모두 껴안으면서, '샹장펑레이'와 상당히 밀접한 관계가 있는 '성우롄'은 쳐내는 방식으로 해결책을 모색했다. 샹장펑레이의 조직원들은 '성우롄'에 대한 강한 심정적 동조와 개인적 친분관계를 가지고 있었다. 성우롄을 반혁명으로 규정하는 데는 후난성 성혁명위원회의 조직화를 책임지고 있던 당시 후난성 서기 화궈펑(華國鋒)의 적극 개입 또한 중요하게 작용하였다(천이난 2008: 제18장).

37) 조반 온건파와 급진파가 갈라지는 중요한 쟁점 중 하나는 저우언라이 총리를 옹호하는가 아니면 '홍색 자본가의 총 배후'로 보는가라는 쟁점이었다. 온건 조반파 일부 지도부는 저우 총리와 긴밀한 관계를, 급진 조반파 일부 지도부는 장칭과 긴밀한 관계를 형성하고 있었다고 평가되며(徐友漁 1999: 120), 성우롄의 경우를 포함해 급진 조반파는 자신들의 정당성을 1967년 여름의 마오-장칭의 발언에서 찾는 경우가 많았다.

목매달 것은 없다. 그들이 반성하게 하고 대중이 스스로를 교육하도록 하라. …… 이런 악취나는 문장이 폭로된 것은 문화대혁명의 수확이다. …… 이것은 후난에서 먼저 출현한 것이 아니라 베이징에서 앞서 출현했다. '5·16' 여러분도 알지 않는가? ……

나는 오늘 선포한다. '성우롄'을 포함한 수많은 대잡탕 조직들은 계통에 따라, 업종에 따라, 반급(班級)에 따라 혁명 대연합을 실행하라. '성우롄'은 프롤레타리아트의 것이라고는 하나도 없는 반혁명이며, 이 대잡탕에 참가한 모든 조직의 대중은 본단위, 본기관, 본학교, 본계통으로 돌아가 혁명대연합을 실행해야 한다. …… 성우롄이 기도하는 것은 실제는 반식민지·반봉건 독재이다…….[38]

오히려 장칭만 유보적인 태도를 보이고 있다.

내가 보기에 후난의 형세는 좋다. 왜냐하면 나쁜 자들이 스스로 튀어나왔기 때문이다. …… 내가 상황을 잘 모르기는 하지만 한 가지는 지적해 두어야 한다. 나는 보통 일반의 눈이 가려진 대중과 그 조직의 소수 개별적인 나쁜 자들 혹은 배후의 어떤 선생들 어떤 뒷무대는 구별해야 함을 건의한다. (총리 : 이 점은 아주 중요하다) '성우롄'에 참가했다고 해서 모두 나쁜 사람들로 만들어서는 안 된다. 이렇게 한다면 아마 부당할 것이다. 내가 보기에 이 조직의 대중은 죄가 없다. 죄 있는 자들은 소수 악당우두머리이다. 그러나 우두머리라고 해서 모두 나쁜 자들은 아니다. 우리가 구별하지 않고 대응하면 마오 주석의 가르침을 위배하게 된다…….[39]

---

38) 「中央首長接見毛澤東思想學習班湖南班全體同志的講話」(1968. 1. 24.), 『陳伯達文章講話匯編』.

성우롄에 대한 집중 성토에 이어 이 조직은 '반혁명조직'으로 규정되어 곧바로 해산되었고, 주요 지도부는 모두 체포되어 엄중 처벌받았다. 천번왕(陳本望)은 즉시 사형집행, 류펑샹(留鳳祥)은 15년형 선고 후 복역 중 1970년 총살, 장자정(張家政)은 20년형, 양시광은 10년형, 비젠(畢健)은 10년형, 저우궈후이는 7년형 등의 처벌을 받았다(周倫佐 2006: 150).

이처럼 성우롄에 대한 스탈린주의적 반혁명 '재판'에서 시작한 1968년은 점점 더 비극의 방향으로 치달았는데, 그 가장 끔찍한 종료점은 광시(廣西)의 참극이었다. 광시자치구의 참극은 사실 1년 반 전의 칭하이성의 자오융푸의 사건을 닮은 부분이 많았는데, 칭하이와 비교해 볼 때 중앙이 정반대 방향으로 대응한 결과, 그보다 3백 배 이상 규모의 참극으로 끝맺게 되었고, 여기서 중앙은 폭력과 학살의 제지보다 그 용인과 확대의 촉매역할을 하였다는 점에서 결과는 완전히 반대로 종료되었다.

1967년 2월에서 3월로 가는 사이의 '좌파 지지'나 「군위 8조」 등이 상황과 어긋난 첫번째 개입이었다면, 마오 주석의 비준을 받은 1968년 7월 3일의 중앙 포고(광시성 문제 해결을 위한 중공중앙·국무원·중앙군위·중앙문혁의 「7·3 포고」)는 상황과 대대적으로 어긋난 그 두번째 조치이면서 돌아올 수 없는 강을 넘어선 조치였다.

광시자치구 당위원회 제1서기인 웨이궈칭(韋國淸)과 조반파의 갈등에서 시작한 광시 문혁의 대립은 웨이궈칭 및 웨이궈칭을 옹호하는 '보황파' 조직인 '롄즈'(聯指)가 한편에 있고, 다른 한편에 이에 반대하는 조반파 조직인 '4·22' 사이의 갈등이 격화한 데 추가해, 웨이궈칭이 동원한 광시 군구 세력이 롄즈를 적극 지원하면서 대규모 무장충돌과 대규모 민간

---

39) 「中央首長接見毛澤東思想學習班湖南班全體同志的講話」(1968. 1. 24.), 『陳伯達文章講話匯編』.

인 학살로 확대되었다. 이미 1967년 말부터 광시자치구 전 지역으로 확대된 학살의 규모가 커지고 방법의 잔학성이 점점 심해지면서 '4·22' 측에서는 베이징의 조반파 홍위병과 연락하여 베이징에 상경해 보고대회를 열고 중앙의 개입을 촉구하고 있었다(曉明 2006: 7~22).

1967년 6월에서 11월까지 저우 총리의 중재가 진행되어, 1967년 11월 18일 웨이궈칭이 자기비판하는 것을 전제로 양파 사이에 협의가 이루어져 소강상태로 가지 않을까 했던 예상을 깨고, 그 직후 렌즈와 웨이궈칭의 공세는 오히려 강화되었다. '4·22' 측에서도 이에 맞서 인근 지역의 무기를 탈취해 반격을 가하면서, 광시에서는 전면적 준전쟁 상태의 무장투쟁이 벌어졌는데, 이런 상황에서 '4·22'가 베트남으로 가던 군사지원 물자를 탈취하는 사건까지 발생하면서 사태는 매우 심각한 상황으로 치달았다(曉明 2006: 14, 23).

1968년 6월 17일 웨이궈칭을 중심으로 하는 광시자치구 혁명위원회 주비위원회와 광시 군구는 「'중화민국 반공구국단 광시 지부' 반혁명을 체포·제거하는 안건에 관한 공고」를 발표하면서 사실상 조반파에 대한 전면전을 개시하였다. 이런 상황에서 중앙은 중공중앙·국무원·중앙군사위원회·중앙문혁 연명으로 7월 3일 거의 일방적으로 조반파인 '4·22'에 책임을 묻고 백기 항복할 것을 요구하는 것과 다름없는 「7·3 포고」를 발표하였다. 이 포고 이후부터 웨이궈칭과 렌즈의 공세는 개인적 보복에서 제노사이드 수준으로 급상승하기 시작하여, 「7·3 포고」 전까지 반년 정도 시기에 3만 명 정도에 이르던 희생자 수가 「7·3 포고」 이후 한 달여 사이에 추가로 6만 명이 늘어났고, 난닝(南寧), 구이린(桂林), 류저우(柳州) 시 등은 거의 초토화되었다(鄭義 1993: 6~38; 曉明 2006: 19~25; 鄭光路 2006a: 444~56; 廣西文化大革命大事年表編寫組 1992).

중앙의 개입은 광시 전역에서 웨이궈칭 주도의 대학살극이 정점에 이르고 있던 7월 25일 학습회 방식으로 개최되었는데, 그 분위기는 학습회나 간담회가 아니라 심문과 비난이었고, 피해자인 '4·22'를 거의 일방적으로 반혁명 세력으로 몰아가는 것이었다. '4·22'파를 비난한 핵심적 이유는 ①베트남 지원물자를 약탈하고 철도 운송을 저지하고 있다는 점, ②베이징에 상경해 조반파들 모임에서 보고대회를 하고, 조반파 전국조직을 만드는 데 동참하려 한다는 점, ③국경 주둔군의 성격을 띤 광시지역의 군구에 계속 저항하고 있다는 점 등이었다.[40]

우파셴(吳法憲): 너희는 무슨 자격으로 전국 십여 개 성을 소집해 회의를 열었나? 누가 너희에게 권리를 주었나? 누가 너희에게 임무를 주었나?
총리: 너희는 '감옥관리 소조'를 성립…… 너희 안에 나쁜 놈들이 끼어들었다.…… 너희는 잘못을 상대방에 떠넘긴다.…… '4·22'가 주요 책임을 져야 하며, 이런 방법은 우저우(梧州)뿐 아니라 류저우, 난닝에서도 발생했다. 너희가 살인, 방화, 베트남 원조물자 약탈, 교통 중단을 일으켰으면서도, 모두 자기가 억압을 받았다고 하고, 남들은 우경화 번복이라고 하는데, 이는 반혁명죄이고, 이런 자들에게는 독재를 시행해야 한다.…… 건물 불탄 게 그리 많은데, 바로 너희 4·22가 불지른 것이다.…… 「7·3 포고」는 반혁명을 진압하는 것인데, 너희는 "웨이궈칭에게 사형을 선고했다"고 말했다. 웨이궈칭 동지는 중앙의 위탁을 받은 광시 혁명주비위원회 책임자이고, 베트남 인민의 반파시스트 전쟁 지원에 공로가 있으며, 오늘 베트남 인민은 그를 국제주의 정신을 지닌 노전우로 간주하

---

40) 「7·3 포고」에서 7월 25일의 중앙모임까지에 대한 설명은 吉越弘泰(2005: 376~97)을 볼 것.

고 있다. 너희가 붙인 이 표어는 중앙에 대해 어떤 태도를 보이는 것인가? 너희가 붙인 표어는 누구에게 전쟁을 선포하는 건가? 바로 중앙의 「7·3 포고」에 선전포고하는 것이다. 너희는 이 문제의 심각성을 생각해 보지 않고 있다. 베트남 인민의 국제주의 노전우에 대해 중앙이 이렇게 신뢰하는데 너희는 이따위 짓거리를 하고 있다! …… 반드시 너희 육백 명이 참가하여 활동한 지하 교류회의 내용을 써서 제출하라. …… 너희가 베트남에 가는 탄약을 탈취했지? …… 렌즈도 빼앗아 갔던 총을 반납했다. …… 마오 주석을 따라갈 건가 아니면 베이항(北航)을 따라갈 건가. …… 비밀회의는 아주 위험하다. 허핑리, 칭화, 베이항에서 열린 일련의 비밀회의는 위험하다.

캉성: 오늘 저녁은 누가 누구를 대표하는가 문제를 토론하는 게 아니라, 혁명과 반혁명 문제를 토론하고, 마오 주석이 직접 비준한 「7·3 포고」 문제를 집행할 것인가를 토론하는 것이다. 광시의 류저우, 구이린, 난닝 등에서 살인, 방화, 베트남 지원물자 약탈, 중국인민해방군 살해 등의 일을 저지른 게 혁명인가 반혁명인가? 반혁명에 대해서 너희들은 어떤 태도를 취하는가 …… (차오둥펑에게) 너 뭐하는 놈이야? 어디서 그따위 태도야? 너 어떤 파야? …… 총리께서 너희가 혁명인지 반혁명인지 묻잖아. 우리는 이런 구호가 반혁명이라고 했지. 너 아주 그럴듯하게 말하는 수법을 쓰는데, 어디서 배워먹은 거야? ……

(주런에 대해) 너 말할 필요 없어. 너 돌아가서 베이징에서 벌인 활동을 있는 그대로 성실히 써서 제출하고, 어떤 거짓말을 날조했는지, 회의에서 어떤 말을 했는지, 콰이다푸는 뭐라고 말했는지, 어떤 자가 어떻게 말했는지, 회의상 회의하에서 무슨 말을 했는지, 내게 써서 제출해라. 우리가 모를 거라고 생각하지 마. 너에 관한 자료가 없는 게 아니야. 네가 구

제 가능한지를 보는 거고, 네가 혁명적인지 반혁명적인지 살펴보는 건데, 여전히 반혁명적이군.……

'반공구국단'이 바로 너희들 속에 있고, 트로츠키분자와 국민당 찌꺼기도 있지.……

내가 보기에 광시의 두 파 모두 검은 손이 있고, 아마도 '반공구국단'이 잠입한 것 같다.…… 반역자, 특무, 주자파가 진입했고, 두 파 모두 학교의 검은 선생이 있어.

…… (우저우의 '조반대군고발단'造反大軍控訴團의 한 교원이 발언을 요청하자) 그만둬라. 지식분자의 말은 지겹게 들었다. 산회를 선포한다.[41]

여기서 당시 광저우 군구사령관으로 웨이궈칭과 함께 광시의 진압에 책임이 있던 황융성(黃永勝)도 이들을 반혁명으로 규정하는 것을 거들고 있었으며, 이제는 별로 할 역할이 남지 않은 천보다는 "광시의 두 파는 아직도 업종을 넘어서고 있다. 그래서 나쁜 자들이 끼어든다.…… 지식인은 대중에서 이탈되었다"는 철 지난 주장을 반복할 수 있을 뿐이었다.

이 사건 처리 과정에서 우리는 당과 정부가 조반파의 전국 조직 건설 가능성에 대해 매우 민감하게 반응한다는 사실을 엿볼 수 있다. 저우언라이 총리는 이 모임에서 '비밀회의'에 대해 언급하고 있는데, 그것은 1968년 7월 16일 베이징 항공학원에서 열린 '전국 조반파회의'를 말한다. 이 회의는 광저우의 '깃발파' 지도자로 중산대학에 재학중이던 우촨빈(武傳斌)이 제안해서 전국에서 광시 '4·22'파를 비롯한 20여 개 성의 조반파 조직

---

41) 「中央首長接見廣西來京學習的兩派群衆組織部分同志和軍隊部分幹部時的指示」(1968. 7. 25.), 『陳伯達文章講話匯編』.

의 대표자들이 모인 회의였고, 캉성은 나중에 여기에 '베이항 흑회(黑會)'라는 이름을 붙였다(吉越弘泰 2005: 380). 이 문제에 대한 민감성은 마오쩌둥의 베이징 홍위병 5대 영수 모임에서도 확인되는데, 이 모임에서 저우 총리는 베이징 항공학원의 한아이징(韓愛晶)이 '국방계통 회의'를 소집했음을 줄곧 추궁하고, 마오는 한아이징에게 "너희가 광시의 '4·22'를 숨겨 주었지. 광시 학생이 베이항에 머물고 있다고 하던데"라고 말한다.[42]

횡적인 전국조직의 건설 실패는 문혁의 정치가 보여 준 가장 큰 한계점 중 하나였다. 당과 정부는 항상 이런 횡적인 조직의 건설에 민감했다. 조반파 조직들 사이에서도 위에서 말한 1967년 7월 대회를 포함해 전국적 교류를 엮는 횡적 조직의 초보적 건설의 시도가 있었으나 크게 성공하지는 못했다(劉國凱 2006a). 전국조직에 대한 중앙의 민감성은 일찍이 1966년 말~1967년 초의 임시노동자 전국조직인 '전홍총'의 성립을 둘러싸고 벌어진 상황에서도 드러난 바 있다. 1966년 11월 8일 임시노동자와 계약노동자를 중심으로 결성된 '전홍총'(전국 홍색 노동자 조반 총단全國紅色勞動者造反總團)은 처음에 중앙문혁소조의 지지를 받았으나, 1967년 2월 12일 중공중앙과 국무원은 전국성 조직 결성을 금지하는 통지를 발표하고, 2월 24일 '전홍총'을 불법단체로 선언하여 해산령을 내린다. 이와 더불어 모든 전국적 조직의 결성과 활동이 금지되었다(卜偉華 2008: 314~20; 小嶋華津子 2003: 255).[43]

결국 상황과 반대로 가는 중앙의 개입은 광시의 참극을 체계적으

---

42) 毛澤東, 「召見首都紅代會"五大領袖"時的談話」(1968. 7. 28.), *Chinese Cultural Revolution Database*.

43) '전홍총'의 결성과 활동에 대한 더 자세한 소개와 평가는 장윤미(2012)를 보라.

로 진행된 대규모 학살극으로 치닫게 만들어, 이후 1983~1985년에 이루어진 공식 조사에 따르면 1967년 후반기부터 1968년 여름까지 채 1년이 안 되는 시기에 광시 전체에서 89,810명이 학살당했고, 그 다수는 '4·22' 조반파 및 그와 관련이 있는 일반 주민들이었다. 실제 희생자는 공식 집계를 훨씬 넘어서는 것으로 추산된다. 그리고 특히 이들을 '계급의 적'으로 규정한 대학살극은 '계급의 적'들의 인육과 간을 먹어치우는, 차마 입에 담을 수 없을 잔혹하고 끔찍한 '카니발리즘적' 행태들을 반복하고 확대하였다(鄭義 1993; 曉明 2006: 25~41; 鄭光路 2006a: 448~66; 丁抒 2007: 601~2; 卜偉華 2008: 706~24; 廣西文化大革命大事年表編寫組 1992).[44] 그럼에도 책임자인 웨이궈칭은 처벌은커녕 승진을 계속해 중앙으로 옮겨, 1989년 '천안문 사태'의 적절한 진압을 기대하면서 수명을 다하고 사망하였다. 1967년 초 칭하이성의 자오융푸에서 시작한 일련의 과정은 다시 원점으로 회귀해 수백 배 확대되어 1968년 여름 광시성의 웨이궈칭으로 끝났지만 그 종료점에서 효과와 구도는 완전히 반대로 돌아섰다. 문혁 시기의 사상자는 혁명위원회가 수립된 이후부터 린뱌오 사망까지의 1968~1971년 사이에 오히려 더 집중적으로 발생했다(Esherick, Pickowicz and Walder 2006b: 21).

광시에 앞서 1967년 여름 후난성 다오현(道縣)에서 비극의 조짐은 먼저 나타난 바 있다. 다오현은 출신성분이 좋은 세력들을 중심으로 한 '훙롄'(紅聯)과 출신성분이 다소 복잡하고 조반파의 성향이 있는 '거롄'

---

44) 당시 '4·22파'에 속했던 친후이(秦暉) 또한 유사한 증언을 들려주고 있다(친후이 2006: 189~91). 반면, 정부의 공식적 견해에서는 여전히 광시 사건을 조반파의 책임으로 돌리고 있거나 쌍방 피해로 모호하게 이야기하고 있다. 한 예로 마오쩌둥의 공식 전기인 逢先知·金冲及(2003: 1519).

(革聯)이 대립하였고, 열세인 거롄이 무기를 탈취하여 홍롄을 공격하고, 홍롄의 보복공격 과정에서 다소 출신성분에 문제가 있는 '흑4류'를 중심으로 대대적인 학살이 자행되었다. 8월에서 10월 사이 다오현에서만 4,500명이 살해당했고, 인근 지구를 합하면 모두 9천여 명의 희생자가 발생했다. 그 중 '흑4류'로 분류된 희생자(가족 포함)가 77%에 이르렀고, 기타 희생자 중에도 '역사문제'가 있는 사람을 포함하면 10% 정도 그 비율이 더 늘어난다. 다오현 학살에 대한 현지와 중앙의 관용적 태도는 광시의 대참극을 예고하는 것이기도 했다(卜偉華 2008: 600~6; 譚合成 2010). 체계적이고 조직적인 학살은 광시뿐 아니라 광둥, 장시, 네이멍구, 후난, 후베이, 윈난 등 다른 성에서도 발생했으며, 혁명위원회 수립의 '대연합'이 대대적인 스탈린주의적 숙청작업을 동반하면서 광시와 유사한 형태로 진행되는 경우가 많았는데, 혁명위원회에서 급진파가 배제된 곳일수록 대대적 학살이 쉽게 발생하였으며, 농촌에 더욱 집중되었다(Su 2006; 蘇楊 2007; 鄭光路 2006a: 444~76; Esherick, Pickowicz and Walder 2006b: 21; 丁抒 2007). '계급대오 정돈', '5·16 병단 색출' 등은 이런 탄압과 학살에 그럴듯한 빌미를 제공해 주었다.[45]

당 외부에서 비판적 이론 조류의 형성 가능성, 국가장치에 대한 도전, 군에 대한 비판, 횡적인 전국조직의 형성 가능성, 이 모든 것이 용납될 수 없게 되었고, '대연합'은 당이 허용하는 틀 안에서만 수용되며, '반혁명'의 규정은 당에 의해서만 독점된다. 그리고 이에 반대하는 세력은 무차별적으로 그리고 무자비하게 진압된다. 이제 당에 대한 모든 도전은 곧 반혁명 행위이고, 그것은 다시 '간첩' 행위가 된다. 문화대혁명 초기 조반파의 등장이 반당=반사회주의라는 등식에 문제제기를 하면서 출발한 것이었다면, 이제 다시 반당=반사회주의=반혁명의 등식이 힘을 발휘하는 시기가 도래한 것이었다. '스탈린주의'적 정치에 대한 반대에서 출발한 문화대혁명이 가장 스탈린주의적 방식으로 종료되어 가기 시작한 것이다.[46]

성우롄과 광시 처리에서 당의 공식적 입장으로 기울은 천보다는 가장 일관된 파리코뮨파의 자기 부정이라는 점에서 더 이상 진전해 가기 어려운 난관에 봉착하고 있었다.

사실 '파리코뮨', '문공무위', '아래로부터의 탈권'이라는, 1967년 중반까지 당이 허용하고 당이 주도한 이데올로기적/정치적 변화의 핵심 테마들을 서로 연결시키면 왕시광이 제기하는 '국가부르주아지가 권력을 장악한 국가자본주의'와 '국가장치 파괴'라는 결론에 어렵지 않게 도달할 수도 있었다. 이런 주장은 1970년대 들어서 1974년의 '리이저'(李一哲) 대자보를 거쳐 1970년대 후반 천얼진의 단행본『프롤레타리아 민주혁명을 논함』(처음 초고는『특권론』의 제목으로 준비되었음) 등에 와서 더욱 체계화된다고 할 수 있으며, 뒤에 살펴보듯이 이로부터 '사회주의적 민주'의 문제가 핵심적 쟁점으로 등장하게 된다(李一哲 1974; 陳爾晉 1976).[47] 천얼진은 문화대혁명의 한계에 대해서 다음과 같이 말한다.

---

45) 조반파 사이의 대립에서도 상대방을 '계급의 적'으로 만들고 자신을 보호하기 위해서, 무엇보다 상대방 세력에서 '성분이 나쁘'거나 불만이 많은 세력을 잡아내 탄압의 명분으로 삼으려는 움직임은 적지 않았다(徐友漁 1996a: 213).

46) Walder(1991)는 문혁의 경험이 소련과 차별적인 듯 보이지만 '음모'와 '숙청'이라는 동일한 스탈린주의적 '정서'에서 출발하고 있다고 주장한다. 그는 분파들 사이의 차이에 대해 개략적 소개를 하지만, 문혁의 시기를 나누어 설명하지 않고, 대중운동의 복잡성의 사회적 연원을 고려하지 않아서, 결과적으로는 주류적 문혁 해석과 유사한 결론으로 귀결되고 있다.

47) 리이저와 천얼진의 글들은 모두 영어로 번역되어 소개되었다(Chan et al. 1985; Chen 1984). 리이저 대자보의 핵심인물인 왕시저나 천얼진은 모두 노동자 출신이며, 이들은 1960년대 말에서 1980년 이전까지의 노동자출신 문혁 '이단파'들의 주요한 계보를 구성한다. 이런 논의들이 1970년대 후반 이른바 '베이징의 봄'의 시기까지 어떻게 이어지는지에 대해서는 錢理群(2008)을 보라.

프롤레타리아 문화대혁명은 전체 상부구조에 변혁이 발생하는 단초를 열었는데, 이런 '단초'의 위대한 의의를 지닌 동시에, '단초'의 한계 또한 피할 수 없었다. 이런 한계는 주로 두 가지에 기인한다. 첫째로, 사회주의 혁명의 첫번째 단계에 형성된 새로운 생산방식에 내재하는 기본모순의 인식에 대한 지도사상이 분명치 않다.…… 그 특수성에 대해, 어떤 경제토대와 어떤 상부구조, 어떤 생산력과 어떤 생산관계의 모순인지를 분명히 하고 있지 못하다.…… 둘째, 이미 형성된 틀 내에서 변화를 추구했고, 기존 형식을 돌파하여 변혁을 진행하지 못했다.…… 이런 병폐의 표상만 공격했지, 그 근본적인 진정한 원인을 공격하지는 못했다. '주자파'만 공격했지, '주자파'를 만들어 내는 근본적인 진정한 원인은 공격하지 못했다.(陳爾晉 1976: 104)[48]

1967년 여름 마오쩌둥-장칭의 '모호한 태도'는 이런 상이한 해석들을 충분히 가능케 하고 조반파 내의 분기를 촉진해 '이단파'들의 형성을 가능케 하는 것이었다. 그렇지만 당내 이론가로서, 그리고 무엇보다 '프롤레타리아 독재 하의 계속혁명'의 이론가로서 천보다는 이 '이단적' 조류를 어떤 형태로도 수용할 수 없는 난점에서 벗어나지 못했다.

마오 자신은 사회주의 하에서 계급의 존속/(재)출현과 새로운 계급투쟁이라는 문제에 직면해 특정한 사회집단으로서의 사회계급이라는 관념과 사회적 구조로서의 계급관계라는 관념 사이에서 끊임없이 동요하였고, 그에 따라 문제를 처리할 정치의 방향에서도 또한 동요하였다. 마오는 사회주의 하의 계급 문제를 '노멘클라투라'나 '관료계급' 같은 특정 사회집단으로 명확히 규정하지 않고 모호성을 유지한 채 남겨 둠으로써 그 질문을 사회구조의 문제로 연결시킬 가능성을 열어 두었지만, '사회주의 하의 계속혁명' 이론은 항상 사회적 관계나 구조에 대한 분석으로 더 나가지 못하고 멈추어 선 채 이론적·정치적 오해를 확산시켰다. 이런 모호함은 특히 '새로운 형태의 계급투쟁'이라는 쟁점이나 '계급 없는 계급사회'라는 쟁점을 흐릿하게 포착하는 동시에 모호하게 만들었다.[49]

> 마오쩌둥의 '문혁'이론 가운데서 결국 '주자파'의 '파벌'문제와 '부르주아지'의 계급 문제가 부단히 반복해 교차하였다. 이것이 '문혁'의 오류를 연구할 때 '계급투쟁 확대화'가 문제인지 아니면 '신계급투쟁'이 문제인지가 핵심적인 이유이다. 전자는 전통 계급투쟁이 당내로 확대된다는 것이고, 후자는 완전히 새로운 계급분석 이론 아래에서의 투쟁이다.(陳東林 2011: 2)

마오의 계급론의 모호함은 그가 계급과 대중의 관계를 모호하게 이해한 것과 무관하지 않다. 그는 '출신성분이 좋은' 사람들, 특히 보통의 노동자들이 보수파 조직에 가담하게 되는 (또는 당에 반대해 '극좌적' 대립선

---

48) 천얼진의 경력과 그의 글에 대한 더 자세한 소개는 印紅標(2009: 464~81)을 보라. 인훙뱌오는 천얼진의 이 글을 "문화대혁명이 막 끝나던 시기에 사회와 제도에 대한 비판적 사조의 최고봉에 서 있는 표지라 할 수 있다"고 평가한다.

49) 특이하게도 이미 문혁 초기에 베이징 조반파 홍위병 '이단파'들 중에서 '부르주아 계급 없는 부르주아 국가'와 '낡은 국가장치 파괴'라는 주장이 제기된 바 있다. 李文博, 「公社已不是原來意義上的國家了(槪要)」(1966. 10. 17.), 喬兼武·杜文革, 「給黨中央毛主席國務院的公開信: 造三個大反 — 用毛澤東思想改造舊世界, 創建新世界」(1966. 8. 30.), *Chinese Cultural Revolution Database*. 이에 대한 해설로는 宋永毅(2007a: 365; 印紅標 2007: 401)를 보라. 한편 '이단사조'의 '특권계급론'이나 '관료계급론'도 계급 문제와 관련된 이런 모호함을 온전히 벗어나지는 못했다. 양시광과 '성우롄'의 분명한 논지에서 발견되듯이, 이들은 문혁 이전 '17년 체제'에 대한 부정적 평가에서 출발해 '주자파'를 다시 특정 사회집단으로서의 '관료주의 계급'과 등치시키는 논리를 발전시켰고, 목표 또한 '관료 없는 사회'로 설정하였다(蕭喜東 2004).

에 서는) 이유를 궁극적으로 관료들의 기만이나 무정부주의의 영향 이외에서 찾을 수 없었고 찾고자 하지 않았다(吉越弘泰 2005: 329). 마오에게서 대중은 기본적으로 통일된 계급이어야만 했다.

목표가 매우 추상적인 대중운동이 진행되는 상황에서 계급을 의인화하고, 구체적 '주자파' 인물들의 색출을 '계급투쟁'과 등치시키려는 태도는 유혹이 큰 손쉬운 해결책이었다. 그로부터 다시 '첩자', '불순분자'의 논리로 이동하는 것은 그리 어려운 일도 아니었다. 일찍이 1967년 초에 '주자파'라는 혐의를 반역자(叛徒)로 단순하게 규정짓는 시도가 등장하였고, 이는 류사오치를 숙청하는 명목이 되었다. 운동의 방향이 전환되어 화살이 조반파로 돌아선 이후에는, 특히 항일전 시기나 국민당 지배 하에서 당의 지시로 '허위 자수' 등을 거쳐 출옥한 경험이 있는 사람들이 반역자로 몰리는 경우가 많았고, 이는 이후 '전안조'가 타깃이 된 인물들을 제거하는 전형적인 방법이 되었다. 1967년 초 5개월 사이에만도 '자수 변절' 명목으로 체포된 사람들 수만 5천2백여 명에 이르렀다(丁抒 1997: 142). 천보다 자신도 실각 후 이런 '출옥' 경험 때문에 최종적으로 반역자로 규정되었다.

천만 명에 이르는 급진파들이 '구조 변혁 허가증'을 들고 거리에 쏟아져 나와서 '낡은 구조'를 변혁하기 위해 찾아 헤매었지만, 구조는 그들의 손에 잡히지 않았고, 그들은 '구조의 의인화'를 구조로 오인하고 대체하여, 그들이 찾아낸 문제인물들을 처분하면 구조도 변할 것이라는 환상에 사로잡히기 시작하였다. 구조를 변혁하려는 정치가 과연 구조 그 자체를 손에 잡아서 변혁할 수 있는 것인지, 아니면 '구조의 변혁'은 자기의 무대가 아닌 다른 무대에서 비로소 그 변혁의 개시가 가능한 것인지, 과거에 어슴푸레 등장하기 시작했으나 이 시기 본격적으로 문제가 된 이 정치의 아포리아와 맞닥뜨려 문혁은 길을 잃고 있었다. 사회주의 하에서 구조에 대한 '혁명'을 가능하게 하는 통로로서 파리코뮨 원칙이 유일하게 상정되었지만, 막상 파리코뮨 원칙이 구조를 마주친 자리에서 멈추어 선 것처럼, 조반파의 실천은 그들을 억누르는 '구조'의 어슴푸레한 복잡성을 인식한 그 자리에서 실천의 동력을 잃어 가기 시작했고, 당은 더 이상 조반파의 신뢰할 만한 동맹자가 되지 못했다.

상황이 이렇게 변화하고 당의 통제가 강화되기 시작하자, 이에 비례해 마오 숭배의 '종교예식화'는 역설적으로 강화된다.[50] 모든 대중집회에서 행사 시작 전에 『마오쩌둥 어록』의 일부를 낭독하는 것이 마치 종교행사의 '말씀 봉독'처럼 정례화하고, 이 봉독에 근거해 '설교'가 시행되는 것도 이 시기부터 특히 두드러진다.[51] '마오'라는 유일하게 무너지지 않은 권위가 운동의 추동력을 이어 가는 근원이 된 셈인데, 사실 이는 마오 자체의 권위와 신뢰가 흔들리기 시작하는 출발점이기도 했다.

3. 파리코뮨 없는 문혁, 그 후과들

1968년 들어서면 천보다는 더 이상 유의미한 발언들을 남기지 못한다. 그후 그는 화베이(華北) 지역의 갈등을 조정하는 역할을 하면서 이 지역의

---

50) '계급대오 정돈' 이후의 마오 숭배의 '예식화' 과정에 대해서는 MacFarquhar and Schoenhals (2006: 262~8)을 보라. 문혁 시기 각 조직은 상이한 목적에서 '마오 숭배'를 조장하였으나, 그 배경은 동일한 것은 아니었다. 인훙뱌오는 조반파의 경우 마오 숭배의 목적이 매우 현실주의적 출발점을 지닌 '정치 공리적'인 것이었음을 지적한다(印紅標 1996b: 243).

51) 이 시점에서 회고적으로 돌아본다면, 천보다가 1966년 초 해방군 정치부가 편집한(명의는 린뱌오로 된) 『마오 주석 어록』과 별도의 『마오 주석 어록』의 편집 작업을 마쳤지만, 그의 편집본이 사용되지는 않은 것(陳曉農 2005: 259)은 당연한 일일 수도 있어 보인다.

공업문제에 대한 조사를 진행하지만, 중앙무대에서 벌어지는 일들의 중재와 해결, 그리고 각 지역의 대립을 '혁명위원회 수립'의 방식으로 이끌어 가는 작업은 1967년 중반부터 거의 저우언라이-캉성의 협력에 기반해서 진행되었으며, 이는 한편에서는 대연합을 추동하는 동시에 다른 한편에서는 반혁명을 색출하는 작업의 동시 진행 방식으로 추진되었다.

이 과정은 특히 분파대립, 무장충돌, 군에 대한 공격이 심각하게 일어나는 지역의 대표조직들을 중앙으로 불러 모아, '마오쩌둥 사상 학습반'이나 간담회 방식을 통해 대연합을 촉구하는 방식으로 진행되었다. 대부분 지역은 이런 방식으로 대립이 잠정적으로 해결되어 갔으나, 몇몇 지역은 명시적으로 급진파를 연합에서 배제해 반혁명으로 규정하는 방식으로 사태를 종결시켰다. 중앙의 조사와 개입은 매우 구체적으로 이루어져, 해당 지역의 주요 홍위병이나 조반파 대표들에 대한 자세한 보고를 사전에 검토한 후, 주요 인물들을 베이징으로 불러들여 좌담회를 개최하는 방식을 거쳤다. 각 지역의 분파 갈등에 대한 중앙의 개입은 직접 접견, 전화, 전보, 지시 등의 형태로 이루어졌으며, 1967년 9월 이후부터 1968년 여름까지 집중되었다. 이 시기에 전국적인 주목을 받은 주요한 분파 갈등은 저우언라이 총리 자신이 직접 나서 해결하였는데, 총리 자신이 나선 주요한 모임으로는 신장(16회), 베이징(11회), 광시(9회), 장쑤(7회), 광저우(7회), 저장(7회), 동북삼성(6회), 푸젠(4회), 우한(3회), 쓰촨(3회) 등 전국 각지에 걸쳐 있었다.[52] 이런 개입은 특히 1968년 7월 말 홍위병 해산 이후

---

52) *Chinese Cultural Revolution Database*에서 1967년 9월~1968년 9월 시기까지를 집계하였음. 저우언라이 총리가 직접 참여하거나 지시한 경우를 포함하였으며, 중공중앙이나 국무원 명의로 보낸 지시는 포함하지 않았다. MacFarquhar and Schoenhals(2006: 241)는 조정이 어려웠던 순서로 광시, 광둥, 산시(陝西), 랴오닝, 지린, 후난, 장쑤를 들고 있다.

더 집중되어, 9월 5일 신장과 시짱 자치구에 혁명위원회가 설립되는 것을 시작으로 전국 각 성·자치구·직할시에 '신 홍색정권'을 건립하여 '전국 산하를 붉게 물들이는(一片紅)' 것을 실현하였으며, 1969년이 되어 전국적으로 혁명위원회 체제가 갖추어지면 더 이상 유의미한 조반파 조직은 존재하지 않게 되었다(何蜀 2007b: 511).

이런 변화는 문화대혁명의 운동 중심이 '계급대오 정돈'과 '5·16 병단' 색출 등으로 이어지는 전국적인 스탈린주의적 숙청 사업으로 옮겨 가는 것을 의미하는 것이기도 했다.[53] 대연합에서 배제된 급진 조반파들은 이런 숙청 사업에서 항상 예외가 될 수 없는 처지에 놓이게 되었다. 문화대혁명이 진정으로 모든 일반인들 사이에 '계급적 형태로 포장된' 극도의 적의와 공포를 폭넓게 형성시켜 대중을 집단적 트라우마에 빠뜨린 것은 오히려 이 과정에서였다. 소련에서 1936년을 전후해서 벌어진 일들이 중국에서 1968~1971년 시기에 집중적으로 벌어진 셈이라고 할 수도 있다. 1968년 4월 10일자 『인민일보』와 『해방군보』는 이런 변화를 반영하는 새로운 논조를 담고 있는데, 문화대혁명의 규정에는 이제 "중국공산당과 그 지도하의 광대한 혁명인민대중을 한편으로 하여 **국민당 반동파와 장기에 걸친 투쟁**을 계속하는 것"이라는 언급이 추가된 것이다(逢先知·金冲及 2003: 1515. 강조는 인용자).

1968년 이후 점차 확대된 '계급대오 정돈', '당 숙정'(整黨) 등의 운동

---

53) '계급대오 정돈' 과정과 그 여파에 대해서는 丁抒(2007), 周倫佐(2006: 148~51, 162~70), 卜偉華(2008: 671~82), MacFarquhar and Schoenhals(2006: 253~62), 백승욱(2007a: 82~3)을 보라. '계급대오 정돈'이라는 표현은 1968년 5월 야오원위안이 마오쩌둥에게 비시(批示)를 요청하는 문건에서 사용하였으며, 같은 해 10월 중공중앙 8기 12중전회에서 마오쩌둥이 공식적으로 사용하면서 전국적으로 중요성을 더해갔다(丁抒 2007: 583~4).

과정에서 무수히 많은 사람들이 '반역자', '간첩', '계급 이물 분자', '국민당 잔재세력' 등으로 몰려서 탄압을 받았다. '계급대오 정돈'의 '중점 타격 대상'은 처음에는 이른바 '아홉 종류 사람'(九種人)으로, 지주, 부농, 반동, 악질분자, 우파분자 등 다섯 종류에 반역자, 첩자, 주자파, 현행 반혁명분자를 더한 것이었는데, 이후에는 여기에 '1타3반',[54] '5·16 분자 색출', '린뱌오 연계분자 색출' 등의 대상자들이 추가되었다(卜偉華 2008: 671~2).[55] 정돈 대상 범위를 확정하기 위해서 당은 과거 1956년 3월 10일 제정한 바 있는 「반혁명분자와 기타 악질분자의 해석과 처리 정책 경계획정에 관한 중앙 10인소조의 잠정규정」을 다시 부활시켜 사용하기까지 했는데, 그 기준은 '흑오류'가 다수 포함된 조반파를 겨냥하는 함의가 분명한 것이었다 (周倫佐 2006: 135). 특히 1968년 여름과 가을을 지나면서 비판의 방향은 거의 모든 지식인 집단을 향해 돌려세워졌으며, 여기에는 문혁 초기에 적극 가담한 학생 조반파 홍위병과 여타 조반파 세력들이 상당수 포함되었다(印紅標 2011: 49, 55; 印紅標 1996b: 238). 그리고 이는 도시에 한정된 운동이던 문혁이 농촌으로 대대적으로 확산되어, 지식인, 조반파, 출신성분이 나쁜 분자 등에 대한 탄압 방식으로 전국을 스탈린주의적 숙청의 소용돌이 속에 몰아넣게 됨을 의미하는 것이기도 했다. 이런 스탈린주의적 숙청에는 '전안조'(專案組)가 매우 중요한 역할을 하였다. 맥파커와 쇤할스에 따르면 전안조는 중앙문혁소조와 함께 1966년 5월 설립되었으며,

---

54) '1타3반'(一打三反)이란 반혁명분자를 타격하고, '①부패와 횡령, ②투기와 폭리, ③낭비'에 반대하는 운동을 말하는데, 실제 핵심은 반혁명분자 타격에 있었다. 1968년에서 1969년 집중된 '계급대오 정돈'의 대상이 '현행 반혁명'분자였던 데 비해, 1970년 1월부터 시작된 '1타 3반'은 '신생' 반혁명분자에 집중하였고, 따라서 그 대상에서 청년의 비중이 높았다.
55) MacFarquhar and Schoenhals(2006: 253~4)는 '계급대오 정돈'에서 저우 총리가 주도적 역할을 했다고 주장한다.

1979년까지 활동하였다고 한다. 그 총책임자는 저우언라이 총리였고, 캉성과 장칭이 중요한 역할을 하였으며, 이후 셰푸즈와 왕둥싱도 참가하였다. 상근직원만 수천 명이고, 한때는 인민해방군 장교만 789명이 근무하였고, 점차 세 부서로 분화되었다. 전안조는 류사오치의 제거에서 두드러지기 시작했는데, '계급대오 정돈'과 '5·16 병단 색출' 등 1967년 가을 이후부터 본격적으로 영향력이 커졌다(MacFarquhar and Schoenhals 2006: 281~4).

1968년에서 1971년 사이에 '계급대오 정돈', '5·16 병단 색출', '1타3반' 등 '투쟁·비판·개조'(鬪·批·改) 시기의 각종 숙청 캠페인의 대상자로 분류되어 탄압·체포·구타·비판대회 등의 박해를 받은 사람 수는 많게는 수천만 명에 이른다. 왕리의 회고에 따르면, "[5·16 분자 문제는] 이후 전국적으로 1천만 명으로 확대되어, 그 중 3백5십만 명을 체포한, 문혁 중 가장 많은 사람을 숙청한 피해 사건이다"(王力 2001: 1023). 딩수에 따르면 그 피해자는 많게는 3천만 명, 그 중 사망자(자살 포함)만도 50만 명에 이른다(丁抒 2007: 590, 607).[56]

'계급대오 정돈'과 병행해 당의 권위를 다시 복구하려는 시도는 9차 당대회로 이어진다. 천보다는 1969년 9차 당대회를 준비하면서 정치보고를 작성하나 마오에 의해 거부되었고, 그로써 그의 정치 생명도 끝났음은

---

56) 외교부의 간부였던 허팡도 '5·16' 분자 검거 중에 1천만 명 이상의 피해자가 발생했으며, 외교부에서만 저우언라이 총리가 직접 '5·16' 분자 색출을 주도해 2천여 명에게 죄명을 씌웠다고 구술하고 있다(邢小群 2007: 40~1). 문혁 시기 사망자는 1966년 '붉은 8월'과 1968년 겨울 이후의 '계급대오 정돈' 시기에 집중되며, 후자의 시기에 더욱 조직적 박해가 진행되었고 훨씬 더 많은 희생자를 낳았다. 왕유친은 문혁 시기 희생자 중 500여 명의 사례들을 모아 책으로 출판하였으며(王友琴 2004), 또 문혁 희생자 사례를 모은 홈페이지를 개설하기도 했다(http://www.chinese-memorial.org/).

앞서 언급한 바 있다. 사실 1967년 8월 말 왕리와 관펑의 실각, 그리고 그해 12월 그에 이은 치번위(戚本禹)의 실각은 시사하는 바가 있었다. 세 명은 매우 이질적이며, 중앙문혁소조나 중앙 정치무대에서 서로 연결되어 있는 라인도 전혀 상이했다. 왕리가 천보다의 사람이라면, 관펑은 린뱌오와 장칭 사이에 끼어 있고,[57] 치번위는 장칭의 라인이지만 상하이파와 대비되는 베이징파로 언급된다(王力 2001: 1026, 1030). 천보다 자신도 이 세 명이 린뱌오와 긴밀한 관계를 맺고 있었음을 주장한다(師東兵 2008). 그런 만큼 세 명이 함께 실각한다는 것은 중앙문혁소조 내에서 천보다, 린뱌오, 장칭 세 명의 실무라인이 붕괴함을 의미하는데, 특히 베이징에 기반을 둔 라인이 사라짐을 뜻하는 것이었다. 이는 베이징이 문혁에서 차지하는 중요성이 급감하고 상하이가 가지는 중요성이 상대적으로 커지며, 중앙문혁소조의 활동은 더 이상 과거와 같은 방식이 될 수 없고, 더 나아가 조반파 조직들과 당이 맺는 관련 또한 이전과 동일할 수 없게 될 것임을 시사해 주는 일이었다.

전국적으로 혁명위원회를 건설하는 '전국 산하를 붉게 물들이는' 것과 '계급대오 정돈' 이후 천보다의 무력함은 그가 모순적인 '혁명간부 대연합' 요구를 적극 수용한 데서 잘 드러난다. 류궈카이(劉國凱)가 비판하듯이 대연합은 조반파를 심각하게 곤란한 처지에 빠뜨렸는데, 천보다는 이에 대해 어떤 의미 있는 자기 의견도 제기하지 못했다.

류궈카이: 수많은 공장에서 '조반파'들은 자기 단위의 공장장과 서기를 적발하여 활동하지 못하게 통제하였다. 천보다는 [1968년] 7월 초에 "군대표는 공장에서 혁명파를 도와서 공장장과 서기를 포함해 대량의 간부가 해방되도록 도와야 한다. 주자파는 한 줌에 불과하며, 주자파가 아니

라면 잘못을 인정하면 그것으로 되었다. 이것이 중앙의 방침이다"라고 했다. 말하는 게 참 절묘하다. 이들 공장장, 서기가 모두 본래 관직을 되찾는다면, 이들을 비판한 적이 있던 '조반파'들이 과연 이후 잘 지낼 수 있을까?(宋永毅 1997: 288에서 재인용)

　지방에서 광시의 참극이 진행 중이던 7월 후반, 수도 베이징에서는 그에 앞서 4월 14일 두 파로 분열된 칭화대학의 조반파 홍위병 조직 징강산 두 파 상호 간에 시작된 대립이 이른바 '100일 무장투쟁'으로 격화되어 수많은 사상자가 발생하고 있었다(鄭光路 2006a: 413~8; 王年一 1996: 308~9; 唐少傑 2003, 1996). 1968년 7월 25일 중앙이 광시 사건을 '4·22'의 책임으로 몰아 정리한 직후, 마오는 7월 28일 베이징 홍위병의 '5대 영수'를 모아 회견을 하는데,[58] 이를 기점으로 홍위병이 해산되고 상산하향(上山下鄕) 운동이 대대적으로 전개된다. 이 회견은 칭화대학에 최초로 파견된 '공선대'(노동자 마오쩌둥 사상 선전대工人毛澤東思想宣傳隊)와 콰이다푸가 이끄는 칭화대 조반파 홍위병 사이에 무장충돌이 발생한 바로 다음 날의 일로, 논의의 초점은 홍위병 간의 무장투쟁을 종식하기 위해 마오가 파견하는 '공선대'를 수용할 것에 맞추어지고 있다. 마오는 7월 27일 베이징

---

57) 앞에서도 말했듯이, 관펑은 린뱌오의 위탁을 받아 『해방군보』를 관장하기도 하였다(楊永興 2009).

58) 毛澤東, 「召見首都紅代會 "五大領袖"時的談話」(1968. 7. 28.), *Chinese Cultural Revolution Database*. '5대 영수'는 마오를 접견한 당일에 마오의 지시를 소개하고 이를 이행하겠다는 성명을 발표한다(「毛主席關于制止武鬪問題的指示精神要點」(1968. 7. 28.), 『"文化大革命"硏究資料』中, pp. 53~4). 문화대혁명의 한 국면을 종료시키는 '5대 영수' 모임의 의미에 대한 해설로는 唐少傑(2007)이 있다. 탕사오제에 따르면, '5대 영수' 중 한 명이던 한아이징이 출옥 후 2천년대에 여러 판본을 대조해 이 모임의 회담 전문을 새로 정리하였으며, 그것이 녜위안쯔의 회고록(聶元梓 2005: 282~315)에 수록된 후 인터넷상에도 배포되었다고 한다.

60개 공장에서 3만 명의 '공선대'를 조직해 각 대학에 파견했는데, 칭화대학에서의 충돌로 노동자 5명이 사망하고, 731명이 부상하는 사건이 발생했다(印紅標 2003b: 721~2).

이 시기에 각 대학교에 '공선대'가 본격 진주하면서, 이제 "자기 스스로 자신을 해방하고, 대신 될 수 없는 혁명"이라는 '파리코뮨'적 구호는 "공농병에게 배우자" 또는 "노동자계급이 일체를 지도한다"로 대체된다. 이는 적어도 '베이징'에서는 아래로부터의 대중운동으로서의 문화대혁명의 한 순환이 마감됨을 뜻하는 것이기도 했다. 여기에 적극 참여한 '노동자계급'이란 문혁에 앞선 17년간의 변화로 큰 혜택을 받은 '선진인민'이 중심이 되었고(華林山 1996a), 이들은 앞선 시기 형성된 학생 조반파와 정치적 입장이 같지 않았으며, 일반 노동자들과도 조건이 달랐다. 그리고 문혁 초기 4개월처럼 또다시 비판의 방향은 전체 지식인으로 확대되었고 이는 조반파 운동의 기반을 무너뜨렸다(印紅標 1996a: 324~8). 인훙뱌오의 지적처럼 이 1968년 시점의 "노동자계급이 모든 것을 지도해야 한다"는 구호(이는 야오원위안이 쓴 문장으로 1968년 8월 26일 발표되었다)와 그에 앞서 1957년 반우파 탄압을 개시할 때 등장한 "노동자들이 말하기 시작했다"(1957년 6월 10일 『인민일보』에 발표됨)는 표현 사이에서 묘한 연계성이 발견되는 점도 문혁의 한계와 관련해 시사하는 바가 크다(印紅標 2011: 49).

마오에 대한 노동자계급의 지지와 더불어 마오에 대한 군의 지지 확립 또한 이 과정에서 매우 중요했다. 1967년 후반기부터 시작된 문혁의 첫 단계로부터 두번째 단계로의 전환은 "노동자계급이 일체를 지도"하는 것과 군대간부가 문혁의 중심에 서는 것이 결합하여 이루어졌다(唐少傑 2011). 탕사오제는 마오쩌둥이 일찍이 1967년 9월부터 홍위병 학생과 조반파 대중을 더 이상 중시하지 않고 강조점을 군으로 옮겼으며, 그것을 보여 주는 것이 홍위병 대중 사열과 유사한 함의를 띠고서 군대간부들을 베이징에 모아 접견하는 행사를 집중적으로 시행한 것이었음을 강조한다. 이 행사는 마오의 '군권' 재확립을 위해 중요한 기여를 했는데, 문혁 시기 마오는 '당권'(黨權)과 '정권'(政權)은 대중운동에 의해 위태로워질 수 있더라도, 그것은 오직 '군권'의 확립 위에서만 그럴 수 있다는 생각을 바꾼 적이 없었다. 이런 군대의 지지가 확보된 바탕 위에, 해방군은 마오의 지시에 따라 1967년 2월부터 1969년 4월까지 매월 군인 90여만 명씩 '삼지양군' 공작에 투입하였고, 1968년 상반기에는 매월 평균 95만 명을 투입하였다. 이런 맥락에서 1969년 '9차 당대회'의 중앙위원회 구성을 두고 소련과 일본 등의 매체에서는 '군사관료체제'나 '군사관료 독재'라는 논평이 나온 바도 있었다. 이후 린뱌오 실각 또한 '군권'에 대한 마오 영향력의 재확립과 무관하지 않다고 해석된다(唐少傑 2011: 70~2 ; 이것과 린뱌오 실각과의 관련에 대해서는 閻長貴·王廣宇 2010: 64~5도 참고). 추후이쭤(邱會作)도 군간부 접견 행사는 '우한 7·20 사건' 이후 문혁소조로부터 거리를 두고 군을 다시 자기 지지 세력으로 확보하려는 마오의 의도에서 준비되었고, 마오가 여기에 상당한 열의를 보였으며, 이것이 임지의 복잡한 정치사정에서 일시적인 '휴가기간'을 확보해 주는 혜택이 됨에 따라, 여기 참가하는 군간부들의 많은 지지를 받았음을 회고한다(程光 2011: 157).

이처럼 1968년 문혁이 2단계로 넘어가는 지표들이 많이 등장하기 때문에, 이로부터 '10년 문혁론' 대 '3년 문혁론'이라는 지속되는 쟁점이 확인된다. 중국 정부의 공식적 입장은 문화대혁명을 1966년부터 1976년까지 지속된 '10년 대란'으로 보는 데 비해, 문화대혁명 기간 중 대중운동, 특히 조반파의 출현과 몰락에 관심을 가진 연구자들은 1966년(특히 8월)

부터 시작해 1968년 여름, 길어도 1969년 4월 9차 당대회 또는 민간 무기 회수와 대중조직 해산 긴급 명령이 재차 발표된 8월 28일까지의 '3년 문혁론'(짧으면 2년 문혁론)을 주장하는 경우가 많다(또는 저우룬쭤처럼 '10년 문혁'과 대비되는 '3년 조반'을 주장하는 경우도 함의는 유사하다고 할 수 있다). 이 주장은 '사회충돌론'적 해석을 제기하는 사람들과 '두 개의 문혁론'이나 '인민문혁론'을 주장하는 사람들에게서 많은 지지를 받는다(마이스너 2004; Chan 1992; Lee 1978; Rofel 1989; Andors 1977; 劉國凱 1997; 2006a; 王紹光 1993; 徐友漁 1999; 周倫佐 2006; 楊建利·楊小凱 1996; 印紅標 2003a). 조반파를 연구한 저우룬쭤는 다음과 같이 이 주장의 근거를 설명한다.

관방의 주장에 따르면 '문혁'의 기간은 10년이지만, 대중조직 형식과 대중운동 형태에 속한 기간은 3년도 안 된다. 전국 범위로 말하자면, 이는 '노선투쟁'이 '계급투쟁'을 대신한 3년이며, 운동의 중점에서 당내 '주자파' 숙정이 당 외부 '계급의 적'을 숙정하는 것을 대신한 3년이며, 또한 '문혁' 중 사람들의 이목이 집중된 3년이다. 대중조직이 조반파와 보수파로 구획된 것은 사실상 이 시기뿐이었다. 민중들이 크게 분화하고 크게 대치했던 이유는, 이 시기에 '부르주아 계급 반동노선 비판'과 각급 실권파에 대응하는 문제에서 첨예한 모순이 발생했기 때문일 따름이다. 조반파와 보수파의 구획은 이 핵심선을 둘러싸고 전개되었다. 당시 두 파 대중이 이 근본문제를 둘러싸고 분기한 것을 떠나서 조반이나 보수를 논하면 실제 배경을 잃게 되기가 쉽다.

…… 구체적인 사건의 원인, 행위 동기, 공격 대상, 추구하는 목표에 오면 쌍방의 구분은 더 분명해진다. 보수파 홍위병의 행위는 전체주의(極權主

義) 이데올로기를 순수화하고 전체주의 통치권위를 강화하고 그 결과 전체주의 체제의 현실 통치질서를 옹호하기 위한 것에 다름 아니었다. 조반 홍위병의 행위는 객관적으로 전체주의 이데올로기를 흐리게 만들고, 전체주의 통치권위를 약화시키며, 나아가 극권체제의 현실 통치질서에 충격을 가하는 것이었다. 후자가 체현한 것이 자각적인 민주요구와 민주 행위는 아니었다 하더라도, 적어도 일종의 잠재적 민주운동이며, 민주주의와 그리 먼 거리에 있는 것은 아니었다.(徐友漁 2007: 12에서 재인용)

1968년 여름에 무장투쟁 중단 포고령 및 공선대 진주와 더불어 곧바로 조반파 대중운동이 소멸하지는 않았고, 그 실질적 소멸까지는 일 년여의 시간이 더 걸렸다. 각지의 혁명위원회 건립에 따라 조반파는 자발적·강제적으로 혁명위원회 내로 흡수되고 조직은 해산되었다. 1968년 8월부터 10월 사이 중앙의 적극 개입과 더불어 각지의 무장투쟁과 파벌대립은 줄어들었고, 10월 15일 마지막 남아 있던 충칭의 '8·15'와 '끝까지' 파의 해산 집회 이후 조반 대중운동은 기본적으로 해체의 수순을 밟았다. 이후 홍위병들을 대대적으로 농촌과 공장으로 보내는 '상산하향' 운동이 벌어져, 도시의 중요한 운동 주축 중 한 세력이 사라지게 된다. 그렇지만 1969년까지도 그 여파는 지속되었고, 무기반납과 조직해체의 수순은 1969년 4월의 9차 당대회를 거쳐 '7·23 포고'와 '8·28' 명령에서 최종적으로 완료되었다.

물론 문혁의 '후과'가 3년 이후 모두 사라진 것은 아니었다. '3년 문혁론'을 주장하더라도, 1969년 이후 '공장'에서 진행된 문화대혁명의 새로운 실험들, 새로운 장소를 무시할 수는 없다. 그렇지만, 그것은 출발부터 어떤 한계를 안고서 시작한 것이 아닐 수 없었다. 상하이 '공총사'를 연구한 리쉰은 공선대 파견에 대해 "이것이 문화대혁명 초기 류사오치의 '공작조' 파견을 비판하고 대중이 '스스로 자신을 해방'해야 함을 강조한 것과는 이미 십만 팔천 리의 거리가 있는 것이다"라고 강조한다(李遜 1996: 8). 공선대 파견의 시기는 노동자 조반파를 포함해 각지의 조반파들이 점차 강제적으로 해체되기 시작하던 시기와 맞물리며, 더욱이 각지에서 비교적 자유롭게 인쇄, 출판, 배포되던 각종 '소보'나 전단 및 간행물들이 1969년 이후 일률적으로 통제된다. 조반파 노동자들이 노동조합을 통제하면서 어느 정도 영향력을 유지한 상하이만이 다소 예외여서, 상하이에서는 『노동자조반보』가 계속 발간될 수 있었지만 이도 1971년 4월에는 정간된다(李遜 2007: 532~7). 문화대혁명이 공장으로 자리를 옮겨 지속되더라도 '파리코뮌 원칙'이 배제된 기형적 형태가 유지될 수 있을 뿐이었다.

발언권이 거의 사라진 천보다가 실제로 정치무대에서 실각하는 과정에는 몇 차례의 희비극이 더 필요했다. 홍위병의 해체와 공선대·군선대의 파견 등을 통한 문혁의 방향전환은 1969년 4월 9차 당대회에서 그 과정이 완료되어, 비판받고 무너진 당관료 조직이 상당히 부활하게 되었다. 9차 당대회에서 중앙문혁소조 또한 중요한 변화를 맞게 된다. 이 당대회에서 중앙문혁소조는 남은 소조원 5명이 모두 정치국에 진입하면서 자동적으로 해체되었지만(逢先知·金冲及 2003: 1556~7), 천보다와 캉성을 제외하고는 당내의 실무 직책이 없었기 때문에 중앙문혁소조의 영향력은 오히려 앞선 시기보다 감소하였고, 당은 1966년 여름 이전처럼 예전과 유사한 관료제적 조직체계를 따라서 작동하기 시작하였다.[59]

중심에서 밀려난 천보다는 이 1969년 4월의 9차 당대회 정치보고 준비작업에서 '경제 우선'을 내세워 '계급투쟁 우선'을 내세운 장춘차오와 대립하였으나 장춘차오의 보고만 일방적으로 채택됨에 따라 이 대립에서 패배하였다. 아직 문화대혁명의 '후과'를 장춘차오가 아닌 천보다의 방식으로 정리하기에는 시간도 일렀고, 쉽게 묻힐 수 없는 많은 쟁점들이 남겨져 있었다. 대중운동이 소강기에 접어들면서 당 내부의 권력투쟁은 오히려 더 치열해졌는데, 9차 당대회는 단지 천보다와 '상하이방' 사이의 대립에 그친 것이 아니라 천보다-린뱌오 사이의 동맹이 형성되어 이들이 '반(反)상하이방' 투쟁을 벌이는 출발점이기도 했다. 천보다는 9차 당대회에 앞서 린뱌오가 "이 문화대혁명은 반드시 종료시켜야 한다. 계속 하다 보면 내 머리 위로 떨어질 수도 있다.…… 문화대혁명을 그렇게 오랜 시간 계속하면 아무도 견딜 수 없다. 길어야 9차 당대회에서는 운동을 끝내야 한다"고 말했다고 전하면서, 자신이 9차 당대회 정치보고에서 향후에는 생산에 집중하도록 방향을 전환하자고 주장한 것은 이런 배경이 있었기 때문이었다고 말한다(師東兵 2008).

9차 당대회에서 '상하이방'에 반대하는 도전에 실패한 천보다는 다시 1970년 8월 말 루산에서 열린 중국공산당 9기 2중전회(통칭 '루산회의')에서 도전을 재개하여, 린뱌오와 연맹하여 국가주석직 부활과 '천재론'을 무기로 '상하이방'에 대해 공세를 폈다. 이 천보다-린뱌오의 연합 공세는 대회의 모두 발언인 8월 23일 린뱌오 연설에서 시작하여 24, 25일 분조 토론에서 더욱 격렬해졌고, 특히 천보다가 주도한 화베이조에서 비판이 가장 두드러졌다. 그러나 25일 오후 형세는 역전되어, 마오는 정치국 확대회의를 소집해서 린뱌오를 직접 공격하는 대신 천보다를 우회 공

---

59) 9차 당대회를 전후한 시기의 문혁의 형세의 변화에는 국내적 요인뿐 아니라 국제적 요인, 특히 소련과의 긴장 고조라는 상황 또한 매우 중요하게 작용하고 있었다. 무기 회수, '계급대오 정돈', 군대에 대한 통제 강화, 일상생활에서 군사적 편제의 강화 등이 모두 그런 연관성을 지닌다. 이런 측면에 대한 분석으로는 鄭謙(2008)을 보라.

격의 대상으로 삼아 강하게 비판하였다. 천보다에 대한 공격은 이후 공식 절차에 돌입해 수위가 더욱 상승하였으며, 마오는 8월 31일 공식적으로 천보다에 대한 「나의 의견」을 발표하여 천보다를 실각시켰다(逢先知·金沖及 2003: 1570~85). 표면상은 천보다에 대한 공격이었으나, 이는 문혁의 향후 구상을 둘러싼 대립에서 마오와 린뱌오의 대립이 본격화하기 시작했던 것의 간접적 표출이었다. 루산회의에 참여했던 추후이쥠는 그 요점을 다음과 같이 표현한다.

> 1970년 루산회의는 린뱌오 주도로 문화대혁명의 핵심인물인 장춘차오 등을 공격한 것이다. 아직도 많은 사료들이 이 기본적 사실도 드러내려 하지 않는다.(程光 2011: 459~60)

'천재론'이 느닷없이 정치적 쟁점이 되었던 것은 그에 앞서 장춘차오가 헌법에서 '천재'라는 표현을 삭제하자고 한 말을 빌미로 삼아 천보다-린뱌오가 장춘차오 등에 대해 공세를 펼칠 수 있다고 판단했기 때문이었다. 천보다-린뱌오는 마오 주석이 '천재' 문제에 대해 양가적 태도를 보이기 때문에 이 비판에 동조해 줄 것으로 기대했었다. 천보다는 이에 대해 다음과 같이 말한다.

> [내가 루산회의에서 엥겔스, 레닌, 마오 주석이 천재에 대해 말한 어록을 정리해 제출한 일은] 린뱌오의 일관된 사상과 논점을 옹호하려 한 것이었다. 린뱌오의 수많은 관점이 과거에 마오 주석의 비판을 받은 적이 없었다. …… 사실을 말하자면, 우리가 캉성과 장춘차오, 장칭 등의 사람들에 대해 불만이 있었던 것 이외에, 나 또한 단지 린뱌오의 손을 빌려 그들을

처내려 생각했던 것뿐이고 다른 목적은 없었다. 천재론이 우리의 반당 이론강령이라고 말하는 것은 어떤 경우에도 말도 안 되는 소리다.……우리와 장칭, 장춘차오, 야오원위안 그들은 결코 우리와 같은 부류가 아니었고, 양측 사이에서는 첨예한 투쟁이 벌어졌다. 이 또한 명명백백한 사실이다. 마오쩌둥이 그들을 지지하지 않았다면, 실패한 것이 결코 우리가 아니었을 것이다.(師東兵 2008)

루산회의에서 천보다-린뱌오 연맹이 마오에게 문제가 된 것은 두 가지 측면이었다. 첫째는 '군권'의 향방과 관련된 문제이고, 두번째는 문화대혁명의 종결 방식에 대한 문제였다. 천보다는 중앙문혁에서 갈라져 나와서 상하이방 반대를 위해 나머지 노간부들과 연합하였는데, 이는 1967년 2월의 '2월 역류' 시기 화이런탕 사건과 정반대의 효과를 초래할 수 있는 일이었다. 화이런탕 사건 당시 천보다는 화이런탕의 노간부들의 공격을 받은 비판의 타깃이었던 반면 이 시기에는 그들과 같은 편에 섰다는 큰 변화가 발생한 것이었다. 그리고 이 천보다-린뱌오 연맹은 그 파급력이 예상보다 더 클 수 있는데, 마오가 이후 누누이 강조하듯이 이 과정에서 한편에서는 '군사가 클럽'이 형성되었다는 점과 더불어, 다른 한편 이 '군사가 클럽'이 당내 이론가와 결탁하는 구도가 형성되었기 때문이었다. 마오의 입장에서 보자면, 그 연맹의 함의는 '반문혁' 또는 '문혁 청산'을 의미할 수 있으며(천보다의 '경제주의'와 반反상하이적 정서가 '반문혁'으로 종결되는 결과를 낳을 수 있다), 또한 군에 대한 통제나 이론에 대한 통제 모두 자신의 관할 범위를 넘어서는 예측 불허의 가능성이 생김을 의미하는 것일 수 있었다. 이후 린뱌오 사건과 더불어 실각된 당시 부총참모장 추후이쭤의 이 사건에 대한 평가는 비교적 사실에 근거한 것이라고 할 수 있다.

마오 주석은 장춘차오가 타도되도록 놓아둘 수는 없었다. 장춘차오, 야오원위안 등 인물은 문화혁명 중 배출된 대표들이고, 그들을 부정하는 것은 문화대혁명을 부정하는 것일 수 있다. 마오 주석은 장춘차오를 개인 문제로 고려한 것이 아니라 문화대혁명의 상징으로 간주한 것이다. 마오 주석은 자신이 대중에게서 신임을 받지 못하면 노간부 사이에서는 더욱 명성이 사라진다는 것을 알고 있었다. 만일 마오 주석이 입장을 고집하지 않아 장춘차오가 실각하면, 이어서 '장춘차오 비판' 세력이 일어나 반드시 문화대혁명에 대한 각종 이견을 제기할 것이고, 더 많은 복잡한 문제들이 생겨서 통제하기 어렵게 될 것이다. 마오 주석은 결코 그렇게 둘 수 없었다.…… 마오 주석은 장춘차오를 타도하는 데 동의할 수 없었고, 직접 린뱌오를 비판할 수도 없어, 천보다를 희생시켜 문제를 해결할 방법을 찾았다. 이는 마치 『삼국지연의』에서 조조가 관도의 전투에서 양말관을 참수하여 백성들을 복종시켰던 것과 비슷하다.…… 마오 주석이 천보다를 희생시킨 것은 일석삼조였다. 첫째로 린뱌오를 피해가서 문제를 잠시 유예시켜 두었고, 둘째로 상하이방과 군대 사이의 모순을 완화시켰다. 셋째로 대내외적으로 충분히 설명할 수 있었다. 마오 주석은 린뱌오와 천보다 사이에 역사적 관련이 없음을 알고 있었고, 우리와 천보다가 밀접해진 기반은 함께 중앙문혁의 몇 사람을 반대한 데 있음을 알고 있었다. 천보다를 제거하면 이 기반은 무너지고, 군대 또한 안정된다. 만일 천보다를 그대로 두면 '군사가 클럽'은 계속 존재할 수도 있고 장칭과의 모순은 중단될 수 없을 것이었다.……

이번에 마오 주석은 루산에서 마침내 확실한 '린뱌오 문제'를 발견했다! 마오 주석은 린뱌오가 '주관'를 가지고 있고, 문화대혁명과 충돌함을 발견했다. 그리고 린뱌오의 영향력은 그의 상상을 엄청나게 뛰어넘고, 린뱌오가 그처럼 많은 사람들의 옹호를 받았으며, 마오쩌둥이 부리고 있는 문혁 좌파들(紅人)마저도 뜻밖에 무너뜨릴 수 있었다.…… 마오 주석은 린뱌오를 자신의 후계자로 삼았는데, 주된 이유는 자신을 뒤이어 문화대혁명이 옹호될 수 있도록 하려는 것이었다. 그러나 '9차 당대회' 정치보고 초안 작성 때부터 마오는 린뱌오가 아니라 상하이방이 그의 문화대혁명의 계승자라는 것을 알게 되었다. 루산회의에 와서 마오 주석은 린뱌오가 그의 사상계승자가 아닐 뿐 아니라 조직상의 계승자라 하기도 어려우며, 또한 그가 자신의 문화대혁명의 사상적 계승자인 상하이방도 용납하지 않을 것임을 발견하게 되었다.…… 그렇게 마오 주석이 린뱌오를 후계자로 세운 초심은 사라졌다. 마오 주석이 천보다의 머리를 잡아채 한 방에 때려눕힌 일을 남들은 이해하기 어려울 것이다. 사실 마오는 린뱌오에 경고를 보낸 것이었다.(程光 2011: 484~6)

9차 당대회와 9기 2중전회에서 대립은 줄곧 천보다와 상하이파 사이에서가 아니라 훨씬 더 근본적으로 린뱌오와 마오 사이에 형성되었고, 그 핵심은 문화대혁명을 어떤 방식으로 유지·종결할 것인가에 있었다. 그런 점에서 천보다의 실각이 상황을 종결시킬 수는 없었다. 대립은 훨씬 더 당내 권력투쟁의 양상을 띠었다. 루산회의의 문제에 대해 마오는 모두 "산 위에서 해결되었다"고 말하였지만, 갈등은 1년 후 다시 본격적으로 폭발하였다. 당내 상황도 그러했는데, 추후이쭤가 말하듯이 9기 2중전회 이후 "모두들 문제에 대해 이야기할 때 마음과 말이 일치하지 않았다. 모두 마음속으로는 상하이방을 공격한 것이 린뱌오라는 사실을 알고 있었지만 입으로는 모두 천보다라고 말하고 있었으니, 당연히 사실과 부합하지 않았다"(程光 2011: 600). 이런 상황에서 1971년 8월 14일 마오는 베이징을 떠나 남부지역을 순회하고 9월 12일에 베이징에 돌아오는데, 이 순회를 통해 마오는 9월 15일로 예정된 9기 3중전회에서 린뱌오에 대한 본격 공격을 개시하기 위한 사전 준비를 완료하였다(程光 2011: 590~608). 천보다는 마오가 린뱌오를 신뢰했기 때문에 '후계자'로 선정한 것이 아니라 사실 다른 대안이 없었기 때문에 그렇게 한 것이었으며, 마오는 "자기 권력을 다른 사람에게 넘겨주기 위한 과도적 인물로 린뱌오를 선택"했을 뿐이라고 주장한다. 그렇지만 린뱌오를 대체할 인물은 덩샤오핑도, 더더욱 화궈펑도 아니었고, 장춘차오가 그렇다고 거기 딱 맞았던 것도 아니었다(師東兵 2008).

9월 13일 터진 '린뱌오 사건'은 결국 1969년 9차 당대회로 대중적인 문혁 운동이 일단락된 이후 문혁을 어떻게 진행/종료할 것인가를 둘러싸고 벌어진 사건으로 해석될 수 있다. 여기에 우리의 관심인 천보다의 문제를 관련시키면, 그 쟁점은 이미 앞서 이야기했듯이 베이징과 상하이 사이에서 분열된, 그리고 '파리코뮨'과 '노동자계급이 일체를 지도' 사이에서 분열된 문혁의 난점을 통해 표출되어 온 것이었다. 천보다를 숙청함에도 문혁은 지속시킨다는 것은 두 가지 문제를 동시에 해결해야 하는 난제를 마오에게 던지는 것이었다. 그것은 첫째로 천보다를 대체하는 마오-장춘차오 협력이 과거 천보다가 해왔던 문혁의 이론화 작업과 대중운동의 지원 작업을 충분히 수행할 수 있는가 하는 것이었고, 두번째는 문혁을 지탱하기 위한 마오의 핵심 토대였던 '군권'과 관련해 군대를 '반문혁' 세력이 아닌 '친문혁' 세력으로 재조직할 수 있는가 하는 것이었다. 마오가 8월 말~9월 초의 '남부 순회' 과정에서 상하이에서 난징 군구사령관 쉬스여우(許世友)와 상하이시위원회 서기인 왕훙원(王洪文)을 불러 단결할 것을 요구한 것이 그런 측면을 보여 주는데, 각자 린뱌오파와 상하이파에 속하지만 베이징의 중앙 정치에 덜 영향을 받는 인물들을 통해 기존의 세력구도를 재편해 보려는 의도를 엿볼 수 있었다(程光 2011: 598~9). '9·13 사건' 이틀 후 마오는 "린뱌오에게 감사를! 린뱌오가 우리에게 큰 도움을 준 것에 감사를! 이 일의 시작과 끝을 모두 그 스스로 해결했으니, 문제가 모두 해결되었다. 린뱌오의 죽음을 위해 건배를!"이라고 말했다고 전해지는데(程光 2011: 627), 이 사건으로 마오가 처한 난점이 해결된 듯했지만, 사태가 그렇게 간단할 수는 없었다. '상하이방'은 분명 문혁이 제기한 중요한 논점 중 하나를 담고 있었지만, 그 문제가 상하이방을 통해 지속적으로 해결될 수 있는지는 전혀 별개의 일이었다. 이미 상황은 문혁의 정치가 대중정치로부터 스탈린주의적 숙청의 정치로 회귀한 이후였기 때문이다.

4. 사회주의 하의 구조의 변혁

장춘차오는 공선대 파견이 지식인 중심의 문화대혁명에 대한 불신에서 나온 것임을 드러내 놓고 강조하였다. 그는 1966년에는 아직 노동자 탈권의 조건이 형성되어 있지 않아서 홍위병 중심의 운동이 전개되었지만 이제는 이 상황이 지속될 수 없음을 강조한다.

> 이들 지식분자들이 쌓여 있는 곳에는 노동자들이 없다.…… 이들은 부르주아 계급 복귀의 발원지이다. 대학교에서 소장군[小將: 홍위병을 말함]에만 의존해서는 해결이 되지 않고, 소장군들은 문제를 잘 해결하지 못한다. 교육혁명을 하려면 그들은 힘이 유한하고 경험이 부족하고, 또 부르주아 계급 사상의 영향을 받기 때문에 그들에만 의존해서는 안 된

다.······ 수재들이 조반을 3년 했는데 이루지 못했고, 현재 문화대혁명이 이미 2년이 지났는데 아직 8년, 10년을 기다려야 하는가?[60]

앞서도 언급했듯이 베이징과 여타 지역의 혼란을 강제적으로 누른 반사효과는 상하이의 변화에 좀더 집중할 수 있는 것이기도 했다. 세 명의 '수재'가 사라지고, 천보다의 발언권 또한 거의 사라진 중앙문혁소조는 사실상 해체된 것이나 다름없거나, 아니면 상하이에 기반을 둔 장칭-장춘차오-야오원위안 중심으로 바뀌었다고 할 수 있다.[61]

상하이와 노동자 문혁은 그 자체로 독자적 쟁점과 공간을 형성한다. 앞서 캉성의 이야기에서 나오듯 이 쟁점은 "마오 주석이 1958년 이 문제를 토론하려 하였지만, 이 문제에 대한 연구가 잘 되지는 않았"던[62] 문제와 관련이 된다. 마오는 1950년대 말 소련 『정치경제학』 교과서를 비판적으로 검토하면서 이를 '생산력의 구조분석'의 문제로 제기한 셈이라 할 수 있다. 즉 '자본주의 이전에는 자본주의 고유의 생산력이 출현하지 않으며, 사회주의 이전에도 사회주의 고유의 생산력이 출현하지 않는다'는 전제 하에, 문화대혁명의 하나의 핵심 과제는 '자본주의적 생산력 구조'를 해체하고 그와 대비되는 새로운 생산력 구조를 형성해 가는 데 있는 것으로 본 것이다. 그런 만큼 이 문제는 그 해결 방식으로서 '정치우위'를

---

60) 「張春橋在上海市革委會擴大會議上的講話」(1968. 8. 22.), *Chinese Cultural Revolution Database*.
61) 수도 베이징에서 캉성-저우언라이 주도로 광시에 대한 폭력적 해결이 진행 중이던 바로 그 시점은 '상하이 공작기계 공장'에서 새로운 실험의 조사가 발표된 시점과 정확히 일치한다. 따라서 이 광시의 '해결'에 장칭-장춘차오-야오원위안은 참여하지 않고 있음을 알 수 있다.
62) 「康生在中央擴大政治局常委擴大會議上的講話」(1966. 12. 4.), *Chinese Cultural Revolution Database*.

제기한 '안강헌법'(鞍鋼憲法)과 더불어 1950년대에 이미 제기된 문제라고 할 수 있지만, 여전히 그 시도의 돌파구를 적절하게 찾아내지는 못한 쟁점이다. 그럼 1968년 이후 상하이는 그 해결의 연결고리를 발견했을까? 더욱이 천보다가 포착하지 못한 곳에 이미 서 있던 장춘차오는 이를 이론화하였을까? 마오 없는 천보다를 상상하기는 어렵지만, 천보다 없는 마오는 여기서 성공했던 것일까?

장춘차오는 '4인방' 체제의 거의 마지막 시기인 1975년, 문혁의 경험을 정리하는 「부르주아 계급에 대한 전면독재를 논함」을 발표한다. 여기서는 공장 문혁의 경험이 다음과 같이 정리되고 있다.

> 소유제 문제는……그 형식만 볼 수 없고, 그 실제 내용을 보아야 한다. …… 소유제가 형식상 해결되었는지 실제로 해결되었는지 중시하지 않고, 생산관계의 또 다른 두 측면, 즉 사람들의 상호관계와 분배형식이 또한 소유제에 반작용을 하며, 상부구조 또한 경제토대에 반작용을 하여, 어떤 조건에서는 이들이 결정적 작용을 한다는 것을 중시하지 않으면, 틀린 것이다. 정치는 경제의 집중표현이다. 사상상·정치상 노선이 정확한지, 영도권이 어느 계급 수중에 장악되어 있는지가 이 공장이 실제 어느 계급 소유에 귀속되어 있는지를 결정한다.(張春橋 1975)

그리고 이것이 사회주의 하에서 '부르주아 계급에 대한 전면독재'의 필요성의 근거가 되고 있다. 장춘차오의 글은 '마오 주석이 1958년에 제기한' 문제에 대한 일정한 답임을 알 수 있지만, 그것이 '사람들의 상호관계', '분배형식', '상부구조'라는 세 틀을 통해 한정적으로 해석되고 있음을 알 수 있다. 반면 이 글에는 세 가지가 '부재'한데, 첫째로 상하이를 중심으로 진행되어 온 기술인원의 새로운 육성방식이나 '교육혁명'에 대한 언급이 없고, 둘째로 마르크스와 레닌을 인용해 프롤레타리아 독재에 대해서 말하지만 마르크스와 레닌이 언급한 '국가장치 파괴'에 대한 논의가 부재하며, 셋째로 "우리는…… 파리코뮨 이후의 국제경험을 가지고 있고"라고 끝부분에서 이야기하고 있지만, 「문혁 16조」의 핵심 주장으로서 '파리코뮨적 정치'에 대한 논의가 부재하다. 그래서 장춘차오의 주장은 '누가 누구에 대해 독재를 시행해야 하는가'와 그가 이미 1958년 '부르주아 계급 법적 권리(法權) 문제'(張春橋 1958)라고 부른, 공급제 대 물적 유인이라는 분배적 차원의 문제로 치환되어 해석될 여지가 커지고, 당연히 당은 '슬그머니' 중심적 지위에 놓이게 된다. 그런 만큼 이는 '상하이 실험'과 '성우롄의 이론적 도전'에 직면해 천보다가 멈추어 선 그 지점에서 더 나간 듯 보이면서도 사실 더 나간 것으로 보기 어렵다. 1975년 장춘차오의 글이 발표되기 전후로, 장춘차오는 상하이 푸단대학교 정치경제학연구소를 중심으로 문혁의 사상에 기반한 『사회주의 정치경제학』 집필 작업을 지원했다. 이 새로운 '문혁 교과서'는 1972년에 첫 초고가 만들어진 이후 1976년 마지막으로 다섯번째 초고까지 장춘차오의 개입 하에 계속 수정작업이 진행되어 출판이 준비되다가 '4인방' 타도와 더불어 초고는 압수되고 출판이 중단되었다. 이 저서의 최종 초고에서는 앞의 장춘차오의 입장에서 조금 더 나아가 '자본주의 복귀'의 물질적 기반으로 지적 노동과 육체 노동 사이의 분업, 공장 관리제도의 문제, 분리된 기업 간의 상품유통 체제의 존속, 노동에 따른 임금 제도 등 중요한 이론적 문제가 지적되지만, 그것은 다시 소유제 문제, 부르주아 계급 법적 권리, 그리고 권력의 문제로 소환될 뿐, 장춘차오의 한계를 넘어서지는 못했다 (Christensen and Delman 1981).

앞서 우리의 논의를 다시 불러와 이 쟁점을 검토해 보면, 천보다-마오의 관계가 장춘차오-마오의 관계로 전환되는 과정은 파리코뮌의 원칙이 '노동자가 일체를 지도'하는 것과 공장 문혁이라는 쟁점으로 옮겨 가는 것만을 의미하지는 않았다. 가장 대중적 주도성의 상징인 것처럼 보인 상하이는 사실 역설적으로 마오가 바라던 방식에 가장 가까운 통제된 이행의 과정을 밟고 있었다고 할 수 있는데, 여기서는 '프롤레타리아 혁명파'와 '마오쩌둥 사상'의 유기적 결합이 외형상 아주 이상적으로 수행된 것처럼 보이기 때문이다. 장춘차오는 베이징이나 여타 지역에서 천보다가 하지 못한 이 역할을 잘 수행한 것처럼 보였다. 그러나 그것은 전국적 수준에서 1967년 여름 이후 진행된 '왕·관·치'의 숙청과 성우롄과 광시의 억압적 진압을 상하이라는 공간 내에서 다시 반복함으로써만 가능한 것이었다. 천보다라면 대중운동과 마오쩌둥 사상의 통일이라는 틀을 통해 문화대혁명에 통일적 방향을 주고 그 방향을 일정하게 제어하여 모순을 해결할 수 있을 것으로 믿었을지 모르겠지만, '파리코뮌' 원칙을 중심으로 설정된 정치에 대한 핵심 구도가 상실된 '상하이' 이후에 문혁 정치의 아포리아는 본격적으로 모습을 드러내기 시작하였다.

되돌아보면 '구조의 변혁과 대중의 정치적 자율성'에 관련된 이러한 모순은 마오 자신에 의해서 1950년대 말 일찍이 예견된 것이었다고도 할 수 있다. 마오는 1960년경에 「『소련 정치경제학 교과서』에 대한 주석」이라는 미공간의 중요한 글을 남겼다.[63] 앞서 캉성이 "마오 주석이 1958년 이 문제를 토론하려 하였지만, 이 문제에 대한 연구가 잘 되지는 않았다"고 말한 것이 이 맥락으로 보인다. 이 글은 1955년 소련에서 공간된 『정치경제학 교과서』에 대한 마오의 비판을 담고 있는 것으로, 사회주의와 역사유물론에 대한 마오의 입장들을 정리해 보여 주고 있으며, 대체로 이론적 측면에서 마오 사고가 가장 잘 집약된 요약판이라고 할 수 있다. 사회주의와 관련해서 이 글은 소련의 사회주의 논쟁에 개입하면서 중국과의 대립점을 밝혀 주고 있다. 소련에서는 사회주의론에 대한 이견이 대립되어 정치경제학 사회주의 분편이 완성되지 못하자 1952년 스탈린의 개입으로 '소유제가 개조되어 사회주의 생산양식이 수립되었다'는 방식을 통해 소유제 중심의 사회주의론이 정착된 바 있다. 중국의 역사적 경험은 이 입장에 대한 내재적 비판이었다고 볼 수 있다. 마오는 1950년대 줄곧 소련의 사회주의관에 대해 비판적 입장을 견지했는데, 그 입장과 중국과 소련 사이의 대립의 쟁점이 이 글에서 정리되어 나타나고 있다고 볼 수 있다.

그 글의 문제의식을 이해하기 위해서는 잠시 마오의 문혁의 사상을 반영한 것으로 문혁 시기에 대중들에게 반복적으로 암송된 구절을 살펴볼 필요가 있다. 이 구절은 1962년의 강연 내용으로 문혁에 앞서지만 사회주의를 장기의 이행기로 본다는 점에서 문혁의 주요한 이론적 근거를 이미 드러내고 있다.

사회주의 사회는 상당히 긴 역사적 단계이다. 이 사회주의 역사 단계에서는 아직 계급, 계급모순, 그리고 계급투쟁이 존재하고, 사회주의와 자본주의 두 가지 길 사이의 투쟁이 존재하며, 자본주의로 복귀할 위험성이 존재한다. 이런 투쟁의 장기성과 복잡성을 인식해야만 한다. 경계를

---

63) 마오의 이 글은 공식출판되지는 않았지만, 문화대혁명 시기 '이단적'인 민간사상가들에게 광범히 유포되어 이들이 "노동자들이 직접 사회 생산의 관리에 참여"하는 사상을 형성하는 데 많은 영향을 끼친 것으로 알려져 있다(첸리췬 2006: 431~2). 이 글의 영역본은 Mao(1977)을, 영문에서 옮긴 한글 번역본은 사회진보연대 자료실에서 찾아 볼 수 있다. (http://www.pssp.org/bbs/view.php?board=document&id=442&page=1&s2=subject&s_arg=소련) 여기서는 사회진보연대의 번역문을 중문 원문을 대조해 수정하였다.

게을리 해서는 안 된다. 사회주의 교육을 진행해야 한다. 계급모순과 계급투쟁 문제를 정확히 이해하고 처리해야 하며, 적아(敵我)간 모순과 인민내부 모순을 정확히 구분하여 처리해야 한다. 그렇지 않으면, 우리 이 사회주의 국가는 반대로 돌아서서 변질되고 [자본주의로의] 복귀가 출현할 것이다. 우리는 현재부터 시작해 매년, 매달, 매일 이 일을 논의해, 이 문제에 대해 비교적 깨어 있는 인식을 획득하고 마르크스-레닌주의의 길을 걸어야 한다.[64]

사회주의가 장기의 이행기라는 규정과 그것을 근거 짓는 여러 현상들의 설명으로부터 그 원인을 추적하는 길로 나아가는 것은 간단한 문제는 아니었다. 이미 문화대혁명 이전부터 시작된 마오의 사상 모색 속에서 이 문제는 앞선 시기에 보이지 않는 요소들을 새롭게 등장시키고 있지만, 그것은 문혁 이전에도 문혁 과정에서도 체계화되지는 않았다.

쟁점은 '이행'을 어떻게 인식할 것인지와 관련된다. 문화대혁명의 쟁점은 무엇보다 자본주의와 사회주의 사이의 '이행'이라는 개념과 밀접한 관계 속에서 해석될 필요가 있기 때문이었다. '이행'이라는 사고는 본래 마르크스에게서 역사에 대한 비진화주의적 사고를 위해 등장하였다(마르크스에게 이는 대표적으로 『고타강령 비판』에서 정식화되었다). 비진화주의적 사유로 이해되는 '이행'이라는 개념은 적어도 다음과 같은 내용들을

---

64) 이는 1962년 9월 24일 마오쩌둥이 행한 「중국공산당 8기 10중전회의 강연」 내용이다. 그런데 여기서 제시된 것은 마오의 본래 강연 내용을 다소 수정한 것으로 문혁 시기 일반적으로 널리 유포되었고 지금까지도 전해지는 대중적 판본이며, 이는 대표적으로 리이저의 대자보에도 인용되었다(李一哲 1974: 52). 본래의 원문은 毛澤東, 「黨八屆十中全會上的講話」(1962. 9. 24.), *Chinese Cultural Revolution Database*.

함의한다. ①목적론적 함의를 지니는 역사적 필연성에 대한 거부, ②따라서 하나의 체계로부터 다른 체계로의 변환이 성공하리라는 필연성에 대한 부정, ③다수의 모순들에 의해 작동하는 '역사'의 긍정, ④경제주의적·기계론적 사유를 거부하는 '과잉결정'의 사고, ⑤'맹아라는 의미의 변증법적'으로 해석되지 않는 새로운 요소들의 출현 과정에 대한 사고, ⑥구조에 대한 정세의 우위, 또는 정세의 복합성으로서의 구조라는 사고.

그렇지만 '이행'의 문제는 마르크스주의 역사 속에서 늘 진화주의적 틀 속에서 제약받아 왔는데, 소련 『정치경제학 교과서』에 대한 마오의 비판은 이 진화주의를 넘어서려는 시도였다. 그의 사유를 이해하기 쉽도록, 우리는 마오의 사유를 '발전'시켰다고 할 수 있는 루이 알튀세르의 말에서 먼저 출발해 보자.

> 평이하게 말하자면, 자본주의는 마치 그 기원, '즉자', '맹아적 형태' 등등인 것처럼 봉건적 생산양식으로 소급해 갈 수 있는 **발생**(genesis)의 결과물이 아니다. 자본주의는 주어진 순간에 수많은 요소들이 그 만남을 구성할 수 있도록 하는 마주침을 생성하는 복잡한 과정의 결과물이다. 진화론자건 헤겔주의자건 유전공학자건 그들의 환상에도 불구하고, 한 생산양식은 '잠재적으로' '맹아로' 또는 '즉자적으로' 그것을 계승할 생산양식을 포함하고 있지 않다. 만일 그렇다면 우리는 봉건적 생산양식의 지배를 받는 수많은 사회구성체의 사례들이 왜 자본주의 생산양식을 '탄생'시키지 못했는지 설명할 수 없다.(Althusser 2003: 296)

이것은 사회주의에 대해서도 동일하게 적용될 주장일 텐데, 이번에는 소련 『정치경제학 교과서』 사회주의편을 비판하는 마오쩌둥의 말 속에서 그 함의를 더 찾아보기로 하자. 먼저 마오는 "우선 생산관계를 바꾸어야 하며, 그런 연후에만 생산력을 대대적으로 발전시킬 수 있다. 이는 보편법칙이다"(49항)라고 하면서, 잘 알려진 그의 '생산관계 우위론'의 입장을 제시한다. 그런데 이 생산관계 우위론은 어떤 함의를 지니고 있는 것일까? 이를 같은 글에서 그의 주장을 통해 확인해 보자.

> 모든 혁명의 역사는 먼저 새로운 생산력의 발전이 충분히 있은 연후에야 낙후된 생산관계들을 개조할 수 있는 것은 아니라는 점을 증명한다.……혁명을 진행하여, 혁명 중에서 낙후된 상부구조를 전복한 후에 비로소 낡은 생산관계를 소멸시키는 것이 가능하며, 낡은 생산관계가 파괴되면 새로운 생산관계가 건립되어, 이것이 새로운 사회적 생산력 발전을 위한 길을 열 것이다. 그런 후에야 비로소 대대적으로 기술혁명을 할 수 있고, 대대적으로 사회적 생산력을 발전시킬 수 있다. 생산력을 발전시키는 것과 동시에 우리는 계속해서 **생산관계 개조와 사상개조를 진행해야 한다.**……이 교과서는 오직 물질적 전제에만 초점을 맞추고 있으며 상부구조, 즉 계급적 국가, 계급적 철학, 계급적 과학은 거의 외면하고 있다. **경제학 연구대상은 주로 생산관계이다.** 그러나 정치경제학과 유물사관은 분리하기 어려우며, 만약 상부구조에 관한 질문이 무시된다면 경제토대인 생산관계들의 문제를 명확하게 다루는 데 많은 어려움이 따를 것이다.(15항. 강조는 인용자)

이 주장의 전반부는 혁명에 대한 익숙한 해석을 담고 있는 것처럼 보인다. 즉 생산력 발전의 질곡이 되고 있는 생산관계의 한계를 돌파하는 것이 혁명이고, 그 혁명을 통해 생산력이 새롭게 발전한다는 도식 말이다.

그러면서 "우리는 여전히 생산관계 및 이데올로기의 전화를 지속해야만 한다"는 단서가 붙는다. 그럼 이 이야기는 생산력과 생산관계의 조응이 핵심이고, 이데올로기의 전화(와 생산관계의 전화)는 부수적 또는 부가적이라는 의미일까? 그런데 이런 단순한 해석은 그 다음 구절에 나오는 "경제학에서 주요 연구대상은 생산관계이다"라는 말을 통해서 바로 반박된다. 잘 알다시피 경제학은 생산관계를 다루는 학문이 아니라고 이야기된다. 그리고 그것이 사실 마르크스가 '정치경제학 비판'을 통해 반박하려한 핵심문제일 것이며, 마오가 여기서 강조해 비판하고자 하는 바일 것이다. 그 함의는 무엇일까? 마오의 이야기를 좀더 확인해 보자.

세계사적 관점에서 보자면, 부르주아 혁명과 부르주아 국가 성립은 산업혁명 이후가 아니라 그 이전이었다. 부르주아 계급은 진정한 힘을 축적하기 위한 선전 활동을 펼치기 전에, 먼저 상부구조를 변화시켰고 국가기구를 장악했다. 그러고 나서야 그들은 생산관계의 거대한 변화로 나아갔다. **생산관계의 문제를 처리하고 적절한 궤도에 올라선 이후에야, 그들은 생산력 발전의 길을 열었다.** 당연히 생산관계의 혁명은 어느 정도의 생산력 발전에 의해 초래되었지만, 생산력의 큰 발전은 항상 생산관계의 변화 뒤에 왔다. ……먼저 정치권력 장악을 위한 여론을 준비한 후, 비로소 소유제 문제를 해결할 수 있고, 그 다음에 대대적으로 생산력을 발전시킬 수 있다는 것이 일반 법칙이다. 부르주아 혁명과 프롤레타리아 혁명 사이에 이 문제와 관련해 차이점이 있지만(**프롤레타리아 혁명 이전에 사회주의 생산관계는 존재하지 않았으나, 자본주의 생산관계는 이미 봉건사회 내에서 초보적으로 성장하기 시작했다**), 기본적으로 양자는 일치한다.(28항. 강조는 인용자)

이 주장의 논지전개는 통상적으로 마르크스주의적 해석으로 이해되는 것과 정반대의 방향을 취하고 있다. 통상적으로 이해되는 단순한 마르크스주의적 이해에서는 봉건제 태내에서 성장한 생산력 발전을 질곡하는 봉건적 생산관계를 변혁하기 위해 부르주아 혁명이 출현하고, 이 부르주아 혁명이 새로운 생산력 발전의 길을 열어 주며, 마찬가지로 자본주의 태내에서 형성된 새로운 생산력 발전을 질곡하는 자본주의적 생산관계를 변혁하기 위해 사회주의 혁명이 출현하고, 이 혁명은 새로운 생산력 발전의 길을 열어 새로운 생산양식을 완성한다는 해석이 제기된다. 그야말로 단순한.

마오에 따르면 자본주의의 출현은 봉건사회 태내에서 출현한 자본주의적 생산력 또는 생산관계 발전의 필연적 산물이 아니다. 그것은 구사회를 전복할 만큼 충분히 구사회 태내에서 발전하지 않는다. 혁명은 새로운 생산관계 수립의 출발점이 되고, 그 과제는 자기 고유한 생산력을 수립하는 것이 되며, 그것을 위해 다시 생산관계의 끊임없는 개조가 요구된다. 이 주장을 좀더 적극적으로 해석하게 되면, 자본주의의 역사에서 자본주의의 고유한 생산력은 자본주의 이전에 성립되지 않았고, 자본주의적 국가들의 수립과 자본주의적 생산관계의 확대에 수반되어 오랜 시간이 지난 후 비로소 등장하게 되었다는 해석이 가능해진다. 19세기의 산업혁명이 바로 그처럼 이미 수립된 세계적 규모의 자본주의 체계에 대한 생산력의 기반으로 등장한 것이다. 이런 해석은 자본주의의 등장에 대한 월러스틴, 아리기 등의 세계체계 분석의 접근법과 매우 유사한 해석이다(월러스틴 1999; 아리기 2008).

그리고 이런 주장이 사회주의에 대해서 갖는 함의도 분명하다. 마오는 매우 단호하게 이렇게 주장한다.

[교과서는] "사회주의 경제의 구성요소는 사적 소유에 기반한 부르주아 사회 내부에서 성장할 수 없다."(p. 328)[고 말한다.] 단지 "성장"할 수 없을 뿐만 아니라, 태어날 수도 없다. 자본주의 사회에서 사회주의 성분의 합작 경제와 국영경제는 근본적으로 태어날 수 없고 당연히 성장할 수도 없다. 이 점이 우리와 수정주의자와의 중요한 분기점이다.(1항)

사회주의는 분명하게 앞선 체제와의 단절이다. 그리고 그것은 생산관계와 생산력 모두에서 앞선 체제로부터 잉태된 맹아의 자연스러운 발전이 아니라, 그 고유한 자기 나름의 구조를 형성해야 하는 오랜 역사적 과정으로 이해된다. 마오는 사회주의적 생산관계가 자본주의의 태내에서 출현할 수 없음을 매우 단호하게 강조하는데, 앞선 주장들과 이를 연결해서 보면, 그 태내에서 생산력은 더더욱 출현할 수 없는 것으로 이해된다. 이렇게 해서, 자기 생산력의 기반 위에서 출발할 수 없는 사회주의, 그 생산력 기반을 마련하기 위한 새로운 '정치적 조건'으로서 사회주의라는 이행의 시기의 구도가 설정되고, 이것이 '생산양식이 아니라 이행기로서의 사회주의'라는 마오식 주장의 논거가 될 것이다.

이런 주장의 함의들을 정리해 보자. 첫째로 사회주의로 가는 길은 국가권력 장악과 소유제 개조에 의해 보장되지 않으며, 새로운 생산관계의 개조의 반복적 수행의 결과로서 새로운 생산력의 출현이 필요한 과정이 된다. 그리고 둘째로 이는 사회주의적인 새로운 '산업혁명'을 요구하게 되는데, 즉 노동에 대한 실질적 포섭의 자본주의적 과정을 해체하고, 전혀 다른 종류의 직접적 생산자와 생산수단의 관계를 만들어 내는 과정이 요구될 것이다. 셋째, 그런데 이런 생산력을 만드는 것은 늘 새로운 생산관계의 우위이며, 이는 '정치우위'에 의해 보장될 수밖에 없다. '생산의 사회적 관계들'이 모두 직접적으로 '생산력'과 관련되는 것은 아닐 수 있겠지만, '생산력'은 '생산관계'와 무관하게 존재할 수 없다. '생산력'이 사물이 아니라 바로 '사회적 관계'에 지배받는 '기술적 분업'을 보여 주기 때문이다. 그렇다면, '새로운 생산력'이 가능해지려면 그것을 가능하게 하는 새로운 '생산관계'가 필수적이고, 결국 생산력의 사회주의적 탄생이란 새로운 '정치적 과제'가 아닐 수 없게 된다. 새로운 정치가 가능한지가 생산관계 개조와 새로운 생산력 출현의 조건이 된다. 넷째, 그런데 중국의 조건에서 당의 외부에 어떤 진보적 대중운동도 불가능할 만큼 당의 대중 장악력이 높고, '대중노선'이 바로 당에 의한 대중 지도를 의미했고, 만일 사회주의 시기에 당이 대중의 '정치우위'를 보장하지 못하게 되면, 이는 바로 사회주의 위기를 의미하게 되며, 그것은 생산관계의 개조도, 새로운 생산력의 탄생도 불가능함을 함의한다. 다섯째, 그런데 당이 대중의 정치를 보장하는 틀이 되지 못한다면, 그 극복은 어떤 '조직'을 통해 가능할 수 있는가라는 질문이 제기된다. 또 다른 종류의 당인가 아니면 당이 아닌 다른 종류의 조직인가? 그리고 이 문제는 다시 이행기로서의 사회주의의 위기가 불철저한 생산관계 개조라는 문제로부터 나온다고 할 때, 문제 해결이 왜 단순히 인민공사적인 방식으로는 안 되는지, 위로부터의 개조에 의해서는 달성 불가능한지, 그리고 왜 새로운 형태의 정치가 문제가 되는지를 또다시 질문한다. 여섯째, 앞의 전제들이 어느 정도 충족되어 새로운 정치의 길이 열렸다고 한다면, 그것은 어떻게 새로운 '산업혁명', '사회주의적 생산력'을 가능하게 할 수 있을까, 그리고 그것이 '사회주의적'임은 어떻게 판명될 수 있을까가 다시 문제가 된다.

　이 질문들은 단지 사회주의 시기의 질문에 그치는 것은 아니다. 그것은 탈사회주의 시기를 거쳐 온 개혁개방의 시기에도 다시 되묻게 되는 질문들이 아닐 수 없다. 그리고 중국 사회주의 시기의 마지막 국면으로서 문화대혁명은 이런 질문들의 한복판에 놓여 있었다.

마오-천보다 연계가 마오-장춘차오로 대체되는 것은 풀기 쉽지 않은 역설을 동반한 과정이었다. 노동자의 자율성과 주도성이 강조되지만 파리코뮌의 원칙은 중단되는 역설, 새로운 지식인의 모델이 모색되지만 반지식인주의는 오히려 강화된다는 역설, 문혁의 레토릭은 강화되지만 당관료제도 다시 강화된다는 역설 등이 그것이다. '공총사'를 중심으로 하는 상하이의 실험은 이후 오래 지속되고, 여전히 남긴 중요한 의미가 적지 않지만, '파리코뮌 없는 노동자 문혁'이라는 역설은 '공총사' 자체를 대중과 괴리된 새로운 특권 세력으로 만들어 내고, 파리코뮌 구호가 실제 이 조직 내에서 실행되지 못하고 이들이 점차 한 세기 전의 '청방'(靑幇) 같은 '방파'(幇派)를 닮아 가면서 10년간 변함없이 지속되었다는 지적(李遜 1996: 9~12)을 그냥 지나칠 수 없게 만든다. 기존 체제에 매우 '보수적' 태도를 취한 다수의 노동자들은 문혁 초기 혈통론적 입장을 가지고 보수파 조직에 대거 참여해 '우파'라고 생각되는 자들을 억압하는 데 동조하였다가, 1967년 '2월 진압'이 비판받고 부정된 이후 조반파가 득세하자 어쩔 수 없이 상당수 조반파에 가담하였다. 이는 늘 불리한 출신성분 문제로 트집 잡혀 온 조반파 조직들도 적극 환영한 일이었지만, 조반파 조직에 가담하는 것만으로 이들 노동자들의 '보수적' 태도가 바뀐 것은 아니었다 (周倫佐 2006: 108). '파리코뮌 없이, 노동자계급이 일체를 지도'하는 것은 오히려 그들의 기득권 의식을 강화할 수도 있는 독이 되는 수단이었다.

물론 그렇지 않은 지역과 사람들도 적지 않았고, 공선대의 적극 개입 이후 반드시 보수적이지는 않던 '노동자 조반파'까지 포함해 문혁의 새로운 주체로서 노동자계급이 간부계층 수중에 있던 '행정집행권'의 일부를 차지했지만, 그렇다 해도 그 권한의 범위는 매우 제한적이었다. 각급 혁명 위원회나 '혁명영도소조'에 노동자를 포함해 조반파들이 상당수 참여할 수 있긴 했지만, 실질적 결정권을 지닌 층위에 진입한 경우는 드물었고, 또 대부분 혁명위원회 내에서 이런 대중조직 출신에게 구체적인 직권이 부여되는 경우는 없어서 사실상 유명무실하게 끝나는 경우가 많았다(周倫佐 2006: 122~3). 결정권을 가진 층위에 조반파 대표의 일부가 진입하였더라도, 이는 기존의 권력구도 내에 새로운 인자들이 일부 진입한 것이었지, 기존의 권력구조 자체가 크게 바뀐 것은 아니었다. 앞서도 지적하였듯이, '탈권'이 구조의 의인화를 상징하는 특정 관료들에 대한 숙정이었는지 아니면 그 '구조 자체'에 대한 도전이었는지의 차이는 모호했다. 탈권과 그에 따른 조반파의 권력장치 속으로의 진입이 권력의 생산과 재생산 기제를 얼마나 어떻게 바꿀 수 있는지는 새로운 쟁점으로 다가왔다. 군과 당관료제의 영향력이 강화되는 시기에 이 질문에 대한 해답을 얻기 위한 실험이 새로운 권력구조 속에서 쉽게 진행될 수 있는 것은 아니었다. 또한 행정 결정 기구 내로 일시적으로 상승한 조반파 세력 또한 1968년 이후 지속된 '계급대오 정돈'이나 '1타3반' 과정에서 대대적인 역습을 받아, 기존 간부를 대체한 노동자 세력 중 조반파들은 대거 숙청당하게 되었다(李遜 2007: 531~2).

5. '사회주의적 민주'라는 남겨진 쟁점

성우롄에 대한 캉성의 예민한 반응이 사실 전혀 근거가 없는 것은 아니었다. 양시광의 회고에서 보듯이 결국 성우롄의 논리는 마오의 권위에 근거해 관료집단 전체를 부정했던 논리이기 때문에, 마지막으로 마오의 권위를 비판의 무대에 올리게 되면 그 자체로 체제를 부정하는 논리가 되기 때문이다(楊曦光 1994: 1~7). 성우롄 사건 이후 아래로부터 급진 조반파의 형성과 성찰이 중단되지 않고, 1970년대에도 급진 조반파 출신들의 변신과 성장이 계속된다는 사실 속에서 우리는 문화대혁명의 쟁점을 좀 더 긴 시간대로 앞뒤로 확장해 이해할 필요를 느끼게 된다. 문화대혁명이 반복해서 대중정치의 조건이 어떻게 가능한지를 질문하고, 그 가능성의 다양한 시도를 반복하기 때문이다. 한편에서 우리는 관심을 문화대혁명으로부터 1956~1957년의 백가쟁명과 그에 뒤이은 반우파 탄압의 시기로 역으로 소급해 갈 필요를 느끼며, 다른 한편 문화대혁명의 '후과'를 그 이후 1970년대와 1980년대로 지속시켜 연구할 필요 또한 느낀다. 과거로 거슬러 가면 문혁과 1957년 사이에는 피억압의 연계성이라는 연속성 외에도 대중의 정치와 관련해 연속되고 있는 묻힌 쟁점 또한 존재한다(錢理群 2007, 2008; 백승욱 2009). 문혁의 '후과'로 나아가 보면, 1970년대의 아래로부터의 '이단적 조류'는 기존 체제 전체에 대한 근본적 반성으로 나아가는 경향이 있었는데(宋永毅 2007a; 徐友漁 1999: 247~62; 印紅標 2007), 자세히 살펴보면 '사회주의적 민주'라는 쟁점을 중심으로 해서, 그 출발점에 있던 두 가지 상이한 경향이 분화되어 감을 관찰할 수 있다. 그 두 경향을 '사회민주주의적 경향'과 '공산주의적 경향'이라고 부를 수도 있을 텐데, 1974년 리이저 대자보 때나, 특히 두드러지게는 1978~1980년 '베이징의 봄' 시기에도 그랬으며, 이는 서로 다른 개인들로 체화되기도 하고, 한 개인 내에 모순적 형태로 존재하기도 했다(백승욱 2009; 錢理群 2008).[65] 이런 맥락에서 우리는 1957년 '반우파' 시절과 문화대혁명 '이단

---

65) 『民主中華: 中國民運文選』, 香港: 遠東事務評論社, 1989, p. 165도 참고할 것.

사조'의 등장, 그리고 1970년대 중반 이후의 '사회주의적 민주' 운동을 연결시켜 이 속에서 지속되는 고민과 난점의 고리들을 찾아볼 필요가 있을 것이다.

문화대혁명의 대중운동 국면을 지나 '사회주의적 민주'에 대한 새로운 모색의 전환점이 등장하기까지의 과정을 살펴보면, 조반파 조직들의 해산 이후 '상산하향'으로 내몰린 이들이 각지에서 자체 조직한 '지하 독서회'나 다양한 '사상촌락' 운동이 중요한 역할을 하였음을 알게 된다. 과거 금서로 '내부 발간된' 서적들이 문혁 시기 가택수색 과정이나 도서관의 관리 소홀로 흘러나와 대거 홍위병들의 수중에 유통되어 많이 돌려 읽혔을 뿐 아니라, 이후 '독서회' 시기에도 많은 독서와 토론의 대상이 되었다. 이 서적들은 반수정주의 논쟁에서 '수정주의 문헌'으로 분류된 정치·이론서들인 '회색서'(灰皮書)와 서방 문학작품 번역물인 '황색서'(黃皮書)로 분류된다. 그 중 대표적인 책들로는, 질라스의 『신계급』, 트로츠키의 『배반당한 혁명』, 샤이러의 『제3제국의 흥망』, 아담 샤프의 『인간의 철학』, 마티에의 『프랑스혁명사』, 하이에크의 『노예로 가는 길』, 존 리드의 『세계를 뒤흔든 열흘』, 솔제니친의 『이반 데니소비치의 하루』, 발자크의 소설 등이 있었다. 러시아혁명 이후 씌어진 레닌의 '후기 저작' 또한 사회주의 역사의 비판적 해석을 위해 중요한 검토자료로 광범하게 읽혔다. 홍위병 해산 후 '상산하향'에 참여하여 농촌이나 공장에 하방된 지식청년들 중에는 독서회나 '문예살롱', '학습소조', 연구회 등을 통해 지식논쟁을 지속적으로 벌여 간 경우가 많았다. 이들이 현지의 조반파 청년들과 사상모임을 형성하는 경우도 적지 않았다. 이런 모임들이 이후 1970년대 '사회주의적 민주' 논쟁이나 개혁개방 이후의 새로운 지식인층의 형성으로 이어지게 된다(宋永毅 2007a: 369~81; 徐友漁 1999: 211~21; 1996b: 280~1; 印紅標

2007: 403~23; 2009: 4~6장; 陳奎德 2007: 436~7).

　　마오에 대한 지지를 출발점으로 삼아, 당관료제를 공격하면서 급진화한 조반파 급진세력들은 당(그리고 마오조차)에 의해 자신들이 공격 대상으로 지목되고, 문화대혁명의 성과가 미약함을 발견하게 되면서 점차 쟁점을 당 문제와 민주의 방향으로 전환하기 시작하였다. 그 전환점에서 가장 큰 영향을 끼친 사건은 1974년 광저우의 리이저 대자보 사건이었다 (李一哲 1974; Chan et al. 1985). 잘 알려져 있다시피, 리이저는 이 대자보를 함께 작성한 세 명의 청년 리정톈(李正天), 천이양(陳一陽), 왕시저(王希哲)와 중년간부 궈훙즈(郭鴻志) 이들 네 사람의 공동 필명이며, 이 중 주도적 인물은 왕시저였다. 네 명은 1966~1968년 시기에 광저우의 '홍기' (紅旗)파 조반파 조직에서 핵심적 활동을 한 적이 있었고, 이후 왕시저와 천이양은 상산하향에 참여했고, 리정톈과 궈훙즈는 1968년 린뱌오에 대한 비판 때문에 체포·투옥되었다가 그 중 궈훙즈는 '5·7 간부학교'에 보내져 개조활동을 거치기도 했다. 린뱌오 사건 이후 이들은 집중적으로 모여서 문혁에 대한 반성적 검토와 당시 체제의 분석에 집중하여 '민주'와 '법제'(法制)로 집약되는 자신들의 견해를 정리하였다. 이들은 자신들이 작성한 대자보 내용을 처음에는 1973년 12월 마오쩌둥에게 서신으로 전달하였다가 이듬해 11월 새로 서문(궈훙즈 작성)을 덧붙여 광저우 시내 중심에 대자보 형태로 게시했다. 네 명에 대한 당과 정부의 처리는 신중해서, 1975년 상반기에 토론을 허용하는 비판대회를 거친 후, 7월 중순 대자보 내용은 '반동'으로 규정하지만 네 명에 대해서는 각자 감독 하의 노동 교육 정도로 '관용적으로' 처리되었다. 그러나 다시 정치 풍향이 바뀌면서 이들은 1977년 3월 '반혁명 집단'으로 규정되어 체포되었다가, 1978년 12월에는 또다시 석방되어 복권되었다(印紅標 2009: 374~81). 이 리이저 대자보 사건은 전국적으로 매우 큰 영향을 끼쳤다.

리이저 대자보에서는 문화대혁명이 대중운동의 놀라운 성과를 거두었지만, 1968년 여름 이후 대대적 억압으로 실패하여 '린뱌오 체계'가 등장하였다고 본다. 이 체계는 린뱌오의 실각과 무관하게 그 이후에도 지속적으로 특권적인 새로운 부르주아 계급의 권력을 바탕으로 삼아 '문화대혁명'의 이름으로 문화대혁명의 대중을 억압하고, '예치'가 '법치'를 대체한 체계를 형성하였고, 이는 외형은 '극좌'이나 실제는 '극우'인 체계라고 주장한다. '린뱌오 없는 린뱌오 체계'라는 이 독특한 주장은 당시의 '린뱌오를 비판하고 공자를 비판'(批林批孔)하는 운동의 맥락을 활용하면서, 1968년 이후 대중운동의 대대적 탄압에 기반해 서 있는 4인방까지 포함한 억압적 체제를 비판하는 뛰어난 수사학이었다. 중요한 문헌이기 때문에 조금 길지만 리이저 대자보의 핵심 내용을 인용해 보도록 하자.

프롤레타리아 계급은 이후 이 '상당히 긴 역사 단계'에서 여러 차례의 문화대혁명을 진행하여, 사회주의 제도를 날로 완성해 가야만 한다.…… 새로운 부르주아 계급의 점유방식의 본질은 생산수단 사회주의 소유제의 조건 아래, '공적인 것을 사적인 것으로 만들고' 국가나 사업의 지도자가 되어 프롤레타리아 계급의 재산과 권력을 부르주아 계급의 면모에 따라 재분배를 시행할 때, 이들이 실제로 이 재산과 권력에 대한 새로운 부르주아 계급의 사적 점유를 실현시키는 것이다.…… 광둥 한 성에서만 살해당한 혁명대중·간부가 4만 명에 이르고, 격리·관찰·투쟁의 대상이 된 혁명간부와 대중이 백만 명을 넘는다.…… 우리 중국은 반봉건반식민지 사회를 벗어나 곧바로 사회주의에 진입하여, 2천 년의 봉건통치를 지속하였기 때문에 그 이데올로기의 뿌리가 매우 깊고,…… 근본적 타격을 입지 않았다. 봉건시대의 독재와 전횡의 악습이 대중과 일반 공산당원의 머릿속에 깊이 박혀 있다.…… 우리는 린뱌오 체계에 대해 말하는 동시에 "천재 사관이 그들의 이론 강령", 즉 사상강령이라고 지적한다.…… 현재 사람들이 보기에 분명한 것은, 그들이 천재 사관에서 출발하여 일련의 '체계', 일련의 현대적 '예'(禮) 체계를 구성하였다는 점이다.……

우리의 '체계'가 사람들을 놀랍게 만드는 마지막 원인은 그것이 1957년 우파의 잔여를 주워 올리기 때문이다.…… 일부 우리 친구들은 왜 '민주', '자유'의 구호가 1956년 부다페스트에서는 반혁명을 결집시켰지만, 동일한 구호가 1970년 발트해 남부 해변에서 폴란드 노동자계급의 전투적 기치를 형성케 하였는지 생각해 보지 못한다. 왜 1955년의 소련의 헝가리 출병이 우리나라 우파분자의 반대에 직면했지만, 1968년에는 소련의 체코슬라비아 출병이 중국 인민의 항의에 직면했는지 말이다! 우리친구들의 기본노선이 1960년대 이래 국제적·국내적 사회 계급 관계 변동에 대한 분석에 근거하지 않고 있고, 1950년대 후기에는 우리나라 프롤레타리아 독재의 주요한 위험이 구사회에서 끌고 들어온 부르주아 우파에서 유래했지만 1960년대 초기 이후에 주요 위험은 당내 주자파가되었다는 점을 그들이 분명히 인식하지 못했다는 것을 비판해야 한다. 똑같은 구호로 보이는 것이 달라지는 이유는 내용이 달라지기 때문이다. 1957년 우파가 민주의 구호 아래 반대한 것은 공산당의 지도와 사회주의의 길이었다. 그러나 1966년 이후 인민대중이 민주의 구호 아래 반대한 것은 당내 주자파의 자본주의 반동노선이고, 특히 린뱌오가 추진하였고 표면은 '극좌'이지만 실제는 극우인 봉건전제적인 사회 파시스트 노선이었다. 반면 인민대중의 목적은 프롤레타리아 독재를 공고화하는 것이었다.……

새로운 문제는, 류사오치 집단, 특히 린뱌오 집단이 하려는 것이 일반적인 부르주아 독재가 아니라 봉건적 성격의 사회 파시스트 독재라는 점이다.…… 일찍이 1960년대 초 마오 주석은 전당·전인민에 대해 사회 파시스트주의의 위험을 경고한 적이 있다.…… 프롤레타리아 문화대혁명은 형식 면에서 말하자면, 실제로 광범한 인민의 혁명 대민주이고, 이는 '공개적으로, 전면적으로, 아래로부터 위로 광대한 대중을 발동시켜, 우리의 어두운 면을 드러내는 것'이고, 사회 파시스트주의를 방지하고 반대하는 무기이다.…… [이는 차라리] 인민대중이 자기 자신을 해방하는 혁명 민주 정신을 단련한다고 하는 것이다.…… 1968년 여름 사회주의 법치는 '돌연 멈추어 섰'고, '정권이 곧 진압권'[이라는 논리]가 힘을 얻었다. 많은 지역 범위에서 가는 곳마다 체포와 진압과 투옥이 자행되었다.…… 1968년 이후의 여러 차례 운동은 확실히 문화대혁명 중에 일어서 조반한 사람들을 타격하여, 그야말로 그들을 18층 지옥에 떨어뜨릴 때까지 이루어졌다. 문화대혁명의 대중운동이 진압된 후, 린뱌오 체계가 비로소 확립되었고, 그들은 비로소 봉건 종법성의 구절들을 1970년 '신헌법'(초안)에 집어넣었다.…… 우리가 만일 이런 봉건적 성격의 "군신 부자는 위를 범할 수 없다"는 예치 원칙을 반대하지 않는다면, 우리가 프롤레타리아 독재의 "적은 진압하고 인민은 보호한다"는 법치를 진실로 시행할 수 있겠는가? 이는 엄청난 모순으로, 한편에서 당의 일원화 지도를 동요시킬 수 없는 반면, 다른 한편에서 "운동의 중점은 당내 주자파를 숙정하는 것"이지만, 이들 주자파는 바로 그들이 장악한 지방·부문의 일원화 지도의 구체 체현자이다. 프롤레타리아 독재의 조건 아래, 어떻게 하면 인민대중이 당의 일원화 지도 아래서 당내 주자파와 오류노선에 대해 투쟁할 권리를 옹호할 수 있는지, 이것이 '4기 인민대표대회' 앞에 놓인 커다란 과제이다.…… 어떻게 하면 당과 국가의 각급 지도부에 대한 인민대중의 혁명감독 권리를 규정할 수 있는지, 그리고 어떤 간부(특히 중앙기관의 고급간부)가 광대한 인민대중의 신임을 상실했을 때 어떻게 하면 인민이 '수시로 그들을 소환'하도록 분명히 규정할 수 있는지, '4기 인민대표대회'는 이 문제에 대답해야만 한다.…… 문화대혁명 중에 인민대중의 민주권리 역시 박탈된 시기에 비로소 민주권리의 귀중함을 깨닫게 되었다. 1968년이 광대한 인민대중(더욱이 혁명 조반파 대중)을 잔혹하게 진압했다 하더라도, "현재의 세계 조류, 반민주적 반동파는 역류일 따름이다".(李一哲 1974: 54~82)[66]

자세히 살펴보면, 리이저의 이 대자보는 문화대혁명 시기의 몇 가지 전제를 인정하면서도 사실상 그 틀을 벗어나는 계기가 되고 있음을 알 수 있다. 이 대자보가 인정하는 듯 보이면서 다시 비트는 문화대혁명의 기존의 틀은 네 가지 정도인데, 첫째로 마오의 권위에 기대어 '린뱌오 체계'를 비판하고, 둘째로 '프롤레타리아 독재'라는 틀을 인정하면서 그것을 '인민민주'로 채우고자 하며, 셋째로 1957년의 '반우파'에 대한 당의 평가를 부정하지 않지만, 그것을 현재의 상황에 연장해 적용하려는 시도와 단절하고, 넷째로 린뱌오에 대한 당의 평가를 받아들이는 듯하지만, 린뱌오 문제를 린뱌오나 그 주변 인물로 한정하는 것이 아니라, 문화대혁명 발발시 문제가 된 '17년 체제' 전체로 확대하고 있다.

---

66) 리이저 대자보에 대한 소개와 분석으로 宋永毅·孫大進(1997), 印紅標(2009: 374~97), 吉越弘泰(2005: 472~93), Chan(1985) 등을 참고할 것.

따라서 이 리이저의 논의는 문화대혁명 '이단사상'이 그 이후 분기하는 중요한 계기가 될 것임을 알 수 있는데, 그것은 1968년 이후의 자기 반성과 성찰을 한편에서 1957년으로 확대하는 동시에 다른 한편으로 마오 자신에게 확대하면 발생하게 되는 결과이다. 무엇보다 리이저 대자보는 문혁 시기의 핵심 쟁점이었던 계급 문제를 '적과 우리 편' 사이에 선을 긋는 계급전쟁 형태로 환원시키지 않으려는 고민을 담고 있다. 그것이 '사회주의'와 '민주'가 만나는 지점일 텐데, 앞서 우리의 논점에 따라서 설명하자면, '파리코뮌'에 입각한 베이징의 조반운동이 상하이의 '노동자계급이 일체를 지도한다'로 교체된 다음, 리이저 대자보에 와서는 이를 단순히 다시 베이징의 '파리코뮌' 정신으로 되돌리거나 또는 두 원칙을 단순히 결합하는 것만으로 문제가 해결되지 않는다는 인식이 등장하였다고 해석될 수 있다. 무장투쟁에서 '계급대오 정돈'까지 이어지는 '폭력의 시대'의 모든 책임이 소수 집권자에게만 소급되는 것은 아니기 때문이다. 이런 점에서 쑹융이는 이 리이저의 대자보가 앞선 시기의 '이단사상'과 단절선을 긋고, 조반파 내의 온건파와 급진파의 특정한 측면을 통일하고 심지어 보수파 홍위병의 특정한 주장들까지 통합함으로써, 이후 새로운 정치적 주장과 세력이 형성되는 계기일 수 있었다고 평가하고 있다(宋永毅 1996: 262~4). 이는 앞서 다른 조반파나 '이단사조'와 구분되는 새로운 단절이 발생하는 계기적 특징이며, 이런 특징 때문에 이후 문혁의 이단사상과 '자유주의' 사이에는 중요한 연결고리나 논점이 형성된다.

또 한 가지 주목되는 점은 여기서 리이저는 천보다가 1970년 린뱌오와 연맹하면서 들고 나온 '천재론'을 린뱌오 체계의 핵심강령이자 사회주의를 '예치'로 만든 핵심 관건으로 비판하고 있다는 것이다. 이를 통해서 우리는 리이저에게 '파리코뮌'적 측면이 남아 있다 해도 리이저의 주장이 천보다가 멈춘 지점에 멈출 수 없으며, 천보다를 부정하는 방향으로 확대되지 않을 수 없음을 확인할 수 있다. 리이저를 계기로 '문혁의 정치'가 천보다가 멈추어 선 당의 문제에서 더 나아가는 것은 그 때문이다.

'리이저 사건'은 개별분산되어 있던 문혁 급진파들의 문혁에 대한 자기비판적 평가를 전국적으로 연결시키는 고리가 되었다. 문화대혁명의 잔존 조반 조직들이 조직적으로는 와해되고 분산된 시점에 리이저 대자보는 당시의 '린뱌오와 공자를 비판'하는 사회 분위기를 활용해 운동을 정책실행 '요구' 방향으로 돌리는 흐름을 형성하면서 등장하였다. 전국적으로 조반파의 대중운동은 상당히 약화되었지만 1974년 후베이성 우한과 장시성 간저우에서는 수십만의 대중이 시위에 참여했을 만큼 새로운 방향으로 전환하려는 움직임이 여전히 지속되고 있었다(周倫佐 2006: 217). 리이저의 대자보는 이런 변화된 흐름을 반영하고 있었다.

'베이징의 봄'으로 지칭되는 1978년의 시단(西單) 민주벽 운동의 참가자 대부분이 리이저 대자보의 영향을 받았다고 볼 수 있으며, 더 나아가 중국에서 개혁운동은 당내 '주자파'로 몰렸던 당내 개혁파나 '반동학술권위'로 몰렸던 지식인 개혁파가 제창한 것이 아니라, 민간역량이 처음 제기한 것이고, 그것은 '사회주의적 민주'라는 '민주개혁'의 요구로 1974년 리이저 대자보와 더불어 시작한 것이었다고까지 평가할 수 있다(錢理群 2008: 239).

문혁의 역설을 경험한 기층 조반파 출신의 '민간사상 사조'는 이렇게 해서 '민주로 향해 나아가고, 민주로 가는 길을 찾는 것'을 1970년대 중후반 청년사상가 집단의 주요 추구의 방향이자 주도적 경향으로 만들어 냈다. 주목되는 점은 이들이 '민간 마르크스주의자'라는 특징을 여전히 유지하고 있었다는 점이다. 문혁에 대한 이들의 태도는 이중적이어서, '문혁은 죽었지만, 문혁정신 만세'라는 표현에서 보이듯 아직 문혁에 대해 비판적 전유의 태도를 지니고 있었다(錢理群 2008: 229~30).[67] 이 시기 이런 특징을 가장 잘 보여 주는 인물은 쉬수이량이다. 그는 '주자파'가 아니라 '주자파'가 형성되는 제도적 바탕, 즉 생산관리와 정치관리상의 '특권제'가 출현하는 것을 문제로 삼고, 그 원인을 "국가권력·경제권력·정치권력의 내용은 기본적으로 프롤레타리아적이지만 그 형식은 여전히 자본주의적이고 소수가 장악한 권력"이라는 모순에서 찾는다. 그리고 그 해결책을 "파리코뮌식 프롤레타리아 민주제"에서 찾아내려 한다(印紅標 2009: 412~20). 첸리췬(錢理群)을 중심으로 한 구이저우 안순의 '사상촌락'처럼 '마오쩌둥 후기사상'을 중심으로 사회주의와 문화대혁명의 재해석부터 '4·5' 운동(1차 천안문 사건)의 의미까지 비판적·체계적으로 연구하려는 시도가 등장한 것도 이런 시기적 흐름을 반영한다(印紅標 2009: 487~91, 249~52도 참고).

앞서 말했듯이 이 시기 '사회주의적 민주'에 대한 주장은 문혁 급진파로 소급될 뿐 아니라, 더 거슬러 올라가면 '백화제방' 시기인 1956~1957년 시기, 특히 1957년의 이른바 '5·19 민주운동'에서 제기된 주장과 매우 유사하며 또 그 시기 논점의 재검토를 포함하고 있다(錢理群 2007; 백승욱 2009; 印紅標 2009: 393). 리이저의 대자보는 새로운 단절일 뿐 아니라 잊혀졌던 쟁점의 부활이기도 한데, 사회주의와 민주 사이에서 형성

---

67) 문혁 기간 중에 급진파 또는 이단파를 형성한 세력들의 주장에서 1966~1968년 '신사조'파의 '관료특권계급'론, 1968년 이후 상산하향에 참가한 지식청년들을 중심으로 한 '신계급'론, 1974년 리이저의 '특권의 신생 부르주아지', 1974~1975년 쉬수이량(徐水良)의 '특권제'론, 1976년 천얼진의 「특권론」에 이르기까지의 주요한 내용 소개로는 印紅標(2007, 2009)를 참고할 것.

되는 그 쟁점은 당과 대중 사이, 그리고 계급과 대중 사이의 모순이라는 문제를 중요하게 제기하는 것이었다.

1974~1975년 시기에 분산적으로 흩어져 활동하면서 사회주의적 민주를 제창하던 '민주세력'들은 1976년 4월 5일 '1차 천안문 사건'을 거친 후, 1978~1980년 시기에 서로 모이기 시작하여, 공동으로 간행물 발간 사업에 착수하게 되었다. 여기에 참여한 사람들은 두잉궈(杜應國), 쉬원리(徐文立), 쑨웨이방(孫維邦), 쉬수이량, 천얼진, 왕시저(리이저 대자보 3인 중 핵심 인물) 등이었다(錢理群 2008: 237).[68]

이 시기 토론은 주로 레닌의 후기사상 연구에서 시작되었는데, 그 쟁점은 첫째로 프롤레타리아 독재와 민주의 관계, 그리고 두번째로 사회주의 민주의 특징이었다. 이를 기반으로 문혁 급진파의 일부는 중국에서 집권정당이 '독재정당'으로 변질되었고, 프롤레타리아 독재가 당독재로 변질되었다는 결론을 내리기도 하였다(錢理群 2008: 232~3). 1970년대 후반 민주운동의 두드러진 성과는 1978년 시단의 민주벽 운동과 대학교 내의 민주화운동을 결합시켜 진행한 것이었고, 이는 당내의 '개혁파'와 잠정적 동맹을 통해 그 세력이 일정 정도 지속될 수 있었다.

---

68) 문혁의 '신사조'로부터 '사회주의적 민주'로 이어지는 흐름은 반드시 조반파 출신들에 의해서만 유지된 것은 아니며, 앞서 '노홍위병' 출신 중에서도 일부가 문혁의 경험을 거쳐서 사회주의적 민주로 이어지는 세력들이 있다는 점에서 상황은 훨씬 복잡하다. 노홍위병 출신으로 '사회주의적 민주' 운동에 가담한 대표적 인물은 웨이징성(魏京生)으로, 웨이징성은 롄둥(聯動)에도 가입한 적이 있었다(宋永毅 1997: 301). 더욱이 문혁 시기에 두 파벌 모두로부터 거리를 둔 '소요파'(逍遙派)도 적지 않았는데, 문혁의 종료 이후 이들 중 상당수가 오히려 일정한 '이상주의'를 유지하면서 두 파들이 사라진 공백을 메우는 사상문화의 전통을 형성하였다는 평가도 있다. 리쩌허우(李澤厚), 옌자치(嚴家其), 류짜이푸(劉再復), 팡리즈(方勵之), 쉬량잉(許良英), 진관타오(金觀濤) 등 자유주의 계열의 사상가들이 주로 그런 인물들로부터 배출되었다(陳奎德 1997: 315).

이런 성과는 대표적인 간행물들로 나타났는데, 쉬원리가 주도한 『4·5 논단』, 왕쥔타오(王峻濤) 등이 주도한 『베이징의 봄』, 웨이징성의 『탐색』이라는 3대 민간 잡지가 등장하였고, 쑨웨이방의 「화궈펑과 덩샤오핑에게 보내는 편지」나, 출옥한 독립적 사상가 천얼진이 이전에 써둔 원고를 배포한 「프롤레타리아 민주혁명을 논한다」 등이 집중 출현한 것이 이 시기였다(錢理群 2008: 250). 이들은 모두 노동자출신 조반파라는 점에서 1980년까지 이어진 이 운동의 성격은 '청년 노동자 주체의 사회주의 민주운동'이라고 부를 수 있는 것이었다(錢理群 2008: 253).

문혁 이후 민간 사상계가 분화하면서 당시의 흐름은 마르크스주의를 견지하면서 사회주의의 길에서 민주를 발양해야 한다는 다수세력(왕시저, 쉬원리 등이 대표자)과 다른 한편에서 마르크스주의를 버리고 인권을 중시하는 자유주의로 넘어가는 소수파(후핑胡平 등)로 나뉘기 시작했다.[69] 분화는 이미 리이저 대자보에서도 잠재되어 있었으며, 그것은 문혁의 대중운동적 측면을 강조하는 '3년 문혁론'(또는 2년 문혁론)이나 '두 개의 문혁론' 내에서 입장이 미묘하게 분화하는 과정을 보여 주는 것이기도 했다. 사회주의 하의 '계급' 문제나 '주자파' 문제가 '상부구조'의 문제인지, '관료주의적 작풍'의 문제인지, 아니면 '성우롄' 등 이단사조의 주장처럼 특정 집단으로서 '관료계급'의 문제인지에 대해 각 분파들이 지니고 있는 모호함과 불명확함이 점차 그 정치적 맥락의 차이를 만들어 내면서 분화하기 시작하였다. 주요 논점들을 좀더 살펴보면, 사상의 자유를 중심으로 하는 민주의 요구와 당시 중국의 사회성격에 대한 논의가 동시에 부각되며, 상이한 분화가 나타남을 알 수 있다.

---

69) 『民主中華: 中國民運文選』, 香港: 遠東事務評論社, 1989, p. 165.

1978년 12월 『4·5 논단』의 발간사에서는 다음과 같이 말하면서, 사상의 다원화를 제창하고 있다.

한마디로 말하자면, 『4·5논단』은 헌법이 인민에게 부여한 국가에 대한 감독과 관리의 권리를 행사하여, 헌법을 종이 위의 한 조문으로부터 우리나라 사회의 존재와 발전의 기초로 바꾸어 놓으려는 것이다. 한 종류의 논지가 천하를 통일하는 데에 익숙한 동지들 또한 서서히 다원화한 투쟁과 비교에 익숙해져서, 가장 과학적이면서 진보와 광명으로 나아가는 지름길을 찾아내어 시급히 4개 현대화를 실현하여야 하며, 그럼으로써 비로소 세계진보의 조류에 부합하게 될 것이다.[70]

웨이징성은 1979년 10월 중형을 선고받은 재판 법정의 '변호의 말'에서 사상의 자유를 역시 강조하고 있다.

어떤 역사적으로 존재했고 또 현실에 존재하고 있는 사상이론에 대해서도 비판적 태도를 취해야 한다. 이것이 마르크스주의의 학문하는 태도이다. 그렇다면, 왜 충분히 비판적으로 마르크스주의를 대하지 못하는 것일까? 마르크스주의를 비판적으로 대하는 것을 허용하지 않는 사람들은 마르크스주의를 종교로 신앙하는 사람들이다. 어느 누구도 자신이 옳다고 생각하는 이론을 신앙하고 추앙할 권리를 갖는다. 그러나 그가 신앙하는 이론을 법률적 효력을 갖는 규정방식으로 다른 사람에게 강요해서는 안 되는데, 그렇지 않으면 이는 다른 사람의 자유를 간섭하는 것이 되기 때문이다.(錢理群 2008: 278)[71]

그러나 분화 속에서도 다수와 소수의 두 입장은 맞물려 있었기 때문에 사상의 자유를 요구하는 이 시기의 논의를 간단히 자유주의로 쉽게 정리할 수 있는 것은 아니었다. 이 시기의 논의는 당시 사회성격과 지배계급의 성격에 대한 논의에 의해 여전히 규정되고 있었다. 이 시기보다 앞서 준비되었지만 1979년 6월 『4·5 논단』을 통해 대중들에게 대대적으로 알려지게 된 「프롤레타리아 민주혁명을 논한다」는 글에서 천얼진은 중국이 "생산수단 공유제를 건립한 이후 과도기적인 '교차로에 선 사회주의' 시기에 진입해" 사회주의의 길과 수정주의의 길이 분기하는 교차로에 놓여 있다고 본다. 또한 그는

> 이런 관료독점 특권계급 소유제는 관료독점 특권계급이 정치경제 일치화를 통해서, 정치영도와 경제 지배권력을 한 몸에 집중시켜, 전체 사회의 인력·물력을 고도로 조직화하고 고도로 집중하고 고도로 독점하여, 거대한 경쟁력을 지닌 자본축적체제를 만들어 냈는데, 이는 전형적인 특권화한 사유제이다.

라고 주장하여 '특권자본화'의 문제를 제기했고, 그 해결책으로 "프롤레타리아 민주혁명을 진행하여, 상부구조를 변혁하고, 프롤레타리아 민주제도를 건립하고 완비해야 한다"고 했다. 그는 '프롤레타리아 민주'를 실현하기 위해서는 인민이 스스로 관리하는 공유제의 원리에 기반하여, 러

---

70) 『民主中華: 中國民運文選』, 香港: 遠東事務評論社, 1989, p. 280. 錢理群(2008: 251)에도 수록.
71) 민주벽에 붙인 웨이징성의 글과 그가 『탐색』에 발표한 글에서는 중국 사회주의를 봉건적·파시즘적 사회주의로 규정하고, 민주에 대한 자유주의적 입장이 더 강하게 드러난다(魏京生 1979a; 1979b).

시아혁명과 문혁의 경험을 수용하고, 파리코뮌의 원칙을 견지하면서, 한 걸음 더 나아가 '서구사회제도의 장점을 흡수'하려 하였다. 그가 서구사회와 관련해 말하는 제도들은 삼권분립, 공산당 양당제, 인권의 쟁취 등이었다.[72)]

『4·5 논단』을 주도한 쉬원리 또한 체제의 문제와 민주의 요구를 동시에 강조해야 한다는 입장을 보인다.

> 우리는 관료주의가 우리 사회의 엄중하고 치명적인 위협이며, 또한 사회주의 현대화를 실현하는 데 근본적 장애가 된다고 생각한다.…… 중국의 사정을 잘 살펴야 하는데, 무엇보다 노동자의 정치본능을 잘 발휘해야만 한다. 사회분업이 고정되어 지도자들이 정치업무를 독점하고 노동자는 생산에만 몰두하는 것이 바로 병폐가 생기는 이유이다.…… 프롤레타리아 민주주의는 부르주아 민주주의보다 더 높은 단계이다.…… 계급상황에 중요한 변화가 발생했지만, 우리나라 사회는 아직 계급 존재와 서로 연계된 생산발전의 역사단계를 벗어나지 못했다.…… 자본가계급은 없어졌지만, 하나의 특수한 계급과 기타 각종 노동자계급이 서로 대립하여 존재하는 합리성이나 필연성은 아직 소멸하지 않았다.…… 직접적 혹은 간접적으로 전체 생산수단을 장악한 당과 국가의 공작인원과 관리인원들 사이에서 관료주의 경향이 발생하고 있고, 그들 중에 관료주의

---

72) 錢理群(2008: 276), 印紅標(2009: 464~82)도 참고. 천얼진의 이 글은 1979년 6월 『4·5 논단』에 전문이 게재되는 동시에, 시단의 민주벽에 수백 장의 대자보로 작성되어 게재되어 대대적인 대중적 주목을 받았으며, 그만큼 이보다 앞선 시기에 작성되었다 하더라도, 이 시기의 대표적 주장으로 간주될 수 있다. 천얼진의 이 글은 당시 영어로 번역되어 서구에도 소개되었다. Chen(1984).

자가 계층과 계급으로 형성되고 있다.…… 관료주의는 당면 사회가 겪고 있는 심각한 병폐이며, 이는 하나의 사회세력이며 오로지 [또 다른] 사회세력이 있어야만 이에 대해 유력한 투쟁을 벌일 수 있다.…… 우리의 생산력은 매우 낙후되었고, 봉건의식과 관료습관의 뿌리는 깊다. 20여 년의 곡절에 찬 길을 걷고, 특히 문혁 시기의 대혼란, 대충돌을 겪고서 사람들은 우리나라 사회의 내부모순에 대해 그 존재상황을 인식하고 출로를 찾도록 압박받고 있다. 4인방 분쇄 이후, 민주를 요구하고 전제를 반대하는 것이 사회의 위에서 아래까지 억제할 수 없는 조류가 되었다.…… 오늘의 인민민주운동은 1976년 4·5 운동의 지속이고 또한 사회주의 민주가 서서히 성장해 가는 과정이다.…… 법제의 범위를 초월해서는 인민민주는 매우 연약하고 그에 대한 간섭을 제지할 힘이 없다.(徐文立 1979: 244~58)

1970년대 말 전국적으로 분산되어 존재한 민간사상가들은 이처럼 제도의 변혁과 창신을 추구하고, 최종적으로는 민주정체로 나아가고자 했다. 논의가 더 진전되면서 한편에서는 이들 민주운동의 세력 내부에서 조금씩 입장이 분화해 가기 시작했다. 사회민주주의적 색채가 좀더 부각되기 시작한 것과 『1844년 수고』의 독해를 통한 청년마르크스의 인간주의적 해석의 도입이 그런 대표적인 예였다(錢理群 2008: 237~302).

사회주의적 민주에 대한 추구에서 나타나는 모순과 복잡성은 마오쩌둥이라는 혁명지도자가 지닌 독특한 위상과 무관한 것은 아니었다. 마오는 한편에서 이런 이단사상의 '지지자'이자 '흡수자'였다. 당내에서 마오의 위상이 늘 서로 다른 노선 간의 투쟁을 통해서 지탱되어 왔고, 특히 여기서 소련의 '교조'에 대한 이단적 비판이 중요한 쟁점이었기 때문에,

마오의 새로운 사고의 혁신에 대한 지지자들 또는 동반자들은 당내보다는 당 외부에 포진된 경우가 많았다. 그러나 다른 한편에서 마오는 궁극적으로 당의 주석이었고, 최종심급에서 이를 벗어나지 못하였다. 즉, 그는 항상 대중운동을 결국에는 당 조직의 지도 하에 종속시키고자 하였다. 다만 그 당조직과 그 당의 이데올로기가 쇄신된다는 조건 하에서 말이다. 이 이중성 때문에 한편에서 마오가 이단사상을 흡수하여 중국적 토양에서 사회주의 하의 마르크스주의의 쟁점을 이론적·실천적으로 쇄신하고 다시 문제를 제기할 수 있던 반면, 다른 한편에서 그것을 가능하게 하던 대중운동의 기반은 오히려 그 이후 약화되거나 심지어 궤멸되는 결과가 발생하였다. 이 과정은 주기적으로 반복되었으며, 특히 당-국가가 강화되는 시기에는 그런 역설이 더 두드러졌다. 마오는 대중운동의 이단적 사상을 흡수해 이론화하고 이를 당내의 논쟁구도로 끌어들여 당을 관통시키고 그로써 당의 '철의 통일성'을 파괴하였지만, 이는 항상 대중의 절대적 이데올로기적 통일성을 대가로 하였다.[73]

이는 일찍이 1957년 반우파운동의 진행 과정에서부터 드러난 바 있다. 반우파투쟁에 앞서 사회주의적 개조 시기에 초래된 모순들을 파악하고 극복하기 위해 '백가쟁명'을 제창한 것은 마오 자신이었다. 물론 이 과정이 사후적으로 단지 "뱀들을 동굴 밖으로 유인해 내기 위한" 책략에 불과했는지는 논쟁의 여지가 있지만, 1957년 당내 강연을 통해 나중에 「인민내부 모순의 정확한 처리 문제에 관하여」로 정리된 내용을 발표하는 과

---

73) 첸리췬은 1957년의 우파로 지명된 탄톈룽과 마오의 마르크스주의에 대한 사고가 매우 유사하게 '이단적'임을 발견하는데, 그럼에도 이단이 될 수 있는 권리는 지도자에게만 귀속됨을 강조한다(錢理群 2007: 180).

정을 통해서 보자면 이는 단지 정치적 책략의 문제가 아니라 사회주의 하에서 모순에 대한 이론적 인식 차원으로 확대되고 있음을 부정하기 어렵다. 백가쟁명 시기의 여러 논의들은 관료주의 문제와 관료계급의 문제, 그리고 사회주의 하에서 인민 자신에 의한 '관리', 그리고 궁극적으로는 국가장치와 '집권당'이라는 문제를 제기하기 시작했고, 그 해결책으로 민주라는 쟁점을 제기했다. 그리고 이는 마오가 '인민내부의 모순'과 '적대적 모순'을 구분하고, 상황에 따라 전자가 후자로 전화할 수 있음을 이야기하는 맥락을 통해서 이론적으로 정리되게 된다.[74] 그러나 이런 이론적 정리 과정은 그와 동시에 현실에서 반우파 진압에 대한 동의와 동시적으로 진행된다. 그리고 당내에서 노선의 대립은 커지는 반면, 당 외부의 이데올로기적 통일성은 더욱 강화되었다. 반우파 시기는 스탈린주의적 정치가 특히 더 두드러진 시기였고, 이 시기에 급진사상을 억압하는 마오-당관료 동맹이 형성되었다. 이 동맹은 문혁의 억압으로 나아가는 과정에서 나타난 동맹보다 훨씬 더 강고한 것이었다. 덩샤오핑이 '반우파투쟁'의 주도자로 등장한 것은 그런 맥락에서였다.

마오의 이런 동요 또는 이중성은 문화대혁명 시기에 들어서면 더욱 두드러진다. 반우파 시기에 비해 문화대혁명 시기에는 대중조직들 자체가 다양한 파벌로 분할되면서 마오의 판단이 대중운동에 끼치는 영향이 훨씬 더 커졌다.[75] 마오의 최초의 입장 제시는 1966년 7월 말 공작조 파견

---

74) 그리고 이런 이론화는 앞 절에서 살펴보았듯이, 1958년 이후 소련 『정치경제학 교과서』에 대한 비판에서 더욱 체계화된다.
75) "문혁 중의 민간사상가 대부분은 마오쩌둥에 의해 깨워 일어난 사람들이고, 이 때문에 처음에 대다수 모두 '마오쩌둥주의자' 심지어 '청년 마오쩌둥파'로 부를 수도 있었다."(錢理群 2008: 244)

을 잘못된 노선으로 비판하고 공작조 철수 지시와 조반파에 대한 지지 선언에서 드러난다. 이는 조반파 조직의 팽창에 매우 중요한 계기였고, 사회주의 하에서의 모순이 대중운동을 통해서 폭발하는 계기가 되었다. 그러나 이런 정치적 입장이 지속된 것은 아니었고, 1967년 2월 상하이코뮌의 설립을 계기로 마오의 입장은 동요하게 된다. 특히 2월에 '상하이코뮌'을 '혁명위원회'로 전환하라는 지시, 그리고 이어 '반혁명 진압'을 명분으로 한 군의 조반파 공격에 대해 일정 기간 침묵을 유지한 것이 전환점을 이루게 된다. 즉, 대중운동의 문제제기를 아우르고 같은 방향에 서기보다는, 또다시 조직적으로 당의 우위를 재확인하는 과정이 반복된 것이었다. 그러나 '2월 반혁명 진압'이 과도하게 진척되면서 조반파에 대한 탄압을 초래하자 마오의 입장은 다시 전환된다. 그러나 이후 1968년과 1969년으로 나아가면서 대중운동이 분열하고, 당에 대한 대중운동의 공격이 전개되자, 마오는 조반파 조직들과 점차 거리를 두면서 공선대/군선대를 지지하고, 1969년 이후에는 조반파의 해체와 이들에 대한 대대적 검속에 대해 암묵적으로 동의하게 된다. 그런데 특이한 점은 이처럼 조반파의 분화와 급진화가 진행되고 마오가 이로부터 점차 거리를 두게 되는 과정이 진행되는 것과 동시에 문화대혁명에 대한 마오의 '이론적 입장'(이론이라기보다는 하나의 입장)으로서 '사회주의 하의 계속혁명론'은 점차 체계화와 공고화의 과정을 겪게 된다는 것이다. 문화대혁명이 두드러지게 더 이상 대중운동이 아닌 상황으로 전환되고, 상징적으로 천보다가 실각하여 중앙문혁소조가 사실상 해체되고 4인방이 권력투쟁에서 우위를 차지한 이후에 문화대혁명의 이론화를 위한 정치경제학 교과서 집필 작업이 진행되었다는 역설 또한 이런 측면을 지지해 준다.

결국 '마오 효과'는 사회주의 하에서 마르크스주의 급진화의 이름이었던 동시에 역설적으로 당 외부의 아래로부터의 마르크스주의 세력, 또는 첸리췬의 용어로 말하자면 '민간 마르크스주의 사상'의 형성을 억압하는 결과를 낳았다. 문혁의 동학은 '최고 권위에 의존하고 그 지지와 비호하에서 진행된 반권위 운동'이라는 역설을 지녔고, 그 한계 속에 머물렀다(陳奎德 1997: 311). 그 쟁점들이 마오식으로 흡수되고 그에 뒤이어 운동의 흐름 자체가 억압되었기 때문에 쟁점은 일정한 순환을 그리면서 계속 반복적으로 재등장하게 된다. 당 외부를 출발점으로 하는 마르크스주의의 쇄신의 논의는 궁극적으로 허용되지 않았으며, 당 외부에 있던 이들 '민간 마르크스주의자'들은 우파, 이단사상, '5·16 병단', 반당반사회주의 등의 이름으로 늘 진압되었다.[76]

> 출발점부터 [마오는] 학생들을 격려해 '사령부를 포격'하고 '부르주아 계급 반동노선에 반대'하도록 하여 명시적으로 앞선 17년의 관료체제를 전면적으로 허물려 한 동시에, 다른 한 손으로는 군대를 운동에서 배제하여, 친히 '군대에 반대하고 군대를 혼란시키고, 나의 장성을 허무는' 조반을 제재하고, 온 힘을 다해 앞선 17년 체제의 가장 주요한 지주——군대——를 유지하려고 하였다.(陳奎德 1997: 311)

인훙뱌오는 이를 '정치혁명'이 '사회혁명'으로 전환되는 것을 막으려 한 것으로 해석한다.

---

76) "(1978~1980년 시기) 당시 중국공산당이 적발한 크고 작은 수많은 '반혁명조직' 안건 중에는 '마르크스-엥겔스 소조'류의 이름으로 체포되어 투옥되고 심지어 총살당한 경우가 부지기수라고 할 수 있다."(錢理群 2008: 234)

'문화대혁명'의 지도자는 실제 운동 중에 아주 신중해서, '정치혁명'이 '사회혁명'으로 전환되지 않도록 방지했다. 그들은 한편에서 대중에게 대명대방(大鳴大放), 대자보, 대변론, 경험대교류, 시위집회, 대중조직 건립, 신문 출판 등 '대민주'의 권리를 주었지만, 다른 한편에서 이 권리를 운용할 범위, 시간 및 정치방향에 대해서는 제한하고 지도하였다. 그리고 대중들이 궤도를 넘는 언행을 하면 비판·제지를 하고, 심지어 압박하고 진압하기도 했다. 예를 들면, 일부 조반파 대중이 제출한 '모든 것을 회의하라', '모든 것을 타도하라'라는 구호를 비판하고 마오쩌둥과 중앙 지도부의 권위를 옹호한 것, 일부 노동자들의 경제적 요구를 거부하고 정치운동의 기본 성질을 유지한 것, 임시공·계약공과 기타 대중의 전국적 조직을 억압하고 대중조직이 정당으로 전환되는 것을 방지한 것, 대중 중의 '극좌사상'을 비판하고 중앙의 전략적 배치를 실현하고 정치·사상상의 지도권을 보증한 것 등등. 당시 비판받은 '극좌사상'의 중요 관점 하나는 거의 모든 지도 간부를 관료계급으로 부정하고 사회혁명을 호소한 것이었다.(印紅標 2003a: 359)

마오가 보이는 이런 모순은 어쩌면 「문혁 16조」 시절의 천보다에게도 이미 잠재해 있던 모순일 수 있으며, 이를 통해 우리는 마오가 어떻게 문혁의 촉발자인 동시에 종료자일 수 있는지 알 수 있을 것이다. 요시고에 히로야스는 이를 「문혁 16조」와 관련하여 '대민주'와 '마오쩌둥 사상의 중심성' 사이의 모순으로 해석한다. 그는 천보다 자신의 발언을 인용하여 이를 보여 준다. 관련된 천보다의 주장을 옮겨 보자.

대(大)민주라는 조건 아래에서 대중 간의 논쟁과 투쟁은 반드시 과학적 진리 ──마오쩌둥 사상──로 발전한다. 투쟁과 논쟁을 거쳐 혁명적 인민의 사상은 마오쩌둥 사상과 융합하여 일체가 되는 것이고, 마오쩌둥 사상은 대중을 장악할 수 있게 된다. 이 의미에서 대중은 바로 자신을 교육하고, 자신을 해방하는 목적을 실현할 수 있다. 동시에 마오쩌둥 사상도 또한 혁명적 인민과 유기적으로 결합하여 하나가 된다.…… 이것이 바로 '대민주'의 가장 위대한 의의이다.(吉越弘泰 2005: 186에서 재인용)

요시고에는 천보다 자신이 이미 이 양자의 관계를 '마오쩌둥 사상'의 올바름과 중심성 하에서 양자가 통일을 이루는 관계, 즉 마오쩌둥 사상과 혁명적 인민이 유기적으로 결합하는 관계로 보고 있고, 이런 논리는 늘 '마오쩌둥 사상'이 지정한 '주자파'를 특정한 '계급투쟁'의 대상으로 삼고 '대민주'는 다만 그 수단이 될 뿐이라는 결론으로 귀착될 가능성이 크다고 지적한다(吉越弘泰 2005: 186~7). 최대한 확대된 범위 내에서 '이단'의 이름으로 허용된 '대민주'가 결국은 유일한 이론적 올바름의 기준이자 정치적 중심성을 지닌 통일체의 허용 범위를 넘어서지 못하도록 규정되어 있다는 것이다. 탄압당한 조반파의 입장에서 보자면,「문혁 16조」의 '대민주'에서 출발하여 그들 스스로 제기한 '계급'과 '계급투쟁'에 대한 특정한 해석 방식과 그들에게 되돌아와 그들을 '희생자'로 만든 '계급'과 '계급투쟁'의 해석 방식 사이에 근본적 차이가 있었던 것인데, 이는 그들과 마오 사이에 놓인 비대칭적인 관계에 기인하는 것이었다. 마오가 그리는 원 내부에서는 '새로운 형태의 계급투쟁'이 허용되고 실험될 수 있을지 모르지만, 마오가 그리는 그 원 자체는 언제나 '낡은 계급투쟁의 원칙'에 따라 그려질 수밖에 없었다.

그렇지만 외형적으로 자발성과 목적의식성을 나누는 고전적 사고를 되풀이하는 듯 보이면서 마오 사상을 통해 계급을 통일하고 모순을 해결할 수 있다고 주장하는 천보다의 논지 또한 다시 아포리아에 직면할 수 있는데, 왜냐하면 마오쩌둥 사상을 무정부주의를 지양하기 위한 중심점으로 삼아 '좌파'를 통일시킨다는 이 흥미로운 구도는 다시 연이은 질문들을 제기하기 때문이다. ①대중을 통일시키는 것은 당이라는 조직일 수도 있고 마오쩌둥 사상일 수도 있으며(조직인가 사상인가), ②마오쩌둥 사상에 대해 이야기할 때 그것이 '마오'의 사상인지 마오의 '사상'인지가 쟁점이 될 수 있고(마오 개인인지 아니면 특정한 이념인지), ③첫번째와 두번째 쟁점이 연결되면 당이라는 조직의 매개를 거치지 않는 특정한 이념에 의한 운동의 통일이라는 구도도 가능한가라는 질문이 나올 것이고, ④혁명적 인민과 '유기적'으로 결합하려면 혁명적 인민이 변화해야 할 뿐 아니라 '마오쩌둥 사상'도 지속적으로 변화해야만 할 것이고, 마오쩌둥 사상의 존재 자체가 그 유기적 결합을 보장하지 않으며, ⑤그렇다면 '마오'는 '마오쩌둥 사상'을 독점할 수 있는가라는 난점까지 연속적으로 발생한다. 외형적으로 천보다는 손쉽게 '마오쩌둥 사상'의 권위 아래 조반파 운동의 난점을 복속시킨 것처럼 보이지만, 이것은 이후 '이단적 사상'들이 '마오쩌둥의 이름 아래' 진행시킨 이론적·정치적 반발·저항의 쟁점들을 이미 담고 있던 것이었다고 해석될 수 있다.

그런데 문혁이 다소 제도화 과정에 들어서고 대중운동이 침잠하는 시기에 들어서면(그리고 더욱 두드러지게는 마오의 사후에) 이런 독특한 정치와 이론의 관계는 더 이상 유지되지 못하거나 취약한 연결고리만 남게 된다. 대중운동을 통한 사회주의 하의 모순의 표출, 그리고 그와 동시적으로 진행되는 일정한 이론화, 그리고 대중운동에 대한 억압이라는 순환의 반복은 그럼에도 문화대혁명 후기까지는 어쨌건 이론적으로나 실천적으로 사회주의와 민주주의 사이의 관계의 쟁점을 지속적으로 확대시키는 모순적 동학으로 작용할 수 있었다. 물론 그 대가로, 마오가 린뱌오까지 포기하면서 문혁의 상징으로서 상하이방을 지키려 하면서 '사회주의'와 '민주' 사이에 형성된 모순은 훨씬 더 심각해졌다. 문혁 후기의 '이단파'들은 마오-상하이방과 동맹을 맺지도, 또는 또 다른 세력인 군과 동맹을 맺지도 않았고, 이 양자에 대한 반대세력이 되지 않을 수 없었다. 이 '이단파'들은 '노동자 문혁'의 중심세력이었지만 '공선대'와는 대립하였고, 그들의 구호는 오히려 '파리코뮌'에 훨씬 더 가까운 측면을 여전히 지니고 있었지만 그것을 실현할 조직적 기반을 갖추지도 못했다.

　　마오의 사후에 마오라는 상징적 존재가 사라진 이후, 이 동학에는 상당한 변화가 발생한다. 이것이 두드러진 것이 앞서 살펴본 1978~1980년의 상황인데, 마오와 대중운동의 모순적 관계를 대체해 등장한 새로운 관계는 실용적 관계였다. 앞서 마오 시기의 관계는 한 시기 대중운동이 억압당한 후라도 새로운 시기에는 전환된 형태로 앞선 시기의 이론화가 유지·지속됨으로써 그 계기를 통해 인적으로가 아니라 쟁점 차원에서 앞선 시기의 문제들이 이어질 수 있었다. '사회주의'와 '마르크스주의'는 그 긴장을 지탱하는 동력이자 고리였다.

　　반면 새로운 시기에 들어서면 아래로부터의 '이단적 사고'가 당내의 마르크스주의적 이론 혁신이라는 계기를 통해 논쟁을 끌어가는 구도는 점차 약화된다. 그 관계는 개혁개방 이론의 정당화로 동원되지만, 핵심적으로 마르크스주의적 긴장관계로부터 탈마르크스주의적 '정책 지향'으로 전환되어 간다. 아래로부터의 이단적 사고와 민주에 대한 해석은 세력 관계에서 활용될 수 있는 조건으로서 중요했지만, 이를 통해 형성된 것은 일시적 세력연합이었다.

'범시파'(凡是派)에 대한 대결구도에 서 있던 덩샤오핑은 1978~1980년 시기의 세력관계의 역전을 위해 아래로부터의 민주운동의 주장들과 실용주의적 동맹을 형성하였다. 이것이 '베이징의 봄'이 가능했던 시기적 맥락이었다(錢理群 2008: 254~7). 마오 사후 '4인방' 잔여 세력을 청산한다는 명분하에 1976~1979년 전개된 '폭로·비판·조사' 운동은 조반파 잔여 세력에 대한 대대적 소탕을 추동하였고, 과거 문혁 시절 대중들이 겪은 고통의 책임을 아직도 남아 있던 조반파 잔여 세력에게 쏟아붓도록 활용되었다(周倫佐 2006: 162~4). 이런 상황 하에서 당시 민주운동 세력이 당내 개혁파와 연합하려 한 것은 이해할 만한 일이었다.

1978년 11기 3중전회 준비를 위해 11월 10일에서 12월 15일까지 베이징에서 소집된 중앙공작회의는 '개혁파'와 '범시파'의 대결 장소였다. 이 공작회의에서 수세에 몰린 개혁파는 특히 후야오방(胡耀邦)의 주도로 한편에서는 당내 개혁파 역량을 총동원하였고, 다른 한편에서는 사회상의 민주역량과 연합하여 특히 시단의 민주벽의 주장들을 적극적으로 공작회의의 논의 안건으로 끌어들여 결국 세력관계를 역전시켰다(錢理群 2008: 253~4). 당시 덩샤오핑조차

민주는 해방사상의 중요 조건이며…… 혁명정당은 인민의 목소리를 듣는 것을 두려워해서는 안 되며…… 대중의 이견을 듣고서, 더욱이 첨예한 이견을 듣고서 이른바 '정치배경' 이른바 '정치 유언비어' 조사에 착수하여 범죄로 몰아 타격하고 억압하는 악랄한 작풍은 결단코 제지되어야 한다. …… 민주선거, 민주관리, 민주 감독을 포함해 노동자, 농민, 개인의 민주권리를 철저히 보장해야 한다.

고 강조하고 있어, 외양상은 당시 민주벽 세력의 주장과 큰 차이를 보이지 않았다(錢理群 2008: 255).

그러나 범시파에 대해 우위에 선 이후 덩샤오핑이 주도하는 당내 이른바 '17년 기득권 이익집단'은 이들이 1957년 반우파투쟁을 통해 형성한 고도로 집권적인 당의 일원화 지도체제인 '57체제'를 재확립하고자 하였다(錢理群 2008: 266~7). 이런 분위기 전환은 1979년 3월 30일 덩샤오핑이 당 이론공작회의에서 '네 항의 기본 원칙 견지' 강화를 발표하면서 촉발되었는데, 이는 한때 덩샤오핑을 지지한 바 있던 사회민주운동과 덩샤오핑 사이의 결별을 선포하는 것이었다. 이러한 상황 전환은 1978년 11기 3중전회에서 '범시파'에 대항하는 일정한 공동 전선을 형성한 세력들 사이에 민주주의의 문제를 둘러싼 대립이 증폭되는 것과 궤도를 같이해 진행되었으며, 덩샤오핑의 발언은 바로 1979년 1월~4월에 열린 이 이론공작회의 내부의 대립에서 표명된 것이었다(안치영 2005: 196~204).

1979년 10월에는 '베이징의 봄'의 상징인물인 웨이징성이 중형을 선고받고, 웨이징성을 성원한 류칭(劉靑)이 체포되었다. 1980년 들어 상황은 더욱 악화되어 '베이징의 봄'을 상징하던 잡지들이 잇달아 폐간되었고, 덩샤오핑은 점점 더 민주운동 세력과 거리를 두기 시작하였다. 마침내 1980년 12월 중앙공작회의에서 덩샤오핑은 진압명령을 하달하였다(錢理群 2008: 321).

1981년 2월 20일 중공중앙과 국무원은 「불법간행물 불법조직 처리 그리고 이와 연관된 문제에 관한 지시」에서 "이른바 불법간행물과 불법조직은 헌법과 법률을 위배해 4항 기본원칙에 대한 반대를 종지로 하는 간행물과 조직이며…… (이들은) '민주', '자유', '인권', '개혁' 등의 기치를 내걸고 당에 반대하고 사회주의에 반대하는 활동을 전개하며" 이들 '불법

간행물'에 대해서는 "어떤 방식으로든 인쇄·출판·발행하여 합법화, 공개화에 이르는 것을 절대 불허한다"고 하여, 사실상 중국의 사회민주운동에 대한 어떤 합법성도 배제하였다. 그리고 곧 뒤이어 1981년 4월 10일 베이징의 봄의 주요한 활동가들인 쉬원리, 허추(何求), 푸선치(付申奇), 양징(楊靖) 등이 체포되었고, 20일에는 왕시저가, 그리고 그 외 천얼진, 쑨웨이방, 쉬수이량 등도 이 시기에 마찬가지로 체포되었다(錢理群 2008: 325). 그리고 1981년에는 미루어 왔던 문혁조반파에 대한 법률적 처리 또한 집중되었다.

그 이후인 1980년대는 역설적으로 '사상해방'의 시기로 지칭된다. 그런데 앞선 시기의 굴곡에서 출발해서 볼 때, 이 사상해방이 전개되는 토대는 생각보다 취약하지 않을 수 없음을 알 수 있다. 왜 그런가 하면 이 시기에는 앞선 시기와 단절이 발생해, 두 가지 변화가 생기기 때문이다. 첫번째는 '민간 급진 사상'의 흐름에 대한 최종적인 대대적인 억압이 1980년 전후로 이루어지면서, 문화대혁명에서 이 시기까지 이어져 온 아래로부터의 급진적 사상 흐름들의 인적·조직적 연계가 중단된다. 두번째는 문화대혁명이 공식적으로 끝나고 고등교육제도가 복구되고 문화대혁명을 비판하는 '역사적 결의'와 더불어 지식인의 사회적 지위가 상승하면서, 하나의 사회적 층으로서 지식인층의 독자적 역할이 부각되기 시작했다는 점을 지적할 수 있다.[77]

---

77) '문혁 잔당'에 대한 청산은 앞선 1970년대의 여러 번의 숙정을 거친 이후 1980년대에도 중단되지 않아서, 1985~1987년 시기 '삼종인'(三種人) 정리를 명분으로 삼아, 조반활동과의 연계의 혐의가 조금이라도 남은 사람들을 또다시 대대적으로 정리하였고, 이후에도 각종 '내부규정'을 두어 과거 조반활동을 한 사람들이 공직이나 심지어 기업의 책임 있는 직위에도 오를 수 없도록 통제하였다(周倫佐 2006: 164~70).

그런데 이 양자는 서로 떨어진 것은 아니어서, 새롭게 형성되는 지식인층은 아래로부터의 급진적 사고의 민간사상운동의 연결고리가 취약한 상태 또는 그와의 일정한 단절에서 출현하였다. 앞선 시기(특히 문혁 후기에서 1980년까지) 민주운동의 주체가 스스로 자각한 청년노동자들이었다면, 이 시기 담론의 중심은 '지식인'으로 옮겨 가기 시작한다.

덩샤오핑은 개혁개방 초기 범시파에 대항해 아래로부터의 '민주운동' 세력과 일정한 동맹을 맺었지만, 1980년대 들어 그 동맹은 파기되었고 이제는 이를 대체해 지식인이 새로운 동맹세력으로 견인되기 시작하였다. 1980년대를 거치면서 사회주의적 민주의 고리가 취약하게 유지되어, 1989년 천안문 운동 때 민주라는 쟁점은 앞선 시기보다 더 추상적으로 나타나게 되었는데, 그 이유가 문화대혁명의 트라우마 효과로 한정될 수는 없고, 그에 앞서 아래로부터 운동 세력의 근절이 중요한 이유로 작용한 것으로 보인다. 1980년대의 논쟁을 주도한 '계몽논쟁'이 그에 앞선 시기의 사회주의적 민주의 논쟁들과 달리 당대 중국사회성격에 대한 문제제기와 분리된 채(또는 당시 사회를 봉건적으로 규정함으로써 논의를 퇴행시키기도 하면서) 민주주의의 문제를 부분적으로 제기하였으며, 그 이후 두 쟁점이 서로 괴리된 방식으로 늘 문제가 된 것도 이런 배경 때문이었다고 볼 수 있다.[78]

그런 만큼 1989년의 '민주'라는 쟁점은 문혁뿐 아니라 더 소급해 다

---

78) 이런 맥락에서 문혁의 아포리아와 관련된 인훙뱌오의 다음과 같은 지적을 기억하는 것도 중요하다. "지식인에 대한 정치운동을 전개할 필요가 있을 때, 위정자들은 노동자 대중의 역량을 동원하는 쪽으로 기울어, 지도간부와 노동자 사이의 동맹을 형성하는데, 1957년 반우파운동과 1968년 이후 지식인에 대한 비판이 그런 경우였다. 지도간부에 대항하는 정치운동 중에는 왕왕 반대파 지식인과 노동자(및 여타 시민)의 동맹이 출현할 수 있는데, 1966~1967년의 조반파 대중운동과 1989년의 정치풍파가 그런 경우였다."(印紅標 2011: 55)

시 '1957'년으로 되돌아가지 않을 수 없는데, 이렇게 되돌아보는 문혁과 1957년(또는 첸리췬의 주장처럼 '1957년학')은 다시 돌아가 천보다와 연결되지 않을 수 없다. 천보다에게서도 문화대혁명은 1957년 반혁명에 의해 중단된 백가쟁명의 시기를 '파리코뮨'적 방식으로 연결하려던 시도였기 때문이다. 개혁개방기에 지속적으로 제기되어 온 '자유주의' 논쟁은 그런 점에서 새로운 해석이 필요한데, 여기에는 어떤 빈 '공백'을 대체하려는 시도가 있기 때문이다. 쉬유위나 양시광, 왕시저 등 대표적인 과거 조반파의 '변신'의 과정은 늘 '자유주의'라는 쟁점을 다시 제기하며, 여기서 비어 있는 공백을, 어떤 것을 다른 것으로 채우고자 하는 시도가 늘 관찰된다. 그리고 이를 '법치'나 '사회민주주의'라는 말로 담아내고자 하는 순간, 이들 자신이 가지고 있는 조반파로서의 독특한 경험을 그것의 자기부정으로 다시 밀고 나갈 수밖에 없는 모순을 안고 있기도 하다.

우리는 여기서 근대 이데올로기의 세 분화인 보수주의, 자유주의, 사회주의의 관계 맺음에 대한 월러스틴의 도발적 질문을 잠시 떠올려 볼 수 있을 것이다. 월러스틴은 프랑스혁명 이후 상호적으로 형성·분화해 온 이 근대 정치이데올로기 셋이 분명히 구분되기보다 모호한 구분선 위에 놓이며, 많은 경우 셋 중 둘이 연합하여 이자 대립관계를 형성해 왔다고 말한다. 그는 보수주의와 자유주의가 연합하여 사회주의와 대립하는 구도와 자유주의와 사회주의가 연합하여 보수주의에 대립하는 구도뿐 아니라, 사회주의와 보수주의가 연합하여 자유주의에 대립하는 구도 또한 가능하고 또 현존했다고 주장한다(사회주의적 보수주의나 보수적 사회주의로). 그것이 '현존 사회주의'가 보여 주었던 모습에 가까울 수도 있으며, 그것이 역사적 실패와 정치의 한계의 핵심적 문제일 수 있다는 것이다(Wallerstein 2011: 18). 한나 아렌트가 '전체주의'라는 이름으로 19세기에서 20세기로 넘어가는 새로운 정치상황을 설명하고자 한 것도 같은 맥락으로 이해될 수 있을 것이다(아렌트 2006).

　문혁의 비극과 실패는 바로 '사회주의'가 '새로운 정치'나 정치의 전화를 작동시켰더라도 공고화하지 못하고, 그 자체의 목적의 정당함을 위해서 결국 낡은 정치와 낡은 제도의 틀을 재활성화한 과정 속에서 관찰된다. 낡은 구조의 '변혁'을 위해서는 그 변혁이 이루어질 무대로 들어갈 통로가 발견되어야 했다. 이 문제를 해결하기 위해서라도 대중들이 스스로 정치의 주체가 되어야 했으나, 여기서 그 정치의 조건 자체를 부정할 위험성이 내장되어 있음이 재확인되고, 하나의 진전이 두 가지 퇴보를 동반하기 시작하였다. 그러나 이 한계를 넘어서는 것이 간단한 문제는 아니었다. 방향을 단순히 역전시키는 것으로는 또 다른 방향에서 하나의 진전이 다른 두 개의 퇴보를 동반할 수 있었기 때문이었다. 사회주의와 보수주의가 연합하여 자유주의에 반대하는 전선을 넘어서려는 노력이 이번에는 다시 보수주의와 자유주의가 연합하여 사회주의를 반대하는 전선으로 전환될 수도 있기 때문이다. 천보다가 멈추어 선 곳, 문혁 '이단사조'가 다른 방식으로 새롭게 제기하고자 했으나 여전히 쟁점으로 남은 문제는 더욱더 해결하기 곤란한 '구조'의 문제로 남겨졌다. 문혁 첫 3년 시기 베이징과 상하이로 양분된 문혁의 두 가지 대립된 쟁점은 천보다의 실각과 문혁의 이단사상의 새로운 모색 속에서 새롭게 통일되기보다는 여전히 병렬된 채로 남겨질 수밖에 없었다.

　파리코뮨 정신의 「문혁 16조」에서 상하이코뮨을 거쳐 성우롄과 '이단사조', 그리고 리이저 대자보와 '4·5' 운동의 시기까지 문화대혁명과 그후의 착종된 역사에서 우리는 '사회주의'와 '민주'가 단순하게 정리되기 어렵게 얽혀 있긴 하지만, 문제의 탈출구 또한 모색되고 있음을 발견한다. 1974년의 리이저 대자보는 문화대혁명 '이단사상'의 중요한 전환점이었고, 문화대혁명 시기 대중 스스로의 해방을 지향하는 급진적 정치가 1957년 이후 유예시켜 온 '권리의 정치'와 접합될 수 있는 필요성과 가능성을 보여 주었다. 이 새로운 질문은 1970년대 말을 지나 1989년까지도 이어졌다. 리이저 대자보가 내세운 '법제'(法制)는 결코 제정된 기존법을 따르는 것에 한정되지 않는, 인민이 '권리에 대한 권리'를 지닌다는 주장을 이미 담고 있다. 그렇기 때문에 '대신 될 수 없는 정치로서의 혁명'이라는 사고는 체제의 구조에 대한 분석에 기반해 그 구조를 '변혁'하기 위해 전혀 다른 새로운 정치적 권리를 주장할 수 있다는 사고와 서로 긴밀하게 엮여서 새로운 정치의 담론을 형성한다. 물론, 현실은 문혁 중의 '베이징'과 '상하이'만큼이나 두 세계 사이 ——정치적 권리의 주장과 현실 사이 ——의 거리를 벌려 놓았지만.

우리가 다시 문혁 시기의 정치에 대한 주장들을 정리해 보면, 서로 분리시켜 생각해 볼 수는 있으나 상호 고립되어서는 안 되는 사고의 고리들이 얽혀 있음을 발견하게 된다. 그것을 열거해 보면 다음과 같다 : ①문혁은 '대신 될 수 없는 혁명'의 주체들을 만들어 내고자 한다. ②현재 그 목표가 실현되지 않는 이유는 과거 '17년 체제'에서건 다른 이유에서건 형성된 '구조적 문제' 때문이며, 그 구조적 문제를 해결해야 한다. ③새로운 혁명의 주체의 형성을 허용하지 않는 동시에 구조의 변화 또한 가로막고 있는 어떤 세력들이 존재할 수 있다(②에서 ③으로 가는 사이에는 비약과 공백이 있다). ④그들이 있다 해도 그들을 구분하고 드러낼 수 있는 분명하고 확실한 어떤 기준도 없으며, 구분선은 매우 모호하다. ⑤그 구획선을 단순화하여 확정하려는 순간, 다시 혁명은 '대신 될 수 있는 것'이 되거나, 구조는 새로운 진전을 가로막는 완고성을 되풀이해 드러낸다. ⑥그어진 구분선은 늘 잘못 그어졌을 가능성과 복합성을 단순화했을 가능성 속에서만 제한적으로 고려될 수 있다. ⑦대중의 '조반'이 파리코뮌 원칙에 따라 '탈권'을 했다 하더라도, 그 결과는 일부 '대표자'만 교체할 뿐, '구조'는 전혀 변화하지 않은 것일 수 있다. ⑧이 모든 과정이 진행되고 있음에도 처음에 문제가 된 '구조'는 바뀌지 않은 채 공고하게 유지되고 있을 수 있다. ⑨대중 스스로가 정치적 주체가 된다는 것이 좁은 범위의 '탈권'에 한정되지 않고, 기존 구조 하의 권력의 재생산 방식을 변경시킬 수 있는 길은 무엇인지 고민이 제기된다. ⑩대중 '스스로에 의한 해방'은 주체의 '동일성'에 대해서도 질문을 제기하는데, 주체의 '동일성'은 주체 고립적으로 만들어지는 것이 아니라, 타인들과의 관계 속에서만 형성되고, 또한 그 관계들을 다시 규정짓는 구조적 조건들 속에서만 형성된다. ⑪자신의 해방은 자신이 타인의 해방의 조건이 되는 전제 아래서만 비로소 가능해질 수 있는 상호성을 띨 수 있을 텐데, 이 조건이 '주체'의 영역인지 '구조'의 영역인지 모호하다. ⑫정치는 주체를 개별화하는 것만으로는 불가능하지만 주체를 개별화하지 않고서도 불가능하다. ⑬이런 상황은 개인이 극단적인 폭력에 던져지지 않는 조건 하에서만 가능하다 등등.

문제의 어려움은 이것이 좀더 근본적인 '이론적' 차원과 연결되어 있기 때문에 발생한다. 조금 더 나아가 성찰해 보면, 문화대혁명의 경험은 우리에게 '혁명'과 '이행'의 관계를 다시 사고하도록 요구한다. 통상적으로 또는 도식적으로 '이행'은 '혁명'에 수반된 짧은 불안정 기간을 지칭하며, 혁명이 새로운 체제(심지어 생산양식)를 수립하면 그 과정이 끝나는 것으로 이해되어 왔다. 그러나 늘 현실 속에서 '혁명' 자체가 불완전성과 비단절성을 수반하였고, 이 때문에 '이행'의 기간이 생각보다 길 수도 있다는 것이 쟁점이 되었다. 문화대혁명과 그 근거가 된 마오쩌둥의 '사회주의 하의 계속혁명론'은 이행의 기간을 매우 길게 확장함으로써 '사회주의 혁명' 자체를 모호하게 만드는 효과를 지닌다.

이로부터 우리는 더 나아가 '혁명'과 '이행'에 대한 쟁점 자체를 근본적으로 다시 사고해 볼 필요성을 느낀다. 우리는 보통 '혁명'이라는 단어를 몇 가지 지배적 이미지와 결부시키는데, 그것은 ① 주체나 '행위자'와 연관되며, ② '권력'의 획득을 의미하고, ③ '객관적'으로 체계의 '급진적' 단절을 보이며, ④ '주체적'으로 당연히 대중들의 '이데올로기적 조건'들의 대전환과 관련된다. 대체로 '혁명'은 '주체들의 열정적인 집단적 행위이며, 권력 획득을 통해 가시적으로 어떤 대상들을 근본적으로 바꾸는 효과가 있는 단절적 사건' 정도로 이해된다.

그에 비해 '이행'은 매우 '구조적'인 것이며, 시간의 '지속' 속에 놓이며, 혁명과 대비해 보자면 '주체 없는 과정'이라는 표현과 매우 잘 어울린다. 이행은 구조가 변혁됨으로써, 하나의 체계가 다른 체계로 그 속성이 변화하는 과정을 말한다. 이 이행에서 하나의 체계가 다른 체계로 바뀌었는가에 대한 판명은 반드시 '혁명'이라는 '사건'으로 소급해 설명되는 것은 아니다.

그렇다면 '혁명'과 '이행' 사이에는 매우 모순적이거나 때론 어긋나는 관계가 발견된다. '혁명'은 '이행'의 방향을 지향하면서 진행될 수는 있지만, 혁명이 결코 그것이 원하는 '이행'의 방향으로 나아간다는 보장은 없다. 그러나 이행이 특정한 방향을 지향하려면, 그것은 매 순간 변동의 특정한 경향성을 나타내는 방향성을 원하는 쪽에 가깝게 전환하려는 집단적 노력 없이는 불가능하고, 그 효과들의 누적 속에서만 변동 곡선의 방향 변환이 발생할 것이다. 그렇다면 혁명 없이도 부정적 방향성을 지닌 이행은 가능할지 모르지만(체계의 위기의 가속화의 결과로), 이행의 방향에 어느 정도 '긍정성'을 담고자 한다면 이행은 어떤 종류건 집단적인 '혁명의 노력' 없이는 불가능하다. 그래서 우리는 난점에 부딪힌다. 왜냐하면 **혁명 없이 이행이 불가능할 수 있지만, 혁명은 이행을 보장하지 않기 때문에.**

'혁명' 앞에 '사회주의'라는 수식어가 붙는 순간 난점은 좀더 깊어진다. 우리가 알고 있는 '혁명'의 대표적 설명틀이 기원한 프랑스혁명을 보건, 러시아혁명이나 중국혁명을 보건, 그 혁명은 우리가 위에서 말한 대중들의 집합적 정치 형태를 말하는 것이었다. 그런데 엄밀한 의미에서 '사회주의 혁명'을 사고하려면 그것은 '생산양식의 이행' 또는 그에 준하는 체계의 전화를 말하는 것에 다름 아니다. 따라서 그것은 '과정'의 문제이기 때문에 '혁명'으로 사회주의가 달성될 수 있다는 사고 자체가 이번에는 불가능해진다. 어떤 '혁명'들이 '사회주의'라는 체계의 변화로 가는 이행의 시초를 열 수 있지만, 어떤 '혁명'도 그 자체로 '사회주의'라는 '구조'를 만드는 혁명일 수는 없다. 러시아혁명도 중국혁명도 사실 엄밀히 살펴보면 그것이 '민주주의 혁명'(인민민주혁명PDR)이라는 형태로 시작할 수밖에 없었고, 그것이 사회주의와 어떤 연관을 지니는지 자체가 논란이었던 이유는 여기에 기인한다. 러시아에서는 레닌이, 중국에서는 마오가 늘 논쟁적으로 이 문제를 제기한 바 있다. 다시 정리해 말하자면, '사회주의'와 '혁명'이라는 두 단어가 어려움 없이 연결될 수는 없는데, 그 두 단어가 함의하는 양태가 매우 이질적이기 때문이다. 우리가 이 용어법에 익숙해진 것은 '부르주아 혁명'과 '사회주의 혁명'을 구분하는 '2단계 혁명론'이라는 틀 때문이었는데, 그것은 사실 '사회주의 혁명'이라는 개념을 정당화한 다음 다시 그 이미지를 과거로 투사해 역사를 재서술하면서 부당하게 두 단계의 '혁명들'을 정당화한 구도였을 수 있다.

이처럼 '2단계 혁명론' 틀의 영향 하에 우리가 통상적으로 '이행'을

'혁명'과 매우 밀접하게 사유해 온 이유는, 사회주의에 대한 강령을 지닌 특정 정치집단이 이 '이행'을 매우 계획적으로 수행해 갈 수 있다는 신념을 가지고 있었기 때문이다. '당', '강령', 그리고 '이행'은 하나의 묶음으로 연결되어 '사회주의'로 나아가는 길로 이해되었다. '구조'는 오로지 특정한 강령을 지닌 집단이 계획을 통해 점진적 또는 급진적으로 변화시켜 가는 것이라고 이해되었다. '구조'에 대한 분석은 오직 이 차원에서만 중요성이 부여되었다. 그런데 문화대혁명은 '혁명'과 '이행'의 당연시된 연결에 대해 근본적 의문을 던진다. 문제는 하나의 고리에서만 연원하지는 않는다. 그 전까지 '속도'의 문제 또는 '배신'의 문제로만 생각된 '혁명'과 '이행'을 연결하는 고리에 지금까지 사고하지 못한 요소와 난점들이 추가되기 시작했다.

우리가 문화대혁명의 정치의 아포리아라고 생각하는 것도 이와 연관된다. '혁명'이고자 한 문화대혁명은 그 목표를 즉각적 '이행'의 실현, 또는 그 즉각적 이행을 실현하게 하는 정치의 발견에 두고자 하였다. 조반파들이 왼팔에 홍위병의 완장을 찼다면 오른팔에는 '구조변혁 허가증'의 완장을 차고 길에 나섰다 해도 그들이 '구조'를 어떻게 '혁명'의 방식으로 변혁시킬 수 있을지는 모호했고 문제가 쉽게 해결될 수도 없었다. '사회주의'는 '구조'의 문제이고, 그것은 '이행'의 영역이었다. '정치적 자율성'을 획득한 대중은 '구조'에 영향을 끼칠 수 있는 핵심적 통로를 찾아내야만 했다. '강령'과 '속도'를 바꾼다고 이 문제가 쉽게 해결되지는 않는다. 그러나 그런 집단적 노력과 단절적인 새로운 정치의 시도 없이 '이행' 또한 불가능하다. 거기서 바로 정치적 이념으로서 '사회주의'와 '공산주의'의 구분을 다시 사고할 필요성이 제기된다. 사회주의라는 사고에서 '이행'은 '혁명'과 구분되면서도 양자는 손쉽게 '당'에 의해 연결될 수 있었다면, 공산주의라는 사고에서 '혁명'과 '이행'은 아포리아적이면서도 불가피하게 결합된다. '사회주의' 사고에서는 '이행'이 반복적으로 '정치의 소멸'과 연관되어 사고된 반면, '공산주의' 사고에서는 '이행'이 새로운 정치 또는 정치의 전화와 연관되어 사고된 것은 이런 이유 때문이다. 공산주의라는 이념의 역사는 유일하게 '혁명'과 '이행'이 연결되는 고리에 있는 '정치'의 문제였기 때문이다. 발리바르가 이야기하듯, "무엇이 공산주의인가"가 아니라 "누가 공산주의자인가"가 문제가 되는 것은 그 때문이다(Balibar 2011). '이행'은 예견·예정된 길을 걷는 것이 아니고, '개조된 정치'가 그 이행의 본질적 일부를 구성하므로.

　'당'이라는 '신화적' 해결책을 손쉽게 채택하지 않는다면, '자본주의'(심지어 사회주의 하의 '사회주의')라는 구조를 변혁하는 것은 그 구조를 '직접 공격'함으로써 달성될 수는 없다는 점에서 그 고유한 무대에서 해결책이 발견될 수 없는 일일 수 있다. 그 변화는 다른 무대에서 이루어지는 어떤 다른 종류의 정치의 효과로서, 그것이 초래한 효과와 개입으로서 가능하고, 이 과정에서 그런 개입이 역사 변화의 곡선의 방향을 변화시킴으로써만 가능할 수 있을지도 모른다. 문화대혁명을 다시 해석하고 다시 독해한다고 해서 그 시기의 가장 올바른 대안과 대답을 찾아낼 수 없는 이유는 여기서 발견된다. 그리고 지금 우리가 문화대혁명에 대해 다시 논의하여 얻게 되는 교훈 또한 '사회주의 혁명'이건 '문화대혁명'이건 구조 자체를 직접 원하는 방향으로 설계도대로 변혁하여 '이행'을 보증하는 혁명은 불가능할 수 있다는 것이다. 다만 가능한 것은 그것이 기존의 세력관계나 정치의 구도, 그리고 그 '구조의' 핵심적 요소들을 비틀어 이전에 불가능했던 어떤 영역들을 가능케 함으로써 기존의 방향으로부터 변동곡선의 방향이 전환되는 계기들을 지속적으로 만들어 내고, 이를 통해 가능해진 새로운 '정치'를 가능케 하는 것, 그리고 이를 통해 이행의 방향이 형성되는 누적 효과가 '구조'를 변형시키고 좀더 우리가 원하는 방향에 근접하도록 도전을 끊임없이 반복하는 것이다. 물론 이것이 과정 자체에 모든 것을 맡겨 둔다는 것은 아니다. 이론의 비판적 쇄신과 그와 긴밀히 결합된 정치의 개조의 노력 없이 원하는 방향으로의 구조의 변환이 가능한 것은 아니기 때문이다.

[보론] 남겨진 영역 : 공업문제

문화대혁명 시기 상하이 노동자 조반이 공장 내로 확산되더라도 여전히 남는 하나의 문제는 아직은 이것이 공장관리라는 '미시적' 차원의 문제에 한정된다는 점이다. 공장에서 자주관리가 시행된다 하더라도, 그리고 그것을 가능하게 하는 새로운 '인민 스스로 자신을 해방하는' 정치의 단초가 열리더라도, '사회주의'라는 쟁점에는 다른 하나의 영역이 남는데, 그것은 전체 경제 차원에서 작동하는 '자본주의적' 동학의 존재 문제이고, '거시경제 관리'라는 차원과 관련된다. 상품-화폐관계에 의해서 작동하는 사회적 관계가 지배하며, 따라서 각 단위들 사이의 '직접적 사회적 관계'는 성립되지 않고 대신 사회적 관계는 자본주의적 화폐교환에 의해서만 매개된다는 전도된 관계라는 쟁점이 그것이다. 물론 그 문제가 '강령'을 가진 '당'과 같은 중심적 조직체의 주도를 통해서만 해결될 수 있는지, 또는 '당 없는 대중운동'이 그 문제를 해결할 수 있는지는 남겨진 질문이지만, 그렇다 해도 '전체 사회의 거시적 경제구조의 재편'이라는 이 문제는 여전히 문제로서 해결을 기다리며 남겨진다.[79]

천보다 자신에게도, 그리고 안티노미 속의 마오에게도 이 문제는 미 해결로 남는다. 여기서 천보다와 덩샤오핑 사이에서 형성된 중요한 쟁점 하나를 검토해 볼 필요가 있는데, 그것이 천보다가 제기하였던 '공업문제'이다.

천보다는 대약진의 후과가 일정하게 정리되는 1962년 이후 공업의 거시적 방향 전환을 모색하는 새로운 논문 작업에 착수한다. 이를 위해 동북과 서남 지역의 공장지대를 방문하고, 관련 책임자와 전문가들과의 좌담회를 개최하고 해외 기술 동향을 청취하는 등의 노력을 거쳐 1963년에 일단 초안을 작성한 후 1965년 다시 수정하여 한 편의 논문을 완성하는데, 이 논문이 「공업문제」이다(陳伯達 1965; 陳曉農 2005: 235). 그러나 보통 '전자중심론'으로 이야기되는 이 주장은 당중앙의 논의에서 부결되어 실행되지 못한다. 이를 놓고 천보다는 "이 문건이 부정된 것은 내 일생 가장 통한스러운 일이었으며, 그렇지 않았다면 마오 주석은 아마도 관심을 경제문제로 옮겨 갔을 것"이라고 말한다(陳曉農 2005: 237).

「공업문제」 문건을 완성한 후, 나는 마오 주석에게 봐 달라고 보냈다. 마오 주석은 읽어 본 후 아주 기뻐하며, 특별히 나를 초청해 식사를 함께 했다. 해방 이후 단독으로 식사 초청을 받은 것은 이것이 유일하다. 식사 자리에서 마오 주석은 "이렇게 여러 해 노력해서 마침내 공업을 발전시킬 길을 찾아냈군요"라고 말했다.

며칠 후, 중앙은 상무위원회를 소집해 이 문건을 토론했다. 회의에 참가

---

79) 사회주의 하의 '새로운 산업혁명'이라는 쟁점은 '미시적' 차원에 한정되는 것이 아니고, 지식 노동과 육체노동 분할의 '전사회적', '전체계적' 함의를 쟁점으로 하는 것이 분명하지만, 여기서 이 측면을 다루지는 않겠다.

한 사람은 마오 주석, 류사오치, 저우언라이, 덩샤오핑이었고, 내 문건을 토론하는 것이었기 때문에 나도 참가했다. 토론할 때 덩샤오핑은 "이 문건은 철강을 중심으로 하는 방침을 제기하지 않고 전자 등 신기술을 하자고 하는데, 모두 경험이 없고, 중국은 인구가 많고 기본이 제대로 안되어 있어, 너무 많은 신기술을 하는 것은 적합하지 않고, 예전 방식대로 하는 게 안정적이다"라고 말했다. 이 말을 들은 마오 주석은 말이 없었는데, 왜냐하면 '철강을 중심으로 하는' 방침은 그가 다른 사람의 의견을 채택해 정식으로 말한 바 있는 것이어서 이제 와서 부정하기 어려웠기 때문이었다. 류사오치, 저우언라이 모두 발언하지 않았다. 나는 이 장면을 보고, 마음이 불편해 한 마디도 하지 않았다. 회의는 이렇게 끝났다.(陳曉農 2005: 236)[80]

천보다가 작성한 이 「공업문제」 초안은, 1970년대 말 개혁개방으로 가는 과정에서 덩샤오핑 중심의 개혁개방의 길 대 화궈펑 중심의 '양약진'의 이분 구도가 형성되었다는 통상적 이해방식과는 다른, 잊혀진 '제3의 길'은 없었는가라는 쟁점을 제기한다. 개혁개방의 출발점은 대약진에 대한 비판 하에서 출발해, 1961년 덩샤오핑 주도로 작성된 「공업 70조」와 직접적 연결성을 설정한다. 공장장 책임제를 다시 강화하고, 공장관리에서 물질적 유인의 중요성을 강조한 이 「공업 70조」는 그 초점이 미시적 공장관리에 맞추어져 있기 때문에, 중앙의 집중성과 효율성에 입각한 거시경제적 관리를 강조하는 같은 시기의 「당면 공업문제에 대한 중공중앙 지

---

80) 천보다는 문혁 중인 1969년에 이 '전자중심론'에 입각한 경제노선을 다시 제출했으나 또다시 거부당한 바 있다(陳曉農 2005: 242).

시」(1961년)가 이를 보완해 한 쌍을 이룬다.[81]

천보다의 「공업문제」는 1960년대 초의 이 문건들과 일정한 거리를 두고 있으며, 그 자신이 많은 노력을 기울인 사실상의 마오-천보다 공동작업의 산물인 「10대 관계를 논한다」의 직접적 연장선상에서 '사회주의적' 공업의 길을 모색하고 있다는 점에서 우리의 관심을 끈다. 「공업 70조」나 「당면 공업문제에 대한 중공중앙 지시」는 사실 1950년대에 이미 형성된 '1차 5개년 계획 모델'로 돌아가 마오의 대약진 모델에 반대한다는 구도를 형성한다고 볼 수 있기 때문에, 「10대 관계를 논한다」에 기반하면서, 이를 일정하게 넘어서는 「공업문제」는 마오-천이 구상할 수 있던, 덩샤오핑과도 다르고, 화궈펑과도 다른 하나의 노선이 될 수도 있었기 때문이다.

「공업문제」의 기본틀은 '전자중심론'을 전면에 내세우면서, 그것을 가능하게 하는 조직틀로서 '트러스트론'을 내세우고, 「10대 관계를 논한다」에서 제기한 주요한 이항구도들을 '생산관계'상의 문제로 해결하는 방식을 통해 목표에 도달하고자 한다. 천보다는 레닌이 사회주의를 "프롤레타리아 독재＋전기화"라고 한 말을 변환해 1965년 4월 21일의 한 담화에서 '전자중심론'을 "프롤레타리아 독재＋전기화＋전자화"라는 정식으로 정리해 제기하였다(陳曉農 2005: 241).

1961년의 「당면 공업문제에 대한 중공중앙 지시」는 기존의 산업구조는 그대로 유지하면서, 그 양적인 조절만을 관심의 대상으로 삼고 있다.

---

81) 원문은 「國營工業企業工作條例(草案)」(工業七十條)(1961.)(http://baike.baidu.com/view/749740.html?fromTaglist), 「中共中央關于當前工業問題的指示」(1961. 9. 15.)(http://www.ce.cn/xwzx/gnsz/szyw/200706/12/t20070612_11710476.shtml).

어떻게 여러 분야의 불균형을 조정하면서, 더 빨리 더 많은 생산을 달성할 수 있는지 이상으로 나가고 있지는 않다고 할 수 있는데, 「공업문제」는 이에 비해서 기존의 산업구조를 근본적으로 전환해야 하며, 이를 위해서는 전자공업을 중심으로 하고 조직구도로서 트러스트를 도입해야 함을 주장하고 있다는 점에서, 앞선 논의들과는 매우 대조를 이루고 있다. 천보다 자신의 개인적 여정에서 볼 때, 여기서 또 하나 흥미로운 점은 그가 출옥 이후 남긴 여러 유고들에서 다시 이 '전자중심론'의 관심이 재부각되지만, 앞선 시기와 매우 대조적으로 유고에서는 그의 '생산력 중심론'적 측면만 일방적으로 부각되며, 그가 '생산관계'에 대한 관심이라고 했던 부분이 모두 사라진다는 대조점이 두드러진다는 것이다(陳伯達 2000: 306~405).

새로운 공업구상이 전자산업에 대한 강조에서 시작하는 이유는, 전자산업이 여타 산업의 변화를 함께 추동하는 중심축이 되기 때문이다.

이는 이미 공업생산 과정 자동화의 주요수단이 되었고, 노동생산성을 신속히 제고하고 새로운 산품 질량과 품종을 발전시킬 수 있는 중요한 기술 기초가 되었다. 현재, 전자기술처럼 이렇게 광범하게 다른 산업의 발전을 촉진할 수 있는 기술은 없다. 현대 야금공업, 현대 기계제조공업, 현대 화공공업, 혹은 현대 동력공업 등등 어느 것이건 전자기술을 발전시키지 않고서는 모두 불가능하다.(陳伯達 1965: 427)[82]

---

82) 첫 초고에서 전자기술이 돌출한 데 대해 이론집단 내에서 비판이 거셌기 때문에, 천보다는 완성된 원고에서는 전자산업 앞에, 야금, 기계제조, 화공의 신기술을 먼저 언급하지만, 중점이 전자기술에 있음이 달라지지는 않는다(陳曉農 2005: 236).

이 주장을 현실화하는 기초는 '트러스트론'과 연결됨으로써이다.

자본주의 생산의 발전과 자본의 집중은 자본 독점의 수많은 형식을 출현시켰는데, 그 중 비교적 보편적인 것이 이른바 '트러스트'이다. 자본주의 소유제가 소멸한 이후, 사회주의 경제는 마땅히 자본주의의 기초 위에서 발전해 온 기업 연합형식을 이용하여 합리적으로 생산과 교환을 조직하여, 자본주의의 독점 조직 형식이 완전히 새로운 사회주의적 경제조직 형식으로 바뀔 수 있도록 해야 한다.

…… 우리의 기업 연합은 실제로 두 가지 경로를 거쳐야 한다. 하나는 현재의 기업들을 연합하는 것이다. 또 하나는 기업 자신이 '하나가 둘로 쪼개지고', '하나가 셋으로 쪼개'지는 등등으로 발전하여 연합기업이 되는 것이다. …… 기업의 연합에는 아래서 위로와 위에서 아래로 두 종류의 상호 연합이 있다. …… 우리가 이후 조직할 '트러스트' 방법은 일반적으로 마땅히 다음과 같아야 한다. 첫째, 먼저 한 시나 한 지방의 범위 내에서 시작해, 동일 업종, 동일 부문의 기업을 연합, …… 둘째, '트러스트' 성립은 …… 또한 마땅히 원래 공장과 광산의 특징과 장점을 유지하는 방향으로 진행해야 한다. …… 주된 방법이 합병·인수여서는 안 되고, 수많은 중소 공장들을 단순히 합병해 종양처럼 대공장을 만드는 방식이어서는 안 된다. 셋째, 한 업종의 공장과 광산은, 서로 다른 상황과 생산 발전의 수요에 맞추어, 각기 몇 개의 '트러스트'로 조직될 수 있고, 반드시 하나의 '트러스트'가 될 필요는 없다. 넷째, 각종 '트러스트'는 전문화와 협력에 유리한지, 자원의 완전한 이용의 조건에 유리한지에 따라서, 대·중·소의 상이한 규모가 될 수 있다. 다섯째, 이후 특히 자원의 전면 이용에 주의해야 한다. 현재 단일 품종을 생산하는 많은 기업은…… 점차 여

러 종류의 산품을 생산하는 연합기업으로 바뀌어야 한다.

…… 당중앙은 '트러스트' 성립 이후, 기술혁신에 크게 힘써야 함을 잘 알고 있어야 한다. '트러스트' 조직이 신기술 채용과 결합되지 않는다면, 작용이 크지 않을 것이다. …… '트러스트'는 진정으로 경제 계산을 실행하고, 간소화와 절약을 가능케 하고, 기술혁신과 생산의 대 비약을 가능케 하는 '트러스트'가 될 수도 있지만, 기구가 방대하고 쓸데없이 중복되고 기술이 보수적이고 일과 생산이 제대로 되지 않으면서 행정수속만 번잡하고, 이름만 거창하게 내거는 '트러스트'가 될 수도 있다. '트러스트'를 조직하는 것은 반드시 중앙 각부의 기구를 간소화하는 것과 연계해야 하며, 그렇지 않으면 또다시 비생산 인원만 늘릴 뿐이다.(陳伯達 1965: 458~61)

천보다의 이 주장은 1940년대 그가 마오와 더불어 제창한 '매판적·봉건적 국가독점자본주의로서 관료자본주의론'과 밀접한 연관을 가지고 있는 것으로 보인다. '노동자 통제 하의 국가자본주의 트러스트론'이라 부를 수도 있을 이 구상은, 구상 단계에서 부정되었기 때문에 그 세부적 내용을 더 확인해 보기는 힘들다. 그렇지만 천보다는 전자기술을 중심에 놓고, 트러스트적 조직구도를 통해 이를 시행에 옮겨 '생산력' 문제를 해결하는 것이 앞선 시기 「10대 관계를 논한다」에서 거론한 주요한 '생산관계들'의 문제를 해결하는 가능한 방안임을 강조한다. 왜냐하면 "기술만을 보는 관점은 완전히 오류이다. 우리는 사회제도에서 출발해서 기술발전 문제를 보기" 때문이다(陳伯達 1965: 436). 그래서 그는 여기서 「10대 관계를 논한다」에서 제기한, 공업과 농업, 중공업과 경공업, 국방공업과 일반공업, 국가·생산단위·생산자 개인의 관계, 중앙과 지방, 한족과 소수민족의 문제를 다시 논하고,[83] 또 이에 앞서 이전 방식의 기업과 신기업, 1, 2, 3선, 대, 중, 소의 문제를 논하고 있다. 그리고 이를 '생산관계'의 문제로 제기하는 이유는 이것이 이 두 항들 사이의 서로 다른 노동자들 사이의 문제로 제기되기 때문임을 강조하는데, 예를 들어 공업과 농업의 관계 문제도 노농동맹 내의 두 종류의 노동자 사이의 문제로 보며, 사회주의 이행기에 한정된 것이 아니라 사회주의 전 시기에 걸쳐 노농동맹의 지속적 공고화가 '공업문제'에 매우 핵심임을 강조하고 있다. 이런 생산관계 문제의 궁극적 근원은 "노동자의 문화수준과 기술수준을 제고"하는 데 달려 있고, 이는 "지도자, 전문가, 대중의 삼결합을 실행"함을 통해 가능함을 강조한다. 그리고 물론 '구호'적 차원에 머물긴 하지만, 이는 "과학을 소수 사람의 수중에서 해방하여, 일종의 대중성의 운동으로 바꾸는 것"임을 주장한다(陳伯達 1965: 436, 441, 462).

물론 트러스트론에서 '노동자의 기술제고'를 통한 사회주의적 생산관계라는 쟁점으로 연결되는 고리가 분명히 제시되고 있는 것은 아니지만, 「공업 70조」에서 삼결합의 방침을 강조하면서도, 사실상 '총공정사'에게 전적으로 기술혁신의 주도성을 부여하고, "작업장과 기술 관련 전문부서는 기술업무에서 반드시 총공정사의 지휘에 복종해야 한다"고 하는 맥락과는 상이한 구도 위에 서 있음을 짐작할 수 있다. 그런 점에서 천보다는 자신의 트러스트론을 류사오치가 언급한 바 있는 트러스트론과 대비해 위로부터의 관 주도 트러스트가 아니라 '아래로부터의 자연스럽게 형성되는 트러스트'라고 규정한다(陳曉農 2005: 260).

그러나 앞서 지적했던 쟁점들의 연장선에서, 문화대혁명 시기의 '파

---

83) 「10대 관계를 논한다」는 마오쩌둥(1956)을 보라.

리코뮌'의 천보다와 이 '트러스트론에 입각한 전자중심론'의 천보다의 주장을 어떻게 연결할 것인가의 고리는 부재하다. 그리고 그것은 베이징과 상하이라는 두 지역이 분리되고, '노동자의 문화대혁명'에 대해 개입할 수 없었던 천보다의 공백과도 무관하지 않다. 이렇게 파리코뮌, 공장 문혁, 트러스트 세 가지 영역은 서로 분리되어 따로 존재하고 서로에 대해 융합하지는 않았다.

덩샤오핑은 천보다의 주장에 대해 "그가 「공업 70조」에 대해 좋지 않게 말했는데, 대체 어디에 동의하지 않는지 말한 것을 들어 보지를 못했습니다.…… 트러스트를 하는 것에 대해, 우리가 시험해 보았지만, 이는 공업을 더욱 집중하자는 것으로, 지방의 적극성을 발휘하는 방침과는 크게 모순이 됩니다"라고 폄하한다.[84] 그렇지만 덩샤오핑의 이 지적은 그 자체로 다소 모순적인데, 공업의 집중을 강화하고 중앙에 더 큰 역할을 부여하는 것이 「공업 70조」나 「당면 공업문제에 대한 지시」의 핵심 취지였고, 「10대 관계를 논한다」는 그 반대의 입장에 서 있었기 때문이다.

---

84) 「鄧小平給毛澤東的信」(1972), 『陳伯達文章講話匯編』.

5장_ 문혁 평가의 하나의 우회로:
정치의 아포리아를 둘러싼 논점

문화대혁명의 정치적 현재성은 중국 내에만 한정되지 않는다. 문혁이 던진 쟁점들은 주요한 정치적 맥락 속에서 자기 나름의 방식으로 해석·재구성되어, 때론 보편적인 정치적 함의를 동반한 것으로 재부각된다. 이 장에서는 앞서 우리가 살펴본 문화대혁명의 정치의 아포리아가 어떻게 동시대적인 정치적 쟁점이 될 수 있는지 우회적으로 살펴보려 한다. 현재 서구 정치철학계의 주요한 두 인물의 주장을 통해 이를 확인해 보자. 먼저 알랭 바디우의 말이다.

> 우리는 문화혁명에 엄청난 빚을 지고 있다. 왜냐하면 당이라는 동기의 거대하고 용맹스런 침윤에 밀착된 우리의 마오주의는 오늘날 아직도 계급 및 계급투쟁의 동기가 부착된 분명 동시대의 마지막 혁명처럼 보이면서, 중대한 이행의 경험이자 그 이름으로 남을 것이다. 그리고 이런 이행이 없다면, 그리고 거기에 헌신하는 사람이 없다면, 아무것도 남지 않을 것이다.(Badiou 2005: 507)[1]

바디우가 창립하여 주도적으로 활동했던 마오주의 조직 '프랑스 마르크스-레닌주의 공산주의자 동맹'(UCFML)이 1981년에 작성한 문화대혁명 평가 문서도 같은 뉘앙스를 풍긴다.

> 이런 준거들[문화대혁명과 프랑스의 1968년 5월]은 오늘날 자신의 힘을 잃었다. 우리는 그 결과가 아니라 그 **질문들**을 보존할 것이다……. 문화대혁명에 관해 우리는 그것이 실패했고 마오주의가 그것을 대체한 것이 아니라 바로 그 실패의 중심임을 알고 있다.(Bosteels 2005: 622에서 재인용. 강조는 인용자)

이번에는 바디우와는 다른 논점에서 에티엔 발리바르의 지적인데 (시기는 좀더 앞선다), 발리바르와 바디우 사이에서는 논점의 차이가 발견되며 우리는 이 쟁점으로 다시 되돌아올 것이다.

> 마오, 그리고 그와 함께 혹은 그의 편에서 문화혁명은 사회주의 속에서의 정치의 문제를, 지식인의 사회적 지위의 질문과 위로부터(대중민주주의, 당의 독점에 대한 비판) 그리고 동시에 아래로부터(노동관계의 전화) 연결시킴으로써 새로운 방식으로 제기했다.(발리바르 1991: 162)

우리는 이런 해석이 중국의 문화대혁명 경험을 '1968년'이라는 더 넓은 지반으로 확장하여 그로부터 매우 동시대적인 정치 또는 '정치적인 것'의 쟁점을 이해하려는 산물임을 짐작해 볼 수 있다. 중국과 '1968'은

---

1) 이 글은 바디우의 2002년 강의록에 기반한 것으로, 그의 '후기' 때도 문화대혁명에 대한 관심과 준거가 지속됨을 보여 준다.

시기적으로 교차할 뿐 아니라, 중국 문화대혁명의 경험 자체가 유럽과 여타 지역의 '1968'의 중요한 사상·운동적 자원의 하나였다는 점에서도 정황적으로 양자 사이의 관계는 부정할 수 없는데, 좀더 나아가 정치적 쟁점 면에서도 월러스틴과 아리기 등이 주장하듯, 중국 문화대혁명은 '국가의 진화주의'라고 할 구좌파의 한계가 극단적으로 노정된 '세계혁명'의 한 고리로 이해될 수 있는 것이기도 하다(월러스틴 외 1994).

이 책 서두에서 말한 중국 문화대혁명의 '위대하면서도 위험한' 두 가지 구호에는 이미 그런 세계적 반향이 울리고 있었다. "모든 반역은 정당하다"(造反有理), 그리고 "사령부를 포격하라". 어떤 구호도 그보다 더 급진적일 수는 없었다. 문화대혁명을 이 구도들이 함축하는 가장 극점의 역사적 경험 속에서 심각하게 해석·재해석하고 거기서 발견되는 '정치의 아포리아'를 넘어서 나가려 노력하지 않는다면 '1968'에 대한 어떤 낭만주의적 해석에도 남겨진 여지는 없을 것이다. 그런 점에서 문화대혁명은 여전히 현재적이다.

'68년'의 가장 대표적이고 상징적인 '마오주의자'였던 바디우는 다시 문화대혁명을 재해석하는 글에서 그 사건의 의미를 "혁명적·정치적 활동의 중심적 생산체로서 당의 종언"에서 찾는다(Badiou 2005: 488).[2] 이런 점에서 "자유로운 반역"에 호소하고, "대중이 운동 속에서 스스로를 교육"하도록 한, 파리코뮨 원칙을 따른 「문혁 16조」는 문화대혁명의 핵심 사상과 문화대혁명의 모순을 표출하는 핵심문건으로 해석된다(Badiou 2005: 489~93). 그리고 무엇보다 이 원칙에 따라 등장한 '홍위병' 운동에서 그는 문화대혁명의 핵심적인 혁명적 특성을 찾는데, 이와 관련해 그

---

2) 마오주의자로서 1960년대 말 이후 바디우의 활동에 대해서는 Bosteels(2005: ch.4)을 볼 것.

는 프랑스혁명의 해석에서와 마찬가지의 "창조적 절대주의"를 발견하며, 이 경우 "진정한 혁명은 그 자신에 필요한 모든 것을 스스로 창조해 낸다"고 말한다(Badiou 2005: 495). 바디우는 '자유로운 정치'와 '당-국가'의 틀 사이에서 문화대혁명의 모순을 찾고 있으나, 문화대혁명에서 혁명적 대중행위나 조직현상에 계급 표상의 논리를 부여하기를 거부한다는 점에서, 이 모순에 훨씬 더 일반적 정치적 함의를 부여한다(Badiou 2005: 488, 507). 심지어 '개인숭배'에 대해서도 문학적·종교적 차원의 일반적 의미가 부여된다(Badiou 2005: 504~6).

그런데 그가 공작조의 파견과 철회라는 '초기 50일'의 핵심적 정치 문제를 언급하고 있음에도 불구하고, '혈통론'이라는 문제를 계기로 '노홍위병'과 '조반파' 홍위병이 분기되는 중대한 결과를 낳은 점에 대해서는 언급하지 않는 점, 그리고 다시 1967년 군의 개입을 계기로 조반파 홍위병이 다시 온건파와 급진파로 나뉘는 점을 언급하지 않는 점이 눈에 띈다. 그리고 하나 더 핵심적 측면은, 이 문화대혁명이 '사회주의 하의 계급투쟁'이라는 마오적 해석과 긴밀하게 관련된다는 점 또한 거론되지 않는다. 이는 '문화혁명'이 특정한 역사적 맥락을 넘어서 일반화될 가능성을 은연중에 함축하고 있다.

징후적으로 읽히는 이런 '무언급'의 함의를 우리는 바디우의 논지를 좀더 일반화하는 지젝의 논의 속에서 재발견할 수 있다. 지젝은 문화대혁명에 대한 바디우의 해석을 '역사적 사건'의 반복 속에서 진리의 출현이라는 틀을 통해서 보편화하고 있다.

이것은 우리가 문화혁명을 두 가지 다른 차원에서 독해할 수 있음을 의미한다. 만약 그것을 역사적 현실(존재)의 일부로 읽는다면 우리는 쉽게 역사적 과정의 최종결과를 그것의 '진실'로 인식하는 '변증법적 분석'을 부과할 수 있다. 즉, 문화혁명의 최종적 실패는 문화혁명의 기획(개념)에 내재한 비일관성을 증명한다. 그 실패가 문화혁명의 비일관성의 설명-전개-현실화이다.…… 하지만 문화혁명을 하나의 사건으로, 평등한 정의라는 영원한 이데아의 실행으로 분석한다면, 문화혁명의 현실적 결과, 즉 그것의 재앙적인 실패와 자본주의적 변형으로의 반전은 문화혁명의 실재를 완전히 소진시키는 것이 아니다. 문화혁명의 영원한 이데아는 사회-역사적 현실의 패배 속에서도 살아남는다. 그것은 다음의 재기를 끈기 있게 기다리는 미래 세대에 달라붙어 있는 실패한 유토피아의 유령 같은 생명으로 지속한다. 이것이 모든 패배 속에서도 지속하는 영원한 자유의 이데아를 향한 로베스피에르의 신념으로 우리를 데려다 준다.(지젝 2009: 312)

그래서 그것은 로베스피에르의 반복이고, 벤야민적 의미에서 '신적 폭력'의 계기이다(지젝 2009: 244~5). 지젝의 문화대혁명 해석에서 중요한 것은 문화대혁명이 보여 주는 종별성(specificity)보다는 로베스피에르적 계기의 반복으로 해석될 수 있는 보편적 측면이다. 그래서 그 실패는 불가피한 것이었을 수도 있지만, 실패 자체의 의미는 축소되고, 실패로 나가는 과정의 여러 모순들은 불가피성에 의해 은폐될 여지가 커진다. 지젝의 분석은 실재에 대한 징후적 독해를 보여 주지만, 현실의 층위로 내려가지 않는다. 그가 문화대혁명의 모순으로 발견하는 모든 것은 마오쩌둥의 텍스트 내에서 발견되는 모순이며, 실재로 나아가려는 모순이고, 앞서 바디우의 '무언급'과 마찬가지로 현실에서 나타나는 여러 분화들과 그 종별성들을 직면할 때 난점에 봉착한다.

그렇지만 이렇게 지적에 빗대어 바디우를 직접 비판하는 것은 문제의 소지가 있을 텐데, 우리는 바디우를 위해서 그가 문화대혁명을 일반적 차원으로 환원하지 않고 문화대혁명의 시대에 고유한 종별성을 부여하려 한다고 잠시 옹호해 볼 수도 있다. 변론은 그가 말하는 (초기의 '역사의 정치화'라는 테제를 반전시켜 제시하는) '정치의 역사화'라는 테제를 통해 제시된다. 그는 해방적 정치를 사고하기 위해 실뱅 라자뤼스(Sylvain Lazarus)가 '정치의 역사적 양식들'로 명명한 정치의 다섯 가지 실존 시퀀스를 구분한다. 각 시퀀스는 '새로움' = 정치 = 진리 = 사건의 종별성으로 해석될 수 있다(바디우 2006: 313).

① 혁명적 양식: 로베스피에르와 생쥐스트가 주도한 1792년부터 테르미도르 9일까지 산악파 국민공회의 시퀀스
② 계급주의적 양식: 1848년에 개시되고 1871년에 완료된 시퀀스
③ 볼셰비키적 양식: 레닌의 『무엇을 할 것인가』에 의해 1902년 개시되고, 선행한 시퀀스, 특히 파리코뮌의 공과를 담지했으며, 1905년에 점철되었다가 10월 혁명에 의해 닫혀진 볼셰비키적 시퀀스
④ 징강산 근거지와 관련된 마오의 최초의 글들(1928년)에 의해 열려졌고, 1949년 중국공산당 권력장악에 의해 닫혀진 '혁명전쟁'의 시퀀스
⑤ 1965년에 열렸다가 1967년 가을에 닫힌 문화대혁명의 시퀀스

바디우는 이 중 처음 셋에 대해서는 명명을 하고, 네번째 마오적 계기에는 '혁명전쟁'이라는 명칭을 반쯤 제시한 반면, 마지막 문화대혁명 이후 현재 진행형의 시퀀스에 대해서는 이름을 붙이지 못하고 있다. 이 다섯번째가 '당 없는 정치'의 시퀀스일 텐데, 이는 그후 폴란드의 연대노조와 멕시

코의 치아파스 사파티스타로 이어지는 것으로, 바디우는 아직 그 함의가 모호하다는 차원에서 다시 라자뤼스를 빌려 이를 잠정적으로 '모호한 사건성'(*événementielités obscures*)의 시퀀스라 부른다(Bosteels 2005: 621).

이렇게 각 시퀀스가 차별적이고, 문화대혁명의 시퀀스가 '모호한 사건성'의 시퀀스라면, 문화대혁명의 종별성을 이루는 것은 무엇보다 바디우의 '당 없는 정치'라는 테제가 지시하는 상황이다.

> 결국 문화혁명은 그 곤경 속에서조차 정치를 그것을 옥죄는 당-국가의 틀로부터 진정하게 그리고 전면적으로 해방시키는 것의 불가능성을 목격하고 있다. 왜냐하면 공공질서와 내전회피의 이유 때문에 당-국가의 일반 틀을 유지해야 할 필요성에 직면하자, 사회주의의 형식적 조건 하에서 새로운 정치적 도정을 찾아내고 혁명을 재개하며 또 노동자 투쟁의 새로운 형태를 찾아내는 것이 실패로 끝났기 때문이다.
> 오늘날 우리는 모든 해방적 정치는 '당 없는 정치'를 확언하면서도 동시에 아나키즘의 구도 속으로 소실되지 않기 위해서 당 모델 또는 복수 당들의 모델을 종식시켜야만 한다. 흑기(黑旗)가 적기의 갑절이거나 그림자인 것처럼, 아나키즘은 공산당에 대한 공허한 비판 또는 공산당의 갑절이거나 그림자일 뿐이다.(Badiou 2005: 506~7)[3]

바디우의 긴밀한 이론적 동료인 실뱅 라자뤼스가 가명으로 발표한 문화대혁명에 대한 평가에서도 이 '당 없는 정치'라는 문화대혁명의 핵심

---

3) 보스텔은 이런 점에서 문화대혁명의 실패를 진정한 새출발로 간주하는 바디우를 진정한 '포스트-마오주의자'로 지칭한다.

적 교훈, 또는 '실패한 문화대혁명의 새로운 출발점'의 의미를 읽어 낼 수 있다.

문화혁명과 마오 자신은 새로운 단계의 당의 개요가 어떻게 될 것인가 라는 질문에 상대적으로 침묵하고 있다. 마오와 문화대혁명은 대중과 프 롤레타리아트에 대해 새로운 길을 닦음으로써 포스트-레닌주의 시대를 열었지만, 프롤레타리아 정치 또는 당의 정치에 대해서는 그렇지 못하 다.(Bosteels 2005 : 624에서 재인용)

그러나 이런 '정치의 역사화'를 통해 문화대혁명의 '종별성'이 사유 된다 하더라도, 그것은 근본적으로 유사한 '보편성'의 형식, 즉 사건-충실 성-진리의 고리 속에서 해석되는 진리과정으로서만 그러하다. 그런 점에 서 문화대혁명은 사실 그가 사도 바울에 대한 해석에서 제기하는 사건-충실성-진리의 맥락과 그다지 다르지 않다.

결국 바울 본인이 우리에게 가르쳐 주는 것은, 중요한 것은 힘의 표징들 이나 모범적인 삶이 아니라 지금 여기에서 그리고 영원히 어떤 신념이 가능하냐는 것이라는 사실이다.(바디우 2008 : 63)

이 '진리과정'이라는 구도 속에서 사고되는 '사건-충실성-진리-주 체'는 문화대혁명의 모순들에서도 불가피한 것으로 이해된다. 그가 "홍 위병들은 엄청난 파괴를 행한 후, 총살되거나 감옥에 갇히거나 그들 고유 의 충실성을 배반해 버렸다"(바디우 2001 : 102~3)고 표현한 데서 보이듯, 역사 속에서의 문화대혁명의 실패는 '충실성'에 대한 배반으로 처리될 수 있고, 그것이 끊임없이 되돌아가 주체를 형성해야 하는 '사건으로서'의 문화대혁명의 의미를 부정하지는 않는다. 이는 사실 '마오'의 이미지가 강하게 교차하는 그의 바울 해석에서도 다시 한 번 확인된다.

로마 제국이나 현대의 자본주의 같은 하나의 현실성에 빠져 버린 성스러움은 아주 엄격하게 하나의 **교회**를 만듦으로써만 <u>스스로를</u> 보호할 수 있다. 그러나 이 **교회**는 성스러움을 사제직으로 변질시키고 만다.(바디우 2006: 79. 강조는 원저자)[4]

그렇다면 우리는 왜 굳이 문화대혁명이어야 하는지, 이 '사건'에서 찾아내야 하는 고유한 종별성은 무엇인지 여전히 혼란스러움을 느낀다.

여기서 우리는 바디우로부터 발리바르로 나아가 양자 사이의 강조점의 차이가 어디서 발견되는지를 살펴보도록 하자. 단순화하자면, '공산주의 상수'를 강조하는 바디우와, 그것보다도 '공산주의의 역사적 변수들'을 강조하는 발리바르 사이의 차이가 문화대혁명의 해석에서도 작용한다고 볼 수 있다. 둘 다 '당 형태의 위기와 모순'이라는 문화대혁명 해석의 공유점을 갖지만, 발리바르 식으로 표현하자면 양자 간의 '이단점'이 문화대혁명과 더불어 양자 간의 서로 다른 이론적 맥락을 이해하는 데 매우 중요하다. 바디우에게 문화대혁명이 무엇보다 그 사건으로서의 '새로

---

4) 바디우가 프랑스 마오주의자들의 이분법 이데올로기에 대해 그들이 마오의 '하나가 둘로 쪼개진다'(一分爲二)의 핵심을 파악하지 못하고, 오히려 둘이 모여 하나가 된다는 사고(合二爲一)나 절대적 순수함의 '린뱌오(林彪)주의'에 빠져 있다고 비판함을 볼 때, 바디우에게서 진리와 사건이 마니교적 이분법의 세계, 또는 절대적인 정화의 이데올로기가 아니며, 사태의 핵심은 그가 '진리'와 '사건'을 외부로부터 개입하는 절대적 순수성의 세계로 상정했다는 데 있지 않음을 잠시 지적해 두자. Bosteels(2005: 612~6), 바디우(2010).

움'의 긍정성 속에서 해명되고 그 실패는 '충실성'에 대한 배반 속에서 사유되는 부차적 측면이라 한다면, 발리바르는 문화대혁명의 새로움의 종별성과 그 실패 원인의 종별성 양자에 대한 질문이 따로 제기될 수 없다고 본다는 점에서 바디우와 유사해 보이면서도 결국 매우 다른 귀결점으로 나아간다. 그 유사하면서도 다른 차이를 우리는 잠정적으로 '마오주의적' 문제설정과 '마르크스적' 문제설정으로 구분해 볼 수도 있을 것이다 (발리바르에게서는 마오가 마르크스적 질문 내에서 해석되는 반면, 바디우에게서는 마르크스조차 마오주의적 질문 속에서 해석되는 것이 아닐까?).[5]

　　바디우나 지젝 모두 다분히 마오의 텍스트 내에 한정해 가능성과 한계를 찾으려는 데서 문제점이 발견된다. 그래서 현실에서 전개되는 문제들, 특히 당-대중 모순의 복잡성을 충분히 검토하지 못하고 역사적 맥락을 짚어 내지 못하는 것으로 보인다. 이들의 이야기를 따라가다 보면 어느 부분에선가 문화대혁명은 마오의 기획에 따라 대중이 그대로 움직이고, 또 마오의 의지에 따라 운동이 중단되거나 한 지도자의 의지에 따라 역사가 만들어진다는 '전체주의론'의 또 다른 버전의 함의가 발견되기도 한다. 오히려 그보다는 '마오 때문에/마오에도 불구하고' 그리고 '마오의 지시 때문에/마오 지시의 의도와는 반대로' 이런 역설적 질문들을 혼합시키는 관점에서 문제를 파악해야 할 것으로 보이고, 그런 점에서 문화대혁명을 '스탈린주의의 내재적 비판'이라는 점에서 접근해 그 가능성과 한계를 보려는 발리바르의 지적에서 문화대혁명의 복합성의 논점을 더 잘 찾

---

5) 혁명기 마오에게서 쟁점이 되는 '첫번째로 빈곤하고 두번째로 백지'(一窮二白)이기 때문에 우월한 농민의 정치적 위상의 문제보다 더 바디우적 마오 해석에 가까운 이론자원은 없을 것이다. 그것을 사도 바울의 교의 해석과 교차해 보라.

아낼 수 있다.

발리바르는 "문화혁명의 슬로건은 처음에는 정치 **속으로의** 대중의 개입이었는데, 사실 사회주의 나라들의 **전** 역사와 관련하여 이러한 경험……이 갖는 직접적 독자성은 바로 사회주의 체계의 기능작용 속에서 대중적 갈등과 토론이라는 의미로서의 정치의 부활"이라고 평가하면서 문화대혁명이 대중정치에 주는 일반적 함의에 대해서 동의한다(발리바르 1991: 161. 강조는 원저자).[6] 여기서 모순은 당-대중의 모순으로 나타나는데, 바디우의 논점과 비교해 주의해야 할 것은 이 모순이 매우 종별적인 서로 다른 층위들을 갖는다는 점이다. ①대중 내의 모순과 당내의 모순의 조응(또는 관통) 여부, ②대중운동과 당운동 사이에서 어느 것이 우위에 서는가라는 문제, ③계급투쟁의 '이론적 해석'과 그 정치적 실천의 조직 형태 사이의 모순, ④사회주의 하에서의 '계급모순' 출현의 근거와 그것의 대중 내와 당내에 작동 방식의 차이라는 쟁점.

그렇기 때문에 모순과 난점은 단지 조직 대 조직 사이에서만이 아니라, 이데올로기를 매개로 한 조직화, 이론-이데올로기-대중의 관계, 대중 정치의 구성/구성됨 사이에서도 발생한다. 당이 문제가 되더라도 그 방식은 바디우와는 다르다.

---

6) 발리바르가 바디우의 문화대혁명 평가와 갈라지는 이유 중 하나는 그가 프랑스에서의 마오주의 운동에 대해 비판적으로 평가하는 데서 기인하는 것이기도 하다. 그는 그 자신의 자기비판까지 포함해 프랑스의 문화대혁명 평가에 대해 이렇게 평가한다. "우리는 우리나라에서는 절대로 통일될 수 없는 두 측면, 즉 부르주아 규범에 대한 자유지상주의적 반역과 자본주의에 대항하는 효과적 운동을 결합한 것으로 상상했다. …… 그것은 포스트-니체적 문화 반역과 마르크스적 계급투쟁의 통일의 꿈이었다. …… 그것은 끔찍한 모순이었다."(Balibar 1999: 34) 그러나 이 평가와 여기서 제시한 발리바르의 문화대혁명에 대한 주장이 모순되는 것은 아니며, 그의 비판적인 정치철학적 작업에 대해 문화대혁명의 경험이 끼치고 있는 중요한 영향에 대해서는 특별히 강조해 둘 필요가 있다.

근본적으로 모든 것은 두 개의 해석들 사이에 존재하는 사소한, 그렇지만 결정적인 차이에서 유래한다. 마오는 당이 마르크스주의 이론의 "체질"에 의해 국가주의와 경제주의에 대해 **면역되어** 있는 것은 아니라고, 계급투쟁이 당내에서 두 "노선" 혹은 두 "길" 사이에서 수행되고 있다고 상정한다. 그러나 이러한 변증법적 명제로부터 출발하지만 계급투쟁이 "집적되는" 곳 그리고 두 개의 길의 문제가 해결되어야 하는 곳은 **바로당 내부이다**(그리고 그것이어야만 한다)라는 관념으로의 점진적 변화가 먼저 목격된다. 그런데 역설적이지만 이 관념은 당의 일괴암적 통일성이라는 스탈린적 관념의 형식적 반대물로서 동일한 결과, 즉 정치적 독점이라는 당과 그 지도부의 생명보험으로 정확히 귀결된다. 당내의 분파들(혹은 지도부 내의 "파당들")이 하나의 정치노선 혹은 경제노선을 (그리고 부수적으로는 그들 자신의 헤게모니를) 부과하기 위하여 대중운동에서 귀결되는 대립들을 "계급투쟁"이라고 **명명하면서** 대중운동을 통제하고 활용하고자 시도하도록 만드는 조작의 실천으로의 두번째의 점진적 변화가 이어서 목격된다.(발리바르 1991: 159~60. 강조는 원저자)[7]

이런 점에서 발리바르의 주장은 문화대혁명의 쟁점을 단지 로베스피에르로부터 현재까지의 유토피아적 계기 속에 두지 않게 되고, 그 구체적 역사성을 질문하게 된다. 왜냐하면 현재와 같은 당 형태의 모순은 19세기를 거치며 형성된 근대정치의 역사적 산물이기 때문이다. 발리바르

---

[7] 다음과 같은 인훙뱌오의 말과도 비교해 보라. "마오쩌둥은 이론적으로는 지도간부와 대중 사이의 모순을 그의 사회주의 사회의 두 계급·두 노선 투쟁의 이론틀 속으로 끌어들였지만, 실천상에서는 그것을 당내 투쟁의 궤도로 끌어들였다."(印紅標 2011: 52)

의 지적은 당이 자신이 처한 이데올로기적 조건과 그 때문에 발생하게 되는 대중과 당 사이의 모순에 대해 맹목적일 수밖에 없던 마르크스주의 역사를 비판하는 알튀세르의 입장을 계승하고 있다. 알튀세르는 이 문제에 대해 다음과 같이 지적한다.

> 당에 대한, 그리고 당 장치의 구조가 생산하는 효과에 대한 이론이 없었기 때문에 그들은 마르크스주의 이데올로기가 당 자체에 요구되는 이데올로기에 의해 왜곡될 수 있다는 사실을 알아차리지 못했다. …… 당이 조직적 실천에서 통일되기 위해서, 극적인 시대에 당이 자신의 대의와 미래를 확신할 수 있기 위해서, 당에게는 그야말로 자신의 이데올로기의 **진리성**이, 그리고 자신의 이론과 실천의 빈틈없는 통일성이 보장될 필요가 있었다. 그리고 당이 장치이기 때문에 지도부가 일종의 **절대지**의 이데올로기적 보증을 자임하고자 하는 커다란 유혹이 따랐다. 이런 유혹은 이 지식의 힘과, 따라서 그 위험과 혼동된 지식의 이데올로기적 기능을 더 이상 인지하지 못하게 할 정도로, 심지어 이데올로기의 알려지지 않은 이런 기능은 바로 당 안에서, 지도자들과 평당원들의 차이 속에 부르주아 국가 구조를 재생산하는 것으로 귀결한다는 것을 인지하지 못하게 할 정도로 컸다.(알튀세르 1993 : 58~9. 강조는 원저자)

문화대혁명이 직면한 역사적 종별성의 질문은 당이 자신의 이데올로기 조건들에 대해 맹목적이었다는 비판에서 한 걸음 더 나아가 '사회주의' 하의 모순이라는 쟁점으로 이어지지 않을 수 없다. 문화대혁명이 던진 핵심 질문은 마오쩌둥의 이론이 제기하듯 '사회주의 하의 계속혁명'이라는 쟁점이다. 그것이 생산양식의 '이행'이라는 마르크스적 질문에 던지는 함의는 매우 고유하게 존재한다. 이에 관해 발리바르는 다음과 같이 말한다.

> 바로 현대화와 관련하여 보자면 대기업에 있어서 문화혁명의 극단적 전진은 바로 노동자의 숙련수준의 향상을 위한 집단적 실천을 중심으로 공장의 기능과 학교 혹은 대학의 기능을 부분적으로 융합시키는, 새로운 유형의 "산업혁명" 개념에 있었다. 생산수단이 인간노동을 추출하기 위한 수단으로서뿐만 아니라 또 집단적 지식을 실험하고 획득하기 위한 수단으로서 활용되어야 하는 한에서의, 자본주의적 생산관계들의 실재적 전화를 실험하기 위한 전적으로 독창적이고 오늘날에도 아직 의미 있는 길이 이 개념 속에 있다. 나아가 차별적 사회범주들을 그들 간의 적대를 축소하는 방식으로 노동의 장소에서 결합시킴으로써, 그들의 **사회적 기능**들을 전화시킴으로써, "육체노동과 지식노동의 분할"을 지양하는 길이 이 개념 속에 있다. 이렇게 함으로써 "새로운 인간"이라는 공사에서 벗어나 인간을 "자연적으로" 위계화한 차별적인 사회적 종(種)들로 분류하는 기본적인 생산관계들의 쇄신의 윤곽을 잡을 수 있을 것이다.(발리바르 1991: 161~2. 강조는 원저자)

여기서 우리는 '사회주의적 산업혁명'이라는 낯선(그러나 이미 마르크스로부터 유추될 수 있는) 사고와 만난다. 그리고 그것은 육체노동과 지식노동의 분할이라는 매우 '마르크스적'인 사고와 만나는 지점에서 제기되지만, 그것은 (『독일이데올로기』의) 훨씬 역사철학적 또는 역사주의적인 관점에서라기보다는 (『자본』의 함의 속에서의) 정치경제학 비판의 구체적 역사적 자본주의라는 맥락 속에서 제기된다. 우리는 사회주의 시기 그 함의가 새롭게 전개될 가능성을 앞서 마오쩌둥의 『소련 정치경제학 교과서』에 대한 비판적 독해를 통해 살펴보았고, 문혁의 경험에서 그것이 '교육혁명'과 이어지는 논리적 근거를 살펴보았다.

여기서 우리는 문화대혁명의 정치적 아포리아를 다시 확인하게 된다. 이 '새로운 산업혁명'이라는 쟁점이 자율성을 지닌 대중운동과 어떻게 '조우'하고 상호 삼투할 수 있는가라는 질문 말이다. '사회주의'라는 질문은 '자본주의'가 어떻게 자본주의인가라는 질문으로 계속 되돌아가게 만드는데, 그것은 특정 생산력 또한 사회적 관계들의 구조이며, 이에 대한 질문은 그보다 더 넓은 차원에서 특정 '생산관계'의 '재생산'이라는 문제설정 속에서만 제기될 수 있음을 시사한다. 이렇게 말하고 나면, 그 구조에 대한 돌파구는 그 사회적 관계들을 전화하는 대중정치의 실천을 통해서만 가능해진다는 결론에 이르게 된다. 이렇게 해서 질문은 다시 '혁명'과 '이행'의 아포리아를 되풀이해 제기한다. 발리바르는 알튀세르를 비판적으로 계승하여 논점을 정치에 대한 '비극적 전망' 속에서 정리한다. 그것은 가능성으로서의 필연성 속에서 사유되지만 보증되지는 않는 것이다.

마르크스가 말했듯이 자본축적이 그 '실체'로 '산 노동'을 갖는 것과 마찬가지로 국가, 교회, 기타 지배적 제도들의 다소간 억압적인 장치들은, 대중들의 종교적, 도덕적, 법률적 또는 예술적 가상으로부터, 인민적인 의식/무의식으로부터 도출하는, 항상적으로 쇄신되는 에너지를 필요로 한다. 그리고 결과적으로 착취가 잠재적 모순을 내포하는 것과 마찬가지로 이데올로기적 지배도 잠재적 모순을 내포한다. 역사의 피지배자들이 '위로부터' 그들에게 보내진 그들 자신의 가상의 보편성을 곧이곧대로 믿는다면, 또는 오히려 그들이 **그들 자신**의 가상의 요구들에 부응하여 행동하고 그 **결과들을 도출해 내려고** 집단적으로 시도한다면, 그들은 더 이상 기존 질서를 인정하지 않고 그것에 반대하여 반역하는 것이다. 결국 주어진 역사적 정세 속에서 착취의 모순과 이데올로기적 반역이 **해후할 때**, 그것이 혁명인 것이다(승리하든 못하든 간에).(발리바르 1993 : 187~8. 강조는 원저자)

죽은 노동은 산 노동을 그 요소로 지님으로서만 자본관계로 재생산 되고, 지배이데올로기는 피지배자들에 기인하는 에너지를 그 요소로 지 님으로서만 지배관계로 재생산된다는 점에서 양자는 분명 '변증법적'인 특징을 보여 주지만, 그 양자의 마주침은 필연적이지도, 유기적이지도 않 다는 점에서 아포리아적이다.

앞서 우리는 이미 문화대혁명이 서로 다르지만 중첩되어 있는 다층 적인 역사적 사건의 가닥들에 의해 얽혀 있음을 알 수 있었다. 문제는 이 론적으로 또 동시에 정치적으로 그 가닥을 어떻게 해석할 것인지, 그리고 여전히 어떤 해석이 남겨져 있는가이다. 몇 가닥을 생각해 보자.

첫번째로 우리는 '해방적 정치'라는 가닥을 쫓아갈 수 있는데, 이는 「문혁 16조」가 '파리코뮌적 원칙'으로 제기한 것이고, 또한 마르크스가 제1인터내셔널의 사상으로 제기한 것으로, "대중의 해방은 대중 스스로 에 의해서만 가능하며 대신 될 수 없다"는 구절로 정리될 수 있는 것이다. 「문혁 16조」의 초안 작성자이자 문화대혁명 시기 최고의 '파리코뮌주의 자'로서 '중앙문혁소조'의 조장을 맡은 천보다(陳伯達)의 정치명운이 보 여 주듯이, 문화대혁명의 '해방적 정치'의 핵심인 이 '파리코뮌 원칙'은 1966년 모든 공식·비공식 문건들을 화려하게 장식하면서 문화대혁명의 공식 노선으로 채택된 듯하다가, 1967년 여름 이후 급격히 그 의미를 부정당하고, 1967년 말~1968년 초에는 '공상적 사회주의'의 잔재로 폄하되어 공식무대에서 완전히 사라진다. 그러나 그것이 바로 문화대혁명의 종료를 의미하지는 않았고, 오히려 제거될 수 없는 '문화혁명 이데올로기'의 핵심에 자리 잡았다는 점에서 문화대혁명의 모순의 복잡성이 있다.

두번째로 이와 맞물리는 것이 "노동자계급에게 일체를 배우자" 또는 "노동자계급이 일체를 주도하자"라는 구호이다. 앞서 우리가 '사회주의적 산업혁명'이라는 구상이 등장했다고 했을 때, 이는 이 두번째 가닥과 연결된다. 문화대혁명이 노동자에게 확산되고 공장으로 확산됨으로써 이 새로운 쟁점이 등장하고, 또 이 쟁점은 '탈권'(脫權)이라는 쟁점과도 맞물려 진행되었다. 오히려, '탈권'은 첫번째 가닥이 두번째 가닥에게 무대를 양보해 가는 계기였다고 할 수 있다. 그 말은 이 두번째 가닥에서 벌어진 일들이 실제 역사 과정에서 '파리코뮨 원칙 없는 노동자의 문화대혁명 참여'라는 역설로 진행되었음을 의미한다. 그런데, 그럼에도, 여기서 '사회주의적 산업혁명'이라는 쟁점은 약화되지 않는다. 다만 출로를 찾지 못한다(왜냐하면 그것은 '정치'의 문제였기 때문에).

세번째로 당 형태의 모순이 다시 등장한다. 첫번째의 가닥과 두번째의 가닥이 연결되지 않은 것도, 그리고 첫번째의 '대중 스스로에 의한 해방'이 아포리아에 부딪힌 것도 결국은 당-대중의 모순 때문이다. 그런데 이 문제는 간단하지만은 않은 것이, 문화대혁명은 처음부터 '두 가지 노선'이라는 쟁점을 수반하고 진행되었기 때문에, 당 자체가 통일된 '한 바위덩어리'는 아니었고, 이미 당이 '계급노선'에 따라 분열되어 있고 그것이 당연하게 인정된 상태였다. 그럼에도 문화대혁명의 실패는 결국 대중운동을 무력으로 억압하고 나선 (쇄신된?) 당-국가라는 구도로 그려진다. 따라서 여기서 쟁점은 '대중운동이 당을 내부로부터 정풍'하는 것이 아니었다. 문화대혁명이 중국의 사회주의 역사에서 그에 앞선 시기와 단절점을 그리는 이유도 이 쟁점과 관련이 있다. 이런 복잡함이 있기 때문에, 한편에 억압적 국가를, 다른 한편에 자율적 대중운동을 대립시키는 일반적 구도로 문혁의 난점을 풀어 가기는 어렵다. 국가는 '일반성' 속에 존재하는 추상체가 아니기 때문이다.

네번째 가닥은 대중에 대한 대중 자신의 관계이다. 발리바르가 '대중들의 공포'(즉 대중에 대한 공포와 대중 스스로에 대한 대중의 공포)라고 부른 것이 문제가 된다(발리바르 2007).[8] 대중 속의 분할과 적대, 그리고 폭력의 극단적 번성이 문제가 되는 곳은 여기이다. 문화대혁명이 실패한 것은 단지 마오가 대중을 '배신'했거나 홍위병들이 문화대혁명의 '대의'를 '배신'했기 때문은 아니다. 1967년 중반 이후 문화대혁명 과정의 가장 첨예한 대립은 당과 대중의 대립을 대리하는 보수파 대 조반파가 아니라(또는 그것일 뿐 아니라) 오히려 조반파 대 조반파, 학생 조반파 대 노동자 조반파, 또는 학생 홍위병 대 노동자 조직, 도시의 조직 대 농민들 등의 복잡한 대립 방식으로 전환된다. 그것은 그저 단순히 혁명과정의 '분열'로만 설명될 수 없는 훨씬 복잡한 분석을 우리에게 요구한다. 심지어 대중조직과 당 사이의 대립을 보더라도 유사한 상황에서 전개된 유사한 일들이 왜 1967년 2월 칭하이성의 군과 조반파 대립과 1968년 상반기 광시성의 군과 조반파 대립의 결과가 완전히 상극으로 나타났는지 쉽게 설명되는 것은 아니다. '해방의 정치'의 상징인 동시에 '생산관계 개조의 우위 하에서의 사회주의 하의 새로운 산업혁명'(즉 생산에서의 '정치우위')의 동시적 '사건'인 문화대혁명이 그럼에도 왜 실패하고 그 역사적 진전이 봉합되

---

8) 그 함의를 좀더 살펴보려면 백승욱(2011)을 볼 것.

는지를 설명하기 위해 우리는 문화대혁명이 진전해 간 곳이 아니라, 바로 문화대혁명이 봉착해 무너진 곳을 좀더 살펴볼 필요가 있다. **계급투쟁은 쉽게 '계급전쟁'으로 전환되었고, 그 실체는 사실 '인종전쟁'과 크게 다르지 않았다.** 중국혁명의 역사적 경험은 '농민전쟁'의 형상을 계급투쟁의 모델로 공고화하는 경향이 있었고, 이는 반복적으로 특정 집단의 '적발·제거'를 운동의 목표로 제시하게 된다.

이런 점에서 문화대혁명의 종별성은 고유한 정치의 자율성만의 문제도, 이른바 '토대'만의 문제도 아닌 그 복합적 얽힘에서 발생한다.

그 때문에 우리는 문화대혁명의 경험을 단지 '유토피아적 이데아'의 영역에 던져둘 수 없고, '구체적 정세에 대한 구체적 분석'의 영역으로 끌어와야 하는 이유를 발견한다. 적어도 문화대혁명이 제기하는 세 가지 서로 다른 고유한 종별성들의 쟁점과 그와 연관된 고유한 난점들이 제기된다.

첫번째는 앞서도 살펴본 바 있는 역사에 대한 비진화주의적 해석을 요구하는 계기로서 문화대혁명의 종별성이다. 이는 다음과 같은 질문들을 던진다. ① '사회주의 생산양식'이라는 문제설정에 포섭된 경제주의적·진화주의적 역사해석을 역사적 세력들의 과잉결정 속에서의 비목적론적·적대적 과정의 문제설정으로 전환해야 할 필요성, ② '경제'의 모순들과 그 고유한 정치적 '주체들'의 형성의 마주침이 만들어 내는 고유한 궤적 속에서의 모순을 분석할 필요성, ③ 자본주의 모순의 핵심으로서 '생산력의 구조'의 문제가 돌출하고 그것을 둘러싼 사회적 관계의 문제들이 제기되는 맥락을 이해할 필요성, ④ 이 모든 과정에서 '정치우위' 테제가 갖는 근본적 함의에 대한 질문.

두번째는 '대중우위의 정치'의 아포리아라는 쟁점으로, 이는 당 형태의 모순의 종별성으로 앞서 지칭한 바 있다. ①대중의 조직의 중심과 비판적 이론의 중심의 관계라는 모순, ②당 형태의 역사적 의미의 소진과 이데올로기의 조직적 중심이라는 쟁점, ③대중조직의 분열의 경향이라는 난점, ④지식노동과 육체노동의 분할의 역사적 형태라는 쟁점, ⑤'생산'이라는 장소와 정치의 직접적 관련성이라는 쟁점.

세번째는 이 앞의 두 가지와 무관하지는 않으나 그럼에도 문화대혁명의 가장 독특한 요소로 제기된 '이데올로기적'인 것의 종별성과 쟁점이다. ①계급적 이해와 상이한 조직들 사이에 결코 조응관계가 나타나지는 않는다는 점(그것과 무관하지는 않지만), ②구조적 모순을 의인화하려는 시도(주자파라는 문제)의 한계, ③'계급의 적'에 대한 거의 인종주의적 적대감의 출현을 이해할 필요성(혈통론에서 시작해 계급적의 박멸, 가끔씩 부르주아지 분자의 타도, 농촌에서의 지식인 박해에 이르기까지), ④'사상개조'로 환원되지 않는 이데올로기의 전화라는 쟁점, ⑤이데올로기를 필연적 매개로 삼는 국가의 역사적 전화라는 쟁점, ⑥대중운동의 자율성과 구조의 '변혁'을 연결하는 고리로서 '이데올로기 혁명'의 쟁점이 유의미하지만, 그럼에도 그 연결이 반드시 보장되지는 않는다는 점.

6장_ 맺음말:
문혁이 제기하는 정치의 가능성과 아포리아

문화대혁명은 '유토피아적 사건'일 수도 있겠지만(지젝 2009), 오히려 '탈정치화의 정치'의 출발점일 수 있는 위험성을 가지고 있는 사건이기도 하다(汪暉 2008). 그래서 그것은 늘 '혁명적 위험'(revolutionary risk)의 사례로서 재해석을 불러일으킨다(발리바르 1991). 그것이 새롭게 제기한 문제 영역들은 매우 넓으며, 제기된 쟁점이 다차원적인 만큼이나 그 상이한 영역들을 연결할 고리가 부재하여 새로운 비극과 폭력으로 이어질 가능성 또한 컸던 사건이었다.

천보다라는 인물이 상징적으로 보여 주는 문화대혁명의 세 가지 독립된 영역과 난점, 즉 파리코뮨, 공장 문혁, 그리고 '공업문제'는 시간과 공간, 행위주체 면에서도 서로 분리되어 병렬되어 있었으며, 그 사이의 연결 고리는 취약했다. 천보다가 1966년 말에서 더 나아가지 못한 것은 중앙문혁소조 내의 대립이 있었기 때문이기도 했지만, 무엇보다 그는 '당'의 한계 속에 있었다. 그는 마오보다 훨씬 먼저, 더 강고하게 '당'의 한계 속에 머물렀고 그것을 넘어서기 어려웠다. 이는 역설적이기도 한데, 일관된 '파리코뮨 논자'인 그의 견지를 수미일관되게 밀고 나간다면, 역사적으로 파리코뮨 그 자체가 '당' 없이 존재했다는, 또는 그런 '이념적/조직적으로 단일 중심체를 이루는 당 형태'와는 다른 상이한 경향들의 연합 형태로 존재했다는 점을 고려했어야 했을 것이다. 더욱이 그는 '파리코뮨'의 정치가 생산(공장)이라는 '토대'와 연결되는 고리에서 공백과 난점을 낳을 수 있었다는 점을 인정해야 했을 것이다. 그렇기 때문에 그의 '원칙'은 자신이 실제 서 있던 정치적 기반과 모순되지 않을 수 없었다. **문화대혁명의 이론가로서 사고를 극한으로 밀고 갈 여지는 그가 열어 놓은 것이지만, 그 자신이 사고의 극한까지 나아가지는 않았다.**

마오는 천보다와 다른 입장에서, 천보다가 가지 않은 사고의 다른 극한을 밀고 나갔던 셈인데, 그럼에도 마오는 천보다와 그리 다르지 않은 한계에 동일하게 봉착하였다고 할 수 있다. 앞서 우리는 천보다가 공장 문혁으로 나아가지 못한 이유를 '공장과 학교는 기본적으로 똑같은 문제'라는 그의 사고에서 찾았다. 그는 '학교와 공장이 기본적으로 다르지만, 그럼에도 연결되어 있다'는 사고를 자기 것으로 만들지 못한 것이 사실이다. 그렇지만, 여기서 우리는 마오가 봉착한 한계에 다시 부딪힌다. 일단 그 '다름'을 인정하고 해결책을 모색하더라도 다시 그 주장의 '부정의 부정'을 거쳐서 '공장과 학교는 기본적으로 똑같다'는 문제로 되돌아오지 않을 수 없기 때문이다. '파리코뮨 원칙' 없이 '노동자계급이 일체를 지도'하는 것이 실패할 수밖에 없던 이유도 여기에 있다.

천보다가 이미 시사하고 있듯이 단지 '파리코뮨' 원칙을 학교에서 공장으로 확대함으로써 문제가 해결되지는 않는다. 그는 여기서 생기는 문제를 '무정부주의'라 불렀고, 이의 해결 없이 '파리코뮨' 원칙은 그저 원칙으로 끝날 따름이라고 생각했다. 그런데 '학교'의 차원에서 그는 문제 해결의 열쇠를 '학생들이 노동자에게 배우면 된다'는 데서 찾으려 했다. 그럼 논리적으로 파리코뮨 원칙이 공장으로 확대되면 노동자들은 노동자에게 배울 필요가 없기 때문에 '무정부주의' 문제는 그 자체로 해결되는 것일까? 그에 대해 천보다는 "어떤 노동자는 부르주아 사상에 물들어서 프롤레타리아 계급을 대표할 수 없다"는 돌파구, '마오쩌둥 사상에 의한 통일', 또는 '당'이라는 최종 의지처를 가지고 문제를 해결하려 했겠지만 그것도 답이 되기는 어렵다. 천보다보다 더 나갔지만 마오가 멈춘 곳도 여기인 셈인데, '공장과 학교는 기본적으로 다른' 동시에 '공장과 학교는 사실 기본적으로 똑같고', 둘은 하나의 근원에서 나오는 두 개의 가지일 수 있으며, 그 연결고리에서 항상 '국가'가 문제가 되기 때문이다.

끊어진 마오-천보다의 연결고리가 이어질 수 있는지의 질문은 이 지점에서 다시 제기될 수 있을 것이고, 문혁이 정치에 대한 사고에서 아직도 여전히 반성의 계기로서 현재적 의미를 지니고 있다면, 바로 거기서 남겨진 쟁점을 다시 질문하는 일이 의미가 있을 것이기 때문이다.

문화대혁명은 근대정치의 가능성과 한계와 관련된 거의 모든 질문을 제기했고, 나름의 돌파구를 찾아내려는 경계선에 서 있었다. 파리코뮌으로 상징되는 '대중정치의 자율성'의 극한점과 그것이 자기 부정으로 전환되는 부정적 진화의 모순은 문혁에서 극단에 이르렀으나 해결점을 찾지는 못하였다. 이 과정에서 대중의 당에 대해 대중 자신들이 일으킨 '조반'은 당을 부정하는 한 극으로 나아갔고, 당을 해체하고 '코뮌'으로 나아가는 '탈권'운동은 결국 당에 의해, 특히 당이 동원한 군대에 의해 해체되었다. 자본주의 하에서와 마찬가지로 사회주의 하에서도 '지도 계급'이자 자본-노동의 모순을 체화한 것으로 상정된 노동자계급은 문화대혁명 속에서 '새로운 산업혁명', 즉 '생산력의 사회주의적 개조'의 주체로서 정당한 지위를 부여받았지만, 운동의 대중적 발전의 담지자와 해방적 운동에 대한 탄압자라는 양면성 사이에서 계속 동요하였다. '당 없는 노동자계급'의 실현 가능성과 불가능성 속에서 '사회주의 하의 노동자계급'의 난점은 해소되지 않았다. 사회주의 하의 '구조' 문제는 '계급 없는 계급투쟁'의 현실을 역설적으로 부각시키며, 모든 대중운동을 해결 불가능한 '주자파 색출' 속으로 몰아넣었고, 가장 계급투쟁적으로 보이면서도 역설적으로 **'계급도 계급투쟁도 없는 계급전쟁'**을 전국적으로 확산시켰다. 대중은 '혁명'을 즉각적 이행으로 해석하여 문제를 해결하려 하였고, 구조 자체의 직접 변혁에 돌입하려는 불가능한 실천에 매달렸다. 문화대혁명 과정에서 대중은 점점 더 구조 자체가 문제이고 구조의 변혁은 오랜 시간과 우회로가 요구되는 과정임을 깨달아 갔지만, 가능한 길을 보여 주는 여러 가지 대안적 시도들 사이에서 동요하였다. 그 길을 열어 주는 것이 올바른 강령을 지닌 당인지, 파리코뮨 정신으로 무장한 대중운동인지, 생산현장에서 이니셔티브를 쥔 노동자들인지, 지식노동과 육체노동의 분할을 넘어서기 위한 교육혁명의 시도인지, 그것도 아니면 스탈린주의적 정풍인지, 또는 그 중 어떤 것들을 서로 결합해야 하는 것인지, 대답은 늘 모호했다. 아포리아의 빈틈을 비집고 나온 것은 제어되지 않는 폭력이었다. 대중정치의 자율성을 극대화한 문화대혁명은 특정한 타자들의 정치적 자율성을 극단적으로 박멸하는, 제어되지 않는 극단적 폭력들을 분출시키는 계기들과 결합되기도 했다. 거기에는 늘 '계급의 적'이라는 이미지와 결부된 '계급전쟁'이 수반되었으며, 당도 조반파 조직도 정부도 그에 대한 적절한 규제자가 될 수 없었다.

　문혁 시기에 국가장치의 문제가 불거져 나온 것도 '구조'와 '대중운동 자율성' 사이의 모순과 무관하지 않다. 몇 가지 단계를 나누어 사고의 고리를 형성해 보자.

　단계 1. 사회주의 시기 출발점에서 제기된 주장은 '혁명'을 통해 프롤레타리아트(당도 될 수 있음)가 국가권력을 획득해 '변혁'을 실시하면 된다는 것이었다.

단계 2. 그런데 '국가권력 획득+소유제 개조' 이후에도 낡은 구조는 온존하며 심지어 '토대'조차 바뀌지 않았다는 주장이 제기되었다. 그 이유는 낡은 '상부구조', 특히 낡은 '국가장치' 때문이며, 따라서 '상부구조를 개조'하거나 더 극단적으로 '국가장치를 파괴'해야 한다는 결론이 제기된다.

단계 3. 그래서 「문혁 16조」의 '파리코뮌'의 마르크스적 출발점과 지침에 따라 '직접 선거', '상시 관료제 철폐', '상비군 폐지' 등이 원칙으로 추진되었고, '대신 될 수 없는 혁명'이라는 논리가 이를 지탱한다.

단계 4. 그럼 낡은 구조를 발생시키는 토대는 변혁되었고, 국가장치는 '파괴'되었는가?

단계 5. '구조'의 끈질긴 지속성이 문제가 되고, 여기서 낡은 국가장치의 문제도 또다시 '경제 구조'의 문제처럼 '의인화'된다. 그 타깃 대상이 바로 새로운 '관료계급'이 된다(물론 여기서 문제의 핵심을 관료계급으로 보는지 관료적 작풍으로 보는지 사이에 미묘한 입장 차이가 발생한다). 그렇게 되면 '주자파'는 낡은 토대의 담지자인 동시에 낡은/새로운 국가장치의 담지자로 이해된다.

단계 6. 그럼 문제는 이 이중적 구조의 대행자로서 '주자파'의 '적출'과 '투쟁·비판·개조'로 이어질 것이다.

이렇게 된다면 '국가장치'의 문제에서도 결국 '토대'의 경우와 똑같이 '구조의 의인화'와 '색출'이라는 문제는 반복된다. 그럼에도 여기서 시사하는 바가 없지는 않은데, 중요한 점은 다음과 같다. ①'구조'란 '생산 또는 경제'의 영역인 동시에 '국가'의 영역이며, ②이곳이 대중의 '자율성의 정치'가 개입하여야 하는 곳이며, ③'경제'는 '국가'에, '국가'는 '경제'에 그 문제 해결의 통로를 서로 의탁하고 있으며, ④국가는 '변혁'을 위해 출발점에서 얻을 수 있는 단순한 도구가 아니라 '이행' 그 자체 속에 '결부'되어 있는, 그 자체 끊임없는 개입·개조·변혁의 대상이다. ⑤'국가장치 폐지'의 테제만으로는 '경제'에 개입할 정치의 고리를 발견할 수 없다. ⑥문제의 장소를 '발견'하는 것과 그것을 해결하는 것은 별개의 문제이다. 왜냐하면 무엇보다 그 문제 자체가 지속되는 이유는 그 자체로 귀속되지 않는, 여러 연결된 고리들의 동시적 작동, 재생산의 문제이기 때문이며, 그 문제 해결의 적절한 '수단'이나 '방법'이 사실은 부적절함이 판명되기 때문이다. 이상은 다시 말해, 문제의 한 단면이 드러난 것이지, 문제가 사실은 제대로 분석된 것은 아님을 보여 준다.

우리는 '탈권'운동의 난점에서도 이런 문제가 반복됨을 재확인할 수 있다. 이 '권력 빼앗기'(탈권)라는 말은 앞서도 지적했듯이, 대체로 사회주의 하의 계급의 존속이라는 '구조적 문제'를 '주자파'로 의인화하고, '누구'인가로 질문을 치환해, 대상자들을 '적발'하고 그들에 대해 '비판·투쟁·개조'하는 문제로 바꾸어 내는 담론 구조 속에 머물렀다. '권력' 또한 누군가 '소유하고 있는 것'으로 이해되고, 대중 조직은 그것을 '빼앗을' 수 있으며, 그 빼앗는 상징은 '직인'(도장)이 된다. 특정 계급 구성원을 제거한다고 계급이 사라지지 않는 것처럼, 특정 권력의 대행자를 없애고 교체한다고 권력의 구조가 바뀌지는 않는다. 특히 이 짧은 '과도적 기간', 즉 기존 권력자로부터 새로운 권력 주도자로의 교체가 일어나는 기간이 끝나면, 그것을 가능하게 했던 대중운동은 다시 권력과 정치과정 전체로부터 '소외'될 수 있다. 다만 더 나은 '대표자'를 선출했을 뿐일 수 있다. 그런데 '권력 빼앗기'의 목적이 그 빼앗기 자체가 아니라, 이 과정을 통해서 기존의 사회적 관계들의 재생산에 일정한 변환을 발생시켜, 기존의 '구조'가 더 이상 이전과 같은 방식으로 작동하지 않도록 하려는 것이었다면, 중요한 것은 어떻게 이런 '권력 빼앗기'의 충격이 기존 구조에 대한 지속적 변형을 가능케 하는 일정한 공간을 확보해 지속시킬 수 있는가 하는 데 있다. 그것은 권력의 '소유'를 넘어, 권력의 장치·배치·수단이라는 쟁점으로 나아가는 동시에, 권력의 영역들을 다시 분화하고 중첩시켜, 그것이 어떤 '권리들'과 연관되는 권력의 지형인지를 되물어야 하는 작업을 요구한다. 그리고 그 질문은 다시 이른바 '토대', '교육혁명', '새로운 산업혁명'이라는 질문으로 되돌아온다. 무엇에 관한 '권리'인가라는 문제가 구체성을 띠려면, 어떤 권력의 구조에 의해 그것이 가능해지거나 또는 억압되는지가 특정화된 이후에야 가능할 것이며, 이런 조건 하에서만 '권력'의 의인화로서의 특정 집단에 대한 비판과 공격, 또는 더 나아가 '탈권'조차 일정한 의미를 지닐 수 있었을 것이다. 왜냐하면 거기서 우리는 비로소 대중운동의 자율성과 '구조' 사이의 연결 통로를 찾아낼 수도 있기 때문이다. 여기서 중요한 것은 이런 상호 '개입'의 가능성이 그 양태의 상이성에 기인하고 있다는 점이다.

그리고 이와 관련해 문화대혁명의 경험이 보여 준 또 하나의 중요한 교훈은, 이 구조의 변혁이나 '권력 빼앗기'의 과정에서 기존의 권력관계나 기존의 지배이데올로기가 동요하거나 무너진 자리를 단순히 '혁명적 대중 이데올로기'가 메우는 것은 아니라는 점이다. 지배이데올로기의 어떤 파편적 요소들은 훨씬 더 기형적이고 '반동적'인 방식으로 대중의 분노를 담아낼 수 있는 가능성을 보여 주었다. '대중의 자생적 올바름'도 '당의 진리의 독점'도 여기서 예외가 될 수는 없었다.

한편 마오-천보다에게 구조의 변혁과 정치의 자율성이라는 두 극을 연계시킬 고리가 없었던 것은 아니었는데, 그것은 이들에게 고유한 '주요 모순'이라는 사고였다고 할 수 있다. 이것은 정세를 매개로 자율적 정치의 주체로서의 대중이 '구조'에 개입해 그 진행방향을 변경시킬 수 있는 가능성을 내포한다. 그런 점에서 이는 매우 흥미로운 '이론적', '정치적' 쟁점이자 계기일 수 있다. 그런데 좀더 자세히 살펴보면 여기서도 여전히 난점이 남는다. 왜냐하면, 이 '주요모순'이라는 사고는 사실, 본래 '기본모순'이라고 생각했던 것을 해결할 수 있는 유일한 통로가 그 모순 자체 내에서 열린다기보다는 그 모순이 놓여 있는 구조적 형세를 비틂으로써 그 모순이 지속되는 조건에 변형을 가져올 수 있다는 생각을 담고 있기 때문이다. 우리는 '정세'와 '주요모순'이라는 사고를 통해 대중의 정치가 '구조'에 작용할 수 있는 통로를 찾아낼 수 있으나, 그 개입이 오로지 순수하게 그 모순의 범위 내에서, 그 공간 내에서 진행되는 것이 아니라, 그 모순의 '조건들'과 '형세들'에 대해 벌어지기 때문에, 그 개입의 결과 모순의 형세가 정확히 어떤 방향으로 변화할지를 충분히 예측하거나 통제할 수는 없을 것이다. 그만큼 그것은 불확실성에 열려 있지만, 그만큼 또 '유물론적'일 것이다.[1]

---

[1] 마오의 '주요모순'이라는 사고를 더 발전시킨 알튀세르의 '과잉결정'이라는 사고 또한 마찬가지의 난점, 그리고 마찬가지의 해결책/가능성을 가지고 있다고 할 수 있는데, 이는 알튀세르의 『마르크스를 위하여』의 두 논문에서 '과잉결정'에 대한 두 가지 사고의 차이가 대비되는 데서 관찰된다. 알튀세르는 「모순과 과잉결정」에서는 마오의 「모순론」에 대해 비판적 평가를 하는 반면, 「유물변증법에 대하여」에서는 마오의 그 글을 높이 평가한다. 그리고 이는 '과잉결정'이 "모순의 조건들의 모순 내" 반영으로 설명되는가, 아니면 모순들이 중첩되어 켜로 쌓여 있는 형상으로 설명되는가의 차이를 반영한다. 전자의 사고가 더 '과잉결정'에 핵심적일 테고 우리가 문제로 삼는 정치의 아포리아를 대면할 수 있는 해결의 돌파구를 제공할 수 있지만, 여전히 모순의 기원으로 돌아가 그 모순에 대한 해결책을 찾아낼 수 없는 난점이라는 아포리아는 남게 된다. 알튀세르(1997) 참조.

물론 '구조'에 대한 분석, 예를 들자면 마르크스의 '정치경제학 비판' 작업을 통해 자본주의('사회주의'도)라는 체계의 구조와 경향의 특징들이 파악될 수 있고, '구조' 변혁의 개연적 고리들이 파악될 수 있는 것은 사실이다. 그리고 여러 조직들, 그 중에서도 '당'과 '정책'을 통해 이 고리에 개입할 수 있는 것도 사실이다. 마르크스의 주장처럼 자본주의 고유의 '화폐관계', '노동력 상품화와 절대적·상대적 잉여가치', '기계', '상대적 과잉인구', 부문간 불균등, 이윤율 균등화 등의 동학과 관련해 던지는 함의들을 충분히 찾아낼 수 있을 것이고, 그 때문에 마르크스 이후의 정치는 그 이전과 달라진다. 그렇지만 그 함의가 ①어떤 결정적 타격의 출발점과 그로부터의 확산점(예를 들어 소유의 문제)에 집중하려는 경향, ②잘 조절된 '계획화'에 의해 이 문제를 해결하려는 경향을 중심으로 이해되어 온 역사가 관찰되며, 여기서 특정한 신화가 형성되었음이 확인된다. 그리고 문제는 이 '고유한 자본주의적 특성'이 '재생산'이라는 고리에 의해서만 작동하도록 역사적으로 결정되었으며, '자본주의 체제'가 공고하게 변하지 않는 이유 또한 이와 연관된다는 점이다. 따라서 변화는 이 '재생산'이 작동하는 체계 전체에 대해 전면적이면서 동시적이어야 하나, 효과가 반드시 동시적일 수는 없다. 발견된 고리는 구조에 작용할 수 있는 계기를 제공하고, 이는 특히 '주요모순'의 사고와 결합될 수 있다. 그렇지만, 이 계기들은 변화를 추동할 수 있는 핵심적 '요소들'로서 인식될 수 있을 뿐, 특정한 요소의 변화가 체계 전체에 어떤 효과를 줄지 미리 정해져 있지 않다. 더욱이 자본주의 체계 자체가 놀라운 변신성·가변성을 지니고 있어, 집단적 대응 또는 구조에 효과를 미치고자 하는 대응 자체를 체제가 흡수할 가능성이 출현한다. 역사를 통해 우리는 어떤 '공산주의적' 요소들조차 자본주의 내에 부분적으로 흡수되어 그 체계 자체를 변화시켜 자본주의 자신의 '진화적 이행'의 역사를 만들어 내는 데 일조했음을 확인하게 된다.

천보다는 특이하게도 중국에서 세 번의 중요한 '헌법적 계기'에서 매우 중요한 역할을 했다. 과거의 시대를 청산하고 '신중국'이 수립되는 상징적 계기인 인민정치협상회의 공동강령은 아직 '헌법'이 수립되기 이전의 이행기의 중국에서 새로운 시대적 단절을 보이는 '헌법적' 역할을 하였다. 이 공동강령 초안을 천보다가 작성하였다. 다음으로 건국 이후 1954년에 건국의 과정을 소급해 사후적으로 마련된 건국헌법의 초안 또한 천보다가 작성했다. 이것을 두번째 헌법적 계기라 할 수 있다. 세번째로는 샤오시둥이 '문화대혁명 헌법'이라 부른 「문혁 16조」 또한 천보다의 손을 거쳐 작성되었다. 이 세 가지 계기가 천보다라는 인물을 통해 관철되고, 그가 문화대혁명 초기의 시기 '파리코뮌 원칙'의 숭상자였다는 사실은 그저 우연한 연속성만은 아니다. 우리는 거기서 좀더 탐구해 볼 고리들을 찾아낼 수 있을 것으로 보인다.

사실 이 세 가지 고리를 연결해서 이해해 보면, 천보다야말로 1974년 '리이저 대자보'가 제기한 '사회주의적 법제(法制)'의 문제의식에 가장 근접해 있던 것으로 해석될 수도 있다. '법제'가 단순한 '법치'가 아니라 새로운 법 규범의 수립과 그것의 보편적 시행을 내포하고 있는 개념이기 때문에 더더욱 그렇다. 「문혁 16조」가 지니는 이례성은 '파리코뮌적 원칙'이라 부른 것을 동시대화하여, "대중의 해방은 대신 될 수 없고 스스로 되어야만 한다"고 선포한 데 있다. 그것이 다른 모든 것을 규정하는 '법제적 원칙'이 된다. 그리고 그것은 평등하고 보편적인 선언이다. 그리고 그것은 단지 선언으로 그치는 것이 아니라, '대중 자신에 의해', 새로운 '법적 규범'이 될 '권리들'의 수립에 대한 요구를 이미 함축하고 있는 것으로 해석될 수 있다.

그렇지만 이런 측면을 찾아내는 것만이 중요한 것은 아니다. 그와 동시에 중요한 것은 그런 측면이 있음에도 천보다가 멈추어 설 수밖에 없었고, 단지 멈추어 섰을 뿐 아니라 자신의 '반면'으로 전환해 자신을 부정하는 길을 무력하게 추종해 갈 수밖에 없었다는 사실을 확인하는 데 있다. 그렇다면 우리는 여기서 단지 천보다가 '헌법적 계기들'을 거치며 발전시킨 사고, 그리고 거기서 등장하는 '대중 스스로에 의한 해방'이라는 '파리코뮨 원칙'을 재확인하는 것만으로는 난점을 해결할 수 없는 어떤 아포리아에 직면하게 된다. 그것이 무엇이었는지는 천보다의 경험과 곤란 속에서 간접적으로 경험해 볼 수 있을 것이다.

첫째로, 앞서도 여러 번 반복했듯이, 천보다는 '토대' 또는 '공장'이라 부를 수 있는 곳 앞에서 멈추어 섰다. 그는 '학교와 공장은 기본적으로 같은 문제'이고 공장에도 '파리코뮨' 원칙이 적용될 수 있다고 '선언'했는데, 선언은 그저 무력한 선언으로 끝났다. 두 영역은 근본적으로 다를 수 있었는데, 그 다름이 어떻게 문제이고 어떻게 다른 방식으로 돌파될 수 있는지, 그는 답을 찾을 수 없었다. 두번째로, 그는 자신이 '무정부주의'라고 부른 곳 앞에서 멈추어 섰다. 파리코뮨에 따른 정치가 '스스로의 해방'을 주도하는 서로 대립되는 세력들의 '병존'을 넘어선 '난립'과 '적대'로 나아갈 수도 있다는 것, 여기서 하나는 다른 하나에 대해 어떤 이론적·실존적 우위에도 설 수 없다고 한다면, 거기서 해결은 어떻게 가능할까? 세번째 문제는 두번째 질문에서 출발해 좀더 나아간다. 그는 '폭력의 악무한 또는 폭력의 질적 비약'이라는 문제 앞에서 절망적으로 멈추어 섰다. 단지 '무정부주의'가 아니라, 전례 없는, 그리고 상상할 수 없는 수준으로 급상승한 폭력의 분출을 어떻게 해석하고 어떻게 제어할 수 있는가? 그가 차라리 '감옥'으로 도피하여 문제를 회피하는 것이 나았었다고 해석해야 할까?

천보다가 내릴 수 있는 판단과 대답은 '마오쩌둥 지도사상'에 올바로 따르지 않았기 때문에 이런 문제들이 발생했다는 것이었을 것이다. 차이는 당연히 생겨나지만 이 지도사상을 매개로 통일되어 해결된다는 것이 그의 입장이었다. 그것이 통일을 위해 유예된 '유사-차이'에 불과한 것은 아닐지라도, 그렇지만 그 차이들이 매개에 의해 '정세적'으로 통일될 수 없다면, 그리고 마오가 '대연합'이라 부른 그런 정치의 구도가 가능하지 않다면, 이 문제는 어떻게 해결될 수 있을까? 앞서 우리는 이 논지가 최종적으로는 "마오는 '마오쩌둥 사상'을 독점할 수 있는가?"라는 난점으로까지 확장됨을 살펴본 바 있다. 천보다의 아포리아는 그 자신조차 '마오쩌둥의 지도사상'에 의해 통일될 수 없음이 판명났을 때 드러났다. 마오쩌둥 사상을 따를 수도 없고 거부할 수도 없는 안티노미가 발생하는 곳, 거기서 천보다는 멈추었고, 역사의 무대에서 사라졌다.

이런 난점은 중국에만, 더 확대해서 마르크스주의에만 나타나는 문제는 아니다. 우리가 어떤 '사회적 관계'로서 구조에 대해 분석하고 이야기할 때, 그리고 그와 동시에 병렬적으로 그 구조 속에서 형성되는 '주체들'의 자율성이 그 구조를 변혁할 수 있는 가능성을 담고 있다고 말할 때, 여기서 우리는 그럼에도 불구하고, 양자 사이를 이어 줄 필연적 고리를 발견하지는 못한다. 그리고 우리는 늘 손쉽게 그 구조의 '변혁' 또는 '전환'을 가로막는 어떤 장애물을 의인화하여 그것을 '적발'하고 '투쟁·비판·개조'하려 할 것이다. 거기에는 당연히 윤리적 재단이나 사법적 재단 또한 포함될 수 있다. 거기에 대한 저항과 반저항에는 폭력이 개재될 여지도 적지 않다. 물론 그 관계는 항상 비대칭적인 것이지만. 이 난점을 벗어나기 위해 우리는 항상 어떤 '당'이라는 제3의 조직의 통일성을 매개로 이 아포리아를 벗어나려는 유혹에 빠질 수 있다. 그러나 이 '당' 또한 사실 이 양자 관계의 외부에 있지 않음이 곧 확인될 것인데, 그 이유는 이 '당'이라는 개입 또한 그 관계의 사법적 고리들의 변형으로 그치는 경우가 많기 때문이다. '동일성의 정치'를 동반한 페미니즘이나 인종주의의 문제에 대해 생각해 보면 이해가 될 수 있을 것이다.

이러한 특수 조건은 '근대' 사회가 프랑스혁명 이후 출현시킨 독특성에도 기인한다. 자본주의에 앞선, 그리고 자본주의로의 '이행'까지의 역사적 체계들의 몰락과 새로운 역사적 체계의 등장은 주로 '체계의 한계' 자체에 기인한 '붕괴'의 과정이었다고 할 수 있다. 여기서 대중들의 반란은 그 체계의 한계를 촉진시키는 과정일 수 있었으나, 한 번도 대중들이 기존 체계를 전복/변혁하고 새로운 체계를 수립해 낸 주체가 된 적은 없었다. 달리 말해, 이행은 혁명 없이 진행되었으며, 다만 반복되는 '반란들'이 있었을 뿐이다. 그런데 프랑스혁명 이후 사태에 근본적 전환이 발생하였는데, 그것은 인간=시민이라는 등식이 등장하면서, '인민주권'이라는 특성 하에 새로운 정치적 지형이 형성된 것에 기인한다(발리바르 2003). '자본주의의 무덤을 파는 자'는 자본의 축적 동학 자체의 논리적 필연성에서 출현하는 것이 아니라——또는 그뿐 아니라——인민 스스로 정치적 주체가 될 가능성과 현실성을 통해서 등장한다. 체계의 합법칙성과 '조직·계획된 이행'이라는 맥락에서 '사회주의'('공산주의'와 대비되는) 이데올로기가 여기서 얼마나 중요하게 등장하였는지 이해될 수 있다. 인민은 잠재적으로, 선언적으로 구조의 방향을 결정하는 자이다. 구조는 원칙적으로 인민들의 의지에 따라 방향이 바뀔 수도 있다. 그렇지만 동시에 구조의 방향은 그렇게 의지적으로 변환되지 않는 구조적 특징을 지니고 있다. 근대 이전의 역사를 돌아보면, 구조의 붕괴에 '정세적'으로 개입할 수 없는 대중들의 봉기가 구조의 시간에 영향을 미칠 것을 예상하면서 개입할 수는 없었다. 그렇지만 근대(특히 프랑스혁명) 이후 정치는 근본적으로 달라졌고, 그 특징들은 20세기 들어 더 두드러졌다. 이제 '이행'은 '혁명'에 의해 매개되는 것으로 설정된다. 그람시의 말처럼 '윤리적·교육적 국가'의 출현을 통해 이야기하듯, 근대국가는 점점 더 '이데올로기적 지배'를 통해서만 존속할 수 있는 구도를 지녔다. 자본축적의 재생산은 결정적으로 이 고리에서 국가와 연결되며, 다시 돌아가 구조 자체의 문제와 정치의 자율성 문제는 '국가'라는 연결고리에서 심각하게 문제가 된다. 근대국가가 '사회적·민족적 국가'인 이유는 이미 자본주의가 대중의 포섭을 통해서만 재생산될 수 있는 특정한 역사적 조건 하에 와 있기 때문이다. '혁명'이라는 기표가 근대정치에 처음 등장해 모든 정치적 조건과 뗄 수 없는 관계에 놓이게 된 것은 이처럼 근본적으로 달라진 상황 때문이다.

한편에서 보면 구조의 변혁은 요원하고 불가능한 정치의 대상인 듯 보이지만, 다른 한편에서 구조는 매우 취약하며 지배이데올로기의 헤게모니 하에 대중의 삶의 조건들을 재생산해 내지 못한다면 언제든지 문제에 봉착할 가능성을 지니고 있다. 그리고 '국가'는 정확히 그 연결고리에 놓여 있다. 대중을 정치의 주체로 만들어 내는 정치, 즉 해방의 정치는 따라서, '구조'의 재생산의 고리를 자기의 영역으로 불러와 그것을 쟁점으로 만들어 내는 한에서 구조에 어떤 흠집을 내고, 구조의 방향을 전환시킨다. 이것이 바로 앞서도 말한 '혁명'과 '이행' 사이의 아포리아를 구성한다.

그럼 우리는 '대중 스스로에 의한 해방'이라는 생각이 '일반적 차원'이 아니라 특정한 역사적 맥락 하에 좀더 구체적 차원에서 특정한 구조와의 관련성 속에서 제기될 때만 문제의 해결 가능성과 난점을 동시에 사고할 수 있음을 알 수 있다. '사회적 관계로서의 구조'는 각 주체를 고립된 차원에 가두는 것이 아니며, 개별 주체들이 사회적 관계 속에 놓이는 존재 조건 속에서 자신의 해방이 타인의 해방의 조건이 되는 관계 자체의 전화를 동시적으로 동반하는 것이고, 그 속에서 자기 자신이 비로소 해방의 주체가 될 수 있는 관계가 무엇인지를 질문하는 것이기 때문이다. 그런데 이 관계는 단일 차원적이지 않고 '과잉결정'된다. '구조' 또한 거기에 외부적 문제가 아님이 확인될 것이다. 구조가 곧 특정한 사회적 관계들이라면, 그 구조의 변화는 곧 주체들과 주체들이 놓여 있는 사회적 관계들의 변화와 동시적이기 때문이다. 과잉결정되기 때문에 우리는 '구조'의 문제로 직접 다가설 수 없지만, 과잉결정되기 때문에 우리는 구조의 문제에 다가설 수 있다.

　　문화대혁명이 프랑스혁명과 비견되는 이유는 그것이 진정한 이데올로기 혁명이었기 때문이다. 그 의미는 그것이 '사상혁명'이었다는 차원이 아니라, 정치가 가능한 어떤 조건들이 근본적으로 전환되었다는 데 있다. 프랑스혁명이 부여한 '인권의 정치'라는 틀은, 역사상 처음으로 대중운동이 '구조'에 '정세적'으로 개입해 그 구조의 방향을 전환시킬 수 있는 가능성을 제시하였다는 중요성을 지닌다. 우리가 앞서 살펴보았듯이, '혁명'과 '이행'은 그 양태가 다르기 때문에 직접 결합될 수 없다는 난점이 있지만, 근대 정치는 양자의 모순적 결합 없이 사고될 수 없는 것이기도 하다. 프랑스혁명이 제시한 이 자율성의 정치와 구조의 변혁 사이의 모순과 간극은 1848년 이후 줄곧 '당' 형태를 통해 해결책이 모색되어 왔는데, 문화대혁명은 이 환상에 근본적인 균열을 가져왔다. 구조와 정치의 자율성 사이의 간극은 그렇게 쉽게 연결되지 않는다. 그러나 양자의 새로운 연결의 시도 없이 정치가 사유될 수도 없다.

문화대혁명 시기로부터 벗어 나온 이른바 '개혁개방'의 시대에 '문혁의 전면적 부정'은 이렇게 제기된 질문들에 대한 적절한 해결책일 수 없었다. 문혁의 부정은 앞서 말한 그 많은 아포리아들 또는 딜레마들의 어느 한 측면을 체계적으로 해소하여 손쉽고 편안하며 무탈한 대안을 형성해 보려는 불가능한 의욕을 보여 준다.

문화대혁명은 20세기 근대정치가 그 극점에서 보여 준 모든 모순의 집약점이었고, 그런 만큼 우리는 아직 거기서 벗어나 있지 않다. 그것은 여전히 불가능한 정치적 영역들의 개방인 동시에 그 위험성에 대한 비극적 교훈의 장소이다. 대중을 스스로 정치적 주체로 만들지 않고서는, 그리고 구조의 변혁에 대한 고유한 전망을 가지지 않고서는 어떤 유의미한 정치도 불가능하지만, 동시에 그것이 예측 불가능한 비합리성의 경계 너머로, 극단적 폭력의 세계로 질주하는 것을 제어할 수 있는 장치와 비판 없이 그 정치가 지속될 수 없다는 것이 문화대혁명이 던진 교훈의 핵심일 것이다. 그렇지만 동시에 그 교훈은 대중정치의 새로운 돌파구가 잘 짜인 강령이나 관료집단을 갖춘 정치적 조직체의 지도력에 의존하는 것으로 마련될 수는 없으며, 그것이 대중에 대해 매우 '코포라티즘적' 색채를 지니더라도 마찬가지라고 이야기해 준다.

천보다는 문화대혁명의 핵심적 모순을 체현하고서 스스로 해결 불가능한 한계점에서 내파하였다고 할 수 있다. 천보다의 모순은 마오쩌둥이 보여 준 문화대혁명의 모순의 한 측면이거나 그 전형일 수도 있다. 천보다를 통해 문화대혁명을 다시 독해하는 것은 천보다 속에서 새로운 대안을 찾고자 하는 것은 아니다. 그것은 오히려 문화대혁명 속에서 기존의 사회주의와 당의 한계를 돌파하고자 한 어떤 세력들이 왜 몰락해 갈 수밖에 없으며, 상징적으로 그 속에서 마오와 비판적 대중운동의 연계나 동맹이 결국 왜 해체되고, 그것이 중국 사회주의의 역사적 종언을 선언하기에 이르렀는지를 다시 되묻는 작업의 일환이다. 문화대혁명이라는 경험 때문에 중국의 '사회주의'는 여타 사회주의의 경험과 매우 다르며, 바로 그 이유 때문에 중국의 사회주의는 역사적으로 하나의 국가의 틀 속에서 진행된 거의 유일한 사회주의의 경험으로까지 해석될 수도 있다. 근대 혁명에 대한 준거가 거의 유일한 사례로서 지속적으로 프랑스혁명의 경험으로 회귀하는 것처럼 말이다. 다른 어떤 사회주의 국가나 자본주의 하의 대중운동도 나아가지 않았던 가능성/위험성의 극한까지 나아갔을 때 우리가 어떤 비극과 마주쳐야만 하고 거기서 어떤 교훈을 끌어내야 하는지에 대해 문화대혁명은 지금도 계속 우리에게 새로운 대답을 채근하고 있고, 여기 이외의 다른 어디서도 근대 정치의 아포리아에 대한 출구를 찾을 수는 없다고 우리에게 낮은 목소리로 이야기를 걸고 있다.

참고문헌

* 자료를 찾은 인터넷 사이트 주소는 검열이나 사이트 사정으로 변경되기도 한다. 저
  자와 글 제목을 가지고 검색하면 다른 사이트에서도 같은 자료를 찾을 수 있다.

『陳伯達文章講話匯編』.(中國文革研究網 http://www.wengewang.org/) [아래
　Database에도, 같은 판본의 자료가 포함되어 있음]
Chinese Cultural Revolution Database[中國文化大革命文庫], editor in Chief:
　Song Yongyi(宋永毅), published by Universities Service Centre for China
　Studies(2nd edition: Hong Kong), 2006.
『'文化大革命'研究資料』(上, 中, 下冊), 王年一 選編, 中國人民解放軍·國防大學 黨史
　黨建政工硏究室, 1988.

딜릭, 아리프. 2005, 「제2장: 역사와 기억 속의 혁명들─역사적 관점에서 본 문화
　혁명의 정치」, 『포스트모더니티의 역사들─유산과 프로젝트로서의 과거』, 황
　동연 옮김, 창비.
레닌, 블라디미르 일리치. 1995[1917], 『국가와 혁명』, 돌베개.
르페브르, 조르주. 2000, 『프랑스혁명』, 민석홍 옮김, 을유문화사.
마르크스, 칼. 1997[1871], 「프랑스에서의 내전」, 『칼 맑스 프리드리히 엥겔스 저
　작선집 4』, 박종철출판사.
_____, 1993[1864], 「국제 노동자 협회 임시 규약」, 『칼 맑스 프리드리히 엥겔스
　저작선집 3』, 박종철출판사.
마오쩌둥. 1956, 「10대관계에 대하여」, 이희옥 옮김, 『모택동 선집 2』, 전인, 1989.
마이스너, 모리스. 2004[1999], 『마오의 중국과 그 이후 1, 2』, 김수영 옮김, 이산.
바디우, 알랭. 2010, 「하나는 스스로를 둘로 나눈다」, 슬라보예 지젝 외, 『레닌 재
　장전: 진리의 정치를 향하여』, 이현우 외 옮김, 마티.

_____. 2008,『사도 바울: '제국'에 맞서는 보편주의 윤리를 찾아서』, 현성환 옮김, 새물결.

_____. 2006,『조건들』, 이종영 옮김, 새물결.

_____. 2001,『윤리학: 악에 대한 의식에 관한 에세이』, 이종영 옮김, 동문선.

발리바르, 에티엔. 2007,『대중들의 공포: 맑스 전과 후의 정치와 철학』, 최원·서관모 옮김, 도서출판b.

_____. 2003[1989],「'인간의 권리'와 '시민의 권리': 평등과 자유의 현대적 변증법」, 윤소영 엮음,『'인권의 정치'와 성적 차이』, 공감.

_____. 1993[1991],「비동시대성: 정치와 이데올로기」, 윤소영 엮음,『알튀세르와 마르크스주의의 전화』, 이론.

_____. 1991[1988],「마오: 스탈린주의의 내재적 비판?」, 윤소영 엮음,『맑스주의의 역사』, 민맥.

백승욱. 2011,「다시, 마르크스를 위하여: 에띠엔 발리바르와 정치의 개조」,『안과밖』제30호.

_____. 2009,「중국에서 '사회주의적 민주' 논쟁을 통해서 본 아래로부터 비판적 사상 형성의 굴곡」,『마르크스주의 연구』제6권 3호.

_____. 2008,「사회주의 30년, 개혁개방 30년의 중국사회」,『황해문화』겨울호.

_____. 2007a,『문화대혁명 ─ 중국 현대사의 트라우마』, 살림

_____ 편. 2007b,『중국 노동자의 기억의 정치 ─ 문화대혁명 시기의 기억을 중심으로』, 폴리테이아.

_____. 2007c,「현 시기의 평가에 작용하는 중국노동자의 문화대혁명의 기억 ─ 따롄시를 중심으로」,『경제와사회』76호(2007년 겨울호).

아렌트, 한나. 2006,『전체주의의 기원 1, 2』, 이진우·박미애 옮김, 한길사.

아리기, 조반니. 2008,『장기 20세기』, 백승욱 옮김, 그린비.

안치영. 2007,「문화대혁명 연구의 동향과 쟁점」,『중국 노동자의 기억의 정치 ─ 문화대혁명 시기의 기억을 중심으로』, 폴리테이아.

_____. 2005,「중국 개혁개방 정치체제의 형성(1976-1981)」, 서울대학교 정치학과 박사학위논문.

알튀세르, 루이. 1997[1965],『맑스를 위하여』, 이종영 옮김, 백의.

_____. 1993,「오늘의 맑스주의」, 서관모 엮음,『역사적 맑스주의』, 새길.

월러스틴, 이매뉴얼. 1999[1989], 『근대세계체계 III: 자본주의 세계경제의 거대한 팽창의 두번째 시대 1730-1840년대』, 김인중 외 옮김, 까치.

_____ 외. 1994, 『반체제운동』, 송철순·천지현 옮김, 창작과비평사.

예융례(葉永烈). 1995, 『모택동과 그의 비서들―신중국을 만든 사람들』, 최재우 옮김, 화산문화.

장영석. 2007, 「노동자의 문화대혁명 참여와 노동관리」, 『중국 노동자의 기억의 정치―문화대혁명 시기의 기억을 중심으로』, 폴리테이아.

장윤미. 2012, 「중국 노동운동의 역사와 유산: 문혁 전홍총(全紅總) 투쟁」, 『동아연구』 제31권 1호.

_____. 2007, 「문화대혁명과 노동자 '교육혁명'」, 『중국 노동자의 기억의 정치―문화대혁명 시기의 기억을 중심으로』, 폴리테이아.

지젝, 슬라보예. 2009[2008], 「4장: 로베스피에르부터 마오까지의 혁명적 테러」, 『잃어버린 대의를 옹호하며』, 박정수 옮김, 그린비.

진춘밍(金春明)·시쉬안(席宣). 2000[1996], 이정남 외 옮김, 『문화대혁명사』, 나무와숲.

천이난(陳益南). 2008[2006]. 『문화대혁명, 또 다른 기억―어느 조반파 노동자의 문혁 10년』, 장윤미 옮김, 그린비.

첸리췬(錢理群). 2006, 「망각을 거부하라」, 왕차오화 외, 『고뇌하는 중국: 현대 중국 지식인의 담론과 중국 현실』, 장영석·안치영 옮김, 길.

친후이(秦暉). 2006, 「대가족 자산 분할의 자유와 공정」, 왕차오화 외, 『고뇌하는 중국: 현대 중국 지식인의 담론과 중국 현실』, 장영석·안치영 옮김, 길.

耿化敏. 2011, 「簡評30年來的"文革"史學」, 第二屆"文革史"學術硏討會: 首都師範大學歷史學院中國近現代社會文化史硏究中心主辦, 2011.12.9.－12.10..

高皋·嚴家其. 1986, 『文化大革命十年史 1966-1976』, 天津: 天津人民出版社.

高文謙. 2003, 『晚年周恩來』, Carle Place(USA): 明鏡出版社.

廣西文化大革命大事年表編寫組. 1992, 『廣西文革大事年表』, 廣西人民出版社.

金大陸. 2011, 『非常與正常: 上海"文革"時期的社會生活(上, 下)』, 上海辭書出版社.

金春明. 2003, 「"兩個文革說"與"文化大革命"的定性硏究」, 張化·蘇采靑 主編, 『回首'文革'』, 北京: 中共黨史出版社.

魯禮安. 2005, 『仰天長嘯 : 一個單監十一年的紅衛兵獄中籲天録』, 香港 : 中文大學出版社.

老田. 2007, 「毛澤東爲何突然要將王力, 關鋒, 戚本禹整下去?」(http://www.wengewang.org/read.php?tid=9098&keyword=%CD%F5%C1%A6)

譚合成. 2010, 『血的神話 — 公元1967年湖南道縣文革大屠殺紀實』, 香港 : 天行健出版社.

唐少傑. 2011, 「軍官的集體覲見, 文革的切實保證 — 毛澤東 "文革" 初期接見解放軍十萬餘名團職以上幹部芻議」, 第二屆 "文革史" 學術硏討會 : 首都師範大學歷史學院中國近現代社會文化史硏究中心主辦, 2011.12.9.－12.10..

_____. 2007, 「'文化大革命'的一首斷魂曲 — 重新解讀毛澤東1968年7月28日召見北京紅衛兵五大領袖的談話」, 宋永毅 主編, 『文化大革命 : 歷史眞相和集體記憶』, 香港 : 田園書屋.

_____. 2003, 『一葉知秋 : 淸華大學1968年 '百日大武鬪'』, 香港 : 中文大學出版社.

_____. 1996, 「紅衛兵運動的喪鐘 : 淸華大學百日大武鬪」, 劉靑峰 編, 『文化大革命 : 史實與硏究』, 香港 : 中文大學出版社.

劉國凱. 2006a, 『人民文革論』, 香港 : 博大出版社.

_____. 2006b, 『廣州紅旗派的興亡』, 香港 : 博大出版社.

_____. 1997, 「文化革命是三年, 不是十年」, 楊建利 編, 『紅色革命與黑色造反 — '文革' 三十周年記念硏究文集』, Pleasant Hill(USA) : 二十一世紀中國基金會.

劉靑峰 編. 1996, 『文化大革命 : 史實與硏究』, 香港 : 中文大學出版社.

馬繼森. 2003, 『外交部文革紀實』, 香港 : 中文大學出版社.

梅悄. 2006, 『毛澤東的 "珠峰"』(발간처미상).

毛澤東. 1970, 「我的一點意見」(1970. 8. 31.), *Chinese Cultural Revolution Database*.

穆欣. 2003, 「關于工作組存廢問題」, 張化·蘇采靑 主編, 『回首 '文革'』, 北京 : 中共黨史出版社.

_____. 연도미상, 「關於 "中央文革小組" 的一些情況」(http://www.cass.net.cn/zhuanti/y_party/yc/yc_i/yc_i_028.htm)

繆俊勝. 2011, 「我給陳伯達做秘書」, 『中國改革』 2011年 第5期.

卜偉華. 2008, 『中華人民共和國史 第六卷 : '砸爛舊世界' —文化大革命的動亂與浩劫』,

香港: 中文大學出版社.

逄先知·金冲及 主編. 2003,『毛澤東傳(1949~1976)』, 北京: 中央文獻出版社.

師東兵. 2008,「"我這個反革命分子, 黨的冤枉"―訪原中共中央政治局委員常委, 中央文革小組組長 陳伯達」(http://www.wyzxsx.com/Article/Class14/200802/32757. html 접속 날짜는 2012. 3. 1)

徐景賢. 2005,『十年一夢―前上海市委書記徐景賢文革回憶錄』, 香港: 時代國際出版有限公司.

徐文立. 1979,「時局和我們的認識」,『民主中華: 中國民主運動人事文集, 1949~1989』, 香港: 遠東事務評論社, 1989.

徐友漁. 2007,「文革研究之一瞥: 歷史, 現狀和方法」, 宋永毅 主編,『文化大革命: 歷史眞相和集體記憶』, 香港: 田園書屋.

_____. 1999,『形形色色的造反: 紅衛兵情神素質的形成及演變』香港: 中文大學出版社.

_____. 1996a,「再說文革中的造反派―與華林山商榷」, 劉靑峰 編,『文化大革命: 史實與硏究』, 香港: 中文大學出版社.

_____. 1996b,「異端思潮和紅衛兵的思想轉向」, 劉靑峰 編,『文化大革命: 史實與硏究』, 香港: 中文大學出版社.

徐曉·丁東·徐友漁 編. 1999,『遇羅克: 遺作與回憶』, 北京: 中國文聯出版公司.

聶元梓. 2005,『文革'五大領袖'聶元梓回憶錄』, 香港: 時代國際出版有限公司.

蘇楊. 2007,「文革中的大屠殺: 對湖北, 廣東和廣西三省的研究」, 宋永毅 主編,『文化大革命: 歷史眞相和集體記憶』, 香港: 田園書屋. (Su 2006과 같은 글)

蘇采靑. 2003,「'文革'初期三個回合的鬪爭」, 張化·蘇采靑 主編,『回首'文革'』, 北京: 中共黨史出版社.

蕭喜東. 2004,「一九六六年的五十天: 記憶與遺忘的政治」(http://www.wyzxsx.com/Article/Class14/200408/376.html)

_____. 2002,「文革中的領导与群众: 话语, 冲突和集体行动」,『华夏文摘 增刊: 文革博物馆通讯』第300期, 301期.(http://museums.cnd.org/CR/ZK02/cr137.hz8. html#2)

_____. 1996,「'兩個文革', 或'一個文革'?」, 羅金義·鄭文龍 主編,『浩劫以外: 再論文化大革命』, 臺北: 風雲論壇出版社.

宋永毅. 2007a,「從毛澤東的擁護者到他的反對者―中國文化大革命中年輕一代覺醒的心靈旅程」, 宋永毅 主編, 『文化大革命: 歷史眞相和集體記憶』, 香港: 田園書屋.

_____. 2007b,「劉少奇對文化大革命的獨特貢獻: 你不知道的故事」, 宋永毅 主編, 『文化大革命: 歷史眞相和集體記憶』, 香港: 田園書屋.

_____ 主編 2007c, 『文化大革命: 歷史眞相和集體記憶』, 香港: 田園書屋.

_____. 2002,「"文革"中的暴力與大屠殺」, 『华夏文摘 增刊: 文革博物館通讯』 第317期.(http://museums.cnd.org/CR/ZK02/cr154.hz8.html)

_____. 1997,「文化大革命和它的異端思潮」, 楊建利 編, 『紅色革命與黑色造反―'文革'三十周年記念研究文集』, Pleasant Hill(USA): 二十一世紀中國基金會.

_____. 1996,「文化大革命中的異端思潮」, 劉靑峰 編, 『文化大革命: 史實與硏究』, 香港: 中文大學出版社.

_____ · 孫大進 編. 1997, 『文化大革命和它的异端思潮』, 香港: 田園書屋.

楊建利 編. 1997, 『紅色革命與黑色造反―'文革'三十周年記念研究文集』, Pleasant Hill(USA): 二十一世紀中國基金會.

_____ · 楊小凱. 1996,「身體自由腦袋不自由的自由―文革"中"結社自由的性質, 教訓及對未來民主憲政的啟示」, 楊建利 編. 1997, 『紅色革命與黑色造反―'文革'三十周年記念研究文集』, Pleasant Hill(USA): 二十一世紀中國基金會.

楊克林 編著. 1995, 『文化大革命博物館(上, 下冊)』, 香港: 天地圖書.(2판은 2002년)

楊小凱(楊曦光). 2002,「"中國向何處去?"大字報始末」, 『华夏文摘 增刊: 文革博物館通讯』 第321期. (http://museums.cnd.org/CR/ZK02/cr158.hz8.html 접속 날짜는 2012. 3. 1)

楊永興. 2010,「'王, 關, 戚'被打倒之謎」, 『文史天地』 2010年 第1期. (http://history.book.163.com/10/0125/01/5TRB2FIC009243E2.html)

_____. 2009,「'王, 關, 戚'與『紅旗』雜志」, 『文史精華』 2009年 第11期. (http://www.chinaelections.org/newsinfo.asp?newsid=168479 접속 날짜는 2012. 3. 1)

楊曦光. 1994, 『牛鬼蛇神錄: 文革囚禁中的精靈』, 香港: 牛津大學出版社.

_____. 1968,「中國向何處去?」, 『民主中華: 中國民主運動人事文集, 1949~1989』, 香港: 遠東事務評論社, 1989. [宋永毅·孫大進(1997)에도 수록됨]

閻長貴·王廣宇. 2010, 『問史求信集』, 紅旗出版社.

葉永烈. 1999, 『陳伯達傳』, 北京: 人民日報出版社.

葉青. 2004, 『"文革"時期福建群衆組織硏究』, 北京: 當代中國出版社.

王毅. 1996, 「'中央文革'生成和運作方式中的歷史文化基因」, 羅金義·鄭文龍 編, 『浩劫以外: 再論文化大革命』, 臺北: 風雲論壇.

王年一. 1996, 『大動亂的年代』, 鄭州: 河南人民出版社.

王力. 2001, 『王力反思錄(王力遺稿)』 上·下, 香港: 香港北星出版社.

王文耀·王保春. 2008, 「江靑與陳伯達的恩怨」, 『百年潮』 2008年 第12期.

_____. 2004, 「陳伯達假釋以後」, 『百年潮』 2004年 第12期.

王紹光. 1993, 『理性與瘋狂: 文化大革命中的群衆』, 香港: 牛津大學出版社.

王友琴. 2004, 『文革受難者: 關於迫害, 監禁與殺戮的尋訪實錄』, 開放雜志出版社.

_____. 1996, 「1966: 學生打老師的革命」, 劉靑峰 編. 1996, 『文化大革命: 史實與硏究』, 香港: 中文大學出版社.

汪暉. 2008, 「去政治化的政治, 霸權的多重構成與60年代的消逝」, 『去政治化的政治: 短20世紀的終決與90年代』, 北京: 三聯書店.

魏京生. 1979a, 「第五個現代化: 民主及其他」, 『民主中華: 中國民運文選』, 香港: 遠東事務評論社, 1989.

_____. 1979b, 「續第五個現代化: 民主及其他」, 『民主中華: 中國民運文選』, 香港: 遠東事務評論社, 1989.

唯色. 2007, 「西藏'文革'疑案之一: 1969年尼木, 邊壩事件」, 宋永毅 主編, 『文化大革命: 歷史眞相和集體記憶』, 香港: 田園書屋.

_____. 2006a, 『殺劫 Forbidden Memory: Tibet During the Cultural Revolution』, 臺北: 大塊文化.

_____. 2006b, 『西藏記憶: 二十三位耆老口述西藏文革』, 臺北: 大塊文化.

李遜. 2007, 「工人階級領導一切? ― 文革中上海工人造反派與工人階級的實際地位」, 宋永毅 主編, 『文化大革命: 歷史眞相和集體記憶』, 香港: 田園書屋.

_____. 1996, 『大崩壞: 上海工人造反興亡史』 臺北: 時報文化.

_____. 1995, 『上海幫風雲』, 臺北: 業强出版社.

李一哲. 1974, 「關于社會主義的民主與法制」, 『民主中華: 中國民主運動人事文集, 1949~1989』, 香港: 遠東事務評論社, 1989. [宋永毅·孫大進(1997)에도 수록됨]

印紅標. 2011, 「文化大革命期間的政治沖突和社會矛盾」, 第二屆"文革史"學術硏討會: 首都師範大學歷史學院中國近現代社會文化史硏究中心主辦, 2011.12.9.―12.10..

_____. 2009, 『失蹤者的足跡: 文化大革命時期的青年思潮』, 香港: 中文大學出版社.

_____. 2007, 「從'新思潮'到'新階級'— 文革中靑年的思想批判思潮」, 宋永毅 主編, 『文化大革命: 歷史眞相和集體記憶』, 香港: 田園書屋.

_____. 2003a, 「"文化大革命"中的社會性矛盾」, 張化·蘇采靑 主編, 『回首'文革'』, 北京: 中共黨史出版社.

_____. 2003b, 「紅衛兵運動述評」, 張化·蘇采靑 主編, 『回首'文革'』, 北京: 中共黨史出版社.

_____. 1996a, 「批判資産階級反動路線: 造反運動的興起」, 劉靑峰 編. 1996, 『文化大革命: 史實與研究』, 香港: 中文大學出版社.

_____. 1996b, 「紅衛兵運動的兩大潮流」, 劉靑峰 編. 1996, 『文化大革命: 史實與研究』, 香港: 中文大學出版社.

任松林. 1997, 「論"血統論"」, 楊建利 編, 『紅色革命與黑色造反 —'文革'三十周年記念研究文集』, Pleasant Hill(USA): 二十一世紀中國基金會.

張春橋. 1975, 「論對資産階級的全面專政」, *Chinese Cultural Revolution Database*.

張化·蘇采靑 主編. 2003, 『回首'文革'』, 北京: 中共黨史出版社.

_____. 1958, 「破除資産階級的法權思想」, 『人民日報』 1958.10.13.. (http://www.wengewang.org/read.php?tid=21791&keyword=%C2%DB%D7%CA%B2%FA%BD%D7%BC%B6%B7%A8%C8%A8)

錢理群. 2011, 「回顧2010年」(http://boxun.com/news/gb/china/2011/08/201108210359.shtml)

_____. 2008, 「一九七八~一九八〇年大陸社會民主運動」, 『我的精神自傳: 以北京大學爲背景』, 臺北: 臺灣社會研究雜誌出版.

_____. 2007, 『拒絶遺亡: "1957年學" 研究筆記』, 香港: Oxford University Press. [국역. 신동순 외 옮김, 『망각을 거부하라: 1957년학 연구 기록』, 그린비, 2012.]

鄭謙. 2008, 『中國: 從"文革"走向改革』, 北京: 人民出版社.

程光. 2011, 『心靈的對話: 邱會作與兒子談文化大革命』, 香港: 香港北星出版社.

_____. 2007, 「1970年廬山會議背景的研究」, 宋永毅 主編, 『文化大革命: 歷史眞相和集體記憶』, 香港: 田園書屋.

鄭光路. 2006a, 『文革武鬪: 文化大革命時期中國社會之特殊內戰』, Paramus(USA): 美國海馬圖書出版公司.

_____. 2006b, 『文革文鬪: 文化大革命時期中國文化之喧囂怪狀』, Paramus(USA): 美國海馬圖書出版公司.

丁抒. 2007, 「大規模迫害人民的'淸理階級隊伍'運動」, 宋永毅 主編, 『文化大革命: 歷史眞相和集體記憶』, 香港: 田園書屋.

_____. 1997, 「從批判"走資派"到揪"叛徒"」, 楊建利 編, 『紅色革命與黑色造反 — '文革'三十周年記念硏究文集』, Pleasant Hill(USA): 二十一世紀中國基金會.

鄭義. 1997, 「兩個文化大革命雛議: 以此文紀念文化大革命中所有罹難者」, 楊建利 編, 『紅色革命與黑色造反 — '文革'三十周年記念硏究文集』, Pleasant Hill(USA): 二十一世紀中國基金會.

_____. 1993, 『紅色紀念碑』, 華視文化公司出版.

程惕潔. 2007, 「四十餘年回首, 再看內蒙文革」, 宋永毅 主編, 『文化大革命: 歷史眞相和集體記憶』, 香港: 田園書屋.

周原. 2007, 「文革硏究的史料和史料學槪述」, 宋永毅 主編, 『文化大革命: 歷史眞相和集體記憶』, 香港: 田園書屋.

周倫佐. 2006, 『'文革'造反派眞相』, 香港: 田園書屋.

陳建坡. 2009, 「"文化大革命"史硏究30年述評」, 中共中央黨校博士學位論文.

陳奎德. 2007, 「中國自由主義在文革中的萌芽」, 宋永毅 主編, 『文化大革命: 歷史眞相和集體記憶』, 香港: 田園書屋.

_____. 1997, 「毛的"反權威悖論"及文革遺産」, 楊建利 編, 『紅色革命與黑色造反 — '文革'三十周年記念硏究文集』, Pleasant Hill(USA): 二十一世紀中國基金會.

陳爾晉. 1976, 「論無産階級民主革命(節錄)」, 『民主中華: 中國民主運動人事文集, 1949~1989』, 香港: 遠東事務評論社, 1989.

陳東林. 2011, 「吉拉斯的《新階級》和毛澤東的'文革'理論」, 第二屆"文革史"學術硏討會: 首都師範大學歷史學院中國近現代社會文化史硏究中心主辦, 2011.12.9-10..

陳伯達. 2000, 『陳伯達遺稿: 獄中自述及其他』, 香港: 天地圖書.

_____. 1965, 「工業問題」, 『陳伯達遺稿: 獄中自述及其他』, 香港: 天地圖書, 2000.

_____. 1951, 『論毛澤東思想』, 北京: 人民出版社.

_____. 1946[1998], 『蔣宋孔陳 — 中國四大家族』, 臺北: 一橋出版社.

陳益南. 2006, 『靑春無痕: 一個造反派工人的十年文革』, 香港: 中文大學出版社.

陳曉農. 2005, 『陳伯達最後口述回憶』香港: 陽光環球出版香港有限公司.

何蜀. 2010, 『爲毛主席而戰: 文革重慶大武鬥實錄』, 香港: 三聯書店.

_____. 2007a, 「'文革'中的'揪軍內一小撮'問題辨析」, 宋永毅 主編, 『文化大革命: 歷史眞相和集體記憶』, 香港: 田園書屋.

_____. 2007b, 「論造反派」, 宋永毅 主編, 『文化大革命: 歷史眞相和集體記憶』, 香港: 田園書屋.

郝建 編. 2006, 『文革四十年祭: 2006北京文化大革命研討會全記錄』, Fort Worth (USA): 溪流出版社.

華林山. 1996a, 「文革期間群衆性對立派系成因」, 劉靑峰 編. 1996, 『文化大革命: 史實與研究』, 香港: 中文大學出版社.

_____. 1996b, 「政治迫害與造反運動」, 劉靑峰 編. 1996, 『文化大革命: 史實與研究』, 香港: 中文大學出版社.

黃廉. 2005, 『重庆文革口述史 ― 黃廉訪談錄(修订版)』 (http://www.wengewang. org/read.php?tid=369&fpage=35)

邢小群. 2007, 「口述史與文革硏究」, 宋永毅 主編, 『文化大革命: 歷史眞相和集體記憶』, 香港: 田園書屋.

曉明. 2006, 『廣西文革痛史鉤沉』 香港: 新世紀出版社.

磯部靖. 2003, 「廣東における文化大革命の展開と地方主義」, 国分良成 編, 『中国文化大革命再論』, 東京: 慶應義塾大学出版会.

吉越弘泰. 2005, 『威風と頽唐: 中国文化大革命の政治言語』, 東京: 同文社.

董国強 編. 2009, 『文革: 南京大学14人の証言 』, 関智英 外譯, 東京: 築地書館.

福岡愛子. 2008, 『文化大革命の記憶と忘却』, 東京: 新曜社.

星野昌裕. 2003, 「内モンゴルの文化大革命とその現代的意味」, 国分良成 編, 『中國文化大革命再論』, 東京: 慶應義塾大学出版会.

小嶋華津子. 2003, 「プロレタリア文化大革命と勞動者」, 国分良成 編, 『中國文化大革命再論』, 東京: 慶應義塾大学出版会.

楊麗君. 2003, 『文化大革命と中国の社会構造 ― 公民権の配分と集団的暴力行為』, 東京: 御茶の水書房.

楊炳章. 2003, 「北京大学における文化大革命の勃発」, 国分良成 編, 『中国文化大革命再論』, 東京: 慶應義塾大学出版会.

Althusser, Louis. 2003[1967], "The Humanist Controversy", in *The Humanist Controversy and Other Writings*, Verso.

Andors, Stephen. 1977, *China's Industrial Revolution: Politics, Panning, and Management, 1949 to the Present*, Pantheon Books.

Badiou, Alain. 2005, "The Cultural Revolution: The Last Revolution?", *Positions*, 13(3).

Balibar, Étienne. 2011, "Occasional Notes on Communism", *Krisis: Journal for Contemporary Philosophy*, 2011, Issue 1.

_____. 1999, "Interview: Conjectures and conjunctures", *Radical Philosophy* 97.

Bettelheim, Charles. 1974, *Cultural Revolution and Industrial Organization in China*, Monthly Review Press.

Bosteels, Bruno. 2005, "Post-Maoism: Badiou and Politics", *Positions* 13(3).

Chan, Anita. 1992, "Dispelling Misconceptions about the Red Guard Movement: The Necessity to Re-examine Cultural Revolution Factionalism and Periodization", *The Journal of contemporary China*, Vol.1, No.1.

Chan, Anita, Stanley Rosen, and Jonathan Unger. 1980, "Students and Class Warfare: The Social Roots of the Red Guard Conflict in Guangzhou (Canton)", *The China Quarterly*, Vol.83.

_____(ed.). 1985, *On Socialist Democracy and the Chinese Legal System: The Li Yizhe Debates*, M. E. Sharpe.

Chen, Erjin(陳爾晉). 1984, *China: Crossroads Socialism*, London: Verso.

Christensen, Peer Moller and Jorgen Delman. 1981, "A Theory of Transitional Society: Mao Zedong and the Shanghai School", *Bulletin of Concerned Asian Scholars*, vol.13, no.2.

Esherick, Joseph W., Paul G. Pickowicz and Andrew G. Walder(eds.). 2006a, *The Chinese Cultural Revolution as History*, Stanford: Stanford University Press.

Esherick, Joseph W., Paul G. Pickowicz and Andrew G. Walder. 2006b, "The Chinese Cultural Revolution as History: An Introduction", eds. Joseph W.

Esherick, Paul G. Pickowicz and Andrew G. Walder, *The Chinese Cultural Revolution as History*, Stanford: Stanford University Press.

Feng, Jicai. 1996, *Ten Years of Madness: Oral Histories of China's Cultural Revolution*, China Books and Periodicals, INC.

Forster, Keith. 2003, "The Cultural Revolution in Zhejiang Revisited: The Paradox of Rebellion and Factionalism, and Violence and Social Conflict admidst Economic Growth", ed. Law, Kam-yee, *The Chinese Cultural Revolution Reconsidered: Beyond Purge and Holocaust*, New York: Palgrave.

_____. 1990, *Rebellion and Factionalism in a Chinese Province: Zhejiang, 1966-1976*, M. E. Sharpe.

Gao, Mobo. 2008, *The Battle for China's Past: Mao and the Cultural Revolution*, London: Pluto Press.

Gong, Xiaoxia. 2003, "The Logic of Repressive Collective Action: A Case Study of Violence in the Cultural Revolution", ed. Law, Kam-yee, *The Chinese Cultural Revolution Reconsidered: Beyond Purge and Holocaust*, New York: Palgrave.

Hinton, Wiliam. 1972, *Hundred Day War: The Cultural Revolution at Tsinghua University*, New York: Monthly Review Press.

Law, Kam-yee(ed.). 2003, *The Chinese Cultural Revolution Reconsidered: Beyond Purge and Holocaust*, New York: Palgrave.

Lee, Ching Kwan and Guobin Yang(eds.). 2007, *Re-envisioning the Chinese Revolution: The Politics and Poetics of Collective Memories in Reform China*, Stanford University Press.

Lee, Hong Yung. 1978, *The Politics of the Cultural Revolution*. Berkeley: University of California Press.

Liu, Guokai. 1987, *A Brief Analysis of the Cultural Revolution*, ed. Anita Chan, Armonk: M. E. Sharpe.

MacFarquhar, Roderick and Michael Schoenhals. 2006, *Mao's Last Revolution*. Cambridge: The Belknap Press of Harvard University Press.

Mao, Tsetung(Zedong). 1977, *A Critique of Soviet Economics*, trans. Moss Roberts, New York: Monthly Review Press.

Perry, Elizabeth J. and Li Xun. 1997, *Proletarian Power: Shanghai in the Cultural Revolution*, Boulder: Westview.

Rofel, Lisa. 1989, "Eating Out One Big Pot: Hegemony and Resistance in a Chinese Factory", Dissertation for Ph.D degree, Stanford University.

Su, Yang(蘇楊). 2006, "Mass Killing in the Cultural Revolution: A Study of Three Provinces", eds. Joseph W. Esherick, Paul G. Pickowicz and Andrew G. Walder, *The Chinese Cultural Revolution as History*, Stanford: Stanford University Press.

Walder, Andrew. 1991, "Cultural Revolution Radicalism: Variations on a Stalinist Theme", eds. William A. Joseph, Christine P. W. Wong and David Zweig, *New Perspectives on the Cultural Revolution*, Cambridge: Harvard University Press.

Wallerstein, Immanuel. 2011, *The Modern World System IV: Centrist Liberalism Triumphant, 1789-1914*, Berkeley: University of California Press.

White III, Lynn T. and Kam-yee Law. 2003, "Explanations for China's Revolution at its Peak", ed. Law, Kam-yee, *The Chinese Cultural Revolution Reconsidered: Beyond Purge and Holocaust*, New York: Palgrave.

Wollin, Richard. 2010, *French Intellectuals, the Cultural Revolution, and the Legacy of the 1960s*, Princeton University Press.

Wylie, Raymond F.. 1980, *The Emergence of Maoism: Mao Tse-tung, Ch'en Po-ta, and the Search for Chinese Theory, 1935-1945*, Stanford University Press.

Zheng, Xiaowei. 2006, "Passion, Reflection, and Survival: Political Choices of Red Guards at Qinghua University", eds. Joseph W. Esherick, Paul G. Pickowicz and Andrew G. Walder, *The Chinese Cultural Revolution as History*, Stanford: Stanford University Press.

부록

이 부록에는 본문에서 다룬 문화대혁명의 정치의 아포리아를 잘 보여 주는 글들을 번역하여 수록하였는데, 두 개는 천보다 자신이 작성한 문건이고 다른 두 개는 문혁 '이단사조'를 잘 보여 주는 글들이다. 천보다의 글로는 우선 문화대혁명의 대중운동의 고양기에 대립이 당내를 관통하였음을 주장하는 '두 가지 노선 투쟁'의 계기가 된 연설이자 '조반의 시대'를 개시한 상징이 되기도 한 그의 「프롤레타리아 문화대혁명 중의 두 가지 노선─중앙공작회의에서의 연설」(1966. 10. 16.)을 골랐다. 그 다음으로는 그와 마오쩌둥의 이론적 협력관계를 잘 보여 주는 동시에 문화대혁명 이전에 향후 예상되는 문화대혁명의 몇몇 쟁점을 드러내 보여 준 「마오쩌둥 동지의 깃발 아래」(1958)를 골랐다.

다음으로 문화대혁명의 '이단사조'의 글로 첫번째 것은 모든 이단사조 출현의 가장 두드러진 상징이 된 '성우롄' 사건의 핵심 문건인 양시광의 「중국은 어디로 가는가?」(1968. 1. 6.)를 수록하였다. 그 다음으로는 문화대혁명이 종식된 현재의 시점에서 문혁 이단사조의 의미를 잘 보여 주는 글로 류궈카이의 「인민문혁을 논한다」(2005. 10. 19.)를 골랐다. 류궈카이의 글은 문화대혁명이 발발한 지 40여 년이 지난 후 씌어진 글이지만 문화대혁명의 쟁점이 어떻게 현재에도 지속되고 있는지를 잘 보여 준다. 이 두 글의 저자들은 본래 천보다와 같은 출발점에서 '조반'을 시작하였다고도 볼 수 있으나 귀결점은 완전히 달라진다. 이처럼 두 세력이 완전히 대립물이 되는 데서도 우리는 문혁의 정치적 아포리아를 발견할 수 있다.

처음에는 이 이외에도 몇 가지 중요한 자료들을 더 번역해 함께 수록하려 하였으나, 분량 때문에 최종적으로 이 네 자료만을 수록하였다. 본래 함께 수록하려 했던 중요한 자료들에 대해 설명하면, 첫째는 천보다가 초안을 작성한 문화대혁명의 강령적 문건인 「문혁 16조」(1966. 8. 8.)가 있는데, 이는 백승욱(2007a)에 전문이 번역되어 있어 여기서는 제외하였다. 문화대혁명의 논리와 이 책의 문제의식을 이해하기 위해서는 꼭 이 「문혁 16조」를 읽어 볼 것을 권한다. 두번째로, 천보다가 마오쩌둥 사상을 정리해 작성한 「마오쩌둥 사상을 논함」(1951)이 있는데, 이 글은 그가 『마오쩌둥 선집』을 편찬하면서 '마오쩌둥 사상'을 체계화하는 데 매우 중요한 기여를 한 글로 그와 마오의 이론적 협력 관계를 잘 보여 준다. 그렇지만 분량이 길어 여기에 수록하지는 못하였고, 그 내용의 일부가 이 부록에 수록된 「마오쩌둥 동지의 깃발 아래」에서 확인된다. 셋째로, 이 책 본문에서도 언급되었지만, 문화대혁명으로 나아가는 마오쩌둥 자신의 '정치경제 비판'의 관심을 담고 있는 「소련 정치경제학 교과서에 대한 주석」(1960)이 매우 중요한데, 이 또한 분량이 매우 길어 여기에 수록하지는 못했다. 인터넷상으로 번역본을 찾을 수 있으니 참고해 보면 문혁의 논리를 이해하는 데 도움이 될 것이다.

본문에 붙은 주석은 모두 내용의 이해를 돕기 위해 번역 과정에서 붙인 주석이다.

• 수록 자료

1. 천보다, 「프롤레타리아 문화대혁명 중의 두 가지 노선 ─ 중앙공작회의에서의 연설」(1966)

2. 천보다, 「마오쩌둥 동지의 깃발 아래」(1958)

3. 양시광, 「중국은 어디로 가는가?」(1968)

4. 류궈카이, 「인민문혁을 논한다」(2005)

부록 1. 천보다, 「프롤레타리아 문화대혁명 중의 두 가지 노선」(1966)

이 글은 문화대혁명의 첫 단계를 마무리하면서, 문화대혁명이 두번째 단계로 전환하게 되는 상징적 의미를 담고 있다. 3장 1절에서 설명했듯이, 1966년 6월~8월의 문화대혁명의 초기 대중운동의 시기에는 공작조 파견과 혈통론 문제를 중심으로 대립이 치열해졌다. 이 과정에서 사회세력들은 이 문제에 대한 찬반을 중심으로 경향적으로 두 입장으로 분화되었다. 당의 관료세력은 공작조의 지지와 혈통론에 대한 암묵적 지지 또는 동조의 태도를 보인 반면, 마오쩌둥과 중앙문혁소조는 공작조에 대한 반대와 혈통론에 대한 명시적 비판의 태도를 보였다. 이런 대립을 마오의 입장을 담아 당내의 '두 가지 노선' 주장으로 확대하여 공격의 수위를 높인 것이 바로 이 중앙공작회의에서의 천보다의 연설이었다. 이 연설은 그 이전까지 수세적 입장에 몰려 있던 '조반파'들이 본격적으로 문화대혁명의 정치무대에 등장하게 된 정치적 보호막으로 작용하였다. 또 이 연설은 당내에서 두 가지 노선에 따른 오류의 책임을 류사오치와 덩샤오핑에게 묻고 그 배경에 사회의 계급적 기초가 놓여 있음을 따지는 데까지 나아가고 있다.

「문혁 16조」에 이어 이 글은 문화대혁명 시기 천보다의 입장을 가장 잘 보여주는 글이라고 할 수 있다. 이 중앙공작회의 연설 이후 문화대혁명은 「공업 10조」와 노동자들의 조반, 탈권 등으로 빠르게 새로운 국면으로 전환해 가게 된다.

이 연설문의 초고를 건네받은 마오쩌둥은 "바로 보다(伯達) 동지에게 전달할 것. 수정 원고를 모두 읽었음. 아주 훌륭함. '혁명을 수행하면서 생산을 촉진한다'는 두 구절을 어디에 끼워 넣을 것인지 고려해 보기 바람. 대량 인쇄하되, 소책자로 만들어 각 지부, 각 홍위병 소대에 적어도 한 부씩 배포할 것"이라고 10월 24일 23시부로 재가하였고, 이후 이 글은 대중들 사이에 대대적으로 배포되었다. (옮긴이)

프롤레타리아 문화대혁명 중의 두 가지 노선
—중앙공작회의에서의 연설(1966. 10. 16.)

1. 형세는 아주 좋다

프롤레타리아트의 혁명노선은 대대적으로 승리하였고, 부르주아지의 혁명 반대 노선은 실패를 선고받았다.

형세가 아주 좋다는 것을 보여 주는 기본 특징은 광대한 대중이 진정으로 떨쳐 일어났다는 점이다. 8월 18일 마오 주석은 린뱌오 동지에게 "이 운동은 아주 규모가 크고, 실로 대중을 일으켜 세웠으며, 전국 인민의 사상 혁명화에 아주 큰 의의가 있다"고 말했다. 마오 주석이 천안문에서 세 차례 대중을 접견했고 국경절에 열병식을 거행했는데, 여기서 드러난 대중의 거대한 규모와 장대한 기세는 중국이나 세계에 전례 없던 일이다. 마오 주석이 그렇게 많은 대중을 접견하고, 친히 대중 속으로 나아가 대중과 함께한 것은, 그가 얼마나 대중을 신뢰하며 대중과 함께 호흡하고 운명을 같이하려는지를 설명해 주는 일로, 참으로 전 당의 동지들에게 눈부신 모범을 세운 것이다. 동지들은 진정한 프롤레타리아 혁명가는 어떤 것이라고 생각하는가? 위대한 프롤레타리아 혁명가인 마오 주석이 우리 곁에 있으니, 우리는 그에게서 배우고, 배우고 또 배워야 한다.

2개월 정도, 즉 당의 8기 11중전회에서 프롤레타리아 문화대혁명에 관한 결정이 발표된 이래,[1] 광대한 대중은 전투의 사상 무기를 획득하여, 프롤레타리아 문화대혁명에 대한 마오 주석의 사상을 더 잘 이해하게 되었고, 투지는 더욱 앙양되고, 운동은 더욱 심도 깊고 광활하고 건강하게 발전하였다. 문화대혁명은 마오 주석 저작을 학습하는 대중운동을 새롭게 고조시켰다. 위대한 홍위병 운동이 전 사회와 전 세계를 뒤흔들었다. 홍위병 운동이 거둔 전과는 찬란하다. 전체 문화혁명 운동이 파리코뮨, 10월혁명, 중국의 여러 차례 대혁명 대중운동에 비해 훨씬 더 심오하고, 더 거센 물결을 이루었다고 부끄러움 없이 말할 수 있다. 이는 국제적으로 더 높은 단계의 프롤레타리아 혁명운동이다. 이 운동은 전 세계 혁명인민의 환호와 지지를 불러일으켰고, 동시에 전 세계 제국주의자와 현대수정주의자의 두려움, 통한, 우려를 촉발시켰으며, 평범한 자들은 그저 아연실색하고 있을 뿐이다.

2. 두 가지 노선 투쟁의 지속

이렇게 아주 좋은 형세에서 부르주아지 혁명 반대 노선이 저절로 사라지겠는가? 아니다. 그 노선은 결코 자연스럽게 사라지지 않는다. 마오 주석은 이미 11중전회의 폐막식에서 우리에게 경고했다. "결코 결정문이 문서로 발표되면 당위원회 모든 동지들이 바로 실행할 것이라고 생각해서는 안 된다. 일부 사람들은 결국 실행을 원하지 않을 것이다." 사실의 전개는 마오 주석의 예견을 증명하였다.

---

1) 「문혁 16조」가 발표된 8월 8일을 말함.

프롤레타리아 문화대혁명에 대해 당이 결정한 「16조」는 앞선 단계의 오류노선, 즉 부르주아 노선을 바로잡았다. 그러나 오류노선은 아직도 다른 형식으로 출현하고 있다. 프롤레타리아 혁명노선과 혁명에 반대하는 부르주아 노선 사이의 투쟁은 아직도 첨예하고 매우 복잡하다.

우리 당이 창립된 이래 정확한 프롤레타리아 노선은 마오쩌둥 동지를 대표로 하는 마르크스-레닌주의 노선이다. 이는 상이한 시기에 우와 '좌'의 기회주의에 대해 마오쩌둥 동지가 전개한 투쟁 중에 부단히 발전하고 부단히 풍부해져서, 쭌이(遵義)회의[2] 이후 전체 당에서 통치 지위를 획득한 노선이다. 이 줄기가 우리 당의 전체 역사를 관통하고 있다. 그러나 마오 주석이 늘 말하듯, 계급모순, 계급투쟁은 결국 우리 당내에 반영될 수 있다. 이 때문에, "당내에서 서로 다른 사상의 대립과 투쟁은 늘 발생"한다. 부르주아 사상, 다종다양한 비프롤레타리아 사상이 여전히 마오 주석의 올바른 노선을 방해하려 시도하고 있다.

투쟁은 줄곧 대중의 문제를 둘러싸고 있다.

어떤 사람들은 당의 노선, 프롤레타리아 노선, 혁명의 노선, 즉 마오 주석의 노선을 집행하기를 바라지 않는데, 마오 주석의 대중노선이 일부 동지들이 아직 개조하지 못한 부르주아 세계관과 서로 철저하게 섞일 수 없기 때문이다. 마오 주석이 제출한 프롤레타리아 문화대혁명 노선은 대중으로 하여금 스스로 자신을 교육하고 스스로 자기를 해방하도록 하는 노선이다. 그러나 오류노선을 제출한 대표자들은 오히려 대중으로 하여

---

2) 대장정 중에 구이저우 쭌이에서 1935년 1월 중순 개최된 정치국 확대회의를 말하는데, 이 회의에서 기존 지도부의 군사노선이 '좌경 기회주의'의 오류로 비판받았고 대신 마오의 군사노선이 채택되었다. 쭌이회의를 계기로 마오쩌둥의 지도노선이 중국공산당 내에 본격적으로 자리 잡게 되었다.

금 스스로 자신을 교육하고 스스로 자기를 해방하도록 하는 것에 반대한다. 그들은 인간의 영혼을 울리는 대혁명 중에 국민당의 '훈정'(訓政)을 옮겨다 놓고 있다. 그들은 대중을 무지렁이로 여기고 스스로를 제갈량으로 여긴다. 이 오류노선은 프롤레타리아 문화혁명을 상반된 길로 이끌어, 프롤레타리아트가 부르주아지에 반대하는 것을 반대로 부르주아지가 프롤레타리아트에 반대하는 것으로 바꾸어 놓는다.

공작조는 일종의 조직 형식일 따름이다. 이런 조직 형식은 어떤 운동에서 적절하게 사용된다면 문제가 없고 필요하기도 하다. 그러나 이번 문화대혁명 중에 오류노선을 제기한 대표자들은 공작조라는 이런 조직 형식을 억지로 대중들의 머리 위에 씌웠으며, 그 목적은 그런 오류노선을 추진하기 위한 것이었을 따름이다.

공작조가 철수했지만, 마오 주석의 노선에 찬성하지 않는 사람들은 여전히 직권을 이용할 수 있어 다른 형식으로 공작조를 대체하였다. 예를 들면, 일부 학교와 기관에서 어떤 자들은 중앙이 지시한 파리코뮨 원칙을 완전히 위배하여, 사전에 지시하고 뒤에 숨어 조종하면서 이른바 '문혁주비위원회', '문혁소조', '문혁회'나 기타 조직을 설립하였다. 심지어 각 지역에서 대량의 혁명 교사와 학생들이 수도를 찾아 마오 주석을 접견하는 상황에서, 어떤 곳에서는 일부 사람들을 조직해 먼저 와서, 자신들이 중앙 16조의 결정에 반대한다고 선전하면서 베이징에 온 혁명 교사와 학생들을 타격하려 하였다.[3]

---

3) '문화혁명위원회'나 '문화혁명소조'는 본래 「문혁 16조」의 제9조에서 대중의 문화대혁명의 조직으로 높게 평가된 것이었다. 그러나 주로 '노홍위병'이 반대파에 대한 탄압을 위해 이런 조직을 활용하면서 그 위상이 급격히 바뀌었다.

나는 중앙문혁소조의 동지들과 함께 9월 25일에 각지에서 온 일군의 학생들을 맞이했을 때, 이렇게 건의한 적이 있었다: 만일 고급간부 자녀들이 각 학교와 각 단위의 문화대혁명에서 지도하는 직무를 맡고 있다면, 노동자·농민·병사와 보통 간부의 자녀들이 담당하게 하는 것이 가장 좋을 것이다. 내가 개인적으로 생각하기에, 일부 학교 일부 단위에서 고급간부 자녀들이 꼭 지도 지위를 장악해야 한다고 하는 생각은 좋은 점이 없고, 우리 장래의 혁명사업에 불리하며, 그들 자신에게도 좋을 게 없다. 고급간부 자녀들이 확실히 매우 훌륭하다면 대중이 분명히 그들을 옹호하고, 그들을 선출하는 것은 당연한 일이며, 나도 여기에는 반대하지 않는다. 이런 내 제안이 합당한지에 대해 논의해 보고 숙고해 볼 수 있을 것이다. 그러나 우리가 조사한 자료를 보면, 어떤 사람들은 곧바로 대응 조치를 취했다. 그들은 "중앙에서 이미 고급간부 자녀들이 홍위병 지도부를 맡으면 안 된다고 지시했는데(결코 이런 지시는 없었다), 아직 대중이 모를 때 주동적으로 움직이자"고 말한다. 그래서 허물을 벗는 꾀를 내어 직무에서 사퇴하고, 자신들 보기에 입장이 "가장 단호한" 사람을 내세워 자리를 바꾼다.

　　프롤레타리아 문화혁명 노선에 단호히 반대하는 술수는 매우 다양하다. 그러나 일부 동지들은 이런 술수에 대해 그저 흥미로워할 뿐이다. 이는 매우 잘못된 일이다.

　　마오 주석은 8월 5일 「사령부를 포격하라」는 대자보에서 다음과 같이 말하였다. "전국 최초의 마르크스-레닌주의 대자보와 『인민일보』평론원의 평론은 얼마나 잘 썼는가! 동지들은 이 대자보와 이 평론을 다시 한 번 읽어 보기 바란다. 그러나 50여 일 동안 중앙에서 지방까지 일부 지도급 동지들은 오히려 길을 역주행하여, 반동적 부르주아지의 입장에 서서 부르주아 독재를 시행하였다. 또 프롤레타리아트의 기세등등한 문화대혁명 운동을 공격하고, 옳고 그름을 뒤집고, 흑과 백을 뒤섞으며, 혁명대중을 포위공격하고 상이한 의견을 억압하였으며, 백색 테러를 실행하고, 스스로 득의에 차서, 부르주아지의 위풍을 장려하고 프롤레타리아트의 기개를 소멸시켰다. 이 어찌 해독이 크지 않겠는가!……"

그러나 일부 사람들은 아직도 완고하여 변화하려 하지 않고, 마오 주석의 비평을 귀담아 들으려 하지 않으며, 너는 너대로 나는 나대로 하겠다고 한다. 이는 부르주아지의 본능이 그들의 머리와 행동에 작동하는 것이 아니면 무엇이겠는가?

마오 주석은 전국이 해방되기 전야에 이렇게 말한 적이 있다. "이런 일부 공산당원들은 총을 든 적에게 정복되는 것이 아니다. 이처럼 적 앞에서는 영웅의 칭호도 마다하지 않지만, 적들이 사용하는 설탕으로 감싼 포탄의 공격은 버텨 내지 못한다……." 역사상 계급투쟁은 정확히 그러하여, 본래 혁명 편에 서 있던 일부 사람들은 적의 위협과 유혹에 굴복하여 소리 없이 혁명과 대립하는 쪽으로 이동해 가게 된다.

선진적이던 것이 낙후되게 변하고 낙후된 것이 선진적인 것으로 변한다. 이런 상황은 우리 문화대혁명 중에 심각하게 표출되어 나온다.

소수이긴 하지만, 우리 중 어떤 동지들은 옛 혁명에 만족하여 해방후에 고관대작이 되어 심지어 자신의 혁명의 역사를 완전히 잊어버렸다. 그들은 마오 주석이 여러 해 동안 비판한 "관료주의와 교만함"을 모두 가지고 있지만, 문화대혁명 중에 대중이 도전하지 못하도록 하고, 마오 주석과 당이 대중 사이에 보유한 높고 무한한 위신을 이용하여 사태를 잘 모르는 대중을 동원해 자신을 보호할 생각만 하고 있다. 이 회의에서 쓰촨난충(南充)의 억압당한 한 여성이 자료를 인쇄하여 배포하였는데, 모두가 자세히 일독하여 교훈을 얻을 것을 건의한다. 나는 여기서 두 마디만 인용해 보겠다!

난충의 그 여성은 두 명의 가도(街道) 간부에게 "만일 이 2천여 명의 학생이 반혁명 공작을 벌였다면, 이는 지역위원회에 문제가 있음을 보여줍니다. 왜냐하면 이 학생들은 모두 학교에서 당의 교육을 받았기 때문입니다. 이렇게 많은 '반혁명'이 나왔다면, 나는 지역위원회에 문제가 있다고 생각합니다"라고 말했다.

모두 들어보라! 이 보통 여성의 말이 얼마나 정곡을 찌르고, 얼마나 예리하고, 얼마나 선명한가!

같은 자료에는 또 다음과 같은 퇴직 노동자의 말이 기록되어 있다.

"혁명적 지역위원회라면 우리가 가서 보호할 것인데, 이는 국민당의 지역위원회가 아니기 때문이다. 혁명적 지역위원회가 왜 대중을 두려워하는가? 낡은 정부도 아닌데. 국민당의 8백만 군대는 모두 보호받지 못했다……."

모두 들어보라! 이 보통 노동자가 얼마나 명명백백하게 문제를 분석하고 있는지를.

그는 마오쩌둥 사상을 아주 잘 이해하고 있다. 우리 일부 간부들과 비교해 그가 얼마나 더 뛰어난지 이루 다 헤아릴 수 없다.

드러난 사실은, 두 가지 노선의 투쟁이 아직 계속되고 있고, 여러 차례 반복될 수 있다는 것이다.

사람들의 의지로 이 계급투쟁의 법칙을 바꿀 수는 없다. 8월 8일 중앙이 「프롤레타리아 문화대혁명에 관한 결정」을 통과시킨 지 12일 만에 어떤 대학의 '문혁주비위원회 위원'이라는 자가 튀어나와 중앙이 결정한 「16조」에 대항하는 연설 한 편을 발표하고 인쇄하여 매우 광범위하게 배포하였다.[4] 어떤 사람들은 마오 주석이 친히 주재하여 제정한 중앙의 결정에는 조금도 관심이 없지만, 중앙 결정에 대항하는 그 연설을 매우 고귀하여 여겨, 인쇄하고 방송해 대기에 즐겁기 그지없었다. 또 어떤 이른바 고급간부 자녀는 놀랍게도 그것을 찬양하면서 딱 잘라서 그 연설이 "특히 우리의 상황에 적합하고, 우리에 유리하다", "우리 고급간부 자제들이 정권을 잡자"고 선포했다.

고급간부 자제 다수는 훌륭하거나 비교적 훌륭하며, 대중의 거대한 파도 속에서 단련되어 프롤레타리아 혁명사업의 후계자가 될 수 있다. 일부는 그다지 좋지 못하거나 아주 나쁘고, 심지어 수정주의의 길을 걷는다. 계급분석을 하지 않고, 사물을 '하나가 둘로 나뉜다'(一分爲二)고 보지 않고, "고급간부 자제가 정권을 잡자"는 말에 도취하는 것은 완전히 프롤레타리아트의 길을 벗어나는 것이고, 완전히 마오쩌둥 사상에 위배되는 것이다. 우리는 마오 주석이 제출한 다섯 가지 표준에 따라 프롤레타리아 혁명사업의 후계자를 배양해야 한다. 왜 고급간부 자녀라고 꼭 정권을 잡아야 하는가? 설마 그들의 혈통이 고귀해서일까?

얼마 전 한 동지가 내게 편지를 보내 아주 예리하게 문제를 지적했다: "전국적으로 「16조」 이전에 공작조를 파견한 곳은 모두 노선투쟁을 범했다고 보아야 합니까? 11중전회 이후 각지에서 모두 경험대교류와 다수소수 관계 등의 문제들을 다루면서 이런저런 오류를 범했는데, 모두 '반동적 오류노선'을 계속 집행했다고 승인해야 합니까?" 내 생각에 이 동지가 제기한 문제는 사실 오류노선의 인식과 추측 문제이고, 오류노선의 영향을 제거하는 문제이다. 나는 잠시 여기서 이 문제에 대해 몇 가지 생

---

4) 이 연설은 대표적 혈통론자인 탄리푸(潭力夫)의 「8·20 변론회에서의 발언」을 말한다.

각을 알리고 싶다.

첫째, 노선 문제는 구분해 살펴보아야 한다. 노선을 제출하는 것과 노선을 집행하는 것은 다르다. 오류노선을 제출한 것은 오류노선의 대표자, 즉 류사오치와 덩샤오핑 두 사람이 주로 책임을 져야 한다.

둘째, 당내 노선투쟁은 사회 계급투쟁의 반영이다. 류·덩의 오류노선은 그 사회기초가 있으며, 이 사회기초는 주로 부르주아지이다. 오류노선은 당내에 어느 정도 근거가 있는데, 왜냐하면 당내에 한 줌의 자본주의 길을 걷는 실권파가 있고 또 세계관을 개조하지 않았거나 아직 개조가 끝나지 않은 일부 혼란한 자들이 있기 때문이다.

셋째, 공작조를 대거 파견하여 혁명적 학생을 진압한 것은 노선 오류를 범한 것이다. 공작조를 많이 파견하지 않은 지방이나 공작조를 전혀 파견하지 않은 지방도 혁명적 학생을 진압하였다면 마찬가지로 노선 오류를 범한 것이다. 당연히 그 내에서 알면서 집행한 경우(이는 소수이다)와 모르고 집행한 경우(이는 대부분이다)의 구분, 경중의 구분, 제때 오류를 바로잡았는지 아니면 오류를 고집하는지의 구분이 있다.

넷째, 오류를 바로잡았는지 아니면 오류를 고집하는지를 구분하는 표지는 대중에 대한 태도이다. 즉, 대중에게 오류노선을 집행했음을 공개적으로 인정했는지, '반혁명'으로 규정받은 대중을 성실히 복권(平反)[5]시켰는지, 또 대중의 혁명 행동을 지지하는지를 보아야 한다.

다섯째, 오류노선을 철저히 비판하는 데 동의하지 않으면, 당중앙의 정확한 노선, 즉 마오 주석의 노선을 진정하게 집행할 수 없다.

여섯째, 이 때문에 일부 지방, 일부 동지들이 11중전회 이후 여전히

---

5) 기존의 잘못된 결정이나 평가를 시정한다는 넓은 의미로 사용된다.

여러 가지 형식, 여러 가지 문제에서 계속 노선 오류를 범하고 있다. 예를 들면, 경험대교류나 이른바 소수와 다수를 다룰 때, 이른바 공농대중·기관간부와 학생의 충돌을 다룰 때 등에서 그들은 결국에는 대중을 동원해 대중과 싸우게 하고, 학생을 동원해 학생과 싸우게 하는 문제를 일으킨다.

일곱째, 대중을 억압하고 혁명 적극분자를 타격한 오류노선은 부르주아 반동노선이다. 당연히, 그렇다고 이런 부르주아 반동노선을 집행하는 사람이 모두 반당·반사회주의·반마오쩌둥 사상의 부르주아 우파분자라는 말은 아니다. 스스로 오류를 바로잡고 정확한 입장으로 돌아와 당의 정확한 노선을 집행할 수 있다면, 두번째, 세번째 범주의 간부뿐 아니라 첫번째 범주의 간부로 발전할 수도 있다.[6] 본래 첫번째 범주의 간부라고 해도 이런 성질의 오류를 범했으면, 반드시 오류노선을 범했음을 인정해야 한다고 설명해야 한다.

여덟째, 일반적으로 노선 오류를 범한 동지에 대해서 말하자면, 그들의 오류는 인민내부 모순의 성질에 속하며, 적아(敵我)간의 모순은 아니다. 이런 동지에 대해서는 마오 주석이 늘 주장하듯이 "과거를 징계하여 미래를 경계하고, 병을 치료해 사람을 구한다"는 방침에 근거해, "사상을 분명히 하고 동지와 단결하도록 하는 이 두 가지 목적을 달성"하여야 한다. 그러나 모두들 고도로 스스로 경계해야 한다. 어떤 사람이건, 과거 공적이 얼마나 많건, 오류노선을 고집하면 당과 대중에 대한 그들의 모순의 성질이 변화하여, 반당·반사회주의의 길로 미끄러져 들어갈 수 있다.

---

6) 간부들의 범주 구분은 「문혁 16조」 제8조에서 규정하고 있는 것으로, ①좋은 간부, ②비교적 좋은 간부, ③엄중한 잘못이 있지만 아직 반당·반사회주의 우파분자는 아닌 간부, ④소수의 반당·반사회주의 우파분자, 이렇게 네 범주로 구분된다.

아홉째, 오류노선에 기만당해 영향받은 대중, 혹은 잠시 오류노선의 통제와 영향을 받은 일부 대중 조직은 오류노선의 책임을 지지 않는다. 모두 그들을 차별해서는 안 되며, 그들에게 어떤 모자도 씌워선 안 된다. 그들과 문제를 잘 논의하고 그들과 의견을 잘 교환해, 그들을 획득하고, 그들이 오류노선의 위험을 인식하도록 돕고, 그들의 막후에서 그들을 통제하고 조종하는 사람들이 오류임을 그들이 인식하도록 도와야 한다.

프롤레타리아 문화대혁명은 엄준한 시험이다. 우리 각자는 모두 이 시험을 겪고 있다. 현재 우리 한 사람 한 사람을 시험하고 있으며, 이후 오랜 기간에 걸쳐서 우리 한 사람 한 사람을 시험할 것이다.

3. 몇 가지 '두려움'을 던져 버리고, 대담하게 대중을 일으키자

마오 주석은 늘 우리에게 공산당 사람들은 아무것도 두려워하지 말아야 한다고 말한다. 당중앙은 「프롤레타리아 문화대혁명에 관한 결정」(「문혁 16조」를 말함—옮긴이)에서 문화대혁명 중에 각급 당 책임자는 "감히"를 우선시 해야 하고, "두렵다"를 우선시해서는 안 된다고 지적했다.

그러나 일부 동지는 지금까지도 여전히 '두렵다'는 글자를 우선시한다. 어떤 사람은 심지어 너무나 두려워하고 기괴할 만큼 두려워한다. 그리고 운동이 전개될수록 두려워하는 양태도 더욱 많아진다.

두려움파(怕字派)는 대중이 난동을 피우면 도리도 규율도 없이 난장판을 만든다고 말한다.

두려움파는 자기들의 습관인 질서를 대중이 파괴하여 일을 할 수 없게 되었다고 말한다.

두려움파는 문화혁명이 생산을 방해하며, 일단 문화혁명이 일어나면 생산이 제대로 진행되지 못하고 생산계획을 보증할 수 없다고 말한다.

두려움파는 문화혁명을 일으키는 자들, 특히 심각한 문제를 일으키는 자들은 모두 불만세력, '야심가', '개입세력', '폭도', '야만인' 등이라고 말한다.

그들은 혁명 교사와 학생들, 혁명 간부에게 적지 않은 죄명과 칭호를 붙인다.

그래서 그들이 혁명대중 만나기를 두려워한 데는 이유가 있었다.

그들이 프롤레타리아 독재 하의 대(大)민주를 두려워한 데는 이유가 있었다.

그들이 길거리에 대자보가 나붙는 것을 두려워한 데는 이유가 있었다.

그들이 경험교류, 특히 경험대교류를 두려워한 데는 이유가 있었다.

그들이 대중 속에 분열을 일으키고 대중을 동원해 대중과 싸우게 한 데는 이유가 있었다.

그들이 비판과 자아비판을 두려워한 데는 이유가 있었다.

이들 두려움파 동지들은 천 가지를 두려워하고 만 가지를 두려워하는데, 한마디로 말하면, 대중을 두려워하고 혁명을 두려워한다. 좋게 생각해 보면, 일부 동지들은 현상유지를 도모하는 파이다. 그러나 갈수록 더 멀어져서, 조성된 조건들을 오로지 자신만을 위해서 붕괴시키는 사람도 있다. 이런 동지들은 반드시 아주 경계해야 한다. 역사적으로 어떤 사람들은 대중을 두려워하여 대중을 진압하는 데로 나아갔고, 혁명을 두려워하여 혁명을 반대하는 데로 나아갔다. 우리는 이들 동지들이 이런 전철을 밟지 않기를 바란다.

당연히, 어떤 동지들은 본래 입으로는 대중운동에 반대하지 않고 대중을 일으키는 데 반대하지 않는다고 한다. 그러나 우리는 마오 주석이 말한, 용을 좋아한 섭공의 고사에 주의해야 한다. 섭공은 용을 좋아하여, 어디 가나 많은 용을 그렸다. 그러나 진짜 용이 나타나자, 완전히 넋이 나가 얼굴이 잿빛이 되었다. 마오 주석이 이 고사를 말한 것은 이미 40여 년 전이지만, 우리가 이것을 경계로 삼을 필요가 없어졌겠는가?

독일의 저명한 시인 하이네는 진보적 인물로 마르크스의 친구였다. 그는 자기 스스로를 공산주의자라 여겼지만 공산주의 혁명은 너무 두려워했다. 그는 이렇게 말한 적이 있다. "나는 미래의 시대가 공산주의자들에게 속함을 인정한다. 나는 심한 우려와 두려움의 어조로 이렇게 말한다—아! 이는 위장이 아니다! 참으로, 내가 그 시대, 무지한 우상파괴자들이 정권을 잡을 시대를 생각할 때면, 나는 질겁한다." 하이네가 보기에, 공산주의 혁명이 도래하면, 프롤레타리아트가 정권을 잡으면, 그가 좋아하는 예술품은 파괴될 것이고, 그의 시집도 훼멸될 것이다. 그는 "나는 이 모든 것을 예견하지만, 승리한 프롤레타리아트가 위협적으로 내 시가를 훼멸하려는 상황을 생각할 때마다, 어쩔 수 없이 내 시가가 모든 낡은 낭만적 세계와 함께 몰락할 것을 느끼는, 말할 수 없는 비감함에 빠져든다"고 말한다. 하이네는 비록 자신이 공산주의를 찬성한다고 하고, 낡은 세계가 붕괴되기를 바라고, 순결함이 상실되고 이익이 판치고 인간이 인간을 착취하는 낡은 사회가 철저하게 파괴되기를 바랐지만, 그는 프롤레타리아트를 '무지'하다 여겼고, 프롤레타리아 혁명을 두려워하여, 프롤레타리아 혁명가라고 할 수는 없다. 레닌은 자신이 프롤레타리아트에 대해서, 공산주의 혁명에 대해서 무지자라고 말했다. 그는, 프롤레타리아 혁명이 한편에서는 낡은 사회의 착취계급이 물려준 부패사상, 부패문화, 부패풍속, 부패습관을 파괴할 것이지만, 다른 한편에서 역대 인민들이 창조한 문화의 정수를 유지하고, 또 과거 모든 시대가 감히 쳐다보지도 못할 빛나는 문화를 창조할 것임을 알지 못했다.

여기 앉아 있는 동지들은 대개 문학가는 아닐 것이고, 시집이 훼멸될 것을 걱정하지는 않을 것이다. 그러나 외람되게 말한다면, "소인의 마음으로 군자의 심중을 헤아린다"는 것이 될 터인데, 어떤 동지들이 걱정하는 것은 아마도 하이네보다 훨씬 더 최악일 것이다. 어떤 이는 벼슬자리를 잃을까 걱정할 것이고, 어떤 이는 '존엄'을 잃을까 두려워하고…… 등등일 것이다. 이런 온갖 종류의 걱정들 때문에 어떤 동지는 위대한 프롤레타리아 문화대혁명과 충돌하고, 혁명대중과 충돌하고, 온갖 고심을 다하여, 강경하건 부드럽건 각종 수단을 동원해 혁명대중과 대결할 것이다. 어떤 이는 심지어 진상을 잘 모르는 노동자·농민과 기관간부를 동원하고, 아직 시비가 불분명한 학생들을 편가름하여, 다수 대중이 자신을 옹호한다고 표방하고, 자기가 주도하는 기관이 무슨 '프롤레타리아 사령부'임을 표방하여, 자신을 건드리는 자는 곧바로 숙청하고 '반혁명'으로 몰아붙이기에 이르러, 조금도 아쉬워하지 않는다. 그들은 이것이 변론일 따름이며 집중공격이라고 할 수는 없다고 말한다.

어떤 동지는 변론과 집중공격의 경계가 무엇인지, 어떤 것이 변론이고 어떤 것이 집중공격인지 묻는다. 사실, 우리가 엉덩이를 혁명대중 쪽에 놓고 앉고, 진정하게 대중 속으로 나아가 선다면, 이 문제를 아주 쉽게 이해할 수 있다. 그러나 혁명대중의 반대편에 선다면, 혁명대중을 어떻게 대할까 하는 문제에서 어떤 주장을 펴더라도, 어느 누구도 그들을 대신해서 이 문제에 대답해 줄 수 없을 것이다.

경험교류 문제를 다루는 것 또한 대중을 대하는 것, 혁명을 대하는 태도의 문제이다.

혁명학생들이 서로 경험교류를 하도록 하는 것은 학생들 스스로가 스스로를 교육하도록 하는 가장 좋은 방법 중 하나이다. 그들은 경험교류라는 혁명의 대용광로 속에서 각종 단련을 받고, 경험교류 중에 큰 시비를 분별하게 되고, 경험교류 중에 사회를 알고, 대중을 알고, 계급투쟁을 알게 되니, 그 의의는 매우 심원하다. 이 경험교류는 전국 문화대혁명의 경험을 서로 교류시켜 전국 문화대혁명을 한 조각으로 잇게 되며, 동시에 사람들로 하여금 누가 진정한 혁명을 하는지, 누가 진정한 프롤레타리아 혁명가인지, 누가 진정한 마오 주석의 학생인지 식별할 수 있게 해주고, 또 사람들로 하여금 무엇이 프롤레타리아 사령부인지 식별할 수 있게 해준다. 그 반대는 아니다. 경험교류는 학생들의 가장 크고 가장 훌륭한 학교이다.

경험교류를 하는 학생들이 걸어서 전국 각지를 돌아다니며 장정을 연습하도록 제안해 볼 수 있다. 마오 주석이 말하기를, "장정은 선언서이고, 장정은 선전대이고, 장정은 파종기이다"라고 했다. 다롄에서 베이징까지 걸어서 온 학생들은 마오 주석의 이런 사상에 따랐다. 이런 사람들이야말로 유용한 사람이 될 수 있다. 자기 집 대문을 나서 학교 교문까지 갔다가, 그 다음에는 기껏 기관 문턱을 넘은 게 다인 그런 사람들이 설마 프롤레타리아 혁명사업의 믿을 만한 후계자가 될 수 있겠는가?

어떤 사람들은 경험교류가 생산을 방해한다고 말한다. 그러나 생생한 사실은 올해의 공농생산이 아주 좋아, 공업이 빠른 속도로 성장했고, 양식과 면화도 작년보다 증산되었음을 증명해 준다. 현재 중앙은 경험교류하는 학생들이 자발적으로 참여하기를, 그리고 가능하다면 기차, 자동차, 선박을 타지 않기를 제안한다. 아마 많은 학생들이 그렇게 할 것이다. 그렇게 된다면, 공농업 생산품의 운송은 훨씬 더 잘 처리될 수 있지 않겠는가?

경험대교류와 홍위병은 모두 프롤레타리아 문화대혁명 중 대중의 위대한 창조물이다. 모두 마오쩌둥의 학생이 되겠다고 말한다. 우리 위대한 스승 마오 주석이 어떻게 대중의 창조정신을 존중하는지 살펴보고 생각해 보자.

경험대교류, 이것은 마오 주석이 줄곧 지지한 것이고 이런 대중의 혁명 행동을 크게 확대해야 한다고 주장했다. 이는 모두 다 알고 있는 것이고, 이에 대해서는 많이 말하지 않겠다.

홍위병, 이것이 막 싹을 틔웠다가 박해받았을 때, 누가 홍위병을 지지하고 나섰는가? 다른 사람이 아니라 바로 우리 위대한 원수 마오 주석이었다. 8월 1일 그는 칭화대학 부속중학 홍위병에게 보내는 편지에서 "나는 여러분들에게 열렬한 지지를 보낸다"고 말했다. 한 점의 불꽃이 들판을 태울 수 있다. 몇 개월의 짧은 시간 동안 마오 주석의 선견지명 있는 지지를 받아, 일군의 홍위병들이 마침내 전국적으로 경천동지할 광대한 청소년 혁명대오로 발전하였다. 모든 온갖 잡귀신들은 그들을 보자 온몸을 덜덜 떨었다. 대중을 두려워하고 혁명을 두려워한 일부 사람들 또한 황황하고 불안하여, 제일 좋은 방법은 억누르는 것이며, 적어도 대중운동을 그들이 설계한 이른바 '올바른 궤도'로 옮겨야 한다고 마음속으로 생각했다.

홍위병은 이미 프롤레타리아 혁명을 위해 좋은 일을 많이 했고, 수많은 창의를 제기했다. 홍위병의 창의를 모두 중시해야 하고, 진지하게 연구해, 시행할 수 있는 일은 실시하도록 해야 한다.

각지 홍위병들이 거둔 전과는 반드시 전시회를 열어서, 온갖 공개적·암약하는 잡귀신들을 충분히 폭로하는 데 도움이 되도록 하고, 사실을 통해 혁명의 조반유리(造反有理)를 증명하여, 간부를 교육하고, 대중을 교육하고 후대를 교육하도록 한다.

어떤 자본주의 국가의 통신사가 우리 홍위병 운동을 관찰한 후 다음과 같이 논단한 적이 있다. "홍위병 조직은 지금까지 대략 2개월의 역사를 보이지만, 이미 7억 5천만 명 중국인의 정치생활에 영원한 고정적 조직이 되었다. 그들은 대략 중국인의 미래의 정치생활과 개인생활에 영향을 끼칠 것이다."

이 통신사는 이어서 또 이렇게 말한다. 서방세계나 현대 수정주의 집단이 이런 "열광"을 단지 "룸펜 행동이나 짧은 시간의 열정"으로 생각한다면, 이는 "멍청한 짓일 뿐 아니라 아주 위험하기도 하다."

적들의 관찰이 실제로는 사태를 파악하지 못하는 일부 동지들보다 훨씬 더 분명하다. 이 점에 대해 우리 동지들이 잘 생각해 보기 바란다.

본래 우리 조국 자신의 일이다. 왜 우리를 적대시하는 외국인들이 "아주 위험하다"고 생각하는 것일까? 분명한 것은 현재가 이른바 '쇄국' 시대는 아니라는 것이다. 국제 프롤레타리아 혁명 기세는 결국 상통한다. 우리 프롤레타리아 문화대혁명의 영향이 전 세계에 미치고 있고, 각국의 피압박 피착취 인민들을 감동시키고 있다. 분명한 것은 프롤레타리아 문화대혁명이 장차 우리나라 인민의 사상을 더욱 신속하게 더욱 고도로 혁명화할 것이라는 점이다. 어느 곳 어느 단위에서건 진지하며 소홀하지 않게, 엄숙하고 경망스럽지 않게 문화대혁명을 잘 장악하면, 반드시 대중의 생산 적극성을 크게 촉진하고, 공농업 생산과 과학기술의 새로운 비약을 크게 촉진하여, 우리나라는 비교적 짧은 시간에 세계의 선진 수준을 따라잡아 뛰어넘을 수 있게 되고, 더욱 힘 있게 세계 각국의 혁명투쟁을 지지할 수 있을 것이다.

우리를 적대시하는 세계의 반동역량이 우리의 문화대혁명이 그들에게 "아주 위험하다"고 느끼는 이유는 바로 여기에 있다.

적들이 두려워하는 일을 우리는 더욱 노력해 이루어야 한다. 우리 각 지구 각 부문의 동지들, 광대한 노동자·농민 대중, 광대한 청소년들은 모두 「문화대혁명에 관한 당의 결정」을 잘 파악하고, 「결정」중 "혁명을 수행하면서 생산을 촉진한다"는 지시에 주의해, 한편에서 적극적으로 문화대혁명에 참가하면서 다른 한편 단호히 생산과 건설의 직무를 지키고, 자신의 최대의 혁명 의무를 다하기 위해 노력해야 한다.

4. 마오 주석이 제출한 계급노선을 견지해 대다수를 단결시키자

마오 주석은 이렇게 말한다. "누가 우리의 적인가? 누가 우리의 친구인가? 이 문제가 혁명의 가장 중요한 문제이다.…… 우리의 혁명이 잘못된 길로 들어서지 않고 성공을 획득하려면, 우리의 참된 친구와 단결하여 우리의 참된 적들을 공격하지 않으면 안 된다."

마오 주석은 혁명은 "반드시 진보세력을 발전시키고, 중간세력을 쟁취하고, 완고세력의 책략을 반대해야 하는데, 이것은 분리될 수 없는 세 가지 고리이다"라고 말한다.

마오 주석은 혁명은 "모든 것과 연합하여 투쟁을 부정하는 것도, 모든 것과 투쟁하여 연합을 부정하는 것도 아니고, 연합과 투쟁 두 방향을 종합하는 정책이다"라고 말한다.

이는 마오 주석이 제출한 프롤레타리아 정치노선과 투쟁 전략이다. 각 혁명 시기 혁명의 성질과 대상은 바뀌지만, 마오 주석이 제출한 이 계급노선과 투쟁 전략의 일반 원칙은 각 시기에 모두 적용된다. 현재 프롤레타리아 문화대혁명 중에도 마찬가지로 적용된다.

당은 프롤레타리아 대혁명 중 반드시 마오 주석이 제출한 이런 계급노선을 견지하여, 프롤레타리아 혁명대오, 즉 진정한 좌파대오, 결함 없는 좌파대오를 발전시키고 강건히 만들어야 한다. 동시에, 계속 동요하고 좌우로 오가고 동서로 오가는 사람들을 쟁취하고, 대다수를 단결시키고, 한 줌의 부르주아 우파분자·반혁명 수정주의 분자를 철저히 고립시키고, 권모술수를 부리며 프롤레타리아 문화혁명에 완고하게 저항하는 양면파를 충분히 폭로해야 한다.

최근 들어 어떤 사람들은 종파주의로 당의 계급노선을 대체하려 시도하고 있다. 그들은 프롤레타리아 혁명원칙을 저 하늘 멀리 던져 버리고, 프롤레타리아 문화대혁명 중 각종 상이한 정치입장을 완전히 이해하지 못하며, 각종 파벌들이 모두 각각의 정치성과 계급성을 지니고 또 이런저런 사회 사조를 대표한다는 점도 이해하지 못한다. 그들은 혈통론으로 계급론을 대체하여 계급 전선에 비집고 들어와 프롤레타리아트 혁명대오를 고립시키려 하고 있다.

각 지역에서 "스스로 붉다"는 황당한 논리가 유행하고 있다. 이런 황당한 논리를 만든 사람은 과거에 각종 수단을 동원해 노동자·농민의 자녀를 타격하고 배척한 사람이다. 그들은 노동자·농민 출신 청소년의 계급 감정을 이용하고 일부 젊은이들이 천진하게 제기한 "아버지가 영웅이면 아들은 멋진 놈"이란 주장을 이용해 일부 학생들을 미혹시키고 있다. 사실 이는 착취계급의 반동적 혈통론이다. 봉건지주 계급은 "용은 용을 낳고, 봉황은 봉황을 낳으며, 쥐가 새끼를 낳으면 쥐구멍만 찾는다" 따위의 말을 퍼뜨린다. 이런 것이 바로 혈통론이다. 이것은 그야말로 반(反)마르크스-레닌주의적이고 반마오쩌둥사상적이며, 그야말로 철저하게 반동적인 역사유심론이고, 마르크스-레닌주의의 계급분석에 근본적으로 대립하는 것이다.

우리 혁명대오 중에 마오 주석과 우리 당은 줄곧 사람들의 계급성분, 계급출신을 특별히 중시하였지만, 동시에 '유(唯)성분론'에 반대하였다.

청소년은 모두 반드시 계급투쟁 중에 장기에 걸쳐 자신을 시험하여야 하고, 자기의 세계관이 어느 계급에 속하는지, 부르주아지에 속하는지 프롤레타리아트에 속하는지 증명하여야 한다. 마오 주석이 말하듯이, "각종 사상에는 계급의 낙인이 찍히지 않은 것이 없다." 사람의 사상은 타고나는 것이 아니라 사회 존재의 반영이고, 사회 계급투쟁의 실천 중에 점차 형성되는 것이며, 이 계급을 반영하거나 저 계급을 반영하는 것이다.

우리 당은 프롤레타리아 정당이다. 우리 당은 인민대중을 지도해 건립한 것이고, 국가는 프롤레타리아 독재 국가이다. 우리의 목적은 프롤레타리아트의 면모에 따라 세계를 개조하는 것이다. 마르크스주의는 처음으로 계급 사회의 비밀, 특히 프롤레타리아트와 부르주아지가 격렬하게 대항하는 자본주의 사회의 비밀을 폭로했다. 『마오쩌둥 선집』 첫번째 글의 제목은 「중국사회 각 계급의 분석」이며, 이 글의 결론은 공업 프롤레타리아트가 우리 혁명의 지도 역량이라는 것이다. 우리 혁명이 승리한 후, 마오쩌둥 동지는 국제·국내 프롤레타리아 독재의 역사경험을 총괄하여, 사회주의 시기에도 계급, 계급모순, 계급투쟁이 여전히 존재한다는 학설을 제기하였는데, 이 학설은 마르크스-레닌주의에서 극히 심원한 의의를 지니는 새로운 발전이다. 마오쩌둥 동지의 이 학설이 전 당을 교육하고 대중을 교육하여, 프롤레타리아트는 절대로 계급투쟁을 잊지 않도록, 당과 군을 찬탈하고 정부를 찬탈하려는 수정주의자의 각종 음모와 위계를 절대로 막을 수 있도록, 그리고 국가의 성질이 변하는 것을 방비할 수 있도록 시시각각 고도의 경계를 유지할 수 있게 되었다. 분명히 우리는 계급문제에서 조금의 모호함도 없고, 있을 수도 없다. 우리는 단호한 역사유물론자이다. 우리의 관점은 유심론적 혈통론자와 어떤 공통점도 없다.

줄곧 마르크스주의자는 그 사회지위에 비추어 볼 때 노동자계급이 가장 혁명적이고 가장 쉽게 과학적 사회주의를 수용하며, 사회주의 혁명의 사명을 짊어진다고 생각한다. 그러나 과학적 사회주의 이론은 노동자운동이 자생적으로 만든 것이 아니다. 마르크스, 엥겔스, 레닌, 스탈린, 그리고 우리의 마오쩌둥 동지, 모두 위대한 프롤레타리아 혁명가이며, 모두 위대한 프롤레타리아 혁명의 스승이다. 그들이 창립한 사상은 모두 대중에게서 나와서 대중에게로 들어간다. 그들은 인류 역사에서 창조된 선진 사상의 성과를 총결하고, 특히 각 시기 국제 노동자계급 투쟁의 모든 경험을 총결하였으며, 그 때문에 과학적 사회주의를 창립하고 발전시켰고, 노동자계급을 부단히 전진으로 이끌어 냈다.

일부 어떤 노동자 출신 사람들이 결코 노동자계급을 대표할 수는 없다. 왜냐하면 그들은 부르주아지의 영향을 받았고 부르주아지에 매수되었기 때문이다. 예를 들어, 영국 노동당과 각국 사회민주당의 일부 지도자들은 노동자 출신이었지만, 나중에 오히려 파업파괴자로 변신하였고, 그들의 정당은 프롤레타리아 혁명을 반대하는 부르주아지의 도구가 되었다. 소련과 기타 각국에서 현대 수정주의자들의 일부 또한 노동자 출신이거나 간부 자녀들이다.

지금 일부 학생들은 '저절로 붉다', '저절로 검다' 따위의 관점을 수용하고 있고, 학생들을 '다섯 가지 붉은 부류', '붉지 않은 다섯 가지 부류'나 '검은 몇 가지 부류' 따위로 분류해야 한다는 관점을 받아들이고 있다. 이런 관점을 만들어 내는 자들은 프롤레타리아 문화대혁명 중에 혼란을 조장해 청년의 눈을 멀게 하는 자들이다. 우리는 청년들이 이런 혈통론의 잘못된 관점을 받아들이지 말고 마르크스-레닌주의를 활용하고 마오쩌등 사상의 계급론으로 자신의 머리를 무장하기를 권고한다. 동시에, 이런 혈통론을 만들어 배포하는 사람들이 프롤레타리아 혁명의 길로 돌아오고자 한다면, 반드시 오류를 바로잡고 이런 황당한 논리 배포를 중단해야 할 것이다.

사실 이런 혈통론자는 자신이 혁명의 진전 중 부단히 개조되어야 한다는 사실을 부인하고, 다른 사람도 혁명운동 중에 스스로를 개조할 수 있다는 점 또한 부정하는 것이다. 달리 말하자면, 그들은 스스로 혁명을 원하지 않고 다른 사람이 혁명하는 것도 허용하지 않는다.

계급성분과 출신계급을 중시하지 않는 것도 큰 잘못이지만, 성분만 보고 정치표현은 보지 않는 것 또한 큰 잘못이다. 이런 잘못된 관점은 반드시 비판해야 한다.

마르크스-레닌주의, 마오쩌둥 사상에 비추어 보면, 계급분석을 떠나서 이른바 다수와 소수의 문제를 보는 것도 완전히 잘못이다. 10월혁명 전야에 볼셰비키는 소비에트 내에서 소수였고, 멘셰비키와 사회혁명당원이 다수였다. 그러나 볼셰비키의 위대한 영수 레닌은 바로 혁명적 프롤레타리아트를 대표하고, 러시아 인민 대다수를 대표하고, 마르크스주의의 진리를 대표하였지만, 멘셰비키와 사회혁명당은 바로 반혁명을 대표하고, 한 줌의 착취계급을 대표하여, 그들 다수는 일시적이고 위선적이었다.

우리 당의 역사 또한 마찬가지로 이런 상황을 설명해 준다. 우리의 위대한 스승 마오 주석은 쭌이 회의 이전에 당중앙에서 소수의 지위에 놓여 있었지만, 바로 혁명적 프롤레타리아트를 대표하고, 중국 인민의 대다수를 대표하고, 마르크스-레닌주의의 진리를 대표하였다. 마오 주석의 노선을 반대한 대표 인물들은 당 중앙에서 일시적·표면적으로 다수였지만, 마침내 한 명씩 실패하였고, 몰락하였고, 대중의 버림을 받았다.

계급분석을 하지 않고, 스스로 '초연'한 지위에 있다고 말하고, 좌중 우를 나누지 않고, 이편도 지지하지 않고 저편도 지지하지 않는 불편부당을 보이고 공명정대하다고 하지만, 결국은 형세가 사람을 몰아세워, 이쪽이 아니면 저쪽이고, 결국 어느 한 편에 서게 되어, 프롤레타리아트 편이 아니면 부르주아지 편이 되고, 좌파편이 아니면 우파편이 된다. 이른바 불편부당은 표면적이고 위선적인 것이다.

프롤레타리아트는 역사상 최대 다수의 이익을 대표하는 가장 위대한 계급이다. 마오 주석은 8월 1일 칭화 부중 홍위병에게 보낸 편지에서 "우리는 여러분들을 지지하며, 우리는 여러분들이 단결 가능한 사람들을 모두 단결시키는 데 주의할 것 또한 요구한다"고 지적하였다.

이어서 마오 주석은 다음과 같이 지적하였다. "프롤레타리아트는 자기 자신을 해방해야 할 뿐 아니라 전 인류를 해방해야 한다. 전 인류를 해방할 수 없다면, 프롤레타리아트 자신도 최후에 해방될 수 없다. 이 이치를 동지들은 주의하기 바란다."

마오 주석이 제기한 프롤레타리아 혁명파의 노선은 우리가 종파주의, 즉 배타주의를 방지하는 데 주의할 것을 요구한다. 그는 배타주의 전략을 고립무원의 전략이라고 부르고, 단기필마 전략이라고 부른다. 그러나 프롤레타리아트의 전략은 반대로 "광대한 사람과 말을 불러 모아 적들을 잘 포위해 소멸시키는 것"이다.

우리 프롤레타리아 문화대혁명은 반드시 프롤레타리아 문화대혁명에 관한 당의 결정, 즉 「16조」를 따르고 마오 주석이 제기한 계급노선과 투쟁의 전략을 따라서, 좌파대오를 발전시키고, 대다수와 단결하며, 한 줌의 자본주의 길을 걷는 실권파, 한 줌의 반혁명 수정주의 분자를 고립시켜야 한다. 이렇게 우리 프롤레타리아 문화혁명 대오는 호탕하게 전진하여 하나씩 장애를 돌파하고, 하나씩 승리를 거둘 것이다.

　"장강의 뒷 물결이 앞 물결을 밀어내고, 세상의 새로운 사람들이 옛 사람을 따라잡는다." 의심할 여지없이, 프롤레타리아 문화대혁명 중에 프롤레타리아 신사조·신문화·신풍속·신습관이 반드시 부르주아지와 기타 착취 계급의 구사상·구문화·구풍속·구습관 이런 부패한 것들을 대체할 것이다. 위대한 마오쩌둥 사상으로 무장하여 떨쳐 일어선 중국 인민은 반드시 온갖 잡귀신을 쓸어버릴 것이다.

　프롤레타리아 문화대혁명 만세!

　위대하며, 빛나고 정확한 중국공산당 만세!

　싸우면 반드시 승리하는 마오쩌둥 사상 만세!

　위대한 스승, 위대한 영수, 위대한 원수, 위대한 조타수 마오 주석 만세!

부록 2. 천보다, 「마오쩌둥 동지의 깃발 아래」(1958)

이 글은 아직 문화대혁명이 개시되기 8년 전, 대약진이 전개되던 시기에 천보다가 마오쩌둥의 사상을 정리한 내용이다. 천보다는 이미 그가 『마오쩌둥 선집』을 편찬하던 1951년에 소책자 형태로 「마오쩌둥 사상을 논함」이라는 글을 발표해 '마르크스-레닌주의 원리와 중국혁명의 구체적 실천의 결합'으로서 '마오쩌둥 사상'의 형성이라는 테제를 제시한 바 있다. 이 글은 그 후속 작업이며, '신민주주의에서 사회주의로의 이행'의 시기를 개괄한 다음, 특히 중소논쟁과 '인민내부의 모순', 대약진이라는 바뀐 상황 속에서 마오쩌둥 사상의 발전의 내용을 추가해 정리하고자 한 의도를 담고 있다. 이 글은 그 자신과 마오의 공동 작업의 결과라고 할 수 있는 「10대 관계를 논한다」를 '부단혁명론'의 관점에서 더 전개하고자 하는 부분을 많이 담고 있다. 대약진 초기에 씌어진 글이라 낙관적 분위기가 가득하지만, 이후 문화대혁명에 불거질 쟁점들의 맹아 또한 다분히 찾아볼 수 있다. 문화대혁명 시기 그가 초고를 집필한 「문혁 16조」에서 보이는 사고의 일부도 이미 이 글에서 나타나고 있다는 점 또한 지적될 수 있다. 특히 지식노동과 생산노동의 결합이라는 쟁점으로 제기되는 교육혁명이 중요한 쟁점으로 부각되는데, 문화대혁명 시기 천보다가 이와 관련해 보인 역설에 대해서는 본문 3장 2절과 4장 부분을 참고하기 바란다. (옮긴이)

마오쩌둥 동지의 깃발 아래
— 당 건립 37주년을 기념해 베이징대학(大学)에서 열린 대회에서의 연설

7월 1일은 우리 당의 생일이다. 당이 건립된 후 지금까지 벌써 37주년이 되었다. 이는 중국 인민과 우리 당이 마오쩌둥 동지의 깃발 아래 굴곡의 길을 거쳐 일련의 위대한 승리를 획득한 37년이다. 몇천 년의 중국 역사에서 37년은 그리 긴 시간은 아니다. 그러나 사람들은 중국 인민이 우리 당의 지도 아래, 마오쩌둥 동지의 위대한 깃발 아래 이미 자신의 대지 위에서 천지를 뒤집는 변혁을 실현하고 "하루가 20년에 해당"하는 속도로 맹렬하게 자신의 신생활을 창조하고 있는 것을 발견하고 있다. 전국이 해방된 8년 동안의 생산력 발전은 어떤 점에서는 과거 수천 년 동안의 생산력을 크게 넘어섰다. 이는 우리나라 생산력 해동의 시작일 따름이다. 열의를 북돋우고, 앞서려 노력하고, 더 많이·빨리·잘·절약하여 사회주의를 건설하는 총노선에 서 있는 당 지도 아래, 이후 생산력 발전이 하루 천리의 속도로 새로운 면모를 드러낼 것을 예단할 수 있다.

당의 지도의 성과는 아주 두드러진다. 왜냐하면 우리 당은 노동자계급의 정당이고, 마르크스-레닌주의를 지침으로 삼는 정당이며, 마오쩌둥 동지의 지도 아래 마르크스-레닌주의를 창조적으로 운용하는 정당이기 때문이다. 이런 당은 인민대중과 긴밀히 결합하여, 혁명 방면이건 건설 방

면이건 모두 평범한 사람을 아연실색케 하는 기적을 부단히 만들어 내었다. 특히 사람이 사람을 착취하는 제도가 소멸한 이후, 6억의 노동인민이 명운을 자기 수중에 장악하였고, 대량으로 날로 새로운 사물이 출현하고 있는데, 이는 원래 불가피하며 우리가 그것을 완전히 짐작해 볼 수도 없을 것이다.

몇천 년 동안 억압받던 계급은 일찍부터 사람이 사람을 착취하는 것을 소멸시키고 계급이 없이 행복하게 생활하는 원시공산주의를 만들어 내려는 환상을 가지고 있었다. 중국의 2천여 년의 역사에서 여러 차례의 농민전쟁이 일어났는데, 그 중 많은 영웅 인물들이 "행복은 함께 누리고 재난은 함께 견디는" 사회를 건립하려 하였다. 그러나 노예 폭동이건 농민전쟁이건 당시에는 근대적 대공업 생산이 없었고, 근대적 노동자계급이 없어서, 사람들은 사회발전의 법칙을 이해할 수 없었고, 따라서 자신의 환상을 사회 현실로 바꾸어 낼 수 없었다.

과학적 공산주의의 깃발을 높이 들어 올린 것은 근대 노동자계급의 위대한 혁명가와 사상가로, 먼저 마르크스와 엥겔스, 이어서 레닌이었다. 새로운 역사 조건 아래 그들은 국제 노동자운동의 경험과 인류 지식 성과를 총결하여, 사회발전의 역사 법칙을 드러냈고, 자본주의 제도가 필연적으로 사망하고 사회주의와 공산주의 제도가 필연적으로 이를 대체할 것임을 증명하였다. 우리 당은 이 공산주의 과학과 마르크스-레닌주의 사상으로 스스로를 무장하였다. 이 위대한 혁명 과학의 정확성과 무적의 역량은 매일매일 지속적으로 세계 각국의 수많은 사실들로 증명되고 또 완전히 우리나라의 경험으로 증명된다. 제국주의자는 그것을 증오하고, 저주하고 있고, 티토 집단을 대표로 하는 수정주의자는 제국주의자의 저주에 부화뇌동하여 극단적으로 졸렬하게 각종 왜곡을 가하고 있지만, 이 때문에 그 빛이 조금이라도 바랠 수는 없다.[1] 중국 고대에 어떤 사람이 참 잘 말했듯이, "누군가 스스로를 망치려 한들, 해와 달이 상하겠는가? 그릇이 안 됨을 드러낼 따름이다."

당연히 마르크스와 엥겔스는 우리에게 투쟁의 일반 방향을 일러 줄 수 있을 뿐이고, 우리에게 투쟁의 일반 지도 원리를 제출해 줄 수 있을 뿐이다. 그들이 전 세계 개개 민족 개개 국가에 만병통치약을 처방해 주고 이 약만 먹으면 병이 낫고 혁명이 승리할 것이고 공산주의가 실현될 것이라고 말해 줄 수는 없다. 그들이 전 세계에서 모든 일을 세세히 배치하고, 개개 민족 개개 국가 모두에 상세한 방안을 규정해 주고, 다른 사람들이 그 규정에 따르기만 하고 가만히 앉아서 성과만 챙기면 될 수 있도록 해 줄 수는 없다. 레닌은 새로운 역사단계에서 마르크스주의를 발전시켰지만, 우리는 그에게도 이런 요구를 할 수 없다.

마르크스와 레닌은 모두 우리의 위대한 스승이다. 우리는 반드시 진지하게 그들을 학습해야 한다. 그러나 혁명은 반드시 개별 국가의 인민 자신에 의존해 수행되어야 하며, 이 때문에 각국 노동자계급의 선진대표들이 마르크스-레닌주의의 일반 원리를 적용하여 본국의 혁명을 지도할 때, 반드시 본국의 상황에 근거하여 본국의 구체적 문제에 대해 독립적 사고를 진행해야 한다. 이렇게 할 수 없으면, 마르크스가 있고 레닌이 있다 해도, 자기 머리는 꽉 막힐 따름이다. 그와 반대로, 혁명 변증법에 충실한 마르크스·엥겔스와 레닌은 늘 노동자계급의 전사들에게 머리가 깨어

---

1) 이는 당시 격화하기 시작한 중소논쟁이라는 배경을 보여 주는데, 중소논쟁 당시 중국에서는 유고 사회주의에 대한 비판을 상당히 중시하였다. 유고는 소련과 대립하는 독자노선을 걸어 일찍이 1948년 '수정주의'로 규정되어 코민포름에서 제명된 바 있다. 티토(Tito)는 유고의 공산당 지도자이자 대통령이었다.

있으라 하고 심사숙고하여 각종 구체적 규정의 사실을 잘 분별할 것을 요구했다. 또 비판적 태도를 잘 취해서 개별 다른 나라의 경험을 조사하고, 투쟁의 신 경험을 잘 총괄하고, 역사가 제출한 새로운 임무를 해결할 것을 요구했다. 결론적으로, 그들은 모두 마르크스주의 이론이 원래 그대로 머물러 있을 수 없고, 생활에 근거하고 상이한 역사 조건에 근거해 부단히 이 이론을 풍부하게 만들고 발전시켜야 한다고 생각했다.

수정주의자는 마르크스주의의 일반 지도 원리를 부정하기 때문에 배신자의 구렁텅이로 떨어진다. 교주주의자는 지평선에 나타나는 새로운 사물을 보지 못하기 때문에 마르크스주의의 발전을 부인한다. 마르크스-레닌주의자는 반드시 두 가지 전선에서 투쟁하여야 한다.

중국공산당은 탄생했을 때부터 마르크스-레닌주의의 보편진리와 중국혁명의 구체적 실천을 서로 결합하는 임무를 해결하려 하였다. 모두 알다시피, 마오쩌둥 동지가 중국혁명의 위대한 기수가 될 수 있었던 이유는 그가 이론과 실천 상에서 올바르게 그리고 혁명투쟁의 조건의 변화에 따라 부단히 이런 임무를 해결하여, 중국 인민을 하나의 승리에서 또 다른 승리로 이끌어 갔기 때문이었다.

본래 경제가 매우 낙후되고 인구가 매우 많은 이런 나라에서 이런 임무를 해결하는 것이 손쉽거나 매우 평상적인 일이라고 할 수 있겠는가? 당연히 그렇게 말할 수 없다. 레닌이 1919년 동방 공산주의자들에게 말한 구절을 돌이켜 보면, 우리가 여기서 만난 복잡한 임무가 과거 공산주의 운동이 직면해 본 적이 없는 임무이며, 이런 임무를 해결하는 것이 모든 국제 공산주의 운동의 발전에 대해서도 얼마나 중대한 의의가 있는지 이해할 수 있을 것이다.

레닌은 이렇게 말하였다:

"여러분은 전 세계 공산주의자들이 접해 본 적 없는 임무에 직면해 있는데, 바로 서구 각국에는 없는 특수한 상황에 근거해 일반적인 공산주의 이론과 공산주의 조치를 운영해야 하며, 주요한 농민 대중을 찾아내야 하며, 반대할 대상 또한 자본주의가 아니라 중세의 잔여물이고, 이런 상황에 근거해 일반적 공산주의 이론과 공산주의 조치를 운용해야 한다. 이는 곤란하면서도 특수한 임무이고, 동시에 매우 숭고한 임무이다…….”

　"여러분은 반드시 전 세계 프롤레타리아트와 중세의 생활조건 하에 늘 착취당하는 상황에 처해 있는 동방 노동대중을 연합할 특수한 형식을 찾아내야 한다…….”

　레닌의 이 말은 전 러시아 동부 민족 공산당 조직 제2차 대회상의 보고의 일부로, 당시 러시아 국경 내 동부 각 민족의 공산주의자들에게 말한 것이다. 그러나 이 말의 내용은 사실상 소련 국경을 넘어선다. 소련 국경 외부의 동방 각국의 상황은 대체로 비슷하며, 농민이 주요한 대중이다. 따라서 레닌이 제출한 임무——그의 말에 따르면 "극히 거대한 임무"——는 사실상 마찬가지로 동방 각국 공산당원 앞에 놓여 있다.

　마오쩌둥 동지는 용감하고 대단히 걸출하게 중국혁명 중에 이런 극히 거대한 임무를 해결하였다.

　마오쩌둥 동지는 중국의 각종 특징을 잘 고찰하고 탐색하여 조금도 원리주의(公式主義)의 속박을 받지 않았다. 공식에서 출발하지 않았고 실제에서 출발했다. 마오쩌둥 사상의 가장 주요한 특색은 마르크스-레닌주의의 보편 진리를 인민대중의 창의 정신과 잘 결합한 것이다. 대중을 신뢰하고, 대중에 의지하고, 보통 대중의 지혜를 존중하여, 새로운 조건 아래 새로운 환경 속에서 마르크스-레닌주의 이론의 백전백승의 위력을 증강시켰다.

마르크스-레닌주의의 보편 진리와 중국혁명의 구체 실천을 서로 결합하기 위해 투쟁하고 중국의 두 가지 혁명과 사회주의 건설의 승리를 위해 투쟁하는 가운데, 마오쩌둥 동지는 각종 반마르크스-레닌주의·비마르크스-레닌주의 사조와, 그리고 우측에서 나오는 기회주의·수정주의와 '좌'측에서 나오는 모험주의·배타주의에 대해 비타협적이고 격렬하게 투쟁을 진행하였다. 그가 승리한 이유는 진리가 그의 편에 있었기 때문이고, 그가 당의 정확한 노선을 제기했고, 중국 인민이익에 부합하여 부단히 중국 인민의 전진을 고무하는 웅대한 이상을 제기했기 때문이다.

사정은 분명하다: 마르크스-레닌주의 진리와 중국혁명의 구체 실천을 서로 결합하는 이 임무를 잘 해결하지 못했다면, 마오쩌둥 사상과 이 각양각색의 오류 사상과의 투쟁에서 승리를 거두지 못했다면, 중국혁명이 마오쩌둥 사상의 깃발 아래 전진하지 못했다면, 그렇다면 현재 중국 인민혁명과 사회주의 건설의 승리는 없었을 것이다.

마오쩌둥 동지가 해결한 문제는 여러 방면에 걸쳐 있다. 지금 나는 여기서 전체 중국 인민의 사업에 결정적 의의가 있는 문제에 대해서 말해 보려 한다.

민주혁명 시기에 마오쩌둥 동지가 가장 중요하고 출중하게 공헌한 것은, 그가 중국의 구체적 조건을 분석하여, 반드시 농촌에서 혁명 근거지를 건설하고 발전시켜, 농촌 혁명 근거지를 공산당 지도 하에 노동자계급과 농민이 정치상·군사상·경제상 동맹하는 주요한 형식으로 삼아야 한다고 생각하고, 또 이런 근거지를 전국 범위에서 혁명의 승리를 획득하는 출발점으로 삼아야 한다고 생각한 점이었다. 과거에 많은 사람들이 서방의 18세기 프랑스 부르주아 혁명 이후 일련의 경험에 의거하고, 중국 신해혁명과 북벌전쟁의 경험에 의거해, 혁명 봉기는 어쨌건 대도시에서 시작해야 한다는 관념을 형성해, 항상 유격전쟁은 단지 정규 전쟁의 부속물이나 보충물이라고 여겼다. 마오쩌둥 동지는 이런 중국혁명 조건에 맞지 않는 낡은 관념을 뒤집어, 혁명적 농촌이 도시를 포위하는 새로운 관념을 제기하였고, 유격전쟁을 중국혁명 중의 전략 지위에 놓는 새로운 관념을 제기하였으며, 혁명 중에 유격전쟁을 거쳐 전 인민을 무장시키는 새로운 관념을 제기했다. 당 지도부는 마오쩌둥 동지가 제기한 이런 새로운 관념에 힘입어 1927년 혁명 실패 후 새로운 투쟁의 방향을 이끌어 냈다. 그후 항일 전쟁 시기 마오쩌둥 동지는 이런 관념을 발전시키고 풍부하게 만들어, 마침내 중국 인민과 우리 당이 1949년 전국적 승리를 획득할 수 있도록 하였다.

우리나라 사회주의 혁명 시기에, 마오쩌둥 동지는 중국의 구체적 조건 아래 농민 개체소유제를 합작소유제로 이행하고, 자본가 소유제를 전민소유제로 이행하는 일련의 근본적인 사회주의 개조의 문제를 창조적으로 해결하였다. 혁명근거지 시대에 마오쩌둥 동지는 이미 농민대중 노동 호조조직의 경험을 총괄하여, 이런 호조조직에 이미 사회주의의 맹아가 있음을 보았고, 이런 호조조직이 대대적으로 노동생산성을 제고할 수 있음을 보아 이를 확대하였다. 전국이 해방된 후, 마오쩌둥 동지는 계속해서 이런 경험을 총괄하여, 전국의 토지개혁이 끝난 지 얼마 지나지 않아서 반드시 빈농과 하중농을 핵심으로 삼고 자발성의 원칙에 따라 보편적으로 농민 사이에 임시 호조조직을 상시적 호조조로 발전시키고, 호조조의 기초 위에 점차 반(半)사회주의 성격(토지 지분을 투자하고 공동 노동 통일경영을 수행)의 농업생산 합작사를 대대적으로 발전시키자고 제기하였다. 그리고 자연히 이런 반사회주의적 농업합작사가 사회주의화를 완성하려 나아가는 농민을 강제성 없이 흡수하는 주요한 이행 형식이 될 것이라고 보았고, 이를 통해 원래 농업 기계화가 없으면 농업 대규모 합작화가 매우 어렵다고 보는 일부 동지들의 낡은 관념 또한 타파하였다.[2] 자본가 소유제 문제에 대해 마오쩌둥 동지는 관료 자본가 소유제와 민족 자본가 소유제를 구분하였다. 전자에 대해서는 해방 시기에 이미 몰수의 방법을 채택했다. 후자에 대해서는 점차 개조하는 방법과 국가자본주의 형식을 채택하여 자본주의 기업이 점진적으로 사회주의 기업으로 바뀔 수 있도록 하였다. 총괄하면, 농업수공업 방면이건 자본주의 공상업 방면이건 모두 아래로부터 위로의 혁명과 위로부터 아래로의 혁명을 결합하였고, 모두 대대적·보편적으로 다양한 이행형식과 이행방법을 추진하였으며, 이 때문에 경제에서 사회주의 개조가 예상 외로 극히 신속한 승리를 얻을 수 있었다.

마오쩌둥 동지는 소유제 문제를 해결하면 사회주의 길과 자본주의 길 사이에 누가 누구에게 승리하는가의 문제가 이미 해결되었다고 생각하는 우리 중 일부 동지들이 지닌 낡은 관념을 타파하였고, 소유제 방면에서 누가 누구에게 승리하는가를 해결하는 외에 더 나아가 정치전선과 사상전선에서 누가 누구에게 승리하는가의 문제를 철저하게 해결해야 한다고 생각했다. 그렇지 않으면, 소유제 방면의 사회주의 개조의 성취는 공고해지지 않는다. 1957년 부르주아지 우파가 일으킨 창궐하는 반혁명 공격과 인민내부에서 전개된 두 가지 길에 대한 대변론은 마오쩌둥 동지의 이런 논점을 증명하였다. 인민대중이 전면적으로 반우파투쟁을 전개한 후 인민내부에서 정풍운동과 대명대방(大鳴大放), 전면적 대시비 가리

---

2) 중국 농촌의 '사회주의적 개조'는 토지개혁→임시적 호조조직→상시적 호조조→초급 협동조합(合作社)→고급 협동조합(合作社)→인민공사라는 수순을 밟았다.

기 운동이 전개된 후, 전 인민 수준에서 공산주의 사상의 대 해방이 벌어지는 새로운 국면이 출현했다.

아직 장시 근거지에 머물던 시기에 마오쩌둥 동지는 혁명적이면서 건설적이기도 한 정확한 방침을 제기하였다. 항일 시기에 마오쩌둥 동지는 계속해서 이런 방침을 견지하였다. 특히 1942년 시작한 정풍운동 후에 1943년 마오쩌둥 동지가 제창한 대규모 생산운동은 해방구 인민의 물질 역량을 대대적으로 증가시켰고, 해방전쟁 중 장제스 반혁명 군대의 물질 기초를 소멸시킬 준비를 마련하였다. 경제·재정 문제에서 마오쩌둥 동지는 늘 대중에 의존해 생산을 발전시키는 문제를 첫번째에 두었고, 행정에만 단순히 의존하여 생산발전의 궤도에서 이탈하는 편면적 재정 관점, 편면적 분배 관점의 오류를 비판하였다.

전국 해방 이후에는 사회주의 개조와 사회주의 건설이 서로 얽혀 전진하였다. 마오쩌둥 동지는 사회주의 개조의 과정에서, 특히 농업합작화 방면에서 개시된 각종 조짐들을 보고서, 생산력을 발전시킬 중국 노동인민의 거대하고 무궁무진한 잠재역량을 지적하였다. 1955년 마오쩌둥 동지는 『중국 농촌의 사회주의 고조』의 편집인 말에서 이렇게 이야기한 적이 있다: "장차 예전에 사람들이 생각해 보지 못한 각종 사업이 출현해, 현재보다 몇 배, 열 몇 배 심지어 수십 배 늘어난 농작물의 높은 생산량이 나타날 수 있다. 공업, 교통과 교환사업의 발전은 앞 사람들이 생각도 못한 것이다. 과학·문화·교육·위생 등 사업도 그렇다." 이 때문에 그는 『중국 농촌의 사회주의 고조』 책의 서문에서 다음과 같이 지적한다: 사회주의 개조 문제가 해결된 후, 전 당과 전국 인민이 직면한 문제는 모든 경제와 문화 건설의 규모와 속도문제이고, "본래 노력해 보면 달성할 수 있는 일들을 할 수 없다고 여기는" 문제이며, "그처럼 확실히 존재하는 우경 보수 사상을 부단히 비판하는 것이 꼭 필요하다."

그래서 개괄적으로 마오쩌둥 동지는 많이, 빠르게, 잘, 아껴서 사회주의를 건설하자는 이런 총방침, 총노선을 제기했다. 그리고 이런 총방침, 총노선을 실현하기 위해서, 마오쩌둥 동지는 또한 인민내부 모순을 정확히 처리하고, 모든 적극 요소를 동원해 사회주의 건설에 복무하도록 하는 문제 또한 제기했다.

우리 일부 동지의 머릿속을 들여다보면, 사회주의 건설 시기에는 마치 어떤 모순도 이미 존재하지 않게 되었고, 특히 인민내부에는 더더욱 어떤 모순도 없으며, 남은 임무는 다만 순서에 따라 규정대로 '생산력을 발전'시키기만 하면 되는 아주 간단한 것뿐이라고 여기는 듯하다. 그들은 혁명시대에는 대중 노선이 필요하다고 인정했지만, 사회주의 건설에서는 더 이상 그런 문제가 존재하지 않는 것처럼 보고, 위로부터 아래로의 행정명령만 필요하며, '업무'만 수행하고, 전문가, 설비만 있으면 모든 일이 형통하게 이루어진다고 생각한다. 기술에만 주의하고 정치우위에는 주의하지 않는다. 간부에만 주의하고 대중에는 주의하지 않는다. 중앙에만 주의하고 지방에는 주의하지 않는다. 중점(제고) 건설에만 주의하고 건설 보급은 경시한다. 중공업에만 주의하고 농업과 경공업은 경시한다. 대기업에만 주의하고 중소기업은 경시한다. 최고 기술만 요구하고 대중성의 평범해 보이는 기술혁명은 경시한다. 특히 앞길을 건설하는 데 매우 불리하고 해가 되는 우경 관점을 가지고 있어, 단지 재정 문제에만 동그라미를 치고 생산을 늘리고 절약하는 대중의 적극성과 창조성은 경시하여, 마치 생산이 소비·분배·교환을 지배하는 것이 아니라 소비·분배·교환이 생산을 지배하고 있는 듯 여긴다. 이런 해로운 우경 관점은 실질적으로 1956년 겨울 이른바 '모험적 전진(冒進) 반대' 사상의 출발점이 되었다.[3]

마오쩌둥 동지는 앞서 서술한 일련의 오류 관념을 뒤집어, 이런 오류 관념은 생산력 발전을 속박하는 작용을 할 뿐임을 지적하였다. 마오쩌둥 동지는 "인민내부 모순을 정확히 처리한다"는 새롭고 심오한 관념을 제기하였다. 그는 사회 내의 모순을 서로 질적으로 상이한 두 종류의 모순으로 구분하여, 한 종류는 적아(敵我)간 모순으로 적대적 모순에 속하는 것으로 보고, 다른 한 종류는 인민내부의 모순으로 비적대적 모순으로 보았다. 그는 사회주의 시기에 모순이 존재하는 것을 부인하는 관점은 오류라고 여겼다. 모순은 언제나 존재한다. 낡은 모순이 해결되면 새로운 모순이 나온다. 문제는 사회주의 모순의 성질이 다르며, 해결 방법도 다르고, 출로가 다르다는 점이다. 우리나라 상황에서, 현재 국외에는 우리를 적대시하는 제국주의자가 있으며, 반혁명의 잔재가 남아 있는 국내에는 인민에 반대하고 사회주의에 반대하는 부르주아지 우파가 있는데, 이 모두 적아모순이다. 그러나 인민내부에 이미 출현한 새로운 모순은 우리나라 인민이 전진하는 중에 생겨난 모순이다. 우리나라 이행기의 주요모순은 프롤레타리아트와 부르주아지 사이의 모순이며, 사회주의의 길과 자본주의의 길 사이의 모순이다. 이런 모순은 부르주아지 우파와 노동인민 사이의 관계로 표현되며 적아간 모순이다. 사회주의 개조를 받아들인 민족 부르주아지와 노동인민 사이의 관계, 그리고 노동인민 각 부분 사이의 관계에 표현되는 것은 인민내부의 모순이다. 마오쩌둥 동지는 사회주의 사회에

---

3) '모험적 전진 반대'는 1956년 경제건설의 목표가 과도하게 잡혀 있어, 자원고갈과 실물경제의 불균형을 초래할 우려가 있으니, 조급한 정서를 억제하고 경제성장의 속도전을 제어할 것을 요구하는 주장이었다. 이는 '더 많이·빨리·잘·절약하여 사회주의를 건설하는 총노선'과 대립하는 주장이었으며, 마오쩌둥은 이런 주장을 생산력주의로 비판하고 이후 대약진의 논리로 나아간다.

도 생산관계와 생산력 사이의 모순, 상부구조와 경제기초 사이의 모순이 존재하지만, 자본주의 사회의 그런 모순과는 근본적으로 상이한 성질과 상황에 놓여 있다고 여긴다. 자본주의의 모순은 자본주의 제도 자체로는 해결될 수 없으며, 자본주의 제도를 멸망으로 이끌 수 있을 뿐이다. 그러나 사회주의의 모순은 사회주의 제도 자체를 통해 점진적으로 해결될 수 있으며, 그로써 사회주의를 번영의 새로운 단계로 발전하도록 이끌고, 공산주의의 새로운 단계로 이끌 수 있다. 마오쩌둥 동지가 제기한 인민내부 모순 해결의 기본 방법은 정풍 방법이다. 공식은 '단결-비판-단결'이다. 여기서 수시로 새롭게 출현한 모순을 대변론(大辯論)과 적절한 관계 조정을 거쳐 수시로 해결하여, 새로운 단결에 도달하고 생산력의 전진을 추동할 수 있다. 예를 들어, 앞서 말한 정치와 기술, 간부와 대중, 중앙과 지방, 제고와 보급, 중공업과 농업 및 경공업, 대형기업과 중소형기업, 최신 기술과 개량적 기술 등등 이런 일련의 관계는 모두 현재 인민내부에 존재하는 일정한 모순이다. 어떻게 이런 모순을 해결할 것인가? 한 방면만 보고 다른 방면을 방기하면 이는 편면적으로 문제를 해결하는 방법이다. 심지어 어떤 동지들은 사회주의 건설의 주류는 방기하고 지류만 잡는데, 예를 들면 '정치우위'는 방기하고 단순히 업무에만 매달리고, 대중의 적극성과 창조성에 의지하지 않고 단순히 행정명령과 각종 실제에 부합하지 않는 규장제도에 의존하려 하는데, 이는 더 말할 필요도 없이 매우 잘못된 것이다.

마오쩌둥 동지의 위대한 공헌은 단지 열의를 북돋우고, 앞서려 노력하고, 더 많이·빨리·잘·절약하여 사회주의를 건설하는 사회주의 총노선을 제기했던 것이 아니라, 총노선을 실현하는 몇 가지 기본점을 창조적으로 제기했던 데 있다: 즉, 경제전선, 정치전선, 사상전선 상의 사회주의 혁명을 계속 완성하는 동시에 점차 기술혁명과 문화혁명을 실현하고, 중공업 우선 발전의 조건 아래 공업과 농업을 동시 병행하고, 집중지도·전면 계획·분업협조의 조건 아래 중앙공업과 지방공업의 동시 병행, 그리고 대형기업과 중소형기업의 동시 병행을 실현한 것이다. 이 몇 가지 '동시' 와 몇 가지 '병행'은 우리나라 사회주의 건설경험에 관한 주요한 총결이다. 이는 우리나라 사회주의 건설에 관한 총 제강(提綱)이다. 이렇게 요점을 제기하면 모든 문제가 해결될 수 있게 된다. 당이 제기한 이런 많이, 빠르게, 잘, 아껴서 건설하는 사회주의 총노선이 총노선의 몇 가지 기본점을 밝히는 큰 틀을 제기했기 때문에, 대중, 지방 그리고 중앙 각 부문의 창조정신도 모두 발휘되었다. 작년 겨울 이후 중국 생산력의 대약진은 이런 상황 하에 출현하였다.

사회주의 혁명의 위대한 승리는 곧 사회 생산력 대약진의 객관적 가능성을 담고 있다. 그러나 이런 가능성 또한 일정한 시기에는 억압될 수 있지만(예를 들어 1957년), 마오쩌둥 사상의 계발을 받아 대적할 자 없는 이런 사회생산력 대약진의 파죽지세의 형세가 출현했다.

마르크스는 "이론이 대중을 장악하면 바로 물질적 역량이 된다"고 말했다. 현재 중국 대약진 형세가 이 점을 가장 두드러지게 설명해 준다. 마오쩌둥 동지의 상술한 사상이 일단 대중을 장악하거나 혹은 반대로 대중에게 장악되면, 대중이 대대적으로 생산력 발전의 길을 열어젖히는 무기가 된다.

이 사회생산력 대약진의 형세 중에 이와 더불어 수많은 신선한 사물이 탄생한다. 이런 수많은 신선한 사물은 반대로 다시 사회주의 건설 총노선의 내용을 한층 더 풍부하게 만든다.

현재까지 출현한 수많은 새로운 사물 중 의의가 있고 특별히 주의할 만한 새로운 사물을 들자면, 첫째는 공업과 농업의 결합이고 둘째는 교육과 생산노동의 결합이다.

현재 현마다 공업을 운영할 뿐 아니라 향과 합작사마다 공업을 운영하고 있다. 총괄 구호는 "전 인민이 공업을 운영한다"이다. 이렇게 점차적으로 공업과 농업의 결합을 실현한다. 봉건시대에는 농업과 수공업의 결합이 존재했다. 자본주의는 농업과 공업을 분열시켰고, 도농자본가가 농촌을 착취해 자기 배를 불리게 하였다. 현재, 사회주의 혁명 후에 농촌에서 어느 누구도 다른 사람을 착취하지 않는 신농업과 신공업의 결합이 형성되기 시작하였다. 아주 많은 공장들이 '토착 방법'이라 부르는 방법으로 운영되었지만, 마오쩌둥 동지가 말하듯 '토착 방법'은 장차 바뀌어 '서양 방법'이 될 것이다. 초급의 사물은 장차 바뀌어 고급의 사물이 될 것이다. 현재는 누추하고 간단하지만, 시작에 이런 기반이 있기 때문에 앞길에는 한계가 없다. 하늘을 찌를 듯한 기술혁신과 창조에 대한 대중의 기개에 의지한다면, 우리는 이런 '토착 방법'으로 운영하는 '아주 작은 공장'이 점차 현대 최신식 공업으로 바뀔 것임을 볼 수 있을 것이다. 현마다 이렇게 되고 향과 합작사마다 이렇게 된다면 결과는 어떻게 되겠는가? 결과는 양질전화가 일어나는 것이다. 마치 류사오치 동지가 당 제8차 대표대회 2차 회의의 보고에서 말했듯이, "……비교적 짧은 기간 내에 각종 공장이 이렇게 전국 각지에 촘촘히 분포해 있을 수 있어 우리나라 공업의 발전은 당연히 중앙이 관리하는 약간의 대기업에만 의존하는 것보다 훨씬 빠르게 발전한다. 이렇게 해서 앞길은 필연적으로 첫째, 국가 공업화 추이를 가속화하고, 둘째로 농업 기계화 추이를 가속화하고, 셋째로 도농 격차 축소 추이를 가속화한다."

국민경제가 보편적으로 고양되는 것에 수반해, 광대한 노동인민과 일반 지식인들의 지식욕이 보편적으로 고양되었다. 현재 전국 문화교육의 상황은 마오쩌둥 동지가 제출한 "공농(工農)은 지식인화하고, 지식인은 공농화하여야 한다"는 위대한 방향으로 나아가기 시작하고 있다.

공농업 대약진과 기술혁명, 문화혁명의 수요에 적응해, 문맹을 소멸시키고 소학교 교육을 보급하고 향마다 중학을 운영해야 할 뿐 아니라, 일부 현에서는 이미 자신의 역량으로 종합성 또는 직업성 고등 교육기관을 세우기도 했고, 심지어 일부 농업 합작사에서는 야간대학을 세우기도 했다. 전국적으로 허난(河南)성 멍진현(孟津縣) 핑러향(平樂鄕) 디취안(翟泉) 농업합작사는 합작사 야간대학을 설립한 개척 선봉이다. 보도에 따르면, 이 대학은 17개 학과를 설립하였고, 학생이 519명이다. "그들 학습의 특징은 교육과 생산을 밀접하게 결합한 것이다. 교실에서는 교재의 지식을 학습해 이론을 장악한다. 경작지에 나가면 사물을 교재로 삼아 현지에서 시험을 실시한다." 이 새로운 형태의 야간대학은 이 합작사의 농업생산에 유익한 공헌을 하기 시작했다. 각지의 노동자 대중은 문화를 제고하기 위해 노력하고, 과학을 학습하고, 세계 기술의 최고봉에 올라서기 위해 힘을 쏟고 있으며, 단기간 내에 일련의 승리를 거두기 시작했다. 수많은 도시의 공장은 각종 학교들을 운영하고 있다. 예를 들어, 타이위안(太原) 제철공장은 자신의 역량에 의거해 소학에서 대학까지 일련의 문화 교육 기구를 건립하였으며, 그 중에는 정규적인 철강 학원도 포함된다. 이런 각급 학교에 참여해 학습하는 직공 수는 1만 명에 이른다. 최근에 베이징, 타이위안, 충칭 등의 노동자들은 "두루 알면 전문성이 없으며, 전문성이 있으면 두루 알 수 없다"는 사상의 구속을 깨고, 힘을 기울여 각종 기술을 두루 익히며, 의식도 있고 전문성도 있고 두루 알기도 하는 공산주의식 노동자가 되려 하고 있다. 상하이 추신(求新) 조선 공장 노동자에서 시작해 일부 지역 노동자들 사이에서는 철학을 학습하는 열기가 일어나고 있다.

그들은 마오쩌둥 동지의 「인민내부 모순의 정확한 처리 문제에 관하여」, 「실천론」, 「모순론」 등 저작을 학습하고 있다. 톈진의 노동자가 말하기를, "우리는 기술만 있고 도리를 이야기하지 못하니 많은 일들을 할 수 없다" 고 한다. 이는 고도의 원칙상 그들의 학습 목적을 설명한 것이다. 허난 덩 펑현(登封縣) 싼관먀오(三官廟)의 대중은 이렇게 평론한다. "향 간부들이 철학을 학습한 후 세 가지 새로운 기세가 출현했다. 조사연구가 많아졌고, 주관주의와 강제명령이 줄어들었고, 대중에 의거하는 관점이 강해졌다." 이는 마르크스-레닌주의에 관한 마오쩌둥 동지의 철학이 점차 일반 노동 대중의 지혜를 계발하는 열쇠가 될 것임을 설명해 주고 있다.

다른 한편, 작년부터 당중앙은 학교에서 근공검학(勤工儉學), 반공반 독(半工半讀)을 추진하기 시작해서,[4] 이미 좋은 효과를 거두었다. 많은 학 교에서 학생을 조직해 일정한 시간 동안 생산노동에 참가하도록 하는 외 에 교사와 학생이 합작해서 맨손으로 시작해 학교 안에 크고 작은 다양 한 공장이나 농장을 세우기도 했다. 교학(敎學)과 생산을 실제로 결합하 였고, 교실의 수업과 현장의 조작을 서로 결합하여, 학자 또는 교사인 동 시에 생산노동자이기도 하게 되어, 그들의 지혜가 아주 빠르게 꽃피우고 열매 맺을 수 있게 되었다. 교학의 질이 제고되었고, 동시에 적지 않은 선 진적인, 심지어 이미 국제수준을 따라잡거나 넘어서는 수준의 생산품을 만들어 내었다. 일부 부르주아 지식인은 일도 하면서 공부도 하는 제도가 본래 교학의 질적 수준을 떨어뜨리거나 학생의 시간을 낭비할 수 있다고

---

4) 근공검학과 반공반독은 학습과 노동을 결합한 교육제도로, 주간에는 일하고 야간에 학습하는 학생을 모집하는 경우도 있었고, 일반 교육제도 자체에 노동을 결합하는 방식도 있었다. 문화 대혁명 시기에는 일반학생과 반공반독 학생 사이의 차별이 주요한 사회적 문제로 등장하기도 했다.

여기는데, 사실에 직면해서 이미 그런 사고는 완전히 파산했다. 전통 학교 제도에 따르면 한 사람이 소학교에서 대학 졸업까지 모두 16~17년의 시간을 쏟게 되는데, 그러면 노동대중에서 이탈하고 생산에서 이탈하고 실제에서 이탈하게 된다고 이해해야 한다. 이런 교학제도는 사실 자본주의 제도가 남긴 유산이며, 우리 사회주의, 공산주의 제도와는 어울리지 않는다. 사회주의 제도, 공산주의 제도는 마땅히 자본주의적 교육제도와는 완전히 다른 것이어야 하며, 교육과 생산노동을 결합해야 하고, 두 가지가 서로 이탈하지 않도록 해야 한다. 마땅히 피교육자가 전면적으로 발전하여 다방면에서 능력이 있는 사람이 되도록 해야 하고, 피교육자가 편면적으로 국한된 발전을 하여 죽어라 책만 외우고, "사지는 놀리지 않으면서 오곡도 구분 못하는" 사람이 되지 않도록 해야 한다. 현재 당중앙은 우리나라 조건에 적합한, 교육과 생산노동을 서로 결합한 교육제도를 계속 연구해 제정하고 있다. 그러나 실제 모범이 이미 대량 출현하였다. 생산노동과 교육을 서로 결합하는 방면에서 앞서 말한 타이위안 제철소와 허난 멍진 디취안사가 세운 대학이 실제로 이미 전국의 수많은 고등교육의 최전선을 걷는다고 말할 수 있지 않을까? 그런 대학이 모든 공장과 합작사가 세운 학교의 선진 깃발일 뿐 아니라 전국의 모든 대학·중학·소학교가 모두 본받아야 할 선진 깃발이기도 하다고 할 수 있는 것 아닐까? 각지 노동자들이 앞다투어 18기 무예의 '다능인'이 되려고 하는 것처럼,『홍기』3기에 실린 후베이성 어베이청쉬광이사(顎北城旭光一社)가 전개한 "밭에 가면 농민, 공장에 가면 노동자"라는 '만능인' 운동처럼, 이는 노동자·농민의 선진 깃발일 뿐 아니라 전국 학교 교육방향과 학생들의 학문탐구 방향의 선진 깃발이 되어야 한다고 말할 수 있는 것 아닐까? 우리 여기 교육자들이 교육을 잘 하려면 먼저 이런 일련의 신사물을 만들어 낸 노동자·농민들로부터 교육을 받아야 한다고 말할 수 있지 않을까? 나는 모두가 이렇게 말해야 한다고 생각한다.

마르크스와 엥겔스는 『공산당선언』 중에서 프롤레타리아 독재 후에 채택할 수 있는 열 가지 조치 중 마지막 두 가지가 "농업과 공업을 결합하여 도농 차이를 점차 소멸시켜 간다"는 것과 "교육과 물질생산을 결합하는" 것이라고 했다. 현재 중국의 실제 운동 중에 마오쩌둥 동지가 제출하고 당의 '8대' 2차 회의에서 통과한 사회주의 건설의 총노선과 거기에 포함된 몇 가지 기본점은 이 두 가지 조치의 실제 조건과 구체 형식을 더욱 분명히 하였다. 마오쩌둥 동지가 말하기를, 우리의 방향은 점차 질서 있게 '공(공업), 농(농업), 상(교환), 학(문화교육), 병(민병, 즉 전민 무장)'을 하나의 대 공사[公社: 코뮌—옮긴이]로 조직하여, 이로써 우리 사회의 기본 단위를 구성해야 하는 것이라고 했다. 이런 공사 내에, 공업, 농업과 교환은 사람들의 물질생활이고, 문화교육은 이런 물질생활을 반영하는 사람들의 정신생활이며, 전민 무장은 이런 물질생활과 정신생활을 보위하는 것으로, 세계적으로 사람이 사람을 착취하는 제도가 아직 소멸하기 전에는 이런 전민 무장이 완전히 필요하다. 이런 공사에 대한 마오쩌둥 동지의 사상은 현실 생활의 경험에서 얻어진 결론이다.

아주 분명하게, 마오쩌둥 사상의 지도 아래, 마오쩌둥 동지의 깃발 아래, "하루가 20년과 맞먹는" 국민경제와 문화가 보편적으로 고양되는 이런 시기에 사람들은 이미 우리나라에서 사회주의가 점차 공산주의로 이행해 가는, 예정일이 얼마 남지 않은 전경을 볼 수 있다.

마오쩌둥 동지의 사상이 우리나라 혁명과 사회주의 건설 중에 일으킨 위대한 작용을 한 일련의 사실로부터 보면, 우리는 레닌이 "혁명 이론 없이 혁명 운동이 있을 수 없다"고 하고 "선진 이론으로 지도하는 당이 있어야 선진 전사의 기능을 실현할 수 있다"고 한 명언을 비로소 새롭게 기억할 수 있다. 중국 인민은 마오쩌둥 동지의 위대한 깃발 아래 전진한다.

마오쩌둥의 깃발은 중국공산당과 인민대중이 서로 결합한 깃발이며, 마르크스-레닌주의의 보편 진리와 중국혁명의 구체적 실천이 서로 결합한 깃발이고, 중국 조건 하에 창조적으로 마르크스-레닌주의를 발전시킨 깃발이다. 이 때문에 마오쩌둥의 깃발은 중국 인민혁명과 사회주의 건설의 승리의 깃발이다.

마오쩌둥 깃발은 중국 인민이 높이 든 붉은 깃발이다. 중국 인민은 이 일면홍기의 인도 아래 멀지 않은 장래에 계속해서 승리를 거두며 위대한 공산주의 사회에 도달할 것이다.

마오쩌둥 동지 사상이 강점이 있는 이유는 부단히 대중을 동원하여 조직할 수 있기 때문이며, 그 사상이 노동자계급과 모든 노동인민의 이익에서 출발해 인민대중의 전진의 수요에 맞추어 매 역사 단계마다 정확하게 인민대중에게 전진의 방향을 제공하기 때문이다.

"현재 운동의 특징은 무엇인가? 어떤 법칙이 있는가? 어떻게 이 운동을 지도할 것인가? 이 모두 실제적 문제이다.…… 운동은 발전하고 있고, 새로운 것이 전면에 나타나며, 새로운 것이 끊이지 않는다. 이 운동의 전체적인 면과 그 발전을 연구하는 것은 우리가 매 시간 주의를 기울여야 하는 큰 과제이다. 어떤 사람이 이에 대해 진지하게 자세히 연구하지 않는다면 그는 마르크스주의자일 수 없다." 이는 20년 전 마오쩌둥 동지가 당 6기 6중전회에서 학습문제를 논하면서 우리 동지들에게 제기한 요구이다. 그러나 이 말 자체는 마오쩌둥 동지 자신의 사상생활을 반영하고 있다.

우리는 마오쩌둥 동지에게 배워야 한다. 마오쩌둥 동지가 학습문제를 논하면서 제출한 앞서의 요구는 어떤 사람에게나 적용될 수 있으며,

모두에게 계발 작용을 할 것이다. 우리 모두 마오쩌둥 동지가 제출한 요구를 자신에게 요구하여 자신을 계발해야 한다. 우리는, 누구든 어떤 공작 직무에 있건, 언제나 인민의 이익을 위해 생각을 모으고 인민의 앞길을 위해 생각을 모으면, 거기서 역량을 만들어 낼 수 있고, 자신의 연구대상에서 객관적 법칙을 발견하고 그 법칙을 잘 이용해 인민에게 행복을 가져다줄 수 있다고 믿는다.

　여기서 우리는 겸사해서 『인민일보』 6월 25일자에 실린, 윈난 다이족(傣族)의 한 노부인이 들쥐 생활법칙을 발견한 소식과 취재기록을 말해 보기로 하자. 이 노부인은 차오이슈(曹依秀)라고 하며 올해 64세이다. 당연히 나는 이 노파를 본 적이 없지만, 신문에 실린 사진을 보니, 인민대중 중 자신감 넘치는 위대한 한 명의 낙관주의자임을 알 수 있었다. 이 존경스러운 노인은 공부를 한 적이 없고, 당연히 대학이라곤 가본 적이 없지만, 쿤밍 의학계에 마침내 한 차례 "사람을 매료시키는" 학술강연이라 부르는 것을 열었다. 그녀가 들쥐 생활법칙을 연구한 것이 이미 8년이 되었다. 그녀는 왜 이 일을 했는가? 이름을 얻기 위해서도 이익을 취하기 위해서도 아니고, 단순하지만 지극히 고상한 동기와 목적이었는데, 바로 인민을 위해서 페스트를 없애기 위해서였다. 『윈난일보』의 보도에 따르면 그녀의 고향에 1945년 일본침략자들이 대량으로 쥐를 풀어놓아 페스트를 퍼뜨렸다. 1951년 당과 인민정부가 그곳에 사람들을 파견해 페스트 방역사업을 펼쳤던 것도 그녀에게 계발의 계기가 되었다. "이때부터 차오이슈는 몇 년간 매일같이 새벽에 일하러 집을 나설 때면 반드시 호미를 들고 나가서 길가에 유심히 쥐구멍이 있는지 살펴서 발견하면 곧바로 메웠다. 후에 그녀는 다시 생각하기를, 쥐를 철저히 없애려면 반드시 쥐의 생활습관을 파헤쳐야 한다고 생각해, 이후에는 매번 쥐구멍을 메우기 전에 유심히 주변 상황과 자연 환경, 구멍 내의 동정 등을 관찰하여 고집스럽게 연구를 진행하였다. 현재까지 그녀는 1만여 마리의 쥐를 잡았고, 자세한 비교 관찰을 진행하였다." 인민의 이익에서 출발하고 실제에서 출발하여, 한 보통 노부인이 결국 들쥐의 생활법칙을 파악할 수 있었다는 것은 인민에게 매우 유익한 일이다. 어떤 사람은 이게 뭐 별일이고, 들쥐가 우리와 무슨 관계냐고 할지도 모르겠다. 들쥐 따위의 문제가 어떻게 이런 '과학자'의 고귀한 두뇌까지 올라올 수 있겠는가? 그러나 인민의 관점에서는 이 노부인을 그런 생각을 가진 이른바 '과학자'와 비교해 보면 그야말로 비교할 수 없는 고귀함이 있다. 수많은 대학생들이 졸업할 때 '부(副)박사'[5] 따위에 얼마나 합격하고 싶어 하는가? 내 생각으로는 공부를 해본 적이 없는 이 노부인이 오히려 박사가 될 수 있고, 인민의 박사라 할 만하다. 그녀야말로 개인을 위하지 않고 대중을 위하는 진정한 공산주의자이고 중국 신사회의 인물, 마오쩌둥 식의 인물이다.

우리 모두 얼마나 마오쩌둥 식의 인물이 되고 싶어 하는가? 인민의 과학자가 되려고 하지 않는가? 나는 모두 차오이슈처럼 인민을 위하는 마오쩌둥 식의 좋은 심장을 생각해 보기를 바란다. 나는 모두 차오이슈처럼 실사구시, 어려움을 뚫고 창조하는 마오쩌둥 식의 새로운 풍격을 살펴보기를 바란다.

모두 대체로 마오쩌둥 동지의 「실천론」을 읽어 보았을 것이다. 실천과 이론의 관계 문제에 대해 마오쩌둥 동지는 이렇게 말한다. "인식은 실천에서 시작하며, 실천이 이론적 인식을 획득하는 것을 거쳐 다시 실천으로 되돌아가야 한다." 이는 마오쩌둥 동지가 매일같이 말하는 것으로, 실

---

5) 소련식 학제에서 석사과정 수준에 해당함.

제에서 시작해 실제로 돌아가고, 대중에서 시작해 대중으로 돌아가는 것이다. 차오이슈의 방법도 이와 같다. 듣자 하니 베이징대학 철학과의 어떤 교수가 '이론-실천-이론'이라는 공식을 제기했다고 한다. 듣자 하니, 이는 펑유란(馮友蘭)[6] 선생이 제시한 공식이라고 한다. 해방된 지 벌써 8년이 되었다 하지만, 유심론 철학은 아직도 여러분을 속박하고 있고, 여러분에게 허울 좋지만 인민에게 아무짝에도 쓸모없는 '철학자'가 되라 하고, 여러분에게 서재 안에서 명상하는 이른바 '이론'에서 출발해 다시 여러분 서재 안에서 명상하는 '이론'으로 돌아가라고 한다. 설마 펑유란 선생의 반유물론 공식이 실제로 이런 기도를 표현하는 것이 아니란 말인가? 철학과의 학생들은 이 유심론 공식을 뒤집어 '실제-이론-실제', 이런 공식으로 바꾸어야 한다.

어떤 사람들은 '철학자'가 되기만을 바란다. 그러나 철학과 학생들은 철학을 배우는 것이 어떤 목적 때문인지 고려해 본 적이 있는가? 철학자가 되면 어떤 일을 하는 것인가? 인민에게 어떤 이득이 있는가? 여러 해 '철학'을 하면 인민 사업에 어떤 도움이 되는가? 인민이 우리를 길러 주니, 우리는 이 문제를 진지하게 고려해 답할 의무가 있다. 다른 것은 말고 예를 들어서 이야기를 해보기만 하자. 현재 인민대중 사이에는 수많은 미신이 있다. 각양각색의 미신이다. 내가 지금 말하는 것은 신에 대한 미신이다. 모두 이런 미신 타파 공작을 진행할 것을 고려해 보았거나 준비해

---

6) 펑유란(1895~1990)은 대표적인 중국철학자로 『중국철학사』, 『간명 중국철학사』, 『중국철학사 신편』 등을 남겼다. 컬럼비아대학에서 듀이의 지도로 박사학위를 받은 후 중국의 칭화대학과 시난연합대학의 철학과 교수를 역임했다. 신중국 성립의 시기 펑유란은 자신의 과거연구를 자아비판하고 대륙에 남기로 결정하였다. 칭화대학 교수직을 사퇴하고 잠시 토지개혁 공작에 참여하기도 하다가 1952년에 베이징대학 철학과 교수직을 맡았다. 문화대혁명 기간에는 비판을 받고 격리되기도 했다.

본 적이 있는지 모르겠다. 모두들 이런 일은 '철학자'의 머리를 쓸 가치는 없다고 느끼지는 않는가? 나는 모두 레닌이 쓴 「전투 유물론의 의의를 논함」이라는 논문을 읽어 보았나 모르겠다. 아직 읽어 보지 않았다면 열심히 일독해 보는 것이 좋다. 레닌은 거기서 무신론 전파를 위해 투쟁할 필요를 설명하는 동시에 18세기 유럽의 오래된 무신론자의 작품에 대해 높은 평가를 내리고 있다. 읽고 나서 어떤 느낌을 받았는가 아니면 여전히 냉담한가?

나는 여기서 또한 『안후이일보』 6월 24일자에 게재된 '신의 비밀'이라는 흥미롭고 의의 있는 소식을 이야기해 보고자 한다. 허페이(合肥) 서부 관팅(官亭) 남측의 위안둥산(園洞山)은 본래 신선동굴이 있다는 전설이 전해지는데, 최근 갑자가 영험을 보이게 되었다. 동굴 속에 신선 처방이 있어, 먹으면 병이 낫고, 아이를 못 낳는 여자는 아이를 낳을 수 있다고 한다. 거기에 가서 신선 처방을 받으려는 사람들은 향과 촛불, 종이인형을 준비하는 외에도 땅콩이나 마떡 같은 물건을 가지고 가서 공양을 한다. 공양을 마친 후 땅콩과 마떡 등의 물건을 다시 가지고 오면 신선이 부여한 '신선 처방'이 되는 것이다. 아주 많은 사람들이 '신선 처방'을 얻기 위해 하루치 생산분을 쏟아붓고 적지 않은 돈을 지출하며, 어떤 노인들은 물건 살 돈이 없어 마음이 급해 닭을 팔아치웠다. 그러나 기이하게도, 사람들이 머리를 조아린 다음 다시 동굴에 기어 올라가 다시 가져오는 공양물은 일부분에 지나지 않는다. 그 나머지는 어디로 간 것일까? 청년들이 의심이 생겨서 어찌된 일인지 살펴보려고 동굴에 들어가려 했다. 그러나 일부 노인들이 물건은 동굴 속의 신선이 먹었다고 하면서, 청년들이 들어가 보려는 모험을 말렸다. 하루는 어떤 늙은 노파가 며느리를 데리고 와서 며느리에게 손자를 내려달라고 신선의 가호를 빌었다. 이때 본래 말을 하지 못하던 신선이 돌연 입을 열었다. 동굴 속에서 웅웅거리는 목소리로 "꽃무늬 침대보를 보내면 아들을 낳도록 해주겠다"는 소리가 들렸다. 그들은 신선 목소리에 깜짝 놀라서 뛰쳐나왔다. 산 아래서 둑을 쌓던 청년들이 이 소식을 듣고는 참지 못하고 동굴로 뛰어들어 '신선'을 끌고 나왔다. 알고 보니 그 신선은 별게 아니라, 여러 차례에 걸쳐서도 개조가 안 된 그 동네의 건달이었다. 내가 생각하기에, 우리 철학자들이 이런 류의 신의 비밀을 발견할 수 있거나 중국 과거의 수필과 소설이 쓴 이런 류에 속하는 이야기와 재료를 편집해서 구체적 선전 공작을 진행한다면, 농민에게 교육적 의의가 있는 공헌이 될 것이다. 그러나 우리 일부 철학자들이 부러워하는 것은 아마 이런 일이 아닐 것이다. 그들은 이를 어떤 일로 생각할까? 이것이 어찌 '철학'일 수 있다고 생각하겠는가? 내가 생각하기에, 이런 철학자는 자신도 신선이라고 생각할 수 있을 것이다. 적어도 이런 철학자, 유심론 철학자는 신선의 친척이자 친구라고 말할 수 있을 것이다.

당연히 이런 문제는 농업 방면에서만 출현하는 것은 아니다. 노동자들의 의욕과 창조성은 일부 전문가나 과학자들이 원래 그려 놓은 범위를 돌파하였고, 어렴풋이 세계기록을 돌파하는 경우도 등장했다. 장차 노동자 대오 안에서 그리고 농민 대오 안에서 일군의 철학자들이 떨쳐 나와서 그들이 이해하는 철학지식이 우리가 현재 이해하는 것을 크게 넘어설 것이다. 믿지 못하는가? 실천이 우리에게 증명해 줄 수 있을 것이고, 시간이 우리에게 증명해 줄 수 있을 것이다.

지식인은 뒤처지기를 감수하지 않으니 어떻게 할 것인가? 방법은 노동대중과 결합하고 생산노동과 결합할 것을 결심하는 것이다. 방법은 우선 그런 지식인 자세를 펴지 말고, 무엇보다 마오쩌둥 동지처럼 기꺼이 대중의 작은 학생이 되는 것이며, 이는 마오쩌둥 동지의 지시를 실행하고 지식인 자신을 공농화(工農化)하는 것이다.

인민을 위해 복무하겠다는 한 조각 붉은 마음이 있고, 가슴 가득 기꺼이 대중의 작은 학생이 되겠다는 열정이 있다면, 어떤 사람의 지혜의 발전에도 한계는 없을 것이다. 지식인의 학술상의 성취에도 한계가 없을 것이다.

수많은 지식인들은 무슨 '학술권위'에 대해 이야기하기를 좋아하며, 또한 자신의 어떤 권위가 실추될까 아주 두려워한다. 공산주의자는 권위를 승인하는가 그렇지 않은가? 엥겔스는 「권위에 대하여」라는 제목의 논문에서 일찍이 이 문제를 설명하였다. 권위는 필요한 것이다. 배를 탔으면 선장을 존중해야 한다. 기차를 탔으면 기관사를 존중해야 한다. 문제는 인민 이익을 대표하고 인민 의지를 대표하는 권위를 존중해야 하고, 진리를 대표하고 진보를 대표하는 권위를 존중해야 하며, 지나간 시대의 권위를 존중해서는 안 되고, 가짜 권위를 존중해서는 안 된다. 어떤 사람은 과거 어떤 시기에 권위를 지닌 적이 있었지만, 스스로 만족하여 멈추어 서버리곤, 매일 이른바 '권위'밥을 먹고 더 나아가려 하지 않는다. 중국의 오래된 말이 아주 훌륭하다. "배움은 물결을 거슬러 배를 젓는 것과 같아서 나아가지 않으면 밀려난다." 결국 사람들은 진보하였지만 그는 그렇지 못해, 낙오분자로 남을 뿐이다. 본래 가짜 권위였던 경우는 그야말로 있는 그대로 폭로하면 될 뿐이다. 과거에 권위가 있었으면 지금 여전히 권위를 지닐 수 있을까? 가능하다. 다만 우선 작은 학생이 되어야만 한다. 권위는 늘 작은 학생에게서 나온다. 권위와 작은 학생은 늘 바뀌어야 한다. 작은 학생이 권위로 바뀔 수 있고, 권위 또한 작은 학생으로 바뀔 수 있다. 권위가 된 이후 기꺼이 작은 학생이 되려 하지 않는다면 다시는 권위가 될 수 없다. 마오쩌둥 둥지는 1941년 『농촌조사』 서문에서 이렇게 썼다. "전 당 동지와 함께 대중들에게 배우고 계속해서 작은 학생이 되는 것, 이것이 나의 바람이다." 마오쩌둥 동지는 우리 대오 중에, 인민대중 중에 늘 최고 권위의 지위에 있다. 왜 그런가? 그가 늘 자신을 대중의 작은 학생이라 여기기 때문이다.

여기에 있는 학생들은 모두 대학생[大學生; 큰 학생—옮긴이]이라 지칭된다. 내가 여기서 말하지만, 나는 또한 기꺼이 여러분의 작은 학생이 되려 하고, 무엇보다 기꺼이 대중의 작은 학생이 되고자 한다. 말이 되는가? 말이 된다. 상이한 상황에 상이한 정도로 큰 학생이 있고, 또한 상이한 상황에 상이한 정도로 작은 학생이 있다. 큰 학생이면서 작은 학생이기도 한 것, 이것이 변증법의 대립물의 통일이라 부르는 것이다.

엥겔스는 유럽의 르네상스 시대에 대해 이렇게 썼다. "이는 인류의 전대미문의 가장 위대한 진보의 혁명이고, 거인——사상 능력상, 열정과 성격상, 다재다능하고 학술이 광대한 거인——을 필요로 하고 만들어 내는 시대이다." 현재 중국은 유럽의 르네상스에 비해 더욱 위대하고 비교할 수 없는 위대한 신시대를 전개하고 있다. 중국의 이런 대변혁의 시대에 처해 우리는 인민대중의 열정이 용솟음치고, 재주와 사상이 넘쳐나는 것을 보고 있다. 이는 참으로 광대한 대중이 끊임없이 자신의 창조력을 분출하는 위대한 시대이다. 마오쩌둥의 깃발은 우리에게 명확하고 견고한 방향을 제공하고, 우리에게 사상해방, 미신타파의 역량을 제공한다. 우리는 이 위대한 깃발 아래에서, 전진하는 전사를 충원하고 인민의 행복을 위해 그리고 위대한 공산주의의 내일을 위해 열심히 분투하도록 하자.

(이 강연 기록 원고는 본인의 정리와 보충을 거쳤다.)

『홍기』 1958, 제4기에 실림

부록 3. 양시광, 「중국은 어디로 가는가?」(1968)

이 글은 1968년경 문화대혁명 후기에 본격적으로 등장한 '이단사조'의 가장 대표적인 선언문으로, 문화대혁명 당시 급진 조반파에 매우 큰 영향을 끼쳤다. 이 글은 성우롄(省無聯: 湖南省無産階級革命派大聯合委員會)의 구성원으로 당시 만 18세였던 양시광이 처음에 조직 내부 토론을 위해 작성한 후 공개한 문건이다. 문화대혁명 이전의 17년의 사회를 부르주아 독재 하에 새로운 관료 지배계급이 형성된 사회로 보며(90%의 고급간부가 '홍색 자본가계급'을 구성하였다고 본다), 문화대혁명의 목표를 이런 관료 부르주아 계급을 전복하고, 국가장치를 파괴하며, 나아가 '중화코뮨'을 건설하는 것으로 본다는 점에서 당시에 등장한 여러 급진적 사고들의 가장 극한점에까지 나아갔음을 알 수 있다. 이런 혁명을 위해 대중들의 무장투쟁을 독려하였으며, 저우언라이 총리를 '홍색' 자본가계급의 대표로 거명하여 당중앙과 정부에 의해 가장 대표적인 반동세력으로 지목되었다. 이 문건과 강령이 문제가 되어 '성우롄'은 이후 대대적인 검거와 탄압을 겪게 되었다. 양시광은 이 문건 때문에 10년간 감옥 생활을 하였는데, 감옥생활 중에 자신의 사상을 바꾸었고, 1978년 만기출소하여 이듬해 이름을 양샤오카이(楊小凱)로 바꾸고 인쇄공장 노동자로 생활했다. 1980년에는 중국사회과학원에 입학하여 1982년 계량경제학 석사학위를 받았다. 1983년 후난성 고등법원으로부터 그의 글이 범죄혐의가 없음을 인정받아 무죄판결을 받았고, 그해 미국 유학의 길이 열렸다. 1988년 프린스턴대학에서 경제학 박사학위를 받았으며 이후 호주로 이주해 모나쉬대학 교수를 역임했고, 신고전파 경제학의 업적으로 2002년과 2003년에 노벨 경제학상 후보로도 올랐다. 2004년에 암으로 사망하였다. 그 자신의 삶의 회고로는 楊曦光(1994)을 참고하라.

문건은 당시의 상황을 반영해 다소 거친 부분이 없지 않으나, 문화대혁명 시기에 쟁점이 된 내용의 한 극한적 측면을 살펴볼 수 있다. 양시광 자신이 스스로를 '극좌'로 부르고 있는 것처럼, 이 문건이 당시 조반파들의 일반적 입장을 대표하고 있는 것은 아니다. 이 문건의 맥락에 대해서는 본문 4장 2절을 참조하라. (옮긴이)

중국은 어디로 가는가?

1968. 1. 6.

*주: 이 원고는 현재 공개발표가 적절한지, 「'극좌파'의 코뮨(公社) 성립 선언」을 대표할 수 있는지, 그리고 이를 어떻게 더 수정할 것인지 널리 의견을 구하기 위해 마련된 원고이다. 읽은 후 매 쪽 우측 공란에 상세한 의견을 적어 주기 바라며, 이십 일 이전에 본고를 발행자에게 돌려주기 바란다.

성우롄(省無聯) 1중학교 중홍조(中紅造)회 강철 319병단(鋼三一九兵團)

"탈군권"(奪軍權)의 한 병사[실제 저자는 양시광—옮긴이]

1968년 1월 12일

2월 역류[1]에 대한 반격 투쟁이 7, 8, 9월에 이르자, 모든 전국 인민이 힘찬 기상을 보이며 프롤레타리아 문화대혁명을 "끝까지 밀고" 갈 희망을 가질 수 있다고 여겨, 인민 사상을 속박하는 일체의 전통관념이 한 겹으로

---

1) 1967년 2월에 당의 원로들을 중심으로 문화대혁명의 추세에 반대하고 제동을 걸려는 시도가 등장하였고, 이것이 '화이런탕' 모임을 계기로 두드러지게 나타났다. 이를 문혁 시기에 '2월 역류'라고 불렀는데, 개혁개방 시기 들어 문혁에 대한 당의 부정적인 공식 평가가 내려진 이후로는 이를 '2월 항쟁'으로 반대로 부르게 되었다.

밀려났다. 그러나 10월 이래로 위로부터의 반혁명 개량주의의 역류와 "제1차 문화혁명은 끝났다"는 계급타협의 분위기가 갑자기 팽배해지면서 전국 인민은 오리무중에 빠졌다. 특히 청년지식인과 학생들은 감각이 민감해 가장 먼저 반응하여, 어떻게 해야 하는지, 중국은 어디로 가는지를 다시 묻게 되었다. '극좌파' 코뮌 성립은 무엇보다 이런 엄숙한 질문에 답하기 위한 것이다.

이 문제에 정확하게 답하기 위해서는, 유사 이래 가장 위대한 혁명이 창조한 1967년의 극히 풍부한 경험과 교훈, 주요하게는 '1월 폭풍'과 '8월 국지적 국내전쟁'이 창조한 거대한 역사적 의의를 지닌 경험을 반드시 진지하게 총괄해 내야 한다.[2]

1. 과학적 예견

당대의 중국은 세계모순의 초점이며, 세계혁명 폭풍의 중심이다. 중국이 어디로 가는지는 상당한 영향력을 지닌 중대 과제인데 이에 대해서는 세계 프롤레타리아트의 위대한 지도자 마오쩌둥 동지가 표면적으로 추상적으로만 예견한 바 있다. 세계를 뒤흔드는 프롤레타리아 문화대혁명이 벼락같은 위력으로 막 동방에서 흥기하기 직전에, 산하를 삼킬 듯한 프롤레타리아트의 위대한 포부로 마오 주석은 전국 최초의 마르크스-레닌주의 대자보야말로 "20세기 1960년대의 베이징인민공사[코뮌—옮긴이] 선

---

2) '1월 폭풍'은 상하이를 필두로 하여 전국적으로 탈권운동이 전개된 시기를 말하며, '8월 국지적 국내전쟁'은 장칭의 '문공무위' 구호에 호응해 각지에서 각 파벌 간, 또는 대중조직과 군대 간의 무장투쟁이 두드러지게 나타나 전국이 거의 준내전 상황에 돌입했던 상황을 말한다.

언"이라고 세계를 향해 선포하였다. 바로 이 말이 프롤레타리아 문화대혁명이 대중 속에서 맹렬하게 전개되기 시작했음을 정식으로 선포한 것이었다. 동시에, 마오 주석은 또한 "우리들의 국가장치가 장차 참신한 형세로"——즉 파리코뮨과 유사한 방식의 정치기구로——"출현할 것임을 천재적으로 영명하게 예견"하였다(『홍기』 1967년 제3기 사설). 1월 혁명 중 마오 주석은 또한 '중화인민공사'[중화코뮨——옮긴이]라는 명칭을 제기했는데, 이는 제1차 문화대혁명의 최후 결과로서, 중국이 장차 '중화인민공사'로 나아갈 것임을 제기한 것이다! 그러나 당시 혁명이 매우 낮은 단계까지만 발전한 역사적 한계가 있었기 때문에, 어떤 인민도 마오 주석이 제기한 제1차 문화대혁명의 최종 목적을 제대로 이해하지 못해, 모두 마오 주석의 이 말을 일반적인 찬사로만 여겼고 이 말은 점차 잊혀졌다.

문화혁명이 아직 정식으로 개시되기 전 마오 주석의 저명한 「5·7 지시」(五七指示)[3] 중에, 이미 새로운 정치구조, 즉 '중화인민공사'의 내용이 간략히 기술된 바 있었다. 그러나 일반인들은 모두 「5·7 지시」의 묘사를 공상적인 '공산주의 유토피아'로 여기고, 현재 「5·7 지시」를 우리의 최근의 분투목표로 삼는 것은 현실적이지 않다고 여긴다. 현재는 지식청년만이 「5·7 지시」를 잊지 않고 기억하고 큰소리로 이를 실현하기 위해 분투하고 있는데, 이는 명백히 「5·7 지시」가 묘사하는, 현재와는 다른 새로운 사회가 비로소 그들이 해방을 얻을 수 있는 사회라 여기기 때문이다. 그

---

3) 1966년 5월 7일, 마오쩌둥은 린뱌오에게 보내는 한 통의 편지를 썼는데, 이는 나중에 「5·7 지시」로 지칭되었다. 이 지시 중에서, 마오쩌둥은 전국 각종 직업에서 모두 커다란 학교를 만들고 정치·군사·문화를 배우며, 농업 부업에 종사하여 생산하고, 중소 공장을 경영하며, 자기가 필요로 하는 약간의 산품과 국가와 등가로 교환하는 산품을 생산하고, 동시에 부르주아지를 비판하기를 요구했다.

러나 적지 않은 지식청년들은 가까운 장래에 「5·7 지시」가 묘사하는 사회를 실현하는 것은 현실적이지 않다고 여긴다. 그들은 「5·7 지시」를 실현하기 위해 믿음을 가득 안고 분투하기보다는, 현실에 대한 일종의 불만과 자기위안에서 제멋대로 「5·7 지시」를 널리 알릴 따름이다.

마오 주석의 과학적 예견이 사람들 머릿속에 남긴 것은 공상적 인상인데, 이는 계급투쟁이 충분히 첨예하고 고도로 발전하지 못한 단계에 있다는 사실과 부합한다. 현재의 중국은 새로운 생산력의 발전으로 인해, 새로운 생산력을 대표하는 계급이 역사의 전진을 저해하는 생산관계를 대표하는 부패계급과 투쟁을 전개하는 동시에 사회대혁명을 필연적으로 초래하여, 새로운 사회가 열화와 같은 불길 속에서 필연적으로 탄생할 것이다. 이러한 객관 법칙은 마오 주석의 공상적 예견이 아니라 마오 주석의 과학에 굳건히 기초한 것인데, 사람들은 현재 이러한 법칙을 아직 인식하지 못하여, 당연히 과학적 예견이 사람들에게 장래의 아름다운 순수한 공상만 남겨 주는 현상이 나타날 수 있다. 사람들은 중국이 장차 평화로운 이행을 거쳐 「5·7 지시」가 묘사하는 사회로 갈 것이라고 여긴다. 실제로 그런가? '평화로운 이행'은 '평화로운 변천'[4]의 다른 이름에 불과하며, 이는 단지 중국을 「5·7 지시」가 묘사하는 '코뮌'으로부터 더욱더 멀어지게 하고, 현 소련 사회와 더욱더 가까워지게 만든다. 마오 주석이 제출한 "하나의 계급이 하나의 계급을 전복하는 혁명", "프롤레타리아 혁명파가 대연합하여, 주자파의 권력을 빼앗자"는 것은 곧 코뮌으로 이행하는 현실 경로를 어떻게 해결할 것인가에 대한 것이다. 즉 반드시 폭력을 사용하여 새로운 관료 부르주아 통치를 전복하고, 정권문제를 해결하자는

---

4) 평화로운 변천(和平演變)은 '평화공존'을 거쳐 자본주의로 평화롭게 복귀한다는 의미이다.

것이다. 만약 그렇지 않고 탈권 문제를 말하지 않고 낡은 국가장치를 철저히 파괴하지 않고 「5·7 지시」를 실현하자고 공허한 말만 외친다면, 이는 확실히 '유토피아'적 공상일 것이다.

2. 1월 혁명 폭풍

레닌은 일찍이 위대한 명언 한 마디를 남겼다. "어떤 혁명이든 진정한 혁명이려면, 결국에는 계급변동이다. 그래서 대중 의식을 고양시키고, 대중을 기만하는 혁명 맹세를 폭로하는 가장 좋은 방법은 이러한 혁명 중에 어떤 계급변동이 발생하였고 또 발생 중인지를 분석하는 것이다." 우리는 이 가르침을 따라 1월 혁명 중에 발생한 계급변동을 분석하여, 혁명 맹세를 사용하여 대중을 우롱하는 행위를 폭로하려 한다.

　1월 혁명 중에 모두 가장 잘 아는 사실은 90%의 고급간부가 쫓겨났다(靠邊站)는 것인데, 당시 후난(湖南)의 경우 장핑화(張平化), 장보썬(章伯森), 화궈펑(華國鋒) 등의 권력이 매우 줄어들어 '0'에 이르렀으며, 중앙의 경우 재정부, 방송국(廣播局) 등 부문이 잇따라 탈권되었고, 리셴녠(李先念), 천이(陳毅), 탄전린(譚震林) 등과 그들을 대표하는 저우언라이(周恩來) 등의 권력 또한 매우 크게 줄어들었다. 그렇다면 당시의 재산[다른 판본에서는 권력 — 옮긴이]은 누구 손에 들어갔는가? 스스로 도시, 공업, 상업, 교통 등등(당, 정, 재정, 문화 등의 큰 권력[黨政財文大權])을 스스로 맡아서 관리하도록 조직된, 무한 열정으로 충만한 인민의 수중에 들어갔다. 사설이 호소하는 바대로, "인민대중 스스로 일어나 사회주의 국가의 운명을 맡아서 관리하고, 도시, 공업, 교통, 경제를 스스로 관리하는" 일이 진정으로 실현되어, 1월 혁명 폭풍은 단시간 내에 관료들의 수중으로부터 열정 넘치는 노동자계급의 수중으로 넘어갔다. 사회는, 관료가 없으면 자신이 살아갈 수 없는 것이 아니라, 반대로 오히려 훨씬 더 잘 살고, 더 자유롭고 더 빠르게 발전한다는 것을 홀연히 발견했다. 혁명 전에 관료들이 노동자들에게 "우리가 없으면 생산은 붕괴할 것이고, 사회는 뒤죽박죽 혼란에 빠져 돌이킬 수 없을 것"이라고 겁주던 것과는 전혀 달랐다. 실제 관료와 관료기구가 없어도 생산력은 아주 크게 해방되었고, 석탄부(煤炭部)가 무너졌지만 석탄은 평상시대로 채굴되었고, 철도부도 무너졌으나 운송은 평상시대로 진행되었으며, 성위원회 각 부도 역시 무너졌으나 각종 공작은 정상대로 진행되었다. 뿐만 아니라 노동자계급의 생산열정, 적극성이 크게 해방되어, 1월 말에 노동자들이 이미 공장을 관리하는 정경은 진정 감동적이었고, 노동자들은 처음으로 "국가가 우리를 관리하는 것이 아니라, 우리가 국가를 관리한다"고 느꼈다. 처음으로, 자신을 위해 생산함을 느꼈고, 의욕이 이처럼 큰 적이 없었으며, 주인공으로서의 책임감이 이처럼 강한 적도 없었는데, 창사(長沙)방직공장 등지에서는 조반반(造反班) 등 새로운 것들이 무수히 탄생했다.

이는 바로 1월 혁명 중 계급변동의 참된 내용이었고, 단시간 내에 일부 지역에서는 '중화인민공사'의 내용을 아주 철저하게 실현하지는 못했지만 사회는 실제로 일종의 파리코뮌과 유사한 '대중독재'의 상황에 놓였다. 1월 혁명 폭풍은 사람들에게 중국이 관료가 없는 사회로 가야 하며 현재 90%의 고급간부가 이미 독특한 계급을 형성했고, 계급투쟁이 발전하는 객관법칙에 따라 그들 절대다수가 1월에 쫓겨났다는 것을 알려 주었다. 90%의 고급간부가 1월 혁명 폭풍 중에 쫓겨난 것은 결코 '대중'의 잘못이 아니며, "대중은 진정한 영웅이고", 가장 흉악했던 사람들이 필요한 징벌을 받았으며, "부당하게 징벌받은 경우는 극히 적었다". 대중이 적발해 낸 사실 그리고 그들에게 쏟아진 폭발적인 분노와 원한은 초보적으로나마 사람들에게, 이러한 홍색 자본가계급이 완전히 역사의 전진을 가로막는 하나의 썩은 계급이 되었음을 알려 주었다. 그리고 그들과 광대한 인민의 관계는 이미 영도-피(被)영도 관계로부터 통치-피통치, 착취-피착취 관계로 바뀌었으며, 평등한 공동혁명 관계로부터 억압-피억압 관계로 바뀌었고, '홍색' 자본가계급의 특권과 높은 급여는 광대한 인민대중의 억압과 착취의 기초 위에 쌓아 올려진 것임을 알려 주었다. '중화인민공사'를 실현하려면 반드시 이러한 계급을 전복해야만 한다.

　1월 혁명 폭풍은 혁명인민이 마오 주석의 영도 하에 구(舊)세계를 전복하고 신세계를 건설하려는 위대한 시도였다. 제1차 프롤레타리아 정치대혁명의 강령은 바로 이러한 위대한 시기에 제기되었다. 마오 주석은 "이는 한 계급이 다른 한 계급을 전복하는 것으로, 대혁명이다"라고 밝혔다. 이는 문화대혁명이 관료 파면 혁명(罷官革命)이나 적발 운동(揪人運動)이 아니고, 또 단순한 문화혁명이 아니며, "한 계급이 다른 한 계급을 전복하는 혁명"임을 밝힌 것이다. 1월 혁명 폭풍의 사실과 연계하여 볼 때 이렇게 전복된 계급은 바로 17년간 중국에서 형성된 '관료주의'자 계급이고(마오 주석의 1965년 1월 25일 「리정런李正人 조사보고에 관한 지시」), 이러한 단위의 탈권 투쟁은 반드시 마르크스주의의 낡은 국가장치 파괴의 원칙을 실행해야만 한다. 이 안에는 개량주의가 불가능하고, 두 사물이 하나로 합쳐질(合二而一) 수 없으며, 평화로운 이행기를 거칠 수 없고, 이런 것들을 반드시 철저히 분쇄하여야 한다. "낡은 착취 제도, 수정주의 제도, 관료주의 기구를 철저히 파괴해야 한다." 제1차 프롤레타리아 정치대혁명의 강령은 그다지 구체적이지 못한 맹아 상태로 1월 혁명 폭풍의 후기에 사설을 통해 제기되었다. 마땅히 전복해야 할 썩은 계급, 파괴해야 할 낡은 국가기계, 심지어 아무도 이의를 제기할 수 없는 사회문제까지 제기되었으며, 이러한 위대한 발전은 1월 혁명 폭풍 중 프롤레타리아트가 드러낸 용감성과 창조적인 정신의 필연적 결과였다.

1월 혁명 중에 건드려진 제도, 정책, 방침의 문제로는 주로 계약노동자, 임시노동자 등 자본주의적 고용노동제도와 수정주의적 상산하향(上山下鄕) 운동이 있었다.

현재, '극좌파'는 반드시 사람들을 조직하여 1월 혁명 폭풍이 창조한 매우 풍부한 사물들을 충분히 총괄적으로 연구해야 하며, 이러한 새로운 사물들은 바로 파리코뮌식의 새로운 모형(雛形)이다.

3. 혁명위원회

왜 '코뮌'을 극력 주장하던 마오쩌둥 동지는 1월에 돌연히 '상하이인민공사'의 건립을 반대했는가? 이는 혁명인민이 이해하지 못하는 바이다. '코뮌'이 바로 제1차 문화혁명이 반드시 실현해야 할 정치기구라고 예견했던 마오 주석은 돌연 "혁명위원회라 부르는 것이 좋다"고 제안했다.[5]

혁명은 분명히 곡절 있게 진전하며, 반드시 "투쟁-실패-재투쟁-재실패-다시 또 재투쟁-승리에 도달"이라는 기나긴 과정을 거쳐야만 한다.

왜 즉각 코뮌을 건립할 수 없는가?

혁명인민은 처음으로 강대한 적들을 전복하려는 시도만 해보았을 뿐이며, 이러한 혁명에 대한 혁명인민의 인식은 아직 얼마나 표피적인가! 낡은 국가장치를 철저히 파괴하고 사회제도들을 건드려야 한다고 자각

---

5) 이에 대해서는 본문 3장 2절을 볼 것.

적으로 인식하지 못할 뿐 아니라, 적들이 하나의 계급이라는 인식조차 분명치 못하여, 관료 파면 혁명과 적발 혁명이 혁명대오를 지배하고 있다. "대중의 지혜의 발전이 사회개조를 실현할 정도에 이르지 못했기 때문에 결국 혁명의 성과를 자본가계급이 가져갔다."(『공산당선언』)

어떤 1차혁명도 모두 필연적으로 군대를 건드리게 되는데, 중국은 이미 홍색 자본가계급을 형성했으니, 군대도 당연히 이런 현실로부터 떨어져 있을 수 없다. 그러나 1월 폭풍이 근본적으로 모든 혁명의 근본문제인 군대문제를 건드리지 않았던 걸 보면, 아직 혁명이 얼마나 심도 있게 진행되지 못했으며, 얼마나 낮은 단계에 머물러 있는지, 그리고 혁명인민의 정치사상의 성숙 정도 또한 이러한 높지 않은 혁명단계와 상응하여 매우 성숙하지 못한 단계에 놓여 있음을 알 수 있다.

이처럼 철저한 승리가 불가능할 때 즉각 진정한 승리를 탈취하려는 것은 좌경모험주의이고, 자본가계급이 혁명성과를 탈취해 간 과거의 필연을 따르는 것이다. 오히려 훨씬 더 높은 단계의 투쟁 중에 인민이 자기의 정치사상의 무기를 단련토록 하고, 혁명의 고조와 퇴조를 거쳐 최후의 승리를 탈취할 역량을 준비하는 것이 정확한 전략방침이다(지금 전략 배치라고 하는 것이 바로 이와 같다). 만약 그렇지 않고 대중이 중국에서 '코뮌'을 실현하는 것이 자신의 이익임을 진정으로 인식하지 못하는 시점에 '코뮌'을 건립한다면, 곧 헛된 이름만 남긴 채 실제로는 현재 혁명위원회의 내용과 마찬가지로 부르주아지가 권력을 찬탈한 가짜 '코뮌'이 될 것이다.

그래서 프롤레타리아트의 위대한 최고사령관 마오쩌둥 동지는 조금도 주저하지 않고 코뮌을 즉각 건립해야 한다는 유치한 혁명가의 환상에 반대해, 정확한 전략방침을 취하면서(즉 전략적 배치), 다른 한편으로는 군대가 "좌파를 지지"(支左)하라는 호소를 제기했다. '좌파 지지'는 사실 마오 주석이 군대에서 문화혁명을 진행한 교묘한 방법이다. 이는 직접 군대에서 4대[大鳴, 大放, 大辯論, 大字報 등 4대 민주―옮긴이]를 전개한다면 군내 주자파가 프롤레타리아트에 대해 사보타주와 파괴를 행해 프롤레타리아트가 손실을 입게 되는 것을 피하기 위한 것으로, 군대가 좌파를 지지하도록 호소함으로써 표면적으로 보아 군대에서는 4대를 하지 않지만, 실제로는 부대가 지방에서 4대의 기세 드높은 문화혁명에 참가토록 하는 것이다. 이는 좌파 지지라기보다는 부대를 교육하는 것이며, 군내 문화혁명을 하는 것이다. 다른 한편, 혁명위원회가 점차 전국 각지에 건립되었다.

삼결합은 바로 혁명위원회의 구체적 내용인데, 3결합의 제기는 1월혁명 중에 실각한 관료들을 다시 부축해 일으켜 세우는 것과 같은 것이며, 3결합은 불가피하게 군대와 지방관료가 주도하는 부르주아지 권력 찬탈의 정권형식이 될 것이다. 마오 주석 또한 3결합의 혁명위원회를 '임시권력기구'라고 칭했는데, 이는 단지 하나의 과도적 형식일 뿐 제1차 문화혁명의 최후 결과가 아니다. 제1차 문화혁명의 최후 결과는 '코뮌'이지 혁명위원회가 아니다. 마오 주석은 8, 9월에 1월 혁명과 8월 국내혁명전쟁이얻어 낸 '대중독재'의 위대한 이론을 총괄하여, 제1차 문화혁명의 후과가결코 관료와 그들을 보조한 대중의 3결합 독재가 아니라 '대중독재'임을증명했다. 그러나 앞서 서술한 바처럼, 과도적 형식은 필수적이며, 과도적형식을 부인하는 것은 좌경 헛소리주의(空談主義)이다.

4. 2월 역류(二月逆流)

1월 혁명이 맹렬하고 심각해지자, 관료들은 기다릴 사이도 없이 급하게권력찬탈에 나섰으며, 완전히 태도를 바꾸어 아주 다급하게 잔혹한 진압수단을 채택하였다. 이는 1월 혁명 중 90%의 고위간부가 쫓겨나는 이런 '재산권력 재분배'의 심각성을 반증하는 것이었다. 2월 역류의 참상 또한 마오쩌둥 동지의 "즉각 승리할 수는 없다"는 예견의 정확성을 증명하였다.

'홍색' 자본가계급은 2, 3월에 거의 압도적 우세를 점했으며, 재산(생산수단과 권력)은 혁명인민 수중으로부터 관료들의 수중으로 도로 빼앗겼다. 이른 봄 2월에 룽수진(龍書金), 류즈윈(劉子雲), 장보썬(章伯森), 화궈펑(華國鋒) 및 전국의 관료들과 그들의 중앙 대리인들 권력이 무한대가 되어 그들이 권세를 누린 반면, 혁명인민의 권력은 '0'으로 줄어들었고, 많은 사람들이 부르주아 국가장치——경찰·검찰·법원이 통제하는 감옥——에 투옥되었다.

중국 '홍색' 자본가계급의 현재 총대표인 저우언라이는 2, 3월의 승리 앞에서 사리사욕에 눈이 어두워져 터무니없이 매우 급하게 전국 각지에 즉각적인 혁명위원회 건립을 꾀하였다. 만약 부르주아지의 기도가 실현되면 프롤레타리아트는 퇴각하여 무덤에 들어가야 했기 때문에, 중앙 문혁은 혁명위원회가 전부 건립되는 것을 기다리지 않고 3월 말 반격명령을 내렸다. 이로부터 위대한 8월 국지적 국내혁명전쟁이 싹트기 시작했다.

2월 역류에 반격하는 투쟁 중에 혁명이 높은 단계로 진입한 중요한 표지는 진정 군대문제에까지 손을 대기 시작했다는 것이다. 혁명인민은 1월 혁명 폭풍 때 군대문제를 매우 유치하게 사고하여, 지방에서 주자파만 전복하면 부대가 곧 마오 주석의 하달된 명령에 따라 혁명인민과 결합하여 주자파를 진압할 것이라 여겼다. 2월 역류 중에 흘린 피의 사실을 통해 인민들은, 단순히 하달된 명령만으로는 마오 주석의 의도를 부대 중에 관철시킬 수 없으며 군대 주자파의 이익과 지방 주자파의 이익이 일치하여 마오 주석의 혁명노선을 집행할 수 없도록 작동한다는 점을 알게 되었고, 반드시 아래로부터 군대 내 문화혁명을 일으키고, 역사를 전진시키는 인민혁명이라는 기관차에 의지하여, 군대를 통제하는 관료들이 조장한 군민 대립상황을 바꾸어야 함을 알게 되었다.

2월 이래의 투쟁은 군대의 엄중한 문제를 광대한 대중의 눈앞에 펼쳐 놓았고(이전에는 마오 주석 등 소수 사람들의 눈앞에만 펼쳐져 있었다), 이는 광대한 인민대중의 역량에 의지하여 이러한 문제를 점차 해결할 조건을 갖추어 가는 것이었고, '코뮨'이라는 새로운 사회 속의 군사역량이 현재의 군대와 다름을 과학적으로 예견해 주었다. 2월 이래의 투쟁을 거치며 마오 주석의 사상은 점차 대중을 장악하였다.

5. 8월 국지적 국내전쟁(八月局部國內戰爭)

1월 말 이래, 조반파가 군대를 논한 글이 많아졌다고 할 수 있는데, 과거 일어난 전국적 대규모 무장투쟁과 쓰촨(四川) 등지의 국지적 전쟁이라는 새로운 단계가 개시되었기 때문에 군대문제를 논하는 글들에서 '전쟁'이나 정권의 무장탈취라는 색채가 증가하였다. 이는 프롤레타리아트가 철저히 사회개조를 실행한다는 정치사상을 점점 성숙시킨, 너무나 기쁜 현상이다.

군대문제를 논한 이런 수많은 글들은 당시의 역사적 한계 때문에 아직 상당히 성숙지 못하고 많은 결함이 있었다. 그러나 이러한 글들은 새로운 사물(事物)들이었고 의미 있는 사물이었다고 역사가 증명해 줄 수 있을 것이다.

엥겔스가 공상적 사회주의를 이야기할 때 얼마나 좋게 말했는가! "사람들에게 가소로운 환상을 문필 세계의 소상인들이 정색하고 트집 잡도록 놓아두자. 그들 자신의 엄격한 사유방식이 이런 미친 생각보다 우월하다고 자아도취에 빠지도록 놓아두자. 우리를 기쁘게 하는 것은 오히려 도처에 환상의 껍질을 깨고 천재적 사상 맹아와 천재사상이 드러나기 시작했다는 것인데, 그런 평범한 자들은 이를 알아보지 못한다."

군대문제를 논하는 문장의 정수는 다음의 두 가지이다.

① 현재의 군대와 해방 전의 인민군대 사이에 변화가 생겼음을 간파하였다. 해방 전의 군대는 인민과 함께 황제·관료·봉건제(帝官封)를 전복하였고, 군민관계는 물과 물고기 같았다. 그러나 해방 후 혁명 대상이 황제·관료·봉건제로부터 주자파로 바뀌었고 이러한 주자파가 군대 내에서 실권파가 되었기 때문에, 혁명 중 이러한 부대는 군민의 혈육 같은 해방전의 관계로부터 변화했고 심지어 혁명을 진압하는 도구로 변하기도 했다. 따라서 제1차 프롤레타리아 문화대혁명이 성공하려면, 반드시 군대에 근본적인 변동을 일으켜야 한다. '극좌파'는 마오 주석의 한 마디 어록에서 자기사상의 근거를 찾아냈지만, 마오 주석은 동년 5월 군대의 병영 진주 지시 이후, 대중으로부터 이탈하였다.

② 오늘날 혁명인민이 무장한 '홍색' 자본가계급에 승리하려면 반드시 국내혁명전쟁을 거쳐야만 함을 간파하였다. 8월 프롤레타리아트와 '홍색' 자본가계급 사이의 대규모 무장투쟁과 국지적 국내혁명전쟁은 그들이 8월에 예견한 바를 실증해 주었고, 8월 국지적 국내혁명전쟁이 창조한 경험은 역사상 전례 없을 정도로 아주 위대한 것이다. 범속한 사람들의 예상과 달리, 역사는 의외로 '이단사설'이 예견하는 방향으로 발전한다. 상상도 못했던 대규모 총기탈취사건이 역사발전과 보조를 맞추어 법칙

에 부합해 출현했고, 서로 다른 규모의 군대가 직접 참가한(장시江西와 항저우杭州 등지에서는 군대가 직접 전투 참여) 국지적 국내전쟁이 폭발했다! 인민이 8월에 폭발시킨 창조정신과 혁명열정을 보고 사람들은 극한 감동을 느꼈다. 총기탈취가 '운동'으로 표현될 만큼 규모가 커지고 혁명전쟁의 위세가 웅장해진 것을 보자, 사람들은 이 순간 "인민, 인민만이 세계역사를 창조하는 동력이다"는 심오한 인상을 받았다.

도시는 짧은 시간 안에 일종의 '무장한 대중독재'의 상황에 놓였고, 대부분 공업, 상업, 교통, 도시 관리의 큰 권한이 장보썬, 화궈펑, 룽수진, 류즈윈의 수중에서 무장한 혁명인민의 수중으로 넘어왔다. 혁명인민이 8월처럼 세계역사를 창조하는 주인공의 자태로 역사 무대에 출현했던 적은 지금까지 없었다. 소학생[小學生 : 우리식으로는 '초등학생'—옮긴이]이 자발적으로 교통 통제업무를 맡아 차량 소통을 지휘하는 영명한 모습을 보였으며, 샹장펑레이(湘江風雷),[6] 홍중회(紅中會)[7] 등 대중조직이 일부 재정·경제 권력을 직접 통제한다는 자긍심은 사람들에게 잊기 힘든 인상을 남겼다.

8월은 혁명대중의 자치적 권력이 신속히 증가하던 시기였다. 관료들의 권력은 '0'으로 떨어졌고 두번째로 짧고 불안정한 '재산과 권력'의 재분배가 출현했으며, 사회는 또다시 위대한 '중화인민공사'의 시도를 실현했고, 인민은 또다시 「5·7 지시」에서 제기한 "군대는 큰 학교(大學校)여야

---

6) 원래 전체 명칭은 '마오쩌둥주의홍위병 샹장펑레이 전진부대'(毛澤東主義紅衛兵湘江風雷挺進縱隊)이다. 1966년 10월 14일 베이징에서 성립되었으며, 문혁 시기 후난성 최대의 좌파 대중조직 중 하나가 되었다. 그 활동에 대해서는 천이난(2008)을 보라.

7) '홍중회'의 원래 전체 명칭은 곧 '홍위병 창사시 중등학교 혁명위원회'(紅衛兵長沙市中等學校革命委員會)이며, 1967년 3월 19일 성립되었고, 문혁 초기 창사 중학생 주요 홍위병 조직 중 하나였다.

한다", "노동자, 농민, 학생 모두 군사를 학습해야 한다"는 문제를 해결해 보려는 시도를 진행시켰다. 1월 혁명 때는 이런 시도가 없었다. 군대는 해방 이전에는 군-학, 군-민, 군-농, 군-공(工：노동자)이 함께 일어난, 대중 관계가 극히 좋은 큰 학교였으며, 이러한 점은 마오 주석이 민주혁명에서 승리하기 직전에 총괄한 것이었다. 왜 해방 후 십 몇 년 만에 "군대가 큰 학교여야 하고" 군민관계의 문제를 더 잘 처리해야 한다고 다시 제기하게 되었을까? 앞 절에서 서술한 것처럼, 해방 후 군대가 변화했기 때문이며, 서로 다른 정도로 대중에서 이탈했고, 그런 까닭에 이러한 문제가 자연히 의사일정에 오르게 된 것이다.

8월 폭풍이 보여 준 위대한 창의적 시도라고 한다면 혁명인민이 스스로 조직한 무장역량이 출현했다는 것인데, 이러한 역량은 프롤레타리아 독재(주자파에 대한 독재)의 진정한 역량이 되었다. 그들과 인민은 일치하였고, 공동으로 '홍색' 자본가계급을 전복하려고 투쟁하였으며, 인민들은 군구(軍區)라는 관료기구가 붕괴하더라도 슬퍼하지 않고 오히려 환호하였다. 이전에 군대가 없으면 안 된다고 생각했던 것과 달리, 이런 사실 덕에 프롤레타리아트는 중국의 군대가 어디로 가는지도 비교적 실제적으로 예견할 수 있었다. 새로운 사회, 즉 '중화인민공사'의 무장 역량의 전망을 예견해 보면, 단연코 말하건대, 중국은 장차 군이 민이고 민이 곧 군이며 군민이 한 몸이 되어 군대가 관료의 통제에서 벗어나는 사회로 갈 것이다. 만약 1월 폭풍이 제1차 프롤레타리아 정치대혁명의 강령을 제출했다고 한다면, 8월 폭풍은 이러한 강령을 충실하고 풍부하게 만들었을 뿐 아니라, 이번의 혁명을 수행할 방법, 즉 '4대'에 의존할 뿐 아니라 정권의 무장탈취와 국내혁명전쟁에 의존한다는 방법을 해결했다.

6. 9월의 전환

사람들이 뛸 듯이 기뻐하며 용맹하게 앞으로 나아가고 거리낌 없이 큰소리로 "철저한 승리"를 이야기할 때, 프롤레타리아트의 위대한 지도자[즉, 마오쩌둥―옮긴이]는 지평선상의 새로운 위험을 보았다. 우리도 이런 새로운 위험의 내용을 살펴보자! 한편으로 패배의 필연성을 그들 스스로도 민감하게 느끼는 '홍색' 자본가계급의 본색이 '2월 반혁명 진압'(二月鎮反)에서 노골적으로 드러났기 때문에, 5월부터 중국의 '홍색' 자본가들이 책략을 바꿔, 적지 않은 지방에서 일반 간부의 '두각'(亮相)풍이 등장했다. 둥베이(東北)의 쑹런충(宋任窮), 후난(湖南)의 장보썬(章伯森) 등 한명 한명의 홍색 자본가는, 과거 인민의 머리 위에 올라 타 피를 빠는 흡혈귀였지만, 갑자기 노예의 혁명투쟁에 대해 '열정'을 표시하였고, 그들은 각자 두각을 드러내 군구를 포격하는 혁명대중을 지지하였다. 이 시기 혁명인민이 주자파를 하나의 계급으로 여겨 전복하려 하지 못했고, 오히려 적발혁명론, 관료 파면 혁명론이 여전히 프롤레타리아트와 광대한 혁명인민을 지배하고 있었으며, 모두 문화혁명은 주자파 개인만 숙청하는 것이고 일부 혁명 영도간부(즉 관료)를 이용하여 다른 일부 관료들을 타격하는 것이라 여겼다. 따라서 크고 작은 이런 장보썬 같은 자들이 기만적으로 인민의 신임을 얻었는데, 이는 부르주아지가 8월 폭풍의 승리 성과를 찬탈하는 것이 필연적이라는 객관법칙을 결정하였다. 동시에, 2월 이래 부르주아지가 다급하게 진압하고 프롤레타리아트가 신속하게 반격하면서 '코뮌'을 향해 이행하는 중도 시기 ― 혁명위원회의 독재 ― 가 실제로 아직 시작되지 못했고, 오히려 이행기도 없는 상황에서 인민의 신임을 기만적으로 얻은 '홍색' 자본가들이 인민을 진압하도록 허용되어, 인민은 피의 사실에서 주자파가 하나의 계급임을 인식하였다. 그런 까닭에 제1차 문화혁명의 강령을 받아들이는 것, 즉 철저한 사회혁명은 실현될 수 없었다.

다른 한편, 「5·7 지시」와 군대변동의 요구를 실현하려면, 야전군 내의 문화혁명을 끝까지 진행해야만 하며, 반드시 야전군이 "좌파를 지지"하도록 하고 실제로 야전군 내의 프롤레타리아 문화대혁명을 일으켜야한다. 야전군 내의 전면적인 '좌파 지지'를 전개하기 전에 즉각적 승리를 요구하는 것은 좌경맹동이다.

또한 농촌의 프롤레타리아 문화대혁명 문제가 있다. 만약 농촌에서 혁명의 폭풍이 일어나지 않는다면, 어떤 '탈권'도 진정 농민의 이익을 대표할 수 없을 것이다. 「5·7 지시」가 공장이 농장을 운영하고 농촌이 공장을 운영한다고 묘사하는 것은 새로운 코뮌 중의 노동자-농민, 도시-농촌 차별이 현재에 비해 훨씬 축소될 것임을 미리 알려 주는 것이다. 그리고 이러한 축소의 실현은 농민운동을 발동시킴으로써 그리고 마오쩌둥 사상의 지도를 받는 혁명인민이라는 역사를 전진시키는 기관차에 의거해 이루어질 것이다. 농민운동이 일어나지 않는데 제1차 프롤레타리아 문화대혁명의 철저한 승리를 요구하는 것 또한 헛소리일 뿐이다. 철저한 승리가 불가능할 때, 마르크스-레닌주의자의 임무는 "철저한 승리" 구호의 허위성을 폭로하는 것이다. 만약 마르크스-레닌주의자가 손에 큰 권력을 쥐고 있다면, 반드시 권력을 이용하여, 사람들이 "즉각 혁명위원회를 전복하고 코뮌을 건립하자"고 외치며 선동하는 것을 금지시켜, '코뮌'의 찬란한 이름이 실제 현상에 부합하지 않는 이름 때문에 오염되는 일이 없도록 해야 할 것이다. 동시에, 당내와 군내의 자본주의 관료계급이 8, 9월경에 중앙문혁에 대해 대대적으로 사보타주를 개시하고 파괴를 진행했는데, 그들은 일부러 군대의 혼란을 일으키고 경제가 정체하게 만들었다. 한 군대의 고급간부는 중앙문혁을 향해 공개적으로 난동을 벌였는데, 이는 바로 그들의 8, 9월 총방침이며, 그들은 "중앙문혁이 해방군을 필요로 하는가? 우리가 필요하지 않다면, 짐을 꾸려 고향으로 돌아가겠다", "중앙문혁은 군대 노간부의 가족들을 뿔뿔이 흩어지게 하고 집과 가족을 잃게 하였다"고 주장한다. 이러한 일련의 정황 하에서, 프롤레타리아트가 이미 극대의 발전을 얻었고 퇴각할 수 있는 매우 큰 출로도 있어 무덤까지 퇴각하지 않아도 되지만, 그렇다고 즉각 철저한 승리를 얻을 수도 없는 상황에서, 이미 얻은 성취를 공고히 하고 부르주아지를 진정시켜 그들이 궁지에 몰려 쥐를 무는 고양이의 처지가 되지 않도록 하기 위해, 영명한 총사령관 마오쩌둥 동지는 승리를 요구하는 성급한 혁명가의 환상에 다시한 번 구애받지 않고 9월 이후 대폭적인 퇴각을 행했다. 부르주아지의 권력 찬탈의 정치형세 —— 혁명위원회 또는 혁명위원회 주비소조(革籌小組: 革命委員會籌備小組)를 건립하였고, 코뮨을 향해 가는 이행기 —— 즉 혁명위원회가 통치하는 시기가 역사발전의 객관법칙에 따라 진정으로 시작되었다. 이때의 대폭적 퇴각은 전례 없는 것이었으며, 9월 이래 간부정책의 무한한 관용은 사실상 주자파에 대해 대폭적으로 양보한 것이고, 그들에게 권력을 준 것이었다. 구체적으로는 천짜이다오(陳再道)의 처리에서 표출되었는데, 주석은 심지어 그가 학습을 잘 받아서 이제는 나와서 업무를 맡아도 좋다고까지 말하였다.[8]

그러나 프롤레타리아 혁명 역량이 대대적으로 강화되었기 때문에 이때의 퇴각은 2월의 퇴각처럼 '궤멸적 퇴각'을 겪지 않았고, 부르주아지는 3월처럼 혁명을 거의 한 입에 집어삼키는 따위의 일을 벌일 수 없었다. 저우언라이를 포격한 후난의 혁명역량은 소멸당하지 않았을 뿐 아니라

도리어 성우롄(省無聯)을 창립했고, 몇몇 방면에서 전진적 발전이 있었다. 이는 곧 프롤레타리아 혁명역량이 강대하게 성장했음을 증명하는 것이다.

혁명위원회 중의 부르주아지는 프롤레타리아트가 8월에 거둔 승리의 성과를 찬탈하여 '대중독재'를 다시 관료주의 통치로 바꾸고자 했으며, 그러려면 가장 먼저 노동자계급을 무장해제시켜야 했다. 노동자계급 수중의 총기는 노동자 권력을 무한히 증대시켰으며, 부르주아지에 대한 결정적 위협이 되었고, 노동자의 총기 장악에 대한 공포심리를 일으켰다. 혁명인민은 관료들이 승리의 과실을 찬탈하고자 하는 것에 대한 자발적인 증오를 보이며 "총을 넘겨주는 것은 자살하는 것과 같다"는 우렁찬 혁명구호를 외쳤고, 신관료계급을 무장으로 전복하는 전국적인 대중성 '총 숨기기 운동'(藏槍運動)을 자발적으로 일으켰다.

8월의 총기탈취운동은 위대한 것이었다. 이는 자본주의 국가에서는 전례가 없는 일이었을 뿐 아니라 사회주의 국가에서도 전민개병[全民皆兵 : 전 인민이 모두 병사가 되는 일—옮긴이]을 처음으로 사실로 만든 것이었다. 문화혁명 이전의 관료들은 감히 총기를 진정으로 인민에게 넘겨주지 못했고, 민병(民兵)은 관료들이 무장역량을 통제하는 일종의 장식품에 지나지 않았으며, 이는 결코 노동자계급 '스스로' 무장한 것이 아니라 관료 수중에 길들여진 도구였다. 총기탈취운동은, 대중이 위로부터 아

---

8) 천짜이다오는 당시 우한 군구사령관으로, 1967년 여름 보수파와 조반파 사이의 대립 문제를 해결하기 위해 우한에 파견된 중앙문혁소조원 왕리를 억류하고 중앙에 반기를 들었다. 이것이 우한 '7·20사건'이다. 베이징에서 저우언라이가 급히 우한으로 가서 이 문제를 해결하고 왕리를 대동하여 돌아와 대대적인 환영군중대회까지 열었지만, 한 달 후 이른바 '왕·관·치' 사건으로 왕리는 실각한 반면, 천짜이다오는 비교적 가볍게 처리되었다.

래로 내려받은 은사(恩賜)가 아니라, 처음으로 혁명인민 자신의 폭력으로 관료 수중으로부터 무기를 빼앗은 것으로, 노동자가 처음으로 장악한 '스스로'의 총기이다. 사람들을 흥분시키는 마오 주석의 "좌파를 무장시키라"는 호소는 곧 노동자계급이 이처럼 용감히 고도로 집중되도록 하였으나, '9·5명령'의 하달로 "좌파를 무장시키라"는 호소는 효력 없는 문서(一紙空文)가 되었고,[9] 노동자계급은 무장해제당했고, 관료들은 다시 복귀했다.

7. 정치사상에서 프롤레타리아트의 계몽

1967년 7·1 사설은 당 건설문제를 제기하였다.[10] 7~8월, 격렬한 계급투쟁 중에서, 극소수의 '극좌파'는 "극좌파는 마땅히 자기 정당을 가져야 한다"는 요구를 제기했다. 혁명정당의 기층조직이 마오쩌둥 동지의 공산당의 영도를 실현하여, 인민을 대동하여 신생의 부르주아지를 전복하고, 제1차 문화혁명의 임무를 완성해야 한다. 운동 초기 마르크스-레닌주의 소조를 재건한다는 베이징의 개별 지식인들의 공상이 이처럼 처음으로 전투적 프롤레타리아트의 날로 강렬해지는 실제, 즉 "혁명을 하려면, 혁명당이 필요하다"는 요구로 바뀌었다.

　　계급투쟁이 몇 달을 거친 이후 비교적 높은 단계에 진입했는데, 이러한 단계는 어떠한 단계인가? 이 단계에서 혁명인민은 이미 두 차례의 '재

---

9) 본문 4장 1절에서 보듯이 '9·5명령'은 장칭이 기존의 '문공무위'의 입장을 자기비판하고 '질서의 시기'로 들어설 것을 요청한 것과 맞물려 반포되었다.

10) 『인민일보』 사설인 「毛澤東思想照亮了我們黨勝利前進的道路: 紀念中國共産黨誕生四十六周年」(1967. 7. 1.)을 말한다.

산권력 재분배'(1월 혁명, 8월 혁명)의 풍부한 경험을 축적하였는데, 이러한 경험이란 곧 1월 혁명이 제출한 제1차 문화혁명의 강령으로, 중국에서 하나의 계급이 다른 하나의 계급을 전복하는 대혁명을 진행한 것이었다. "신생 부르주아지를 전복하고, 파리코뮨과 유사한 관료 없는 새로운 사회, 즉 '중화인민공사'를 건립하는 것"이었다. 그리고 8월 폭풍이 제출한 것은 점진적으로 군대의 혁명변동을 실현하는 것이었다. 무장으로 정권을 탈취하는 방법, 즉 9월 이후 반복되는 비교적 고급의 투쟁은 혁명인민에게, 왜 1월 혁명과 8월 혁명이 모두 철저한 승리를 얻지 못했는지, 이처럼 혁명을 오래 했는데 왜 승리의 과실을 결국 부르주아 관료들에게 빼앗겼는지, 도처에 구질서를 회복하는 광경들만 있는지를 알려 주었다. 부르주아지는 8월에 상실했던 재산과 권력을 다시 탈환했다. 1월 혁명, 8월 폭풍 중에 프롤레타리아트가 표현한 용감함과 창조적 정신은 거의 마멸되고 휩쓸려 사라졌다. 대규모의 역류가 출현하여, 부르주아 관료들에 대한 일체의 환상과 자기역량에 대한 불신임을 철저하게 버리고, 하나의 계급이 하나의 계급을 전복하는 혁명을 반드시 실행하여야 함을 인민들에게 알려 주었다.

그러나 혁명위원회는 '관료 파면 혁명'의 산물이었고, 후난은 장핑화, 류즈윈의 관직을 파면했지만 새로운 부르주아지와 인민대중의 첨예한 대립을 결코 없애지 못했다. 새로운 형세에서 혁명위원회 주비소조와 성우롄을 대표로 하는 인민대중의 첨예한 대립이 출현하였고, 새로운 부르주아 반동노선과 새로운 자본주의 복벽 역류 또한 출현했다. 철저하고 안정적인 '재산권력 분배'는 결코 실현된 적이 없다. 관료 파면 혁명은 부르주아 개량주의에 불과한데, 이러한 부르주아 개량주의는 문화혁명 이전의 새로운 부르주아지의 통치를 부르주아 관료와 몇몇 조연급 대중조직 대표 인물에 의한 또 다른 부르주아지의 통치로 여러 곡절 끝에 변화시킨 것이고, 혁명위원회는 바로 부르주아 개량주의의 산물이다.

단지 몇 명의 관료를 파면하는 것만으로는 문제를 충분히 해결할 수 없고 부르주아 개량주의는 제대로 작동하지 못하며, 개량주의의 결과인 혁명위원회나 혁명위원회 주비소조 또한 새로운 부르주아 독재를 실행할 뿐 아니라 인민의 더욱 맹렬한 저항을 불러일으켰다. 헤이룽장(黑龍江), 산둥(山東), 상하이(上海), 구이저우(貴州), 후난(湖南) 등 혁명위원회나 혁명위원회 주비소조를 건립한 모든 지방이 이 교훈을 증명했고 또 증명하고 있다. 중국은 혁명위원회라는 부르주아 개량주의의 방향으로 나아갈 수 없고, 이는 자본주의 복벽이다. 중국은 오직 20세기 60년대의 '베이징인민공사(코뮌)'가 선포한 '중화인민공사'의 철저한 혁명적 사회주의 방향으로만 나아갈 수 있다.

그러나 우리가 인민을 대신해 이런 결심을 해서는 안 되고, 인민이 이 진리를 깨닫고 스스로 결심을 하도록 해야 한다. "반면교사의 작용을 소홀히 한다면 철저한 유물론자가 아니다." 왜냐하면 "반자본 투쟁 중의 사건과 변천을 통해 ── 그리고 승리보다 실패가 훨씬 더욱더 그러한데 ── 인민들은 그들이 애지중지하는 각종 만병통치약이 조금도 쓸모가 없다는 점을 인식하지 않을 수 없었고, 노동자계급 해방의 진실한 조건을 더욱 철저하게 이해하게 되었다"(엥겔스). 혁명은 종종 각종 개량주의의 불철저한 길을 거쳐 가야 하는데, 혁명인민은 오직 각종 만병통치약이 듣지 않을 때에만 비로소 가장 고통스럽고 파괴성이 크지만 가장 철저하고 진정한 혁명의 길을 걸어갈 것을 결심하게 된다. 혁명위원회라는 이행시기의 투쟁을 거쳐 인민대중은 분명히 자신이 애지중지하는 부르주아지 개량주의의 만병통치약에 대한 환상을 철저하게 버리게 될 것이다. 마오 주석은 "보살은 농민이 세운 것이지만, 일정 시기에 다다르면 농민이 자기 두 손으로 이 보살을 내던질 테니, 제3자가 때 이르게 보살을 내버릴 필요가 없다"고 말했다. 혁명인민은 오래지 않은 장래에 반드시 스스로 철의 수완을 사용하여, 자기의 선혈과 생명을 교환하여 얻은 "신생의 홍색정권"을 분쇄할 것이다.

9월 이래의 투쟁 단계는 이런 점에서 인민을 교육하고 있는 신생 단계이다.

투쟁 실천에 풍부한 경험이 있었고 높은 단계에 진입했기 때문에, 중국 혁명인민의 정치사상 성숙과정 또한 높은 단계에 진입했다. 신사조(적에게 '극좌사조'라고 욕먹는), 즉 "신관료 부르주아지를 전복하고", "관료기구를 폐지하고", "철저하게 국가장치를 파괴하는" 등등의 이치는, 적의 눈 속에 보이는 "유령"의 자태로 혁명인민 가운데를 떠돌고, 혁명대중이 프롤레타리아 사회주의 대혁명의 철저한 승리를 탈취하는 정치사상의 무기로, 새롭게 '극좌파' 중에서 출현하기 시작했다. 중국에서 새로운 사회혁명을 진행하는 마오쩌둥 사상은 점차 대중으로 하여금 과거 각종 모순에서 깨어나도록 할 것이고, 혁명인민이 실천 중에 점차로 왜 혁명이 필요한지, 누구에 대해 혁명을 해야 하는지, 어떤 혁명인지를 깨닫기 시작하면서, 혁명투쟁은 자발적인 것으로부터 자각적인 것으로 진입하고, 필연으로부터 자유로 진입할 것이다.

9월 이래의 투쟁의 높은 단계는 열화와 같은 지식청년 운동의 높은 단계와 계약노동자, 임시노동자의 새로운 투쟁을 불러일으켰다. 계몽 단계에 머물러 있던 '모호한 사상'에 대해서 말하자면, 이는 대단한 추진 작용을 하였고, 이는 이 결연한 혁명역량을 흡수하여 마르크스-레닌주의 마오쩌둥 사상을 자발적이고 강렬하게 요구하게 만들었고, 중국 사회모순을 비교적 심각하게 이해시키고, 사회모순에 대해 극히 이해하지 못하고 현실과 유리된 청년지식인과 학생 '신사조'의 결함을 메워 주었다.

혁명인민이 맹목으로부터 정치사상의 계몽에 진입한 단계에, 마오쩌둥주의가 대중 속에서 독립적인 선명한 정치사조와 정치세력을 형성했음이 점차 사실로 드러나자, 프롤레타리아 혁명 지도자 마오쩌둥 동지는 마오쩌둥주의 정당인 중국공산당 기층조직의 조직과 건립을 의사일정에 올렸고, 또한 새로운 역사 속에서 다시 계급대오를 조직하는 건당원칙(建黨原則), 즉 "당조직은 마땅히 프롤레타리아 선진분자로 조성되어야 하며, 프롤레타리아트와 혁명대중을 영도하여 계급 적에 대한 전투에서 생기 있는 선봉대 조직이어야 한다"는 원칙을 제기했다. 인민대중을 영도하여 오늘의 계급 적 ─ 즉 새로운 관료 부르주아지 ─ 을 전복하는 혁명정당 마오쩌둥주의당(중국공산당)의 건당원칙이 제출되었다는 점은, 제1차 진정한 프롤레타리아트 사회주의 혁명을 중국에서 완성하려면 「5·7지시」가 묘사하는 '코뮨'을 만들어야 하며 원래 있는 중국공산당은 반드시 혁명적으로 바뀌어야 함을 증명하는 것이다. 그러나 당의 제9차 대표대회[이하 '9대']의 개최가 예견하는 바를 놓고 보자면, 중국공산당이 어디로 가는지 문제를 철저히 해결할 수 없다면 현 중앙이 반포하는 당조직의 회복, 정돈, 중건 규정에 따라 출현할 정당은 (만약 그것이 출현할 수 있다면) 분명히 혁명위원회 중에서 권력을 찬탈한 부르주아지를 위해 복무할 부르주아 개량주의 정당이 될 것이다. 9대의 개최는 오직 이행기의 지방 '혁명위원회'가 중앙에 반영되는 것에 불과한데, 이는 곧 '9대'가 중국이 어디로 가는지 문제를 철저히 해결할 수 없음을 결정한다(핵심은 중국공산당이 어디로 가는지와 중국인민해방군이 어디로 가는가의 문제이다).

진정 공고한 승리가 점차 가능해질 때, 다음과 같은 몇 가지 문제가 두드러지게 부각되었다.

1. 혁명의 불균등성(不平衡性)이 두드러졌다. 한 성(省) 또는 여러 성에서 먼저 철저하고 진정한 승리를 탈취하여 부르주아 개량주의의 산물(즉 혁명위원회의 통치)을 전복하고, 다시 파리코뮨식의 정치를 건립할 가능성을 보여 준 것은 혁명이 신속하게 심층적으로 발전할 수 있는가의 관건이 되는 문제이다. 앞선 단계가 맹목적 발전 단계였던 것과 달리, 혁명 발전의 불균등성이 그처럼 대단한 영향력을 끼친 적은 없었다.

2. 진정으로 신귀족의 통치를 전복하고 낡은 국가장치를 철저하게 파괴하려면, 분명히 17년을 어떻게 평가할 것인가의 문제를 건드려야 하며, 이는 근본적으로 인민을 교육하려면 왜 문화대혁명을 해야 하고 그 궁극적 목적은 무엇인지라는 큰 과제이기도 하다.

3. 진정으로 혁명에서 승리하려면 "누가 우리의 적이고 누가 우리의 벗인가"라는 '혁명의 선결문제'를 해결해야 한다. 이는 곧 '계급변동의 새로운 동태'가 발생한 중국사회에 대해 다시 계급분석을 진행하는 것이며, 다시 계급대오를 조직하고 벗들을 단결시켜 적들을 타도하는 것이다. .

이런 일련의 새로운 문제는 모두 장칭(江靑) 동지의 1967년 11월 12일 연설 중에서 비롯된 것으로,[11] 장칭 동지는 이 연설에서 프롤레타리아 문화대혁명이 역사상 유례없는 새로운 단계에 진입하기 시작했음을 선포했다. 이러한 중요한 연설은 비록 문예계에 대해 강연한 것이지만, "문예혁명은 정치혁명의 선도"이며, 중국 문예계에서 무럭무럭 자라난 열화와 같은 투쟁은 곧 중국혁명이 장차 걸어가야 할 방향이다. 장칭 동지의 연설은 실제로 우리들에게 이전 단계의 혁명이 공작조 반동노선에 대한

---

11) 「중앙직속 문예계통 좌담회에서 장칭과 천보다의 연설」(1967. 11. 12.)을 말한다.

비판의 방식이건 2월 역류 반격의 방식이건 기본적으로 문화혁명을 수행하는 문제이며, 17년을 비호한 50일의 응징 문제임을 알려 준다.[12] 이는 바로 부르주아지 호신부를 응징하는 진정한 혁명인데, 17년을 응징하는 혁명은 아직 기본적으로 시작되지 않았으니, 이제는 중국혁명의 근본문제를 건드리는 단계에 진입해야 한다.

장칭 동지가 제출한 불균등성, 17년과 50일의 관계, 계급대오(계급대오의 선봉은 곧 혁명정당이다)를 재조직하라는 지시와 린[린뱌오] 부주석의 「10·24 지시」는 구체적으로 중국이 어디로 가는지, 후난은 어디로 가는지의 문제를 명확히 지적한 것이다.[13] 즉 중국은 제1차 진정한 사회주의 혁명을 끝까지 진행하는 방향으로 가야 하며, 결코 파장, 즉 자본주의 복벽의 방향으로 가서는 안 된다는 것이다. 치번위(戚本禹) 동지는 "장칭 동지는 11월 9일, 12일 연설에서 1년간의 문화대혁명의 경험을 총결했고, 대대적으로 문화대혁명의 발전을 추동했으며, 전국에 매우 커다란 영향을 주었다"고 밝혔다. 이는 실제로 위대한 「11·12 연설」을 명확히 지적한 것이며, 「10·24 지시」는 우리들이 1968년 한 해 동안 진행한 혁명투쟁 추진의 유일한 총방침이다.

위대한 「11·12 연설」에서 장칭 동지가 이야기한 세 가지 문제에 대해서 우리는 이후에 따로 구체적으로 설명하겠다(세번째 문제는 중국공산

---

12) 이는 문화대혁명에 앞선 '사회주의' 17년의 시기를 프롤레타리아 독재의 시기로 볼 것인가 부르주아 독재의 시기로 볼 것인가 하는 논쟁에 기인한다. 문혁 급진파는 이 시기를 '부르주아 독재'의 시기로 보고, 이를 옹호하는 세력이 문화대혁명 '초기 50일'에 조반파를 억압하는 수많은 악행을 저질렀으며, 이들을 타도하는 것이 문화대혁명의 핵심 목표라고 주장하였다. 이에 대해서는 본문 4장 2절을 참고하라.

13) 린뱌오, 「후난 문제에 관해 리위안을 접견하며 내린 지시」(1967. 10. 24., 「接見黎原關於湖南問題的指示」)를 말한다.

당의 재개조 문제를 포함한다).

「10·24 지시」는 후난이 전국혁명투쟁의 선봉 지구가 되었다고 선포하고, 후난 성우롄의 발전이 9월 이래 프롤레타리아트의 장대한 성장을 대표한다고 선포한 것과 같다. 성우롄은 사실상 1월 혁명 폭풍 대중독재의 형식 —— 문공무위 지휘부(민간 주도의)의 경험 —— 이 축적되어 만들어진 것이다. 이는 1월과 8월에 비해 더 급이 높은 대중독재 권력기구이고, 부르주아지에게 권력을 찬탈당한 소련 1월 혁명[2월 혁명 —— 옮긴이] 시기의 소비에트에 대응하는 것이고, 성혁명위원회 주비소조 또한 당시 부르주아 임시정부에 대응한다. 성우롄과 성혁명위원회 주비소조의 대립은 새로운 '이중권력' 국면이며, 실제 권력은 부르주아 임시정부인 성혁명위원회 주비소조의 손안에 있다.

성우롄은 소비에트에 비견할 만한 새로운 맹아로, 이는 1월과 8월에 비해 훨씬 성숙한 '코뮌'의 모형(雛形)이다. 부르주아지가 진압과 제3세력 활동을 부추기는 개량주의 수법을 어떻게 번갈아 사용하건 간에, 성우롄이라는 이 신생 홍색정권은 기필코 거대한 풍랑 중에서 부단히 성장하고 장대해질 것이다.

8. 반동적인 '2차혁명론'을 반박함

현재 중국이 어디로 가느냐는 엄숙한 문제의 회답에서 사상적으로 지배적 지위를 차지하고 있는 것은 반동적인 '2차혁명론'이다. 사람들의 사상 혼란은 극에 달했고, 사람들은 거의 이구동성으로 "제1차 문화대혁명은 하나의 표본을 만들었을 뿐이며, 제2차혁명을 기다릴 수밖에 없다"고 말한다. 대혁명이 실패한 후, 공개적인 군벌할거 덕에 '국민당혁명군 총사령관' 장제스(蔣介石)의 통치 시기는 통치를 유지·보호하고 그 사망에 이르는 것을 면할 수 있었고, 그에 부응해 천두슈(陳獨秀)의 반동적인 '2차혁명'이 출현했다. '2차혁명론'은 정권 표면상의 변동을 핑계삼아, '황제·관료·봉건제'가 전복되었고, 중국의 부르주아지가 권력을 잡았으며 민주혁명이 이미 완성되었기에 이제는 사회주의 혁명을 기다리기만 하면 된다고 인민을 기만하여 말했다. 이런 반동적 사조는 당시 전국 사상계에서 지배적 지위를 차지하였을 뿐 아니라, 심지어 공산당 내에서도 상당히 유행하였다. 그러나 중국사회의 기본모순, 즉 황제·관료·봉건제와 인민대중 사이의 모순이 규정하는 중국 부르주아 민주혁명의 임무는 해결되지 않았다. 따라서 비록 강대한 듯한 2차혁명이 한때 대단히 유행했던 것처럼 보였음에도 불구하고, 반(反)제·반(反)봉건 인민혁명이 더욱 맹렬하고 심도 있게 진행되는 것은 인민의 의지로 바뀌지 않는 객관법칙이며, 마찬가지로 제1차 문화대혁명의 '종국'을 완성해야 하는 임무는 혁명의 사회모순이 규정하는 바로부터 규정된 것이다. 이런 사회모순들의 규정을 받는 제1차 문화대혁명의 강령을 실현하지 않으면, 제1차 문화대혁명은 끝날 수 없다.

앞의 몇몇 절에서 서술한 것처럼, 프롤레타리아 문화대혁명을 불러일으킨 기본 사회모순은 새로운 관료 부르주아지의 통치와 인민대중 사이의 모순이고, 이러한 모순의 발전과 첨예화는 비교적 철저한 사회의 변동이 필요함을 결정했다. 이는 새로운 관료 부르주아지의 통치를 전복하는 것이자, 낡은 국가장치를 철저히 파괴하는 것이며, 사회혁명을 실현하고 재산과 권력의 재분배를 실현하고, 새로운 사회, 즉 '중화인민공사'를 건립하는 것이다. 이는 바로 제1차 문화대혁명의 근본강령이자 최종목적이다.

현재, 중국사회의 이 기본모순은 해결되었고, 제1차 문화대혁명의 목적은 달성되었는가?

앞서 서술한 것처럼, 정권형식에 표면적 변동이 있어, 구(舊)성위원회, 구(舊)군구가 '혁명위원회' 또는 '혁명위원회 주비소조'로 바뀌었다. 그러나 '신정권'의 내부에서는 여전히 구(舊)관료가 주요작용을 하며, 구성위원회·구군구와 광대한 인민 간의 모순, 47군 내의 주자파와 광대한 인민 간의 모순은 근본적으로 해결되지 않았고, 신관료 부르주아지와 인민대중의 모순은 근본적으로 해결되지 않은 채 성우롄과 '신정권' 사이의 모순이라는 새로운 형식으로 표현될 뿐이다. 제1차 문화대혁명이 반드시 실현해야 하는 신관료 부르주아지의 전복, 군대 변동의 실현, 코뮌 건립 등등의 근본적인 사회변동은 모두 실현되지 않았다. 당연히 이러한 '재산과 권력의 재분배'는 1월 혁명과 8월 폭풍 중에 국지적으로 잠시 실현되었지만, 1월 혁명과 8월 폭풍은 모두 기본적으로 부르주아지에게 그 성과(승리의 성과)를 찬탈당하여 마침내 사회개혁은 무산되었고, 사회개편은 공고하고 철저하게 실현되지 못했다. 제1차 문화대혁명의 '종국'에는 결코 다다르지 못했는데, 마치 대중이 말하듯이 "온종일 일했는데 달라진 건 없다".

제1차 문화대혁명의 폭발을 불러일으킨 기본 사회모순이 해결되진 않았지만 새로운 형식으로 나날이 첨예하게 발전했다. 따라서 비록 강대해 보이던 반동이 있다 하더라도, 즉 '2차혁명론'이 사상계를 지배하고 정권형식의 표면상의 변동 때문에 대중이 기만당하더라도, 프롤레타리아 문화대혁명이 훨씬 더 심도 있고 맹렬하게 앞으로 발전해 나가는 것은 인민의 의지로 바뀌지 않는 객관법칙이다. 권력을 찬탈한 부르주아지가 2차혁명론으로 혁명인민의 저항을 부식시키고자 하지만, 누가 그들의 통치 음모를 지지하건 간에 반드시 파산할 것이며, 이는 천두슈의 '2차혁명론'이 장씨[장제스—옮긴이] 왕조의 명운을 구하지 못한 것과 같은 것이며, 강대한 종교사상의 통치가 봉건주의 경제기초의 와해와 붕괴를 저지할 수 없던 것과도 마찬가지이다. 신사조(극좌사조)는 현재 비록 성숙지 못하고 충분히 약소하지만, 강대해 보이는 전통 관념이나 썩고 경직된 2차혁명론과 싸워 이길 수 있는 것은 역사발전의 필연적 추세이다.

결국 부르주아지는 자신들이 통치하는 정권형식이 전체 인민을 위해 복무하는 세계적으로 완전무결한 것이라고 묘사하고, 신관료 부르주아지와 거기에 종속된 프티부르주아 우파 주구들은 현재 '혁명위원회'에서 임시라는 두 글자를 떼어 내어 낯간지럽게 찬양하지만, 마르크스-레닌주의자는 단호하게 혁명인민을 진압하는 혁명위원회의 본질을 폭로해야 하며, 중화인민공사만이 우리 프롤레타리아트와 혁명인민이 이번 문화대혁명에서 반드시 실현해야 하는 사회라고 대대적으로 선전해야 하고, 혁명위원회는 필연적으로 붕괴하는 추세에 있다고 대대적으로 선전해야 한다.

반동적인 '2차혁명론'은 형형색색의 구체적 표현형식으로 나타나는데, 일찍이 천보다 동지가 반박한 적이 있던 '신계급론'과 '좌파전화론'이 있고, 노골적인 환원론 및 파국론(收場論)이 있으며, 또 한 시기를 풍미한 문화혁명 세번째 해 말미의 황당무계한 논리 등이 있다. 장칭의 「11·12 지시」, 린뱌오 동지의 「10·24 지시」는 바로 반동적 '2차혁명론'에 대해 정면에서 통렬하게 공격한 것이다. 몇몇 사람들은 우리들이 단 걸음에 공산주의에 도달하려 한다고, 즉각 계급과 3대 차이를 없애려 한다고 하며, 마오 주석이 예견한 파리코뮌의 정권형식은 공상이라고 지적한다. 그들은 공산주의가 실현되기 전에 이러한 일체의 것은 모두 현실적이지 않다고 말한다.

이런 사람들은 고의로 왜곡하고 있는데, 우리는 결코 즉각 계급을 없애고 부르주아적 법적 권리를 없애고 3대 차이를 없애려 하는 것이 아니다. 이는 공산주의가 실현되기 전에는 확실히 실현될 수 없다. 이는 우리의 최대강령일 수 있을 뿐, 우리의 최소강령은 아니다. 우리의 최소강령은 신관료 부르주아지의 통치를 전복하고, 3대 차이를 축소하는 것이지, 당연히 착취계급을 없앨 수 있는 것은 아니다. 제1차 프롤레타리아 문화대혁명에서 승리한 이후 불가피하게 새로운 계급변동이 발생할 것이고, 바로 그러한 새로운 계급변동은 또한 새로운 사회개혁을 불러일으켜 이렇게 역사가 앞을 향해 발전하도록 밀고 간다.

중국의 부르주아 민주혁명이 중국의 통치에서 황제·관료·봉건제를 전복할 수 있었으나 새로운 착취자가 태어나는 것을 없앨 수 없던 것과 아마 같을 것이다.

우리를 꾸짖는 사람들은 우리의 일체의 노력이 모두 헛수고일 따름이며 사회는 새로운 비약을 발생시킬 수 없고 재산과 권력은 '재분배'될 수 없으며 단지 조금씩 바뀔 뿐이라고 말하지만, 이 건망증 심한 선생들은 1월 혁명과 8월 폭풍이 이미 창조해 낸(임시적이고 국지적이라 할지라도) '재산과 권력 재분배'와 전체 사회의 질적 비약이 일찍이 당신들이 퍼뜨린 회색의 취소주의 논조를 분쇄시켰다는 것을 모르는가?

프롤레타리아 간부가 정치에서 성숙지 못했고 혁명인민이 아직 진정한 프롤레타리아 권위를 갖춘 간부를 자연스럽게 만들어 내지 못했기 때문에, 모든 사람들은 거의 이구동성으로 우리들이 모든 간부를 몰아냈다고 성토하고, 우리가 간부를 필요로 하지 않는 사람들이라고 말하는데, 이는 현재 적지 않은 사람들이 관료들에 대해 환상을 가지고 있기 때문에 생긴 일이다. 그들은 1월 혁명과 8월 폭풍의 감성지식을 제고시키지 못하고, 관료가 없어지면 사회가 장차 '붕괴'할 것이라고 아직도 생각한다. 우리들은 확실히 90%의 고급간부가 쫓겨나야 한다고 생각하며, 그 중 최대다수는 기껏해야 교육단결의 대상으로나 삼을 수 있을 뿐이라고 여긴다. 그들은 이미 독특한 '자기 이익'을 갖춘 부패계급을 형성했으며, 그들과 인민의 관계는 이미 과거 영도-피영도 관계로부터 착취-피착취, 억압-피억압 관계로 바뀌었고 그들 대다수는 은연중에 자본주의 길을 걸으며, 자본주의적 사물을 지지·보호하고 발전시키며, 그들 이 계급의 통치는 이미 완전히 역사의 발전을 저해한다. 이러한 계급을 전복하지 않으면서, 그들이 높은 급여 등 부르주아 법적 권리의 기득권을 포기하도록 타이르고 자본주의 길을 걷지 말고 사회주의 길을 걸으라고 타이르는 것이 가능하겠는가? 프롤레타리아트는 확실히 줄곧 이러한 방면에서 노력해 왔고 마오 주석은 부르주아지에게 매번 대폭도로 물러섰는데, 이는 바로 이런 노력의 집중된 표현이었다. 그러나 그들은 혁명인민에 대해 더욱더 미친 듯 날뛰면서 반격하여 뒤집어엎고(反攻倒算) 자기 자신을 단두대 앞으로 밀고 간다. 이는 모두 부패한 계급이 자발적으로 자동적으로 역사무대에서 물러날 수는 없음을 증명한다.

파리코뮌식의 새로운 사회에서 이러한 계급이 장차 전복된다는 것은, 1월 혁명과 8월 폭풍의 거대한 변동에서 이미 평범한 사람들의 예측을 통해 철의 사실로 증명되었다. 떨쳐 일어나 그 계급을 대체할 것은 이런 부패계급을 전복하는 투쟁 중에서 혁명인민이 자연스럽게 일구어 낸 진정한 프롤레타리아 권위를 지닌 간부들이다. 그들은 코뮌의 일원이고 특권이 없으며, 경제적으로 일반 대중과 똑같은 대우를 받고, 언제든 대중의 요구에 따라 소환될 수 있다. 새롭고 권위 있는 이런 간부들은 아직 출현하지 못했다.

그러나 혁명인민의 정치사상 성숙도가 부단히 높아짐에 따라, 정치와 사상에서 프롤레타리아트의 성숙은 자연스럽게 필연적 결과로 나타날 것이다.

9. '좌'경 1차혁명론을 반박함

혁명대오 중 일부 유치한 혁명가들은 문화혁명에 1차와 2차의 구분이 없다고 주장하는데, 곧바로 공산주의로 나아가자는 사상이 바로 이런 '좌'경적인 1차혁명론이다. 이러한 사상을 갖는 사람들은 매우 적고, 그들의 결함은 정치수준이 높지 않다는 것이다. 마오 주석은 이행기에 관해 말하면서, 역사단계를 서로 다르게 나누는 이론이 그들을 가장 잘 계도해 줄 것이고, 혁명은 단계를 나누어야만 한다고 했다. 우리들은 부단혁명론자이고 단계혁명론자이다.

'좌'경 1차혁명론자는 제1차의 진정한 사회주의 혁명의 강령을 제출하지 않으며, 따라서 실제로 우리들의 현단계의 임무를 낮추고, 혁명인민이 이 단계에서 실현할 수 있는 목표를 충만한 신뢰심을 가지고 투쟁하여 완성할 수 없게 한다. 따라서 유해한 것이며, 반드시 교정되어야 한다.

중국이 어디로 가는지는 세계가 어디로 가는지 또한 결정한다.

중국은 분명히 '중화인민공사'의 신사회로 나아가야 한다.

혁명위원회 독재를 제1차 문화대혁명의 최종 목적으로 삼으면, 중국은 분명히 소련이 이미 걸었던 길로 갈 것이며, 인민은 또한 자본주의 파시스트의 피비린내 나는 통치 아래로 되돌아갈 것이다! 혁명위원회의 부르주아 개량주의 길은 제대로 작동할 수 없다.

오늘날의 시대는 마오쩌둥주의라는 위대한 깃발을 들어 올린 시대이기 때문에, 제국주의는 내리막길을 걸어가고 붕괴를 향해 걸어가며, 사회주의는 오르막길로 걸어가고 전 세계 승리를 향해 걸어가는 위대한 시대이다. 오늘날의 세계는 자본주의가 반드시 사멸하고 사회주의가 반드시 흥성하는 세계이다. 역사상 유례없는 위대한 의의를 지닌 위대한 혁명 시기, 일사천리의 시대는 "필연적으로 인류역사상 현인류가 예상 못한 것들이 출현하지만 이는 완전히 역사발전법칙에 부합하는 기적이다"!(천보다 3·24)

중국 프롤레타리아트와 광대한 혁명인민의 승리와 신관료 부르주아지의 멸망은 마찬가지로 불가피한 것이다. 혁명위원회의 전복과 '중화인민공사'의 탄생이라는, 세계역사를 뒤흔드는 혁명인민의 성대한 경축일이 기필코 도래할 것이다.

'극좌파' 코뮌은 자신의 관점과 의도를 숨길 필요가 없다고 느끼며, 우리는 공개적으로 다음을 선포한다. 우리들이 건립하려는 '중화인민공사'의 목적은 폭력을 사용하여 혁명위원회의 부르주아 독재와 수정주의 제도를 전복해야 달성될 수 있다. 새로운 관료 부르주아지가 세계를 뒤흔드는 진정한 사회주의 혁명의 면전에서 떨게 만들자! 이런 혁명 중에 프롤레타리아트가 잃을 것은 쇠사슬뿐이고, 그들이 얻을 것은 전 세계일 것이다.

내일의 중국을 살펴보면, 반드시 '코뮌'의 천하일 것이다.

마오쩌둥 사상 만세!

—원래 『광인홍기』(廣印紅旗) 1968년 3월호에 실렸음

부록 4. 류궈카이 「인민문혁을 논한다」(2005)

이 글은 문화대혁명 시기 '이단사조'의 사고가 현 시기까지 어떻게 이어져 오는지를 가장 잘 보여 주는 글이다. 류궈카이 자신은 문화대혁명 당시 광저우의 급진 조반파 출신으로 그가 1970년대 초에 써서 1980년에 광저우의 민간 간행물 『인민의 소리』에 발표한 「문화대혁명 간략 분석」은 문혁 급진 이단사조의 문혁 분석 중 가장 뛰어난 글로 평가받는다. 그는 1970년대 말 '베이징의 봄'의 시기에서 1980년대 초에 걸쳐 적극 활동하다 조사받고 검거되기도 하였다. 노동자로 생활하다 1980년대에 뒤늦게 주로 방송통신대학 과정을 통해 중문학, 기계제작, 역사학 분야의 학습을 하였다. 이후 미국으로 건너가 해외 반체제 인사로 활동하다가 2000년에는 해외에서 '중국사회민주당'을 창당하여 줄곧 활동하고 있다.

이 글은 '아래로부터의 문혁'을 부각시켜 '두 개의 문혁'이라는 쟁점을 주장한 대표적 글이며, 중국 내외에서 문혁의 해석을 둘러싼 뜨거운 논쟁을 촉발시켰다. 앞의 양시광의 글과 비교해 보면, 문혁의 종료 이후의 조반파의 자기 반성을 거쳐서 많은 논점들이 더욱 선명해졌음을 알 수 있다. 그렇지만 양시광의 글이 '사회성격 분석'과 문혁의 정치적 목표를 결합하려고 하는 노력을 하고 있는 데 비해, 류궈카이의 글은 '사회성격 분석'에서 '공산당 관료 독재' 수준에 멈추어 있는 것으로 보인다. 그 때문에 대립의 구도를 너무 단순화한다는 비판을 받을 수 있다. 그의 급진성은 다소 불균형적으로 보이며, 이는 해외 반체제 인사로서 그가 취하고 있는 '반 중국공산당 대중적 사회주의 지향' 때문인 것으로 보인다. 그렇지만 양시광의 글에서는 잠복해 있던 조반파 대중과 당 사이의 모순의 문제가 이 글에서 본격적으로 다루어지고 있음에 주목할 필요가 있다.

이 글은 2005년 10월 집필되어, 해외의 중국 반체제 인사들이 내는 잡지 『베이징의 봄』 2006년 1월호에 처음 게재되었으며, 같은 해 홍콩에서 류궈카이가 출판한 『인민문혁론』이라는 단행본에도 수록되었다. 글의 분량이 길어 여기서는 일부를 생략하였다. (옮긴이)

인민문혁을 논한다
──문혁 40주년을 기념해 쓰다
(2005년 10월 19일 뉴욕에서)

1. 전혀 상반된 두 종류의 기억과 의향

1) 문혁은 공산당에게 유리한가 불리한가

문화대혁명(이하 문혁)이 발생한 지 이제 39년이 되었다. 이처럼 오랜 기간 사상이 누적되었다면, 민중계층에 함께 속한 사람들은 이처럼 중대한 역사적 사건에 대해 가장 기본적인 평가 상에서 마땅히 최소한의 공감대를 형성해야만 할 것이다. 그러나 내가 지극히 불가사의하게 느끼는 것은, 민중계층 중 서로 다른 사회집단들이 문혁에 대한 태도에서 견해차가 크거나 혹은 뚜렷이 상반되는 의향을 보인다는 것이다. 표현 형태상으로 보면, 한 종류의 의향은 문자로, 다른 한 종류의 의향은 구두로 전해진다.

　　문자로 드러난 의향을 보면, 중국에서 다시는 문혁이 발생해선 안 되지만, 동시에 문혁이 또다시 발생할까 두려워한다. 왜냐하면 이러한 의향을 지닌 인사들은 문혁을 공산당에 유리하다고 보기 때문이다. "중국공산당(이하 중공)은 자기의 전제통치와 이익을 위하여 반드시 장차 …… 다시 문혁을 발동시킬 것이다." (……)

　　다른 종류는 문자로 전해지지 않고, 오직 구두 형태로만 사회 하층 중에 전해 내려오는 의향으로서, 다시 한 번 문혁이 일어나면 좋겠다는 것이다. 1990년대 중·후반기, 각지의 노동자 항의 활동 중에 모두 이러한 의향을 표출하는 귓속말을 들을 수 있었다. 다시 한 번 문혁이 일어나면 무엇을 할 것인가? 40대 중반에서 50대 초반의 노동자가 말하기를, 다시 한 번 문혁이 일어나면, 실권파를 비판했던 것처럼 그렇게 간단하지 않고, 공산당의 탐관오리들을 철저히 제거하고, 공산당을 철저하게 결딴낼 것이라고 한다. 아주 뚜렷하게, 이러한 의향은 앞서의 의향과는 전혀 반대인 판단에 기반하고 있다. 즉 문혁은 공산당에 불리하다는 것이다.

2) 문혁의 자발적인 기억과 주입된 기억에 대하여

민중계층 중에 왜 문혁에 대해 이처럼 뚜렷이 상반된 판단이 나타나고, 또 이처럼 거대한 의향의 차이가 초래되었는가? 원인을 규명해 보면, 이는 문혁에 대하여 서로 다른 기억을 갖고 있기 때문이다. 잠깐 구분을 하자면, 이 기억은 자발적인 기억과 주입된 기억으로 구분할 수 있다. 문혁을 겪은 중국인은 대략 현재 중국 총인구의 25% 정도를 차지하는데 그들의 기억은 자발적인 기억이지만, 나머지 문혁을 겪지 못한 사람들의 기억은 주입된 기억이다. 현재 하나의 중요한 문제가 있는데, 자발적인 기억이 (모든 사람들에게) 온전한 것은 아니며 심지어 진실하지조차 못하다는 것이다. 세심하게 살펴보면, 자발적인 기억이 단편성이나 뒤틀림을 산출할 수 있다는 것을 알 수 있다. 통상 어떤 개인이나 어떤 사회집단의 시각·감각·경험에 따르게 되다 보면 모두 일정한 국한성과 편향성을 낳을 수 있는데, 따라서 문혁 중 일련의 정황에 대해 비교적 깊은 인상을 갖게 되고 또 다른 일련의 정황에 대해서는 비교적 어렴풋한 인상만 가지게 되면 단편적인 기억이 형성된다. 그러나 단편적인 기억이 사물의 전모를 반영할 수 없다 할지라도, 반영된 부분과 사실은 대체로 서로 부합하며 다만 충분히 온전하지 못할 따름이다. 따라서 이런 단편적 기억은 자발적 기억의 범주에 속한다. 단편성을 지닌 많은 자발적 기억들을 '적분'하면, 대체로 진실하게 사물의 전모를 반영할 수 있을 것이다. 그러나 뒤틀린 기억은 이와 아주 다르다. 그런 기억은 항상 기억하는 사람의 모종의 변태심리에서 발원하거나, 또는 모종의 외부 힘의 협박이나 유혹 때문에 생겨난다. 기억을 뒤트는 것은 종종 사실에 대해 고의로 선택된 기억을 만들어 내는 것이며, 심지어 기억을 왜곡하는 것이다. 여기에 반영된 것은 온전하지 못할 뿐 아니라, 심지어 사실에 부합하지도 않는다. 몰래 교묘한 술수를 부려 사람이나 사물을 바꿔치기하여 다른 사람을 속이거나(移花接木), 장씨의 갓을 이씨가 쓰거나(張冠李戴), 흑백을 혼탁하게 만들어 시비를 전도시키는 데 이른다. 엄밀히 말하면, 뒤틀린 기억은 결코 제대로 된 값어치가 있는 자발적 기억은 아니다.

3) 중국공산당이 제조하고 문필가들이 협력하여 뒤틀린 기억 형성을 촉진한다

문혁에 대한 뒤틀린 기억은 지금 중국에서 이미 주류 지위를 차지하고 있다. 이렇게 된 까닭은 뒤틀린 기억이 중국공산당에 유리하기 때문인데, 중국공산당은 혼신의 힘을 다해 문혁에 대한 중국사회의 뒤틀린 기억을 제조·촉진·확장해 왔다. 문혁 평가에서 중공은 자신이 전념하는 기조를 먼저 정해 놓고, 매수된 어용 문필가가 만들어 낸 표본적 문장을 활용해, 다른 문필가들에게 기준을 제시한다. 중공은 이렇게 통제된 언어를 이용해 권력을 행사하며, 오직 자신에 유리한 문혁 기억만 신문과 책자들에 실릴 수 있도록 허용한다. 중공이 인가하고 필요로 하는 기억만이 문자로 기술되어 기억으로 선택될 수 있을 뿐 아니라, 선택 중에 임의로 사실이 삭제

되거나 고쳐질 수 있는 것이다. 이런 정권 역량을 지닌 중공은 망구멍이 특별한 체를 만들어, 그 체를 조작해 원하는 제품만 걸러 낸다.

뒤틀린 기억이 흥성하는 것은 당연히 중공이 주도성을 지닌 것과 지대한 관련이 있지만 문필가들의 협력(配合)작용 또한 소홀히 할 수 없다. 심지어 다음과 같이 말할 수 있다. 즉, 만일 중공이 주도하지만 문필가들이 협력하지 않는다면, 뒤틀린 기억이 세상에 횡행할 수는 없다고. 물론 이러한 협력은 자각적 협력과 비자각적 협력으로 나뉠 수 있다.

(……) 중공 스스로 나서서 욕을 해대서는 꼭 필요한 사회적 효과를 얻지 못할 수 있지만, 사회적인 명성이 있는 문필가가 주도해 욕을 하면 그 효과는 매우 크다. 뒤틀린 기억이 대세가 되면 이는 은연중에 사회의 집단적 사유를 조종한다. 문혁을 경험하지 못한 사람들이 뒤틀린 기억을 원본으로 삼은 주입된 기억을 받아들일 뿐 아니라, 문혁을 경험한 사람들도 뒤틀린 기억의 망망대해 속에서 시간이 갈수록 자신이 원래 가지고 있던 정확한 기억을 잃어버리고 위세당당한 뒤틀린 기억에 따르게 된다. 이런 상황은 국내외 민주적 문필가 중에도 아주 뚜렷하게 드러난다. 가장 선명한 표현은, 문혁이란 말을 꺼내기만 하면 분석은 해보지도 않고 격앙되어 문혁대참사를 크게 욕하는 것이다. 이는 마치 문혁 중에 대참사를 빼면 아무것도 없었다는 듯한 태도이다.

중국사회의 현실을 살펴보면, 단편적 기억 대부분이 하층 민중 속에 존재하며, 구두로 전해지고 그 전파된 범위와 깊이가 매우 제한적이라는 것을 알 수 있다. 반면 뒤틀린 기억의 다수는 신문과 서적으로 간행되었기 때문에, 그 전파된 범위와 깊이에서 아무리 먼 곳이라도 이르지 못한 곳이 없다. 지금 전 인구의 75%를 차지하는 문혁을 경험하지 못한 사람들은 신문과 책들에 기대 문혁을 이해하고 있다. 이런 신문과 책들에 실린 것은 거의 모두 뒤틀린 기억이다. 그들에게 주입된 이러한 뒤틀린 기억은 주입과정 중에 그 실제 이탈의 효과가 더욱 커져서 갈수록 사실과 멀어진다. 이처럼 문혁을 경험하지 못한 사람들이 이런 주입된 기억에 침윤되어 있어 그 후과는 아주 우려스럽다. 이러한 추세가 계속되어, 언젠가 문혁을 경험하지 못한 사람들만으로 중국사회가 가득 차고 하층 민중의 구두기억이 점차 바람결에 사라지는 날, 문혁사는 완전히 다른 면모를 띨 것이다.

(……)

4) 뒤틀린 기억의 핵심은 조반파를 모함하는 데 있다

문혁에 대한 뒤틀린 기억은 중공이 주도하고 일부 문필가들이 협조하여 사회를 가득 채웠는데, 그것은 주로 문혁대참사론[文革浩劫論 : 또는 문혁대동란론—옮긴이]으로 표현된다. 그 핵심 관점은 대참사는 문혁조반파가 일으킨 것이며, 대참사를 당한 것은 중화(中華)문화, 지식인, 그리고 당의 좋은 간부들이라는 것이다. 공산당은 폭력으로 정권을 획득한 이래 계속 중화문화를 짓밟고 지식인을 숙청해 왔다. 이런 정황은 분명히 서로 반대되는 것이다. 중공은 자기와 중화문화, 지식인을 함께 묶어 모두 수난자의 신분으로 만들어 냈다. 모두가 문혁 중에 재난을 당했다면, 이전의 나쁜 감정들은 다 풀고 따뜻하게 서로를 아끼고 대참사를 일으킨 문혁조반파를 함께 증오하면 된다. 공산당이 염두에 둔 조반파란 대체 누구인가? 곧 하층 민중이고, 또 육체임금노동자들이 주체이다.

문혁 중에 중화문화에 대한 심한 파괴와 지식인에 대한 박해가 있었는가? 대답은 긍정적이다. 중화문화에 대한 심각한 파괴, 즉 '4구 타파'[1]는

---

1) 네 가지 낡은 것, 즉 구습속, 구사상, 구관습, 구문화를 타파하는 것을 말한다.

주로 1966년 7월 문혁 가장 초기에 발생했다. 이는 일부분의 대학생과 중학생, 특히 중학생의 난동으로, 마땅히 질책해야 할 일이지만, 문혁 시기 대중조반운동과는 전혀 상관없는 일이다. 왜냐하면 대중조반운동은 1966년 11월에 이르러서야 일어났기 때문이다. 1966년 7월에는 대중조반운동이 아직 자리를 잡지 못했으며, 아직 '사고를 칠' 시간도 없었다. 고급 지식인, 문예계 명사에 대한 학대는 주로 1966년 8~9월에 발생하였다. 학대를 가한 자는 주로 중공 고급간부의 자제들로 구성된 귀족홍위병(이른바 노홍위병)이었다. 조반파는 아직 등장하지 못했으며, '사고를 칠' 시간이 없었다. 그러나 많은 지식인 문필가와 학자들이 쓴 회고록이나 소설에는 이 모든 것이 교묘하게 바꿔치기되어 책임을 조반파에게 돌려놓았다. 이런 글들이 범람하여 세간의 신뢰를 얻는 지경에 이르렀다. 예를 들어 북미의 『세계일보』 2004년 11월 '고금상하'(今古上下)란에 뤄쓰이(羅思義)라는 이름으로 연재된 「천인커(陳寅恪)의 죽음」이라는 글을 보면, 천인커 선생이 중산대학 조반파의 박해로 돌아가셨다고 처음부터 끝까지 죄를 뒤집어씌운다. 기실, 이 글이 서술하는 바에 따른다 하더라도, 천인커가 가장 심한 박해를 받았던 때는 1966년 7~8월간으로, 조반파와 털끝만큼의 관계도 없다. 나는 조반파가 저명한 지식인을 박해했다는 글들이 보물을 얻은 듯 실리고 전파되는 것은 일종의 사회현상이라는 것을 깊이 깨달았다. 이처럼 헛소문이 꼬리를 이어 퍼지고 자기 멋대로 교묘하게 내용을 바꿔치기하여 남을 모함하고 죄를 뒤집어씌우는 일이 계속된다면, 이후에 어떤 사람이 라오서,[2] 추안핑[3] 등도 모두 조반파의 박해를 받아 사망했다고 말하더라도, 진상을 분명하게 밝힐 사람이 없어지게 된다. 따라서 더 젊은 세대는 조반파가 가증스럽게도 라오서와 추안핑을 박해해 죽음까지 몰고 갔다고 생각하게 되어 조반파에 대한 증오심이 극에 달하게 된다.

5) 중국공산당의 조반파 모함은 지식인과 육체노동자층을 분리시키기 위한 것이다

중공정권이 문혁의 기억을 뒤틀고 조반파를 모함하는 것은 목적이 아니라 수단이다. 이러한 수단을 이용하여 도달하려는 초보적 목적은 물을 흐리기 위한(把水搞混) 것이다. 그리하여 진정으로 문화대혁명 중에 미쳐 날뛰며 사람 목숨을 풀베듯 한 귀족(고위 군인·간부 자제)홍위병 —— 공산당의 당 보위 군대 ——, 먼저 폭력을 사용하여 '네 종류 분자'[4]와 조반파를 때려 죽인 보황파(당 보위파), 대규모로 군대를 동원하여 조반 대중들을 잔혹하게 학살한 각지의 군대 우두머리들, 그리고 문화혁명의 일체의 죄업을 일으킨 주모자 원흉인 마오쩌둥(毛澤東) 등을 속임수로 빠져나가게 해 사회정의와 역사의 비난에서 벗어나게 하려는 것이다. 그 고급의 목적은 이를 이용해 지식인과 육체노동계층을 이간시키려는 것이다. 즉 이 두 사회집단이 절대 결합하지 못하도록 하려는 것인데, 거기서 실패하면 중공정권의 공고화에 아주 불리하기 때문이다.

1980년대 이후, 중공과 민중계층 간 모순의 초점은 이미 중공과 지식인 사이에서 중공과 육체노동자 사이의 모순으로 변화되었다. 1957년 반우파투쟁 시, 중공은 육체노동자들을 유혹하여 지식인을 짓밟게 하였다. 1990년대 이래, 중공은 지식인을 유혹하여 육체노동자를 짓밟게 하려

---

2) 라오서(老舍, 1898~1966)는 『낙타샹자』, 『차관』, 『사세동당』 등의 작품을 남긴 중국의 유명한 현대 문학 작가이다. 라오서는 초기 문화대혁명의 '붉은 8월' 시기인 1966년 8월 23일 베이징 문련(문학예술계연합회)에 쳐들어온 베이징 제8여자중학교 홍위병에게 끌려나가 심한 비판 대회를 겪었고, 그 다음 날 새벽 타이핑 호수에 몸을 던져 자살했다.(http://zh.wikipedia.org/wiki/%E8%80%81%E8%88%8D)

3) 추안핑(儲安平, 1909~1966?)은 중국의 유명한 평론가이다. 『광밍일보』 편집장으로 있던 1957년 반우파운동 당시 우파로 비판받았다. 문화혁명 시기 초기인 1966년 8월경 초기홍위병에게 탄압받아 자살 시도 후 실종되었고, 실종 때문에 그의 죽음을 둘러싼 여러 전설이 생겨났다. (王友琴 2004: 62~3)

4) 지주, 부농, 반혁명 세력, 악질분자를 말한다.

한다. 비록 1989년 민주화운동 때 학생들이 주체였다 하더라도, 진압행동과 그후의 매수조치가 서로 결합되어, 중국 지식인 전체에 대해 말하자면, 이미 당국과 타협하거나 심지어 공산당의 웅변가와 변호사가 된 경우도 있다.

(……) 중공은 육체노동자계층을 매수할 수 없다. 이 계층이 기본적으로 수가 너무 많기 때문이다. 한편으로 중공이 그처럼 큰 재력이 없으며, 다른 한편으로 이는 중공의 본질에 의해 결정된 것이기도 하다. 설사 중공이 재물을 긁어모으더라도 여기에 쓰지는 않으며, 계속해서 당정의 초고소비에 투입하고 관과 지식인의 결연에만 투입할 뿐이다.

1990년대 이래 각지에서 끊임없이 일어나는 대중 저항활동은 하나도 예외 없이 모두 하층 민중으로부터 나온 것이다. 그러나 지식인층과 중공정권의 관계는 갈수록 푸근해지고 있다. 그리하여 중공은 극소수 매수되지 않은 지식인의 항의의 언어는 염려할 게 없으며 진정 정권을 전복할 강력한 힘은 육체노동자계층에서 나온다는 것을 통감하게 되었다. 동시에, 그런 대중 저항활동을 보고 중공은 자연히 문혁 중의 대중조반운동이 중국 통치질서에 가져온 충격을 연상하였다. 중공정권이 가장 금기시하는 문혁의 기억은 무엇인가? 바로 문혁 중에 위세가 드높았던 대중운동이며, 중공 통치질서에 대해 가한 인민대중의 충격이다. 이러한 충격은 일찍이 머리 위에 신성한 빛을 두르고 있던 공산당 고위관료의 위세를 쓸어버렸고, 운전 효율이 극도로 높은 정권 장치를 마비시켰으며, 수많은 공산당 고위관료들이 자기와 전체 공산당체제가 모두 치명적인 재난에 빠질 수 있다고 겁먹게 만들었다. 이 때문에 중공이 문혁을 대참사로 보는 것은 나름 합당한 이유가 있다. 그러나 만약 공산당이 이런 사실에 기초해 문혁을 대참사로 서술한다면 사실 아주 지혜롭지 못한 일일 수 있다.

하층 민중이 이로부터 고무될 수 있기 때문이다. 그리고 지식인들이 이를 알게 되면 우리에게 어떤 일을 벌일까? 공산당은 명백히 이러한 두 가지의 경향을 피해야 했다.

동시에, 중공은 하층 민중과의 모순은 화해하기 어렵기에 오직 이를 엄격히 방비하고 억제할 수밖에 없다는 것을 체득하였다. 대중 저항운동에 대한 토벌이 지식인의 동의와 옹호를 얻을 수 있도록 하기 위해, 공산당은 사회상의 대중 저항운동을 격조 낮은 동란으로 먹칠하였다. 그러나 이러한 '동란'은 지식인 계층에게 피해를 입히지 않는다. 지식인들이 '동란'에 대해 반감을 갖도록 부추겨 공산당과 함께 공동의 적에 대한 적개심을 불태울 수 있도록 하기 위해서, 공산당은 교묘한 처방을 찾아냈다. 즉 문혁 중 중공통치에 대한 대중의 타격에 대해서는 잘 보이지 않게 만들고, 대신 절치부심하며 원한을 끈질기게 참아 낸 반면, 문혁 대참사를 지식인들이 겪은 재난으로 과장하는 데 온 힘을 쏟았다. 문혁 중 대중이 중공 통치질서에 대해 충격을 가한 저항운동을 지식분자를 박해한 동란으로 왜곡색칠하고, 또한 현재의 대중 저항운동과 문혁 시기를 동일시한다. 문혁에 대한 지식인의 뒤틀린 기억을 이용하여, 현재 대중 저항운동을 두렵고 증오스러운 것으로 여기도록 유도한다.

공산당의 이러한 방식은 이미 효과를 낳고 있다. 이는 현재 지식인 계층 전체적으로 말하자면 하층 민중의 고난과 저항에 대해 이들이 기본적으로 수수방관하는 태도를 갖도록 만들었다.

6) 장쩌민의 흉금을 들어보자

그러나, 공산당이 성공적으로 이러한 연극을 연출하고 그 심리가 명백하다고 해도, 현재 대중 저항운동은 여전히 수시로 발생하고 있다. 진압능력

(勢能)을 유지하기 위해 가장 중요한 것은 진압 장치 자신의 운행이 문란해져서는 안 된다는 것이다. 문혁 시기의 대중 저항운동이 돌연 극대 규모로 거대하게 발전한 이유는 공산당 스스로 먼저 전열을 흐트러뜨렸기 때문이다.

어떻게 하면 자기 전열을 흐트러뜨리지 않을 수 있을까? 바로 다시는 문화대혁명을 일으켜서는 안 된다는 것이다. 자기 내부에 아무리 많은 모순의 분기가 있더라도, 반드시 내부에서 해결해야 한다. 사회에까지 혼란을 끌고 오면 안 되며, 그처럼 불만 많고 공산당을 적대시하는 집단에게 발붙일 틈을 주어서는 안 된다. 이런 심리상태는 1999년 장쩌민(江澤民)이 산시(山西)를 시찰할 때 성위원회의 간부들에게 말한 가운데 가장 분명하게 드러난 바 있다. 장은 다음과 같이 말했다. "동지들, 우리는 모두 한 배를 탄 사람들이다. 배가 뒤집히면 모두 끝장이지, 나 혼자만 문제가 아니다." 이런 진담은 또 다른 측면에서 저항하는 노동자들의 귓속말이 얼마나 날카롭게 중공정권의 신경을 찌르고 있는지를 입증하였다. 즉 "다시 한 번 문혁이 일어나면 좋겠다. 다시 한 번 문혁이 일어나면 공산당은 결딴날 것이다."

2. 관방문혁이 인민문혁을 이끌어 내다

1) 인민 실마리(線索)론을 버리고, 인민문혁론을 받아들이다

1996년 문혁 30주년 때에, 나는 「3년 문혁과 두 가지의 실마리」라는 제목의 글을 써서 북미의 중국어신문 『세계일보』의 『주간 세계』(世界周刊)에 발표했다. 계절이 바뀌고 세월이 흘러, 곧 문혁 40주년이 다가온다. 지난 10여 년간의 사색을 거쳐, 나의 사상에 새로운 발전이 있었다. 나는 시간이 지날수록 문혁 평가에 극히 중요한 현실정치적 의의가 있으며, 이를 학술연구 층위로 한정해서는 안 된다고 느끼게 되었다. 나는 기본적으로 3년 문혁이라는 시기구분을 유지하지만, 두 가지 실마리설에 대해서는, 비록 학술연구 층위에서 다소 융통할 여지(回旋餘地)가 있을지라도 그 정치적 촉각(觸角)이 너무 무르고 둔하다고 생각한다. 문혁 중 대중 저항운동이 은폐되고 먹칠을 당하고 왜곡·모독된 오늘날, 훨씬 깃발이 선명하고 대립점이 더욱 분명하도록 우리 관점을 드높일 필요가 있다. 따라서 나는 '문혁인민실마리'설을 버리고, 정치의향이 더욱 선명한 인민문혁론을 선택하기로 결심하였다.

　　나보다 이전에, 이미 왕시저(王希哲)와 정이(鄭義) 두 사람이 인민문혁설을 취하였다. (……)

2) 관방문혁은 무엇이고, 인민문혁은 무엇인가

마오쩌둥이 문화대혁명을 일으킨 것은 수단이며, 그 목적은 중앙·성·시 고위층 중의 반대세력을 숙청하기 위한 것이었다. 따라서 마오(毛)의 관방문혁은 또한 문혁숙청이라 부를 수 있다. 이외에, 마오와 지방관료, 군부가 각자 또는 연합하여 문혁 중에 발생한 민중 저항운동을 진압했기 때문에 관방문혁은 또 하나의 내용을 갖는데, 바로 문혁진압이다. 문혁숙청에 문혁진압을 더한 것이 관방문혁의 전체 내용이다. (……) 우리, 즉 인민문혁론을 지지하는 사람들이 관심을 갖는 것은 관방문혁과 인민문혁의 관계이다. 당연히 가장 먼저 필요한 것은 인민문혁의 경계를 획정하는 일이다. 그 다음에는 인민문혁에 대해 평가하고 인민문혁 연구의 현실 의의를 밝히는 것이 필요하다.

　　인민문혁이라 함은 문혁 기간 중의 대중 저항운동으로, 그 내용은 정치적 차별에 대한 반대, 정치적 박해에 대한 반대, '복권'에 대한 요구, 생존권리 쟁취, 공산당 통치체제를 타격하는 것 등을 포함한다. 따라서 인민문혁은 문혁 저항운동으로 부를 수도 있다. 그 존속 기간은 1966년 늦가을부터 1968년 여름까지이다. 이에 대해서는 내가 「문혁 기간 정치적 차별을 반대하고 정치적 박해를 반대하는 대중투쟁에 대해 논한다」 등의 글에서 충분히 구체적으로 진술한 바 있기에 여기서는 다시 되풀이하지 않겠다. 인민문혁의 경계 획정은 인민 실마리에 비해서 훨씬 더 분명하고 잘 다듬어졌다. 문혁 중의 모든 대중활동이 인민문혁의 범주에 들어가는 것은 아니다. 예를 들면 문혁 보수파의 활동은 포함되지 않는다. 또한 1967년 초 권력을 장악하고는 신속하게 신보수파로 변질된 '상하이노동자총사령부'(上海工總司)[5]류의 대중조직의 활동 또한 포함되지 않는다. 초기 보황파가 비교적 일찍 붕괴된 저장(浙江), 쓰촨(四川) 등 일련의 지방에서는 더 이상 진압받지 않게 된 조반파가 두 파로 분열하여 서로 투쟁했는데, 이러한 활동 또한 인민문혁의 범주에 속하지 않는다. 베이징의 모모 대학생 유명 조반파들이 류사오치(劉少奇) 등 공산당 '암흑 세력'(黑幫)에 대해 전개한 비판 투쟁 또한 마찬가지로 인민문혁이 아니다. 1966년 8월의 '홍색 테러운동'에 이르기까지, 흉악하고 잔인하게 박해를 자행한 자들은 공산당 관료에 의해 구성된 귀족홍위병이다——이는 공산당의 당 보위군이며, 따라서 인민문혁과는 아무런 상관이 없다.

관방문혁의 시행자는 공산당의 전체 국가장치이며, 마오와 그가 숙

---

5) 1966년 11월 초 상하이의 여러 개의 노동자 조반조직이 '상하이노동자혁명조반총사령부'('공총사')라는 이름으로 느슨한 동맹을 형성하였다. 방직공장인 궈몐 17창 보안과의 젊은 노동자이자 중간간부인 왕훙원(王洪文)이 주도한 '공총사'는 문혁이 공장으로 확대되는 중요한 계기가 되었다. 이 책 본문 3장 2절, 李遜(1997), 마이스너(2004: 474) 등을 참고하라.

청하려 한 반대세력 모두 여기에 속한다. 이 장치의 확장물인 보수파(이는 일종의 역사적인 명사이다. 더 적절한 어휘는 보당파, 보권파, 통치질서 보호·안정파이다) 또한 관방문혁의 시행자이다. 인민문혁의 시행자는 조반파 대중조직이다. 그러나 분열 타락한 후의 조반파 조직은 달리 이야기해야 한다.

3) 인민문혁은 마오쩌둥이 당내 고위층을 숙청하려 한 관방문혁 때문에 치른 대가이다

인민문혁은 마오쩌둥의 관방문혁 때문에 야기되었다. 바꾸어 말하면, 관방문혁이 없었다면 인민문혁 또한 없었다.

마오쩌둥은 그때 당내의 고위층 반대세력을 숙청하면서 기존의 중공 당내 투쟁의 관행적 모델을 따르지 않았다. 그는 자기와 당내 고위층 반대세력 사이의 모순을 대중에게 공개했고, 반대세력을 대중을 진압하는 '부르주아 반동노선'의 제정자이자 실시자이고, '자본주의를 복귀시키는' 세력이며, 인민을 계속해서 고통에 몰아넣고 도탄에 빠뜨리는 '주자파'라고 고발한다. 그는 인민이 들고 일어나 '실권파', 즉 공산당의 각급 영도간부를 비판하고, 그들이 훔쳐 간 권력을 탈취하며, 권력을 빼앗아 혁명인민의 수중에 되찾아 와야 한다고 호소했다. 그래서 마오쩌둥이 일으킨 이런 당내 고위층 반대세력 숙청 투쟁은 더 이상 격조 낮은 순수한 권력투쟁·궁정투쟁이 아니라 "프롤레타리아 독재 조건 하의 계속혁명"을 진행하는 것이고, "하나의 형식을 찾아내서", "공개적이고 전면적으로 아래로부터 광대한 대중을 발동시켜 우리들의 어두운 면(黑暗面)을 폭로하는 것"이었다. 또 "수정주의에 반대하고, 수정주의를 예방하는 백년대계, 천년대계"를 실현하여 "사회주의의 홍색강산이 천추만대에 영원히 변색되지 않도록" 하는 것이었다. 그래서 마오의 숙청행동은 번지르르한 유채

화를 덧칠했다. 이런 숙청은 마치 마오가 인민을 위해 진행한 것처럼 보이게 된다. 그는 공적인 마음에서 매우 고심하였으며, 실로 민중이 천추만대 영원히 칭송할 만하다. 마오쩌둥이 문혁을 발동한 진짜 동기는 이미 유리로 만들어진 관[6] 속에 영원히 봉인되어 버렸다. 후세에 가장 통찰력 있는 학자들이 분석해 볼 수 있을 따름이다. 우리가 이런 떠들썩함에 끼어들 필요는 없다. 우리에게 관심 있는 것은 마오가 번지르르한 이유와 방식으로 이런 숙청을 진행했기 때문에 대중 저항운동이 흙을 뚫고 땅 위로 솟아오를 기회를 얻었다는 점이다. 혹자의 말처럼, 인민문혁은 당내 고위층을 숙청하려 한 마오쩌둥의 관방문혁이 치른 대가였다.

그러나 바로 그런 점 때문에 인민문혁은 몇몇 인사들로부터 첨예한 공격을 받는다. 그들은 문혁 대중조반운동이 마오쩌둥의 은전 하에 진행된 무릎 꿇은 조반이라면 사실 마오의 정치숙청을 충당하는 도구였을 뿐 좋은 점이라곤 하나도 없다고 말한다.

이 안에 가장 간단명료한 논리가 있다. 즉 만약 인민문혁이 진짜로 완전히 마오쩌둥 손바닥 안에서 마음대로 쓰일 수 있는 숙청도구였고 마오의 관방문혁과 완전히 합치되는 것이었다면, 그것은 줄곧 마오의 칭찬을 받고 상을 받고 끝났어야 할 것이다. 그러나 정황은 결코 그렇지 못했다. 인민문혁이 어느 정도 마오의 지지를 받은 적이 있다 해도, 최종적으로 1968년 여름에 마오 무리와 각지 군부, 그리고 다시 '나타난'(站出來) 간부들의 매섭고 잔혹한 진압을 받았다. 이 또한 그런 인사들이 공격하는 것과 인민문혁은 전혀 달랐다는 점을 다른 각도에서 설명해 준다.

---

6) 마오의 시신은 베이징 천안문광장 앞의 마오주석기념관에 유리로 만들어진 관에 넣어 보존되고 있다.

4) 명을 받들어 조반하고(奉旨造反) 기회를 틈타 조반한 조반파가 나쁜 놈 앞잡이 노릇을 하고 주왕을 도와 학정을 일삼은 보황파보다 백배 천배 더 훌륭하다

인민문혁이 가장 많이 받는 질책의 초점은 이른바 "명을 받들어 조반했다"는 것이다. "명을 받들어 조반했다"는 논법은 1990년대 처음으로 저명한 작가 정이(鄭義) 선생에게서 기인한다. 당시의 사회정세는 문혁조반파에 대한 일변도의 철저한 부정이었다. 공산당의 어용 문필가와 공산당에 반대하는 민주인사 모두 한목소리로 문혁조반파를 비난했는데, 이는 역사적으로 참으로 기이한 풍경을 만들어 냈다. 문혁을 겪은 경제학자 양샤오카이(楊小凱)[7] 선생이 『중국의 봄』에 「89년의 반성: 조반파를 위한 복권」이란 제목의 글을 발표했는데, 이에 엄청난 매질이 쏟아졌다. 이런 정세에 정이가 "명을 받들어 조반했다"고 제기한 것은 이미 커다란 용기가 필요한 일이었다. 정이의 의미는, 이러한 조반이 "명을 받드는 것"이었다 해도 그것은 여전히 진보적인 의의를 지닌다는 것이었다. 이러한 '조반'이 "대중 자신의 권리 요구를 표현"하는 데서 "의심할 여지없이 모종의 민주적 색채를 갖추었기" 때문이었다. 우리가 보기에, "명을 받들어 조반했다"는 말은 문혁조반파의 수준을 너무 낮추어 보는 것이어서, "기회를 틈타 조반했다"(乘機造反)고 평하는 것이 훨씬 더 실제에 부합한다고 평가해야 마땅하지만, "명을 받들어 조반했다"는 논의는 의외로 수많은 평론가들에게 쉽게 받아들여지지 않는다. 그들이 보기에, "명을 받든다"는 것은 조금도 진보적 의의가 없다는 것이다.

(……)

요즘 민주진영 중에서도 문혁조반운동에 대해 완전히 부정적인 태

---

7) 앞서 부록에 번역해 실은 「중국은 어디로 가는가?」의 저자 양시광이 출옥 이후 바꾼 이름임.

도를 견지하는 인사들이 있다. 그 이유는 문혁조반이 반역을 반복했지만 도대체 어떤 성적을 냈는가라는 질문 때문이다. 문혁 후는 아직 공산당의 통일 천하는 아니었다. 이에 대해 우리는 이렇게 질문해야 한다. 중국 당대 민주운동이 1979년 민간 간행물과 민주벽 운동[8]으로부터 계산하면 20여 년으로 족히 한 세대가 흘렀는데, 이렇다 할 성적을 거두지 못했다. 중국은 아직도 공산당의 통일 천하인데, 이에 대해 어떤 평가를 내려야 하는가? 1979년 민주운동, 1989년 민주운동은 이 때문에 아무 의미도 없는 것일까?

문혁조반파가 단지 탐관에게만 조반하고 황제에게 조반하지 않은 것 —— 각급 '실권파'에게만 조반하고 마오쩌둥에게 조반하지 않고 근본적으로 공산당 제도를 반대하지 않는 것(마오쩌둥과 공산당제도는 일치하며, 모두 '황제'로 해석될 수 있다) —— 을 지적하는 것은 역사적 조건을 고려하지 않고 아주 조악하게 평가를 내리는 것이다. 역사적 조건에 구애되어 탐관에 대해서만 조반하고 황제에 대해 조반하지 않고 심지어 황제에 의존하여 탐관을 반대한 것은 어떤 조반도 하지 않고 단순히 길들여진 백성이 되는 것보다 훨씬 좋은 일이다. 이는 당연히 나쁜 놈 앞잡이 노릇을 하고 주왕[紂王: 은나라를 멸망으로 몰고 간 마지막 왕―옮긴이]을 도와 학정을 일삼은 보황파보다 백배 천배 훌륭하다.

한층 더 나아가 탐구하면, 사실 황제와 탐관의 관계로 마오와 공산당 관료의 관계를 비유하는 것은 적절하지 않다. 봉건시대의 모종의 농민

---

8) 민간 간행물과 민주벽 운동은 본문 4장 5절에서 다룬 1978~1980년의 '베이징의 봄'의 시기를 말한다. '민주벽' 특히 베이징의 '시단 민주벽'(西單民主牆)을 가리킨다. 이에 대해서는 위키백과 중국어판 '시단 민주벽'을 참조할 수 있다. http://zh.wikipedia.org/wiki/%E8%A5%BF%E5%8D%95%E6%B0%91%E4%B8%BB%E5%A2%99

봉기라면 확실히 탐관에만 조반하고 황제에는 조반하지 않는다. 왜냐하면 봉건사회 내에서 관리는 비록 황제에게 임명받아 황제에게 충성을 바치지만 황제와 관리의 혈맥(血脈)이 반드시 서로 통하는 것은 아니다. 군주의 권리는 신이 내리며, 황제의 지위를 유지하기 위해서 절대적으로 봉건관리의 호위가 필수적인 것은 아니다. 백성들은 수많은 관리를 타도한 이후 황제의 권력 앞에서 뒷걸음질 칠 수도 있다. 황제 또한 백성의 이익을 대표하는 자로서 엄격하게 관리를 징벌할 수도 있다. 그러나 공산당의 영수 마오쩌둥은 현저한 차이가 있다. 그와 공산당 관료의 혈맥은 서로 통한다. 그의 권력은 신이 내린 것이 아니며 반드시 공산당 각급 관료로부터 호위를 받아야 한다. 마오가 당내 고위층을 숙청했다 하더라도, 마오와 다수의 일반 공산당 관료 사이의 관계는 이빨과 입술 사이의 관계이다. 만약 공산당 관료가 대량으로 도태되면, 마오의 절대권력은 유실될 수 있다. 프롤레타리아 독재가 기층까지 실현되는 것이 빈말이 될 뿐 아니라, 마오 자신의 자리에도 동요가 생길 수 있다. 이 때문에 마오는 1967년 늦여름부터 90퍼센트 정도 이상의 간부는 좋거나 비교적 좋다고 말하였다. 그러면서 조반파가 일체를 회의하고 일체를 타도한다고 엄하게 질책했다. 따라서 문혁 시기의 조반대중은 있는 힘껏 중공 관료를 타격하고 마오를 반대하지 않았지만, 사실 공산당체제를 타격하고 있었던 것이며, 이 때문에 진보적 의의가 있다는 것이다.

만약 역사를 그 이후로 연장해 비교해 본다면, 거의 40년 후의 오늘, 국내에서 활동하는 민주전사들 또한 중공정권을 타도하자고 직접 말하지 않고 비교적 권리를 옹호하는 책략을 강구하고 있음을 알 수 있다. 그렇다면, 어찌 40여 년 전의 문혁조반파에게는 가혹한 요구를 할 수 있는가? 명백히 해두어야 할 것은, 전제체제 하에서, 비교적 빠르게 기세를 형성한 저항운동이 완전히 자발적으로 탄생하기는 아주 어렵다는 사실이다. (……)

인민문혁론은 여전히 다음과 같은 질문을 받는다. 당신들은 인민문혁이 있다고 하는데, 그럼 누가 인민문혁을 일으켰는가? 누가 영도했는가? 사실, 갑자기 발흥한 대규모 대중운동에는 종종 분명한 발동자나 영도자가 없을 수도 있다. 1789년 프랑스대혁명을 예로 들면, 당신은 구체적으로 누가 발동하고 영도했는지 말할 수 있는가? 마찬가지로, 그후 온전히 200년 지난 후의 중국 1989년 민주운동에서, 당신은 또 구체적으로 누가 발동하고 영도했는지 단정할 수 있는가? 구체적 발동자, 영도자가 없어도 여전히 이러한 대규모의 기세 드높은 대중운동이 있을 수 있다. 인민문혁에 이르면, 여기에는 분명한 영도자가 없지만, 간접적으로 마오쩌둥이 발동한 것이라 말할 수는 있다. 그렇다 해도 이것이 공산당 통치질서를 타격했다는 본질을 바꿀 수는 없다.

3. 마오쩌둥의 일관된 오산과 인민문혁의 지속적 궤도이탈

1) 마오쩌둥은 결코 영명하지 않다

(……)

인민문혁이 비록 관방문혁에서 야기되었다 하더라도, 그것은 절대 소극적으로 관방문혁에 종속되고 마오의 관방문혁을 위해 봉사한 것이 아니라, 늘 마오가 설정한 경계와 궤도를 뛰어넘어 자주적이고 주체적인 대중운동이 되려고 시도했다. 마오는 간접적으로 인민문혁을 발동했지만, 자기가 마음먹은 대로 인민문혁을 영도할 수는 없었다. 이것이 바로 결국 인민문혁이 마오에게 진압된 근본 원인이다. (……)

2) 인민문혁 궤도이탈의 두 층위와 마오 의도에 대한 군의 오해와 거역

3년 문혁 중, 더욱 정확히 말해서 1966년 늦가을에서 1968년 여름까지, 즉 인민문혁 발동부터 진압당할 때까지의 거의 2년에 달하는 시간 동안, 인민문혁은 도대체 어떻게 궤도를 이탈했는가? 인민문혁의 궤도이탈은 두 층위로 나뉜다. 하나는 얕은 궤도이탈이고, 다른 하나는 깊은 궤도이탈이다. 얕은 궤도이탈은 파급면이 넓으며 하나의 물결에 이어 다음 물결이 이어진다. 깊은 궤도이탈은 부딪히는 각도가 날카롭고 관방에 의해 즉시 진압되었기 때문에, 밤하늘을 가로지르는 유성처럼 눈부시게 밝지만 순식간에 사라지고 말았다.

인민문혁의 얕은 궤도이탈은 인민문혁이 싹틀 때 바로 탄생했다. 인민문혁의 첫번째 얕은 궤도이탈 행동의 물결은 마오를 도와 '부르주아 반동 노선'(資反線)을 비판하던 기회를 틈타 전개되었다.

(……) 대중이 '부르주아 반동노선'을 비판하는 강도는 마오의 예상을 뛰어넘었다. '부르주아 반동노선'이 대중숙청을 하고 '블랙리스트'를 만든 것을 추적조사하던 사람들은 인사·보위 부문에 뛰어들어 금고를 부수고 당안자료를 탈취하였다. 이러한 정황은 처음 학교에서 발생한 후 공장과 심지어 기관에까지 만연하여 중공 당국이 대경실색하였지만, 이 한 상황 때문에 중앙문건을 발표할 수는 없어서 근심이 매우 컸다.

1967년 '1월 탈권' 후, 마오는 군대가 지방문혁운동에 개입하여 '광대한 좌파 혁명대중'을 지지할 것을 요구했다. 마오의 심중에서, 성(省)위원회와 시(市)위원회의 권력을 빼앗은 파가 곧 '좌파'였고 군대는 마땅히 이를 지지하였다. 그러나 사정은 마오가 상상했던 것처럼 그리 간단하지 않았다. 전국 대다수의 성(省)과 시(市)에서, 처음 마오의 의도에 대해서 아직 제대로 이해하지 못했던 대중조직들이 이때서야 모두 신속히 깨달기 시작했다. 그들은 성위원회와 시위원회를 보위하는 것으로부터 매우 빠르게 '주자파'에 대한 조반으로 전환했으며, 또한 성위원회와 시위원회의 권력을 빼앗았다. 만약 행동이 신속한 대중조직이 그들을 제쳐 두고 앞을 다투어 먼저 탈권했다면, 그들은 재탈권을 추진했을 것이다. 이런 조직 구성원들의 정치적 질은 대다수가 비교적 '높았다'. 공산당원과 공청단원이 많았고, 고참 노동자가 많았으며, 노동모범과 선진노동자가 많았으며, 인사·보위업무 분야와 정치공작 간부가 많았다. 광저우(廣州)에서는 이러한 조직들이 합쳐서 총파(總派)를 이루어 스스로 둥펑(東風)파라 불렀다. 총파는 성·시의 탈권에서는 제외되었다. 총파는 재탈권을 하지는 않았지만, 성·시위원회를 탈권한 대중조직에 대해 강렬한 비판적 태도를 견지했다.

재탈권을 하건 안하건 간에, 각 지방의 군부는 모두 예외 없이 정치적 질이 비교적 '높은' 파(보수파)를 '좌파'로 인정했다. 군부의 이런 식별은 공산당의 정상적인 감정 표준에 부합하는 것이었으며, 또한 문혁 이전의 공산당 정치 윤리가 자연스럽게 확장된 것이었다. 그래서 각지 군부는 1967년 이른 봄 하나도 예외 없이 보수파를 지지하였고 조반파를 억제하거나 진압했다. 가장 극단적인 사례는 칭하이성(青海省) 군구(軍區)가 2월 하순에 조반파를 대학살한 것이었다.

(……)

마오가 비록 군부의 이른 봄 진압을 인가하지 않았지만, 늦봄 이후 조반파가 이처럼 격렬하게 군부에 대하여 대항하는 것에도 찬성하지 않았다. 많은 성·시의 군부는 모두 이른 봄 조반파 진압의 오류를 승인하기를 거부했으며, 더욱이 그들은 여전히 보수파를 지지하고 그들의 무장투쟁을 교사하여 가장 먼저 폭력을 사용하여 조반파를 습격 내지 학살토록

하였다. 조반파는 분연히 반격했는데 이것이 곧 1967년 여름의 대무장투쟁을 야기하였다.

(……)

군부를 구슬리기 위해서, 마오는 중앙문혁소조의 소장파를 엄격히 처벌하였다. 조반파를 단속하고 보수파를 위로하기 위해서, 마오는 그의 대중조직 정책을 새롭게 조정했다. 다시는 조반파와 보수파를 구분하지 않고, 양파 모두 대중조직임을 강조했다. 모두 사적인 것과 투쟁하고 수정주의를 비판(鬥私批修)하여 프롤레타리아 혁명파가 되기 위해 투쟁해야 했다.

군부의 이른 봄 진압을 견디고, 또한 보황파가 야기한 무장투쟁을 버티고, 광범한 사회의 동정을 받으며, 여론상에서 우세한 조반파는 이제 갈수록 권고(招呼)를 듣지 않았다. 일찍이 과거 '부르주아 반동노선' 비판 후에, "당위원회를 발로 차버리고 혁명을 수행하자"는 구호가 조반파 조직 중에서 출현하기 시작했다. 이는 '1월 탈권' 중에 더욱 우렁차게 울려 퍼졌으며, 늦봄 복권 후 더욱 대대적으로 성행하였다. 이를 마오쩌둥은 아주 언짢게 느꼈다. 괜찮다. 이는 마오가 당조직이 잠시 운행을 멈추도록 지령한 것이며, 마오가 대중을 고무하여 성위원회와 시위원회를 탈권하도록 한 것이다. 그러나 마오의 체계는 또한 공산당이다. 마오가 문혁숙청을 한 것은 류사오치의 당위원회를 무너뜨리고 자신의 당위원회를 다시 건립하려는 것이다. "당위원회를 발로 차버리고 혁명을 수행하자"는 것은 곧 일종의 법도에 위배되는 의미를 지닌다. 아무 구분 없이 "당위원회를 발로 차버리자"는 것은 곧 마오의 당위원회까지도 똑같이 발로 차버리자는 것과 어찌 다르겠는가? 마오는 이에 대해 매우 화가 났지만, 그의 문혁숙청이 바야흐로 힘차게 발전하고 있었기에, 그에게는 조반 대중이 그를 위해 국면을 계속 돌파하는 것이 필요했으며 따라서 잠시 참고 참을 수밖에 없었다. 1967년 여름 이후 그는 이러한 구호에 대해 엄격하게 질책하였다. 이러한 구호를 질책하는 동시에, 마오는 조반파가 "일체를 회의하고, 일체를 타도하라"고 하고 "오직 나만 혁명을 하고, 오직 나만 좌파이다"(唯我獨革, 唯我獨左)라고 하고 있다고 비판했다.

1967년 여름 말, 전국에 걸친 조반파와 보수파의 무장투쟁이 기본적으로 끝난 후, 각지 조반파의 정황은 복잡해졌다. 그 활동이 모두 인민문혁의 범주에 속하는 것은 아니다. 그러나 광둥(廣東), 광시(廣西), 장시(江西) 등 소수 초기 보수파가 여전히 존재하고 더욱 세력이 커진 성에서 조반파는 여전히 유형·무형의 압력을 받고 있었다. 이들은 원래의 통치질서를 회복하는 것에 대해 계속 저항하는 태도를 견지했다. 바꾸어 말하면, 그들의 궤도이탈의 흔적은 날이 갈수록 명확해졌다. 조반대중은 하나의 커다란 일에서 마오의 배치를 받아들이지 않았다. 그때 낡은 성위원회와 시위원회는 기본적으로 모두 무너졌고 마오는 그의 의지를 담은 새로운 지도부를 조직하는 데 착수했는데, 이른바 '3결합'(지방군부 우두머리, 지방간부, 대중조직대표)의 혁명위원회가 바로 그것이다. 이는 마오의 문혁숙청이 완성되었다는 중요한 지표이다. 그러나 이러한 공작은 조반파의 방해를 받았다. 왜냐하면 수많은 성·시의 군부 우두머리와 다시 '나타난' 지방간부가 모두 보수파를 지지했기 때문에, 조반파는 갖가지 이유를 대면서 그들이 혁명위원회에서 영도 직무를 맡는 것을 힘껏 저지하였다. 많이 발견되는 이유는 다음과 같은 것들이었다. '부르주아 반동노선'의 잘못을 범했거나 '주자파'의 잘못을 범했던 것이 진지하게 시정되지 않았다. 류사오치와 덩샤오핑의 반동노선의 구성원이다. 엄중한 정치문제가 있다. 역사적으로 변절하고 배신한 적이 있다 등등. 조반파의 주관에 따라 고찰해 볼 때, 이는 단지 일종의 타격을 받을 것을 두려워하는 부담에서 나온 자기 보호의 방어 심리이지만, 객관적으로 볼 때 마오의 재건계획을 지연시켰다. 권고와 계도가 성과를 거두지 못하자, 마오는 조반파의 이런 방법들을 "일체를 회의하고, 일체를 타도하자"는 태도라고 질책하고 이를 신속히 개정할 것을 명령했다. 조반파는 전체적인 면에서 볼 때 공산당체제 밖의 사회세력이다. 사회권력을 획득하는 것에서부터 자기를 보위하고 방어하는 데 이르기까지, 조반파는 더욱더 실권파의 경향을 타도하고자 온갖 노력을 다했다. 만약 사회상의 조반파 연합체가 자신을 보호하고 방어하려는 의향보다 권력을 획득하려는 의향이 더 컸다고 한다면, 기층단위 내에서 곧 적절하게 [이를] 이끌어 냈을 것이다. 그러나 어떤 의향이 더 많았건 간에 인민문혁은 간부 정책문제에서 마오와 충돌하지 않을 수 없었다. 마오가 1967년 초에 '탈권'을 호소했을 때, 탈권의 범위를 정하지 않아서, 성·시급 당정기관으로부터 각 기층단위의 실권파에 이르기까지 대부분이 탈권되었다. 그러나 1967년 가을이 되면, 마오는 다시 90% 이상의 간부가 모두 좋거나 비교적 좋다고 강조했는데, 이는 그들이 다시 나와 권세를 잡을 수 있음을 의미했다. 마오는 돌아섰고, 다만 조반파는 내심의 의향 때문이건 이전 단계 행위의 관성 때문이건, 모두 원래의 기세대로 정면돌파했다. 이 때문에 인민문혁은 불가피하게 마오의 궤도에서 이탈하려 했다.

보수파와의 관계에서도 조반파는 마오의 의향과 서로 맞지 않았다. 조반파가 보기에, 보수파는 군부를 등에 업고 줄곧 거만하고 포악하게 굴었을 뿐 아니라, 먼저 폭력을 사용하여 조반파 대중을 습격하여 살상했으며, 완전히 '부르주아 반동노선'의 사악한 졸개들이었다. 어떻게 그들이 곧바로 모두 혁명 대중조직으로, 프롤레타리아 혁명파로 바뀔 수 있는가?

스스로 그간 마오 주석의 호소에 호응하여, '부르주아 반동노선'을 비판하고, '탈권'하고, '부르주아 반동노선'의 진압과 반격에 저항하여, 험난하고 탁월한 투쟁을 거치며 탄탄한 기반을 마련하였고, 사회의 동정심과 여론상에서 우세를 점하였는데, 어찌 처음으로 돌아가 보수파와 무승부를 이루고 쌍방이 모두 프롤레타리아 혁명파가 될 수 있겠는가?

조반파는 각급 혁명위원회 조직과정에서 자기의 조반 공훈을 강조하고 자기의 대표수가 보수파보다 많도록 하기 위해 온갖 노력을 다했다. 또는 대중조직 대표 한 명만 혁명위원회 부주임을 맡을 수 있을 때는 조반파 자신의 대표가 이를 맡도록 요구했다. 그러나 이러한 시도는 보수파를 지지하는 군부 우두머리와 지방간부에 의해 거부당했다. 다툼이 끊이지 않으면 관방은 조반파가 "오직 나만 혁명을 하고 오직 나만 좌파이다"라는 태도를 보인다고 질책했다. 문혁숙청을 기본적으로 끝마친 마오로서는 조반파의 사용가치가 갈수록 줄어들 뿐 아니라 갈수록 장애가 되었기 때문에, 그는 각지 군부의 우두머리를 북돋아 조반파를 억압하게 하였다. 이 때문에 조반파는 어쩔 수 없이 마음속에 원한을 품게 되었다. 문화대혁명이 시작된 이래 조반파는 마오의 호소의 호응자였고, 마오 주석 혁명노선의 수호자 신분으로 등장했다. 그러나 국면이 발전하면서, 인민문혁은 부단히 지속적으로 궤도를 벗어났고, 조반파의 신분은 바뀌었다. 조반파는 마오의 전략적 배치를 방해하는 자가 되었다. 마오와 중앙이 부단히 내린 "마오 주석의 전략적 배치에 적극 따르라"는 호소는 바로 조반파를 비판하고 경고하는 것이었다.

1968년 봄 이후, 조반파와 마오의 마찰은 더욱 첨예해졌다. 이는 각지 성·시급 혁명위원회가 대부분 연이어 성립되었기 때문이었다. 류사오치의 철안[鐵案: 증거가 확실하여 뒤집을 수 없는 사건―옮긴이] 또한 이미 해결되었다. 마오의 문혁숙청은 대체로 완성되었다. 조반파는 "새를 다 잡았으니 활을 거두는" 상태에 직면했다. 마오는 조반파 조직을 마땅히 해산해야 한다는 그의 의향을 지방 고위관리들을 통해 조반파에게 전달했다. 당시 "산꼭대기를 깎으라"[鏟山頭: 파벌을 없애라―옮긴이]는 비교적 완곡한 표현을 사용했다. 마오의 입으로 말하기를, 프롤레타리아 혁명파가 대연합하는 형세에서, 파벌성 있는 조직을 유지하는 것은 파벌주의(山頭主義), 소집단주의, 종파주의의 해악이다. 이런 비판의 힘이 너무 약하여 효과가 없을 때, 당국은 한 걸음 더 나아가 매섭게 위협하며 말할 것이다. "파벌성은 적을 숨기며, 적은 파벌성을 이용한다." "일찍 깎으면 주동적이고, 늦게 깎으면 피동적이며, 깎지 않으면 반동이다." 보수파는 매우 순조롭게 그들의 조직을 해산했다. 보수파는 공산당체제 내에 속해 있는 세력이다. 공산당의 정치체계는 곧 그들 최대의 조직이며, 따라서 그들은 이런 문혁의 비상시기에 자신들이 임시로 조직한 형식을 중시하지 않는다. 그러나 조반파는 그들의 조직을 상당히 중시한다. 조직이 없으면 그들은 모든 것을 잃는다. 즉 고립되어 방대한 사회 기계에 직면한 하나의 모래와 자갈일 뿐이며, 곧 추수 후 결판낼 때 반항역량이 조금도 남지 않을 것이기에, 그들은 결국 모든 방법을 동원하고 각종 빌미를 찾아 파벌을 해체하지 않고 적어도 가능한 한 연장하고자 했다. 이는 의심할 여지없이 마오의 배치나 지방 고위관료의 의향과는 정면으로 충돌했다. 1960년대 말엽은 말할 것도 없고, 30여 년 지난 오늘날이라 해도, 공산당은 결코 공산당 밖에 독립적 정치조직의 존재를 허락하지 않는다. 당시는 단지 마오가 문혁숙청을 행할 특별한 필요가 있었기 때문에, 이런 거대한 역사의 틈새에서 민중은 잠깐이나마 정치조직을 건립할 권리를 지니게 되었다. 마오의 문혁숙청이 완성된 후에, 마오는 넘겨준 물건을 회수하려 하였다. 조반파는 순종하여 규범에 따르기를 원하지 않았고, 바로 인민문혁은 그 궤도를 벗어나는 태도를 견지했으며, 이것이 불가피하게 머리를 숨기고 매복해야 하는 동인이 되었다.

(……)

1967년 가을 이후 인민문혁의 얕은 탈선에 대한 마오의 압제는 두 방면에서 작동했다. 압력을 받은 조반파는 보편적으로 원한을 품고 있었다. 원한 아래 수많은 사람들이 낙담하고 실망하여 정서가 소극적이 되었다. 조반파 진영은 점차 흐트러졌다. 이것이 바로 마오가 희망하는 바였다. 그러나 그 중 소수가 도발 정서를 만들어 냈다. 그들은 "대중을 운동시키는 것이 아니라, 대중운동을 해야 한다"(要群衆運動, 不要運動群衆)고 외쳤다. 비록 이런 구호가 정면으로 마오를 겨냥한 것은 아니라 하더라도, 일종의 반항정서를 표출했다. 이런저런 시도를 반복하던 중에, 일련의 조반자들은 일부 세력이 자신들을 우롱하고 자신들을 그 세력의 효과적 힘으로 만들려 조종한다고 느꼈다. 그들은 이러한 역할을 하는 것을 달가워하지 않았다. 그들은 독립적인 의향을 지니고서 행동하기를 희망했고, 그물 밖으로 나오기 위해 발버둥쳤으며 자신의 권익을 위해 투쟁하려 했다. 인민문혁의 얕은 궤도이탈은 여기에 이르러 고조기에 도달했다. 고조되던 중에 발생한 두드러진 파문은 베이징(北京) 광둥(廣東), 광시(廣西), 칭하이(靑海), 헤이룽장(黑龍江), 랴오닝(遼寧) 등 성과 시의 조반파 조직 대표들이 연락조직을 성립하여 신속히 정황을 교류하고 서로 소식을 주고받고 상호 지지할 것을 상의하기 위해 베이징에서 회의를 개최한 일이었다. 마오와 중앙은 이런 정황을 알게 된 후 대단히 화를 냈다. 왜냐하면 마오와 중앙이 전국적 조직의 성립을 결코 허락하지 않았기 때문이다. 일찍이 1967년 1월, 마오와 중앙은 전국농민조반병단(全農造), 전국홍색조반총지휘부(全紅總) 등 9개 전국적 조직을 금지시켰다. 베이징과 여러 성의 조반파 조직의 이런 연락행동은 마오가 크게 꺼리던 금기를 건드렸으며, 또한 인민문혁의 궤도이탈 또한 더욱 명확히 표현되었다. 조반파는 이미 있던 산꼭대기를 깎아 없애기를 거부했을 뿐 아니라 전국적 성격의 거대한 산꼭대기를 만들려 했다. 확실히 흉흉한 결말을 피할 길은 없었다.

3) 문혁 신사조 : 인민문혁의 깊은 궤도이탈

인민문혁의 깊은 궤도이탈은 얕은 궤도이탈이 고조된 기초에서 탄생하였다. 극소수 조반파 엘리트분자들은 이미 "대중운동이 필요하지 대중을 운동시키는 것이 필요한 것이 아니다"라는 항의성 외침에 만족하지 않았다. 그들은 왜 문화대혁명의 규모 크고 기세등등한 대중운동이 대중을 운동시키는 것으로 바뀔 수 있었는지 사색하고 있었다. 그들은 문화대혁명이 대체 어떠한 목적을 달성하려 하는지, 어떻게 하면 문화대혁명을 끝까지 수행했다고 할 수 있는지, 그리고 문화대혁명이 중국사회의 계급관계에 어떤 변화를 가져왔는지 사고하고 있었다.

인민문혁의 얕은 궤도이탈이 주로 일관된 행위로 표현되었다면, 그 깊은 궤도이탈은 주로 사상의식상에서 표현되었다. 얕은 궤도이탈이 한 파도 한 파도씩 상당 기간 동안 존재할 수 있던 이유는 그 사상의식의 기본이 아직 마오 이론의 틀 내에 있었기 때문이다. '부르주아 반동노선'을 비판하고, '주자파'와 투쟁하고, "반역자 특무를 적발"하고 "프롤레타리아 독재 하의 계속혁명", "마오 주석 혁명노선을 지키는 것" 등은 그것이 그 사상 자체를 위한 것인지와 무관하게 인민문혁의 보호색이 되었다. 이에 비추어 보면, 마오는 얕은 궤도이탈에 대해서는 비판하고 질책했을 뿐, 강철 주먹을 휘두르는 진압은 잠정적으로 시행하지 않았다.

인민문혁의 깊은 궤도이탈은 행동상으로 표현될 수 없었다. 깊은 궤도이탈은 이미 마오의 이론적 틀을 뛰어넘어 감출 수 없는 이단사상이 되었다. 마오와 중앙은 처음에 이를 '극좌사조'라고 칭했고, 후에는 극우, 반혁명이라고 규정했다. 민중의 각도에서 관측하고 판단한다면, 마땅히 문혁의 신사조라 불러야 할 것이다. 문혁 신사조는 현실에 내맡긴다면 한 치의 어김없이 반혁명 행동이다(이는 공산당의 어휘 표현에 따른 것이다). 사실상 그것이 사상의식 층위에 머물러 있었을 뿐인데도, 그 가장 첨단 부분은 곧바로 마오쩌둥과 전체 관료집단이 손잡고 즉각 진행한 신속한 진압에 직면해야 했다.

이 가장 첨단부분의 대표작은 후난 재야 조반파 '성우롄'(省無聯)의 정치강령인 「중국은 어디로 가는가?」[9]이다(후난에서 권력을 장악한 조반파인 '공롄'工聯은 이미 신보수파로 바뀌었다). 그 사상의 정수는, 중국은 이미 90%의 공산당 고위간부로 구성된 홍색 자본가계급을 탄생시켰다는 것이다. 문화대혁명은 개별 실권파의 관직을 파면하는 데 만족해서는 안 되며, 전체 홍색 자본가계급을 전복하고, 행정장관을 민선으로 뽑는 파리코뮌 원칙을 실행해야 한다는 것이다.

'성우롄'의 정치강령이 출현하자 마오는 대단히 놀랐다. 그는 조반파의 궤도이탈이 이미 절대로 대수롭게 여길 수 없는 지경에 이르렀음을 깨달았다. 비록 '성우롄'의 우두머리들을 즉각 체포하고 「중국은 어디로 가는가?」를 대(大)독초로 비판했지만, '극좌사조'가 중국 대지에서 발 없이도 천리를 달려, 베이징, 상하이, 우한, 광저우 등 수많은 지방에서 유사한 사조와 심지어 조직들까지 출현했다. 비록 '성우롄'이 이미 준엄하게 처

---

9) 양시광이 작성한 문건으로, 이 책 부록에 번역해 수록되어 있음.

벌된 상황에서 감히 다시 이를 따라할 사람은 없었지만, 베이징 '4·3'파와 광저우 '8·5코뮨'처럼 계급관계의 새로운 변동이론을 널리 퍼뜨려 알리는 일은 아주 해볼 만했다. 그들은 다음과 같이 말한다. 공산당의 간부 "수중에서 잠시 대신 관리되던 재산 권력이 점차 인민지배를 받지 않고 사적 소유로 변했다.……점차 특권인물을 형성했다", "현재 다시 계급을 구분할 필요가 있다", "현재의 모순은 하층에서 가장 심하게 고통받는 반조 노동인원(組勞人員), 농업지원청년(支農靑年), 계약노동자(合同工), 임시노동자(臨時工)를 한 편으로 하고 권력보좌에 오른 자들을 다른 한 편으로 하여 이 양자 사이에 형성된 모순이다".

마오의 관방문혁은 요괴를 누르던 돌을 치워 인민문혁이라는 요괴를 풀어놓았다. 마오가 이 요괴를 놓아준 것은 본래 자기를 위해 힘을 바칠 것을 요구했기 때문이다. 그러나 결국 날이 갈수록 제멋대로 되는 요괴를 제어할 힘이 없었기에, 그는 다시 요괴를 동굴에 가두기로 결심했다. 각지의 실력파 인물들과 전체 공산당체계의 일치된 협력 하에, 마오는 이런 결심을 실현했다.

4. 현재도 인민문혁의 "그 방식"이 필요하다

1) 문혁의 방식은 하나뿐이 아니다

문화대혁명이 끝난 지 20년 후인 1989년, 중국에서 89 민주운동['6·4' 천안문 민주화운동을 말함―옮긴이]이 발생했다. 학생들의 시위행렬이 분노를 쏟아 내며 「4·26 사설」에 항의하고,[10] 이어 탐관오리의 처벌을 요구했을 때, 공산당의 고위관료들은 사납게 꾸짖으며 말했다. "너희는 다시 한 번 문혁 그 방식을 하려는 것인가?" 학생들이 듣고는 질색하며 놀라 답하기를, "아닙니다. 아닙니다. 우리는 문혁 그 방식을 하려는 것이 아닙니다"라고 했다.

문혁 그 방식이라니? 문혁의 어떤 방식을 말하는가? 문혁을 겪은 사람들은 문혁이 한 방식이 아니라 매우 많은 방식들이 있음을 모두 알고 있다. 가장 근본적인 구분은 관방문혁의 방식과 인민문혁의 방식이 있다. 관방문혁은 또 다음과 같이 세분될 수 있다. 마오가 인민을 유혹·이용·방기·진압한 '그 방식', 각지 실력파(군부와 다시 나선 지방간부)가 보수파를 지지·교사·조종하여 조반파를 폭력으로 공격한 '그 방식', 군부가 직접 조반파를 진압한 '그 방식', 그리고 공산당 귀족홍위병이 '홍색 테러운동'을 일으켜 마음대로 '네 종류 분자'를 구타하고 살해한 '그 방식' 등등. 89민주운동 때 공산당 고위관료가 준엄하게 꾸짖은 '그 방식'이 가리키는 것은 이런 것들은 아닐 것이다. 그럼 그들이 가리키는 것은 무엇인가? 그것은 인민문혁이고, 대중이 문화대혁명 중에 단체로 단식하고, 시위하고, 당·정·군 기관을 타격하는 등의 방식으로 진행한 바 있는, 정치 차별을 반대하고, 정치박해를 반대하며, 복권을 요구하고, 생존권리를 쟁취하는 투쟁을 말한다. 이처럼 오랜 시간이 지나는 동안, 공산당은 이에 대해 뼛속 깊이 새겨 이를 갈며 몹시 증오한다. 민중 가운데 유사한 행동이 다시 발생하기만 하면, 그들은 곧바로 연상이 생겨 정신이 극히 긴장하고 분노를 폭발시킨다. 기이한 것은, 인민의 입장에서 보기에 이러한 투쟁은 정의로운 것 아닌가? 어떻게 학생들은 자신들이 문혁의 그런 방식을 할 수 없

---

10) 1989년 4월 26일 『인민일보』에 게재된 '깃발을 선명하게 내걸고 동란에 반대해야 한다'는 제목의 사설로, 이는 당시 천안문광장의 민주화 시위를 '극소수가 일으킨 반혁명 동란'으로 규정한 중국공산당의 강경진압의 의지를 밝혔다.

다고 황급히 고백하려 했을까?

　이는 공산당의 어용 문필가와 일련의 독립 문필가 내지 소수 민주 문필가들의 공로였다. 인민문혁은 그들의 펜 아래서 왜곡되고 요괴화되었다. 당연히, 그들은 근본적으로 인민문혁이 있었다고 승인하지 않는다. 그들이 민족후대에게 진술하는 문혁은 혼돈과 혼란이다. (……)

2) 관방과 하층 민중 모두 인민문혁을 기억한다

(……) 오늘의 중국은 인민문혁을 필요로 한다. 좀더 정확히 말하면, 그 당시 인민문혁의 표현형식에 새로운 사상 내용과 정치 요구를 옮겨 담아야 한다.

　1990년대에 나이 든 노동자들 사이에 다시 문화대혁명이 일어나면 좋겠다는 귓속말이 있었다. 이러한 노동자들이 그리워하고 불러 대는 문혁은, 당연히 마오쩌둥과 각지의 군부, 지방간부, 보수파, '롄둥'(聯動)류의 홍위병의 관방문혁이 아니라 인민문혁이다. 여기서 일부 중·노년 노동자들의 기억 역시 단편적이다. 그들이 두드러지게 인민문혁의 내용만 기억할 뿐, 문혁의 큰 파도 속에 관방문혁의 내용이 남아 있음을 간과하였다. 물론 그들의 기억이 단편적이지 않았다면 잘 표현되기 어려웠을 것이다. 그러나 어떤 원인에서건 그들의 이런 관점은 객관적으로 관방문혁과 인민문혁을 뒤섞어, 그들을 공격한 사람들에게 약점 잡힐 수 있다. 그들의 귓속말은 문자로 공개석상에 올릴 수 있는 성격은 아니다. 부정확한 말을 섞어서 말하면, 곧바로 공산당 어용 문필가들과 독립 문필가, 그리고 소수 민주 문필가들이 연합하여 포위토벌할 것이다. 그들은 큰소리로 비난하며 이렇게 말할 것이다. 즉, 문화혁명이 얼마나 문화를 훼손했고, 지식인을 박해했고, 무고한 사람을 무차별 살육했고, 서로 해치고 서로 싸움을 벌였냐고. 너희들이 문혁이 다시 한 번 일어나기를 바라는 것은 참으로 극단적으로 반동적이고 극단적으로 악독한 일이라고 말할 것이다. 89에 참여한 학생같이 실정을 잘 모르는 젊은 세대들은 덩달아 대대적으로 비난하고 규탄할는지도 모른다.

이런 문필가들에게, 당신들이 정말 멍청한지 멍청한 척하는 건지 모르겠지만, 당신들의 규탄은 목표를 잘못 찾았다고 이야기해 주어야 한다. 노동자들이 희망하는 바는 절대로 전체 문혁이 아니라, 그 중 일부분인 인민문혁이다. 이로부터 보면, 현재는 인민문혁과 관방문혁 두 가지가 함께 뒤엉켜 있다가, 성질이 완전히 다른 사물들이 분리되어 나갈 최후 시점에 다다랐다. 노동자들이 공개석상에 올릴 수 없는 귓속말이 머지않아 하늘을 덮고, 문필가들의 잘못된 말들은 땅으로 떨어져 먼지에 덮일 것이다. (……)

공산당 고위관료는 문화대혁명에 대해 상당히 심각하게 성찰한다. 그들은 인민문혁이 공산당체제에 대해 던진 충격성을 잘 알 뿐 아니라, 관방문혁에서 인민문혁이 이끌려 나왔음도 알고 있다. 관방문혁이 없다면 인민문혁도 발생할 수 없다. 따라서 공산당은 절대로 다시 마오식의 문혁숙청을 해서는 안 된다는 일치된 인식을 얻었다. 당내에 문제가 있으면 당내에서 해결하고, 결코 마오쩌둥처럼 민중의 역량을 빌려 의견이 다른 자들이나 권력을 다투는 자들을 타도해서는 안 된다는 것이다. 마오의 이러한 방법 때문에 민중 속의 난동분자들이 기회를 틈타 난을 일으켜 공산당의 천하가 거의 전복 직전에 이르렀다.

지금 수많은 문필가들이 공산당이 다시 문혁을 일으키지 않을까 걱정하고 있는 것은 기우일 뿐 아니라, 이는 그들이 문혁의 역사적 사실에 대해 최소한의 이해도 결여하고 있고, 분석력과 통찰력도 천박하고 문혁 평가에서도 오류가 있음을 반영해 보여 주고 있다.

(……)

3) 지금 중국은 다시 한 번 승화된 인민문혁을 거쳐야 한다

(……)

4) 금후 중국 민주화의 동력은 주로 지식화된 노동자계급으로부터 와야 한다

(……)

인민문혁이 비록 마오의 호소에 호응하여 일어나긴 했지만 사실상 마오의 거짓 조반과 본질적인 차이가 있고 뚜렷이 대립되기 때문에 생명력이 있는 것이다. 인민문혁이 그 불가피한 시대의 한계성이 있다 하더라도, 억압에 반대하고 박해에 반대하는 것이 그 바탕이다. 이러한 바탕은 어떻든 간에 모두 정의로운 것이다. 이러한 바탕은 마땅히 긍정되어야 하며 계속 계승되어야 한다. 대중조반운동에 참여했던 문혁 시기의 중년세대는 대부분 이미 세상을 떠났고, 문혁 시기의 청년들 또한 노년에 접어들었다. 원래 곡조가 다음 세대로 계속 보존되고 전해지려면 그들이 역사를 이해할 수 있도록 해야 할 뿐 아니라 반항정신을 제대로 전수할 수 있도록 의거를 벌여야 할 것이다.

(……)

—『베이징의 봄』2006년 1월호에 처음 게재됨

찾아보기